Es ist ein göttlicher Genuss,
anderen Menschen zu leuchten und sie zu wärmen,
und das bedeutet nicht nur Licht und Wärme für diese
Menschen, es bedeutet auch Licht und Wärme für das
eigene Bewusstsein, all das Böse und Bittere aus
seiner Gesinnung zu schaffen.

Nur das Licht kann die Schatten entfernen.

(Zitat aus Martinus' Rede zur Einweihung der Vortragshalle in Klint 1962)

Mitwirkende bei der Erstellung dieses Buches:
Autor: Otto Beckmann
Redaktion: Dr. Kurt Gramm, Hiltraud Linnow
Lektorat: Gert Sommerfeldt
Bildbearbeitung: Jochen Engels, Anja Mataruga, Dr. Kurt Gramm

1. Auflage 2005

Auf der Heide 13, D-53545 Ockenfels
e-mail: info@martinus-verlag.de
www.dasdrittetestament.de
Druck: SZ Offsetdruck-Verlag, Sankt Augustin

ISBN 3-938189-28-2

Otto Beckmann

Antenne zur spirituellen Dimension

Als Heilungsprozess für unsere Krankheiten

für jeden, der es lernen will, eine Anleitung zu heilen

mit Hilfe der Symbole von Martinus

Dieses Buch enthält auch die
3 schwarzweißen Arbeitsgrafiken (Zwölftrapeze)
von Otto Beckmann

Inhalt

Vorwort

Lieber Vater!

In der Tiefe meiner Seele habe ich immer gewusst, dass du der Ursprung und das Ziel meines ganzen Seins bist.

Doch erst in den letzten Jahren habe ich durch das Leben selbst und durch Martinus gelernt, dass mein Beten „Lieber Vater, lieber Vater, lieber Vater …“ ein Ausdruck meiner ständigen, also ewigen Kommunikation mit der Gottheit ist. Es ist eine ständige Kommunikation, weil sie auf einem ewigen Organ beruht, dem ewig aktiven Organ des Gebetes. Sie besteht für absolut alle Wesen, gleich, ob es ihnen bewusst ist oder nicht. Diese Kommunikation macht jedes Wesen zum Gottessohn und offenbart Gott als seinen Vater. Im Bewusstsein des Ursprungs dieser Kommunikation nenne ich jetzt mein Beten *„Lieber Vater, lieber Vater …“* mein *natürliches Atmen.*

Ich habe Methoden der so genannten Atemtherapie mit erstaunlicher Heilwirkung kennen gelernt. Ich habe jetzt für mich die Atemtherapie meiner wahren Natur gefunden. Es ist das Gebet „Lieber Vater …“ als ständiges Atmen!

Das physische Atmen kann ich beschleunigen, verlangsamen, vertiefen oder verflachen. Ich kann es mit meinem Willen beeinflussen. Ich kann sogar den Atem anhalten, aber nicht lange. Bald spüre ich den Atemmangel so bedrängend, dass ich regelrecht nach Luft schnappen muss.

Das Atmen ist also für meinen physischen Körper das wichtigste Lebensbedürfnis. Es kommt sogar vor Essen und Trinken. Wahre Menschen werden sich zukünftig nur durch die Luft ernähren, also durch das Atmen.

Das physische Atmen erhält und beeinflusst den physischen Körper. Meine Natur ist aber nicht einfach physisch, ich bin nicht mein Körper. Meine wahre Natur ist geistig, ist spirituell. Ich bin Geist, so wie Gott Geist ist. Wie mein physischer Körper immer wieder in Sauerstoff eintauchen muss, so muss mein Geist immer wieder in den Geist Gottes eintauchen. Dieses Eintauchen kann nur ein geistiger, also mentaler Vorgang sein. Dieses Eintauchen in Gott ist das Zu-Gott-Sprechen, es ist das Gebet.

Nun gibt es Menschen, die nicht beten, also das natürliche Atmen, nicht das physische Atmen anhalten, aber wie lange? Ich habe in den Nachkriegsjahren Atheisten kennen gelernt, Menschen, die nicht beten, die jedoch im Bomben- und Kugelhagel des Krieges alle plötzlich „nach Luft geschnappt" haben, sie haben gebetet.

Das vorliegende Buch ANTENNE ZUR SPIRITUELLEN DIMENSION will einige der Heilwirkungen zeigen, die sich einstellen, wenn wir nach unserer wahren, unserer spirituellen Natur leben. Das Studium der 72 Gottesnamen und besonders der 44 Martinus-Symbole öffnet dem Leser Zugänge zur spirituellen Dimension seines ewigen Ichs und lässt ihn in immer größerer Bewusstheit zum lieben Vater beten. Je mehr der Leser hineinwächst in die Geisteswissenschaft und je mehr er auch nach ihr lebt, desto mehr wird er erfahren, dass sein Beten an Effektivität gewinnt.

Wenn ich einem Unwissenden erkläre, was Atmen ist, und ihm sage, dass der Körper in der Lunge ein Vakuum schafft, dadurch Luft von außen einströmen lässt und aus der Luft den Sauerstoff in die Blutbahnen bringt, die damit die Lebensprozesse in den Körperzellen versorgen, dann hat er eine theoretische Erklärung bekommen.

Was aber Atmen wirklich ist, das erfährt er nur durch praktisches Atmen. Die Theorie bekommt erst dann ihre wahre Bedeutung. Genauso ist es, wenn ich über das Gebet als wahres natürliches Atmen spreche. Es ist unbedingt notwendig, dass der Leser oder der Kranke das „Lieber Vater ..." praktiziert, denn dadurch erfährt er, wie er sich mit seinem Beten gesund atmet.

Als Pfarrer i. R. habe ich mich ganz mit Handauflegung und Gebet den Kranken gewidmet. Ich stelle immer wieder fest, dass ein Leben gegen die Natur, natürlich meine ich die spirituelle Natur, sehr häufig die einzige Krankheitsursache, immer aber an dem schlechten Gesundheitszustand mit beteiligt ist. Darum bringen Handauflegung und Gebet, die ja spirituelle Heilkräfte sind, immer Erleichterung und darum zeige ich jedem meiner Kranken, wie er das Gebet praktizieren und sich selbst heilen kann.

Martinus wurde gefragt: „In welcher Weise soll man zu Gott beten?“ Martinus antwortete: „Warum nicht in der gleichen Weise, wie man zu seinem Geliebten spricht?“

Wenn man in der Nachschrift des siebenten Bandes des Werks „Livets Bog“ liest, dann sieht man, dass Martinus Gott in diesem Geiste anredet. Er sagt dort: „Lieber Vater, werter Vater, wunderbarer Vater, lieber himmlischer Vater“ etc.

Selbst wenn einer nichts beim Beten empfindet, das Gebet wirkt, er soll es nur tun. Im Grunde ist es gleichgültig, ob man Gott als lieben Vater, liebe Mutter, liebes Leben, liebes Universum o.ä. anredet.

Für Martinus war es eine ständig erfahrene Wirklichkeit, dass wir in Gott leben, uns bewegen und sind. Wir alle sind unterwegs zur ständigen Erfahrung dieser Wirklichkeit.

Immer schon bewegen wir uns in Gott, und in alle Ewigkeit werden wir uns in ihm bewegen. Wir Erdenmenschen leben jedoch fast ganz ohne Kenntnis, ohne bewusste Erfahrung davon, und alle unsere Leiden ergeben sich aus der Unwissenheit darüber, was es heißt, immer in Gott zu sein und in Gott zu leben. In Jesu Gebet am Kreuz „Vater vergib ihnen, denn sie wissen nicht, was sie tun!“ hat er die Erlösung der Menschheit aufgezeigt als Befreiung von der Unwissenheit, dass wir alle so wie er ständig in den liebevollen Händen des Vaters geborgen sind, sodass er selbstverständlich nicht anders beten konnte als „Vater, in deine Hände befehle ich meinen Geist“.

Ich wende mich jetzt auch an dich, lieber Vater: „Wunderbarer Vater! In deine Hände befehle ich mich und jede/n Leser oder Leserin dieses Buches, welche sich dem anschließen möchten.“

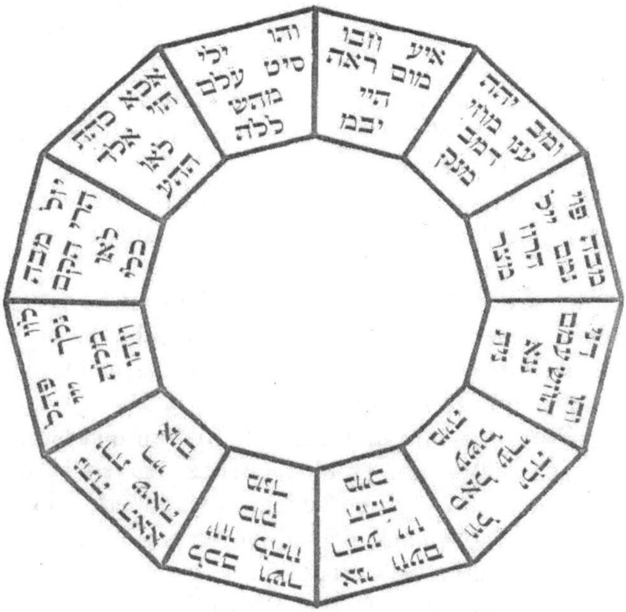

Reflexion über den Heileffekt der 72 Gottesnamen

Vorbemerkung:

Über das Foto eines Menschen, das auf das obige Zwölftrapez mit den hebräischen Schriftzeichen gelegt wird, empfängt dieser Mensch Heilenergien. (Das Zwölftrapez kann kopiert werden.) Woher kommen diese Heilenergien und was bewirken sie? Eine Antwort darauf geben die folgenden Ausführungen.

Die Thora, Bezeichnung für die fünf Bücher des Moses, ist in hebräischer Sprache geschrieben, in streng aneinander gereihten Konsonanten. Absolut nichts wurde in Abschriften geändert. Der Hohepriester wachte über die treue Wiedergabe im Falle einer Abschrift.

Warum diese absolute Buchstabentreue? Es gab eine mündliche Überlieferung für Eingeweihte. Keine Sprache der Menschheit gibt meines Wissens ihren einzelnen Buchstaben diese Bedeutung wie das Hebräische.

Alle 22 Buchstaben bezeichnen je einen einzelnen Gottesnamen, wobei das Aleph das Wesen Gottes bezeichnet, Beth Klarheit und Jugend, Gimel der Große usw.

Jeder Buchstabe bezeichnet einen Begriff des Lebens. Aleph ist das Haupt, Beth heißt das Haus, Gimel ist die Fülle, Daleth heißt die Tür usw.

Sodann hat jeder Buchstabe einen Zahlenwert, ja ist eine Zahl. Das ist seine wesentlichste Bedeutung. Sprache heißt hebräisch „Safa". Das gleiche Wort bedeutet auch Ufer, das heißt, die Sprache ist ein Ufer, eine Grenze zweier Welten.

Von der Welt in Raum und Zeit mit Bildern und Gefühlen, die die Sprache ausdrückt, gibt es eine Grenze, ein Ufer zum Nicht-Raum-Zeitlichen, zum Wesentlichen. Es äußert sich als ein Verhältnis, als ein Nebeneinandersein von mehr oder weniger. Was wir hier als quantitative Verhältnisse wahrnehmen, ist die größtmögliche Annäherung an das Wesentliche, das Nicht-Raum-Zeitliche.

Verhältnisse werden in Zahlen ausgedrückt. Beispiele: Ein Haus hat die Grundfläche von 6 x 15 m, Wasser hat die Formel H_2O, also 2 Wasserstoffatome + 1 Sauerstoffatom.

Nun existiert, wie Friedrich Weinreb nachweist, für alle Wörter und Satzaussagen der Bibel im Pentateuch, der Thora, ein tieferer Sinn hinter den Buchstaben, Wörtern und Sätzen, der sich in Zahlenverhältnissen ausdrückt. Zum Beispiel: Das Wort Mensch – Adam = 1-4-40 ohne das Aleph = 1 = Gott, verbleiben nur 4 – 40, dam = Blut, also ohne Gott ist der Mensch nur Blut, das heißt, ohne Gott ist der Mensch tot.

Das Wort Wahrheit = emet beginnt mit Aleph – 1, eins ist Gott. Ohne die Eins ist die Wahrheit met = tot, das heißt, ohne Gott ist die Wahrheit tot, ohne Bedeutung für das Leben.

Friedrich Weinreb zeigt auf 600 Seiten, wie hinter allen

Erzählungen der Tora ein verborgener Sinn aufleuchtet, wenn man die Buchstaben durch Zahlen ersetzt. Zum Beispiel Gn 2, 16 – 17: Du sollst essen von allen Bäumen im Garten, aber vom Baum der Erkenntnis des Guten und des Bösen sollst du nicht essen.

Der Baum des Lebens heißt ets hachajim, in Zahlen: 70 – 90 und 5 -8 -10-10 – 40 = 233 als Summe.

Der Baum der Erkenntnis heißt ets hadaäth tob wara 70 – 90, 5 - 4 – 70 – 400, 9 – 6 – 2, 6 – 200 – 70 = 932; 4 mal 233 ergibt 932, das heißt, die beiden Bäume stehen zueinander im Verhältnis 1 : 4; 1 der Baum des Lebens und 4 der Baum der Erkenntnis des Guten und des Bösen. Wer vom Baum des Lebens isst, der isst 1 = eins mit Gott; wer vom Baum der Erkenntnis isst, der isst 4, das ist die Weltzahl, das heißt Entfernung von Gott.

Aus dem Wenigen hier aufgeführten möge der Leser verstehen, dass das Hebräische eine ganz einmalige Sprache ist. In welcher anderen Sprache bezeichnet jeder einzelne Buchstabe erstens einen Zahlenwert, zweitens einen Wortbegriff, drittens einen Gottesnamen? Aus der abstrakten Zahl, zum Beispiel 1, wird im Übergang zur Raum-Zeit-Welt Aleph, zur Welt der Formen die Form eines Hauptes. Aus der Zahl 2 wird Beth, das in der Form eines Hauses in Raum und Zeit materialisiert wird. Aus der Zahl 4 wird Daleth, in der Form einer Tür. Darum ist die 1 ein Kopf, die 2 ist ein Haus, die 4 ist eine Tür usw.

Und jetzt geht es noch einen Schritt weiter. Jeder hebräische Buchstabe hat seine besondere Magie. Die in die mündliche Überlieferung Eingeweihten haben darum gewusst, warum jeder Buchstabe neben Zahlenwert, Bild und Gottesnamen auch seine Magie hat, eine Energie, die aus dem Wesentlichen in das Raum-Zeitliche, das Physische hineinstrahlt, und die Eingeweihten wussten damit zu arbeiten.

So gab man hebräische Schriftzeichen an die Türeingänge, um das Haus vor Negativenergien zu schützen. Man schrieb Wörter und Sätze auf Amulette und seine Gewänder, um bestimmte Ziele zu erreichen.

Anmerkung:

Der französische Radiästhesist M. de Bélizal hat die Magie der hebräischen Buchstaben – Vgl. dazu Papus S. 67: „Die hebräischen Buchstaben kombinieren heißt also, Zahlen und Ideen kombinieren ... Jeder Buchstabe ist eine Macht, mehr oder weniger eng mit den schöpferischen Kräften des Universums verbunden." – für die heutige Radiästhesie wieder entdeckt, und Jean de la Foye hat viel damit gearbeitet. So kam der Gebrauch der Magie des Hebräischen auch in meine Naturtherapie-Ausbildung, allerdings wurde nicht von den 72 Gottesnamen gesprochen. Ihre Anwendung in der Therapie wurde für mich zu einer persönlichen „Entdeckung".

Eine besondere Energie wurde von den Eingeweihten den 72 Gottesnamen zuerkannt. Die 72 findet sich im Tetragramaton, dem eigentlichen Gottesnamen mit den 4 Buchstaben

jod-he-waw-he 10 – 5 – 6 – 5 = 26

jod	10 – 6 – 4	= 20
he	10 – 5	= 15
waw	6 – 10 – 6	= 22
he	10 – 5	= 15

	Summe	= 72

Diese 72 ist auch verborgen, wenn man die kabbalistische Rechnungsweise anwendet. In ihr lässt man den Namen vom 1. Buchstaben an wachsen zum 2., zum 3. und schließlich zum 4. So erhält man:

1. Buchstabe	10	= 10
1. + 2. Buchstabe	10 + 5	= 15
1. + 2. + 3. Buchstabe	10 + 5 + 6	= 21
1. + 2. + 3. + 4. Buchstabe	10 + 5 + 6 +5	= 26

	Summe	= 72

Die Kabbala gibt der Zahl 72 eine große Bedeutung. Sie ist Ausdruck des Namens Gottes, Schem-ajin-beth, was heißt „Der Name 72“.

Man kennt auch 72 Gottesnamen, jeder einzelne hat seine ganz besondere Bedeutung und Kraft.

Die biblische Erzählung bis zur Offenbarung auf dem Sinai (Ex 19 und 20) bildet nach der Überlieferung einen Zyklus, der selbstständig ist. Mit der Offenbarung auf dem Sinai wird ein Weg abgeschlossen, welcher im Garten Eden begann, als der Mensch vom Baum der Erkenntnis aß und seinen Weg durch die Welt antrat. Dieser Zyklus ist gekennzeichnet durch des Menschen Ausgang von Gott hinein in die Welt, die Entfernung von Gott und seinen Weg wieder zurück zu Gott in seinem Abschluss durch die Gottesbegegnung auf dem Sinai.

Der Mensch in dieser Welt fragt sich: Wer bin ich? Woher komme ich? Wohin gehe ich? Die Bibel antwortet durch diesen besagten Zyklus: Ich bin in der Welt. Ich komme von Gott und finde meine Vollendung in der Rückkehr zu Gott.

Ich habe in dieser Welt der Zerstreuung eine ständige Hilfe. Die Thora drückt es so aus: Von Adam bis Moses sind 26 Geschlechterfolgen aufgezählt. 26 ist die Zahl des Tetragramatons 10 – 5 – 6 – 5. Es steht also der ganze Weg des Menschen durch die Welt unter dem Gottesnamen. Die 26 enthält, wie wir schon gesehen haben, die 72. In Ex 14, 19.20.21. wird uns berichtet, was es heißt, durch die Welt voller Not und Bedrängnis zu wandern. Das Volk Israel ohne Waffen auf der Flucht vor dem mächtigen Heer des Pharaos erfährt die wunderbare Rettung.

19: Und es bewegte sich der Engel des Herrn, der dem ausziehenden Volk Israel vorausging, und begab sich an das Ende des Zuges. Und es setzte sich die Wolkensäule vor ihnen in Bewegung und begab sich hinter sie.

20: Sie stellte sich zwischen den Zug der Ägypter und den Zug der Israeliten. Und die Feuersäule bildete eine finstere Wolke hin zu den Ägyptern und für die Israeliten erleuchtete sie die Finsternis der

Nacht. Und die ganze Nacht hindurch verhinderte sie, dass ein Zug sich dem anderen nähern konnte.

21: Und Moses streckte seine Hand aus über das Meer und der Ewige hob das Meer hinweg durch einen starken Ostwind, der die ganze Nacht hindurch blies. Und er machte aus dem Meer trockenes Land und die Wasser wurden geteilt.

In der ganzen folgenden Geschichte Israels wird in der jährlichen Paschafeier mit dem Essen des Osterlammes und bei allen Erfahrungen von Not und Leid dieser Befreiungsgeschichte durch die starke Hand Jahwes gedacht. In der Erinnerung an die Befreiung von den Ägyptern gewinnen die israelische Gemeinde und jeder einzelne Jude Trost, Gottvertrauen und Kraft, aus jedem Tal des Leides aufzusteigen zu lichten Höhen zuversichtlicher Lebensverwirklichung. Wer diese Verse las und immer wieder las oder vorgelesen bekam, der wurde allein durch den Wortsinn dieses Berichtes ermutigt. Auch heute noch nach 3.200 Jahren kann jeder Gottsuchende aus diesen Versen begreifen, dass Gott ein Befreier aus Not und Knechtschaft ist, der nicht vergeblich angerufen wird. In den vergangenen 40 Jahren hat der ganze lateinamerikanische Kontinent in den unzähligen Basisgemeinden mit der Befreiungstheologie Aufbrüche vollzogen, in denen die Hand Gottes zur geschichtlichen lokalen Tat am Roten Meer eine bis jetzt noch unabschätzbare kontinentale Befreiung in der Jetztzeit vollzieht. Die Befreiungstheologen gingen vom Wortsinn dieses biblischen Exodus – Auszugs – aus. Sie hatten keinen Zugang zu den viel umfassenderen und wesentlicheren Aussagen, die nur den Eingeweihten in mündlichen Mitteilungen zu dem schriftlichen Text gegeben wurden. Dazu einige Erklärungen, die ich dem Buch von Friedrich Weinreb entnehme „Der göttliche Bauplan der Welt", Origo Verlag Zürich 1966.

Dieser Bericht von der Rettung Israels steht ganz und gar unter dem Einfluss des Gottesnamens. Die 26 – es sind ja 26 Geschlechter von Adam bis Moses – enthält die 72. Jeder Vers – 19, 20, 21 – enthält genau 72 Buchstaben. Siehe DIE KABBALA von Papus, Fourier Verlag Wiesbaden 1980.

Hebräische Buchstaben	Namen und Umschrift der Buchstaben		Zahlenwerte				
א	ALEF	'	1	כ	KAF	k	20
ב	BET	b	2	ל	LAMED	l	30
ג	GIMEL	g	3	מ	MEM	m	40
ד	DALET	d	4	נ	NUN	n	50
ה	HE	h	5	ס	SAMECH	s	60
ו	WAW	v	6	ע	AJIN	'	70
ז	SAJIN	z	7	פ	PE	p	80
ח	CHET	ch	8	צ	ZADE	ṣ	90
ט	TET	ṭ	9	ק	KOF	k	100
י	JOD	y	10	ר	RESCH	r	200
				ש	SCHIN	sch	300
				ת	TAW	t	400

Ein Beispiel des alphabetischen hebräischen Ziffernsystems.
(Buch „Universalgeschichte der Zahlen von Georges Ifrah – Campus Verlag 1989)

Das Hebräische schreibt nur Konsonanten, somit ist jeder Buchstabe ein Konsonant. Jeder der 72 Gottesnamen besteht aus drei Konsonanten. Die mündlich Eingeweihten wussten um die in diesen drei Versen der Rettungsgeschichte verborgenen Gottesnamen. Der 1. Buchstabe aus Vers 19, Ve, mit dem letzten Buchstaben aus Vers 20, He, und wieder dem 1. Buchstaben aus Vers 21, Ve, ergab: Ve – He – Ve = Vehuiah: Gott, der über alle Dinge erhaben ist.

Der zweite Gottesname ergibt sich aus dem 2. Buchstaben von Vers 19, dem zweitletzten von Vers 20 und dem 2. Buchstaben von Vers 21 usw. bis zum 72. Buchstaben jedes Verses – alle 72 Gottesnamen enthüllend.

8 Zeilen stehen für die 8 Zeilen des hebräischen Textes

יט וַיִּסַּע מַלְאַךְ הָאֱלֹהִים הַהֹלֵךְ לִפְנֵי
מַחֲנֵה יִשְׂרָאֵל וַיֵּלֶךְ מֵאַחֲרֵיהֶם וַיִּסַּע עַמּוּד הֶעָנָן
מִפְּנֵיהֶם וַיַּעֲמֹד מֵאַחֲרֵיהֶם׃ כ וַיָּבֹא בֵּין ׀ מַחֲנֵה
מִצְרַיִם וּבֵין מַחֲנֵה יִשְׂרָאֵל וַיְהִי הֶעָנָן וְהַחֹשֶׁךְ וַיָּאֶר
אֶת־הַלָּיְלָה וְלֹא־קָרַב זֶה אֶל־זֶה כָּל־הַלָּיְלָה׃ כא וַיֵּט
מֹשֶׁה אֶת־יָדוֹ עַל־הַיָּם וַיּוֹלֶךְ יְהוָה ׀ אֶת־הַיָּם בְּרוּחַ
קָדִים עַזָּה כָּל־הַלַּיְלָה וַיָּשֶׂם אֶת־הַיָּם לֶחָרָבָה
כב וַיָּבֹאוּ בְנֵי־יִשְׂרָאֵל בְּתוֹךְ הַיָּם

(zitiert v. Buch Torá – A LEI DE MOISÉS, EDITORA SÊFER SÃO PAULO 2001, S. 195-196)

VERSE 19, 20, 21 VON EXODUS 14

Der Vers wird folgendermaßen gelesen:

Erster Buchstabe von 19, letzter Buchstabe von 20 und erster Buchstabe von 21, das gibt den ersten Gottesnamen. Die Verse beginnen dort, wo der kleine hebräische Buchstabe steht. Jeder Vers hat genau 72 Buchstaben, so gibt es 72 x 3 Buchstaben.

Hier stehen die drei Verse Exodus 14, 19.20.21 mit ihren jeweils 72 Konsonanten. Nimmt man also den 1. Buchstaben von Vers 19, den letzten von Vers 20 und den 1. von Vers 21 – die hebräische Schrift wird von rechts nach links geschrieben –, so bekommt man den ersten Gottesnamen, er steht in der nachfolgenden Tabelle oben rechts. Dann nimmt man den 2. Buchstaben von Vers 19, den vorletzten Buchstaben von Vers 20 und den 2. Buchstaben von Vers 21 und bekommt den 2. Gottesnamen, er steht von rechts gelesen in der Tabelle an zweiter Stelle, usw., bis alle 72 Gottesnamen gefunden sind. Auch der Nichtkenner der hebräischen Sprache kann nachprüfen, wie sich alle Buchstaben aus den Versen in dieser Ordnung herausnehmen lassen und so die 72 neuen Wörter erscheinen.

כהת	אכא	ללה	מהש	עלם	סיט	ילי	והו
הקם	הרי	מבה	יזל	ההע	לאו	אלד	הזי
חהו	מלה	ייי	נלך	פהל	לוו	כלי	לאו
ושר	לכב	אום	ריי	שאה	ירת	האא	נתה
ייז	רהע	חעם	אני	מנד	כוק	להח	יחו
מיה	עשל	ערי	סאל	ילה	וול	מיכ	ההה
פוי	מבה	נית	ננא	עמם	החש	דני	והו
מחי	ענו	יהה	ומב	מצר	הרח	ייל	נמם
מום	היי	יבמ	ראה	חבו	איע	מנק	דמב

Allein die Tatsache, dass in dem einfachen Erzähltext vom Durchzug durch das Rote Meer die inhaltsschwere Fülle der 72 Gottesnamen vorborgen ist, lässt jeden begreifen, dass hier Magie im Spiele sein muss.

Warum aber wurden solch wunderbare Kräfte so versteckt? Warum wurde keine einzige schriftliche Anleitung gegeben, sondern nur mündliche Mitteilungen? Die Bibel ist doch der Menschheit als geschriebener Text gegeben worden zur höchstmöglichen Sicherung einer getreuen Weitergabe. Überall im menschlichen Zusammenleben hat das geschriebene Wort die Funktion, Abmachungen, Geschäfte, Gerichtsurteile, Urkunden etc. durch schriftliche Fixierung gegen jegliche Veränderungen abzusichern.

Ein Radiästhesist aus Teresina – er ist nicht einer der mit mir ausgebildeten Naturtherapeuten – gab mir diese Tabelle, weil er meinte, dass ich als Padre mich besonders über die Gottesnamen freuen würde. Er wusste aber nicht zu sagen, wo diese Namen in der Bibel zu finden sind. Er erklärte mir, dass sie eine besondere Energie hätten und wenn ich sie nur anschaue, einen nach dem anderen, dann würde sich die Magie mir mitteilen. Ich habe nicht an seiner Aussage gezweifelt, aber ich wollte doch eine gezielte und auch messbare Anwendungsweise finden. Ich fügte sie in das Zwölftrapez ein und jetzt konnte ich durch ein aufgelegtes Foto Heilwirkungen erzielen. Der Leser kann das Zwölftrapez kopieren und auch damit arbeiten.

Ich benutzte jetzt also mit dem Zwölftrapez eine hochenergetische Formenergie, um die Energie der 72 Gottesnamen zu potenzieren und gezielt mit ihr zu heilen. In den zahlreichen Quellen der Kabbala finden sich viele Hinweise und magische Systeme für den Einsatz der 72 Gottesnamen. In Brasilia habe ich mir Erläuterungen dazu im Gespräch mit einem Rabbiner geben lassen. Warum nun stehen diese Wahrheiten nicht im schriftlichen Text der Thora? Sie stammen doch aus der gleichen Quelle wie die schriftlichen Mitteilungen und auch aus der gleichen Epoche. Sie sind also keine Entdeckung eines findigen Forschers späterer Zeiten. Sie sind eben Kabbala – mündliche Überlieferung. Man stelle sich die schriftliche Fixierung als einen Zugang zur Energie der 72 für einen jeden vor. Sie stammen ja aus der Epoche des „Auge um Auge“ und „Zahn um Zahn“, die unter dem Gesetz des Tötens stand, eben unter dem Gesetz des Tierreiches. Im Symbol 33 Figur Nr. 17 erläutert uns Martinus im „Ewigen Weltbild 3“ S.133f.: „Diese Figur symbolisiert alle hochpsychischen Kräfte /.../. Während die orangeroten Farben unten auf der Figur das tötende Prinzip bezeichnen, d.h. hier ‚schwarze Magie‘, bezeichnen die gelbe und die grüne Farbe oben das Liebesprinzip, in dessen Dienst die psychische Kraft zu ‚weißer Magie‘ wird. Mittels dieser geistigen oder psychischen Kraft ereignen sich die wunderbaren Manifestationen, die wir ‚Wunderheilung‘, Materialisation‘ und ‚Dematerialisation‘. ‚Telepathie‘, ‚organisches Hellsehen‘ und ‚organisches Hellhören‘ usw. nennen ...“

Bei Papus lesen wir auf Seite 63: „Es ist schon darauf verwiesen worden, dass die Kabbala nach der Ansicht der berühmtesten Rabbis auf eine mündliche Überlieferung zurückgeht, die Moses erprobten Männern hinterlassen hat.“

In dieser Epoche der orangeroten Figur des tötenden Prinzips war den Menschen in den 72 Gottesnamen eine hochpsychische Kraft gegeben, die zugleich schwarze und weiße Magie ermöglichte. Nur in der Liebesentwicklung fortgeschrittene Wesen durften dieses Wissen bekommen; darum die äußerst streng gehütete und nur mündliche, eben okkulte Weitergabe. Nur wer die ethischen Qualitäten hatte, wurde in dieses Wissen von Moses eingeweiht und ebenso in den nachfolgenden Generationen, wer die Gewissheit gab, keinen schwarzmagischen Gebrauch zu machen, nur der wurde durch mündliche Mitteilung ein „Eingeweihter". Diese Eingeweihten wussten natürlich auch um die mögliche Kehrseite der positiven Kräfte. Papus erwähnt bei der Aufzählung der 72 Gottesnamen auch immer den so genannten Gegengenius. Zum Beispiel

1. Vehuiah	weißmagisch:	Der über allen Dingen hoch und erhaben stehende Gott
	schwarzmagisch:	Lärmendes, ungestümes Wesen, Zorn
16. Hakamiah	weißmagisch:	Gott, der das Universum errichtet
	schwarzmagisch:	Verrat
28. Seeiah	weißmagisch:	Gott, der du die Kranken heilst
	schwarzmagisch:	Katastrophen, Schlaganfälle
40. Ieiazel	weißmagisch:	Gott, der sich freut
	schwarzmagisch:	Wirkt auf Melancholische und Menschenscheue
48. Mihael	weißmagisch:	Gott ein sicherer Vater
	schwarzmagisch:	Luxus, Unfruchtbarkeit, Unbeständigkeit
56. Poiel	weißmagisch:	Gott, der das Universum erhält
	schwarzmagisch:	Betrügerischer Bankrott, finanzieller Ruin
68. Habuiah	weißmagisch:	Gott, der freigebig schenkt
	schwarzmagisch:	Unfruchtbarkeit, Hungersnot, Pest, schädliche Insekten

Hier wird unter anderem schon sehr deutlich, welch schreckliche Möglichkeiten boshafte Wesen bekämen, könnten sie über diese Magie frei verfügen.

Nicht alle magischen Kräfte wurden nur mündlich weitergegeben. Auch der schriftliche Text der Thora enthält Hinweise auf weiße und schwarze Magie. Ein signifikantes Beispiel finden wir in den Kapiteln 25,10 bis 31,18 im Buch Exodus in den sehr exakten Anweisungen zur Bundeslade und dem Allerheiligsten. Alle Angaben zu Materialien, Formen und Maßen mussten genauestens beachtet werden, denn sie alle gehorchen Gesetzen der Formenergie. Auch hier handelt es sich um beide Aspekte der Magie. In 30,21 heißt es, um zum Schutz des Allerheiligsten etablierte tötende Magie ineffizient zu machen: „Sie sollen ihre Hände und ihre Füße waschen, und so werden sie nicht sterben.“ Da es sich bei der Bundeslade um das zentrale Heiligtum des ganzen Volkes handelte, konnten die hierzu gemachten schriftlichen Mitteilungen schwerlich missbraucht werden. Wenn aber jemand mit boshafter Mentalität erfährt, wie man auf magische Weise Verrat, Schlaganfall, Melancholie, Unfruchtbarkeit und viele andere Formen von schwarzer Magie gegen unerwünschte Mitmenschen einsetzen kann, dann kann der Schaden schier unübersehbar werden. Die große Mehrheit der Wesen zur Zeit Moses war eben auf einem sehr primitiven Entwicklungsstand, was heißt, die Wesen waren noch mehr Tier als Mensch. Die Lehren der Kabbala, die 72 Gottesnamen und vielerlei andere Magie wurden den Eingeweihten anvertraut, um die Entwicklung zum wahren Menschen zu fördern.

Es bleibt also festzuhalten, dass die okkulte Magie in der ganzen Thora eine ganz besondere Liebesgabe der Gottheit war. Die göttliche Offenbarung durch die Schrifttexte der Bibel war also von Anfang an von einer okkulten mündlichen Unterweisung begleitet. In diesem meinen Buch zu Heilwirkungen befasse ich mich besonders mit einigen Aspekten der Magie in den Aussagen der Kabbala. Der Leser möge aber nicht den Eindruck bekommen, dass die mündlichen Mitteilungen sich vor allem auf die Magie bezogen. Es waren Einführungen in esoterisches Wissen, das in vielen Aussagen der Kosmologie des Martinus sehr nahe kommt.

Lassen Sie mich einige Beispiele aus dem Werk des Papus zitieren:

S. 142: Vor ihrer Herabkunft auf die Erde ist jede Seele und jeder Geist aus einem Mann und einer Frau zusammengesetzt, welche zu einem einzigen Wesen vereinigt sind. Indem sie zur Erde herabsteigen, trennen sich beide Hälften und beseelen verschiedene Körper. Vgl. Martinus´ Symbol 35.

S. 143: Die Kabbala lehrt ebenso wie die indische und die neubuddhistische Philosophie die Reinkarnation und infolgedessen die Präexistenz der Seele. Vgl. Symbol 17.

S. 227: Die Gestalt Gottes ist zweifach. Er hat ein Haupt des Lichtes und ein Haupt des Dunkels, ein weißes und ein schwarzes, ein oberes und ein unteres. Alles Licht setzt ein Dunkel voraus und wird nur Helligkeit durch den Gegensatz zu diesem Dunkel. Vgl. Symbol 17.

S. 229: Israel wurde mutlos in der Wüste und sprach: „Ist Gott mit uns oder ist er es nicht?“ Dann sprachen sie von dem, den man kennt und den man nicht kennt. So trennten sie das weiße Haupt vom schwarzen Haupt. Der Gott des Schattens wurde nun ein vernichtendes Phantom. Vgl. Symbole 17 und 33. Denn die Ohren des Herrn sind stets geöffnet, um ein Gebet zu hören (Anntenne zur spirituellen Dimension!), und nichts vermag sie zu hindern, dem Ruf des Waisenkindes oder der Klage des Bedrückten zu lauschen. Vgl. Symbol 21.

Hierin finden wir die Wurzel der vielen okkulten Traditionen, wie die der vorchristlichen Essener und die der nachchristlichen Freimaurer, Rosenkreuzer, Templer. Unter anderem im 4. Kapitel seines Buches „Die Kabbala“ gibt Papus Hinweise, wo die Lehren von Freimaurern und Rosenkreuzern in der Kabbala verwurzelt sind. Und es gibt viele andere okkulte Lehren, weil die gesamte Fülle dieser okkulten Mitteilungen wohl nirgends zu finden ist. Papus bezieht sich in seinem Buch zur Kabbala, das von seinem Übersetzer Julius Nestor als die umfassendste Sammlung bezeichnet wurde, auf mehr als 400 Bücher, von denen die meisten die Kabbala direkt zum Thema haben – dies glaube ich zuminderst aus den Titeln schließen zu können. Alle diese Traditionen haben darum ihren Reichtum und ihre jeweilige Begrenztheit. Und wenn wir an den neuen Weltimpuls denken, von dem uns Martinus im Symbol 1 eine gewisse

Vorstellung gibt, dann ist die Begrenztheit dieser Traditionen doch sehr bemerkenswert.

Neben den hier erwähnten okkulten Richtungen aus biblischer Tradition gibt es auch andere Ursprünge, wenn wir zum Beispiel an die Kelten oder an die Atlanter denken, deren Symbole in ihrer magischen Energie in unserer Naturtherapieausbildung als den hebräischen Symbolen nahe stehend betrachtet wurden.

In diesem Zusammenhang möchte ich auch von der schwarzen Magie sprechen, die hier in meiner jetzigen brasilianischen Umwelt und in meiner Heilarbeit zu einer täglichen Erfahrung gehört. Zum Ritual von Voodoo und Umbanda gehören auch blutige Handlungen. Es werden Tiere getötet und ihr Blut wird versprengt in Richtung auf die Opfer dieser schwarzen Magie. Vergleiche dazu das Blutritual in Exodus 29,12 ff. Es steht also auch diese Magie unter dem Gesetz des Tötens, dem Gesetz des Tierreiches. Auf Haiti ist Voodoo, wie eine aktuelle TV-Reportage zeigte, die Religion von 90 Prozent der Bevölkerung, und im Mittelpunkt der Zeremonien und Rituale wurden blutige Tieropfer gezeigt und es kam der Hinweis des Reporters, dass der Mord an John F. Kennedy auf einen Auftrag an Voodoo Praktizierende zurückgeführt werde.

Aber die hochpsychische Fähigkeit der Magie, die weit zurück ins Tierreich reicht, wächst hinein ins wahre Menschenreich, und es gibt aus meiner Praxis nicht ein einziges Mal die Erfahrung, dass die Antenne zur spirituellen Dimension nicht wirksam wurde. Das Gebet „Lieber Vater, lieber Vater ..." und die Energie des Symbols 14 haben nie versagt. Ich fragte in Salvador da Bahia eine Mãe dos Santos – eine Mutter der Heiligen aus einem Kandomble-Heiligtum – , wie man sich gegen Umbanda-Magie schützen könne. Sie faltete ihre Hände und sagte, das Gebet sei der wirksamste Schutz.

Es ist Lehre der katholischen Kirche, dass die schriftlichen Texte der Offenbarung unbedingt der mündlichen Überlieferung bedürfen. Das bezieht sich insbesondere auf das kirchliche Lehramt, das allein die Richtigkeit der mündlichen Auslegung der Bibeltexte garantieren könne. Der Schrifttext allein kann ja unterschiedlich ausgelegt werden, was nach dem Jesuswort, dass der Buchstabe tötet, auch seine Bestätigung findet. Aber die mystischen und magischen Inhalte der jüdischen mündlichen Überlieferung wurden von Anfang an bis heute von der offiziellen Kirche strikt abgelehnt. Die von der Gottheit mithilfe geistiger Wesen zum schriftlichen Thoratext gegebenen mündlichen Anleitungen – diese große Fülle, die Papus aus mehr als 400 Werken gesammelt hat! – wurden also schlicht verworfen, obwohl man sich der Notwendigkeit einer mündlichen Überlieferung in der katholischen Kirche bis heute bewusst ist. Die Notwendigkeit mündlicher Überlieferung wurde erkannt, aber die schriftliche Thora wurde als das Alte Testament angenommen, ohne die sie begleitenden Inhalte der mündlichen Überlieferung. Hier zeigt sich meines Erachtens, dass die kabbalistische okkulte Weitergabe nicht die Vertreter der nachjüdischen neutestamentlichen Religion erreichte. Die Kirche war ja wegen des Todesurteils über Jesus von Anfang an in einer Konfrontation mit dem Judentum. Sie musste aber eine Autorität in allen Fragen der Lehre der Wahrheit sein. Die wunderbaren esoterischen Inhalte der Kabbala kamen nicht zu ihr und so wurde ihre Heilsvermittlung exoterisch. Sie verkündete zum Beispiel das Jesuswort vom REICH GOTTES IN EUCH – das ist esoterisch – als eine exoterische Botschaft; sie sagte, das Reich Gottes ist MITTEN UNTER EUCH. Es ist also da, wo zwei oder drei oder mehr in Jesu Namen versammelt sind. Das Reich Gottes ist also nicht von Ewigkeit und in alle Ewigkeit im ewigen Ich des Menschen, sondern wird in der Verkündigung der Kirche als Folge der Ablehnung der Kabbala eine äußere, auf den Menschen zukommende Realität und das konnte nur die Gesamtheit der Glaubenden sein, die jeweilige Gemeinde und natürlich die ganze Kirche. So wurde das Heil nur erreichbar durch den Dienst der Spende der Sakramente. Ich glaube nicht, dass es der Kirche möglich gewesen wäre, gegen den Staat, eine äußere Macht, die den Anspruch erhebt, in allen Lebensbereichen zu gebieten, sich selbst und ihr Evangelium zu behaupten, wenn sie nicht auch den allergrößten Wert auf die Sicherung ihrer eigenen äußeren Struktur gelegt hätte. Sie brauchte schlicht für das Funktionieren ihrer Organisation sehr viele Vertreter, viel mehr, als es eben wirklich erprobte Männer gab. Die staatlichen Instanzen hätten sonst in allem über sie verfügt, wie es ja teilweise tatsächlich geschehen ist. Die

Kirche wäre recht bald von der Landkarte verschwunden und mit ihr die einzige Garantin des Evangeliums Jesu Christi. Die ethischen Defizite, die ja jeder Erdenmensch hat, wurden eben dadurch kompensiert, dass man sagte, wenn die dafür bestellten Diener die Sakramente spenden, dann ist dieser Dienst in seiner sakramentalen Wirkung von der Heiligkeit der Kirche garantiert, unabhängig von der Würde des Spenders. Man wusste um viele dunkle Aspekte, man denke nur an Hexenverfolgung und Inquisition im Mittelalter, und sah den einzigen Weg, damit zurechtzukommen, in der Erklärung der Heiligkeit der Kirche als Ganzes, eben als der mystische, der geheimnisvolle Leib Christi, und in dem Gebot Ecclesia semper reformanda = Die Kirche ist ständig zu reformieren. Und wie suchte man mit der Frage nach der Wahrheit zurechtzukommen? Die Suche nach der Wahrheit endete mit der Unfehlbarkeitserklärung des Papstes im Jahre 1870 durch das 1. Vatikanische Konzil. Aber auch hier gab es schwere Auseinandersetzungen und die Kirchenspaltung mit den Altkatholiken. Wenn es um die Wahrheit geht, dann kann doch nur dann ein Prozess zu Ende sein, wenn eine Sache sich schlicht als logisch erwiesen hat, und nur dann ist alles klar und kein Streit mehr möglich. Ich sehe es als Folge der Ablehnung der Esoterischen Aspekte mit ihrer Wurzel in der Kabbala, dass es keine Einigung in logischen Ergebnissen aus Tatsachenanalysen gab, sondern dass die Kirche der Unfehlbarkeitserklärung ihres Oberhauptes zu bedürfen meinte. Viele Bedingungen wurden vom Konzil als Voraussetzung für einen solchen Akt des Papstes formuliert. Tatsächlich kam es seitdem auch nur zweimal zur Verkündigung einer „unfehlbaren Glaubenswahrheit“.

Ich meine, der Papst hat doch wie jeder Mensch immer dann Wahrheit gesprochen, wenn seine Aussagen logisch waren, und das hat er gewiss viele Male getan. Die Frage, ob aber die Unsicherheit in der Wahrheitsfrage bei diesen beiden verkündeten Themen dadurch aufhörte, dass man erklärte, dass der Papst eben den Beistand des Heiligen Geistes hatte, hat die Tatsache der Kirchenspaltung beantwortet. Der Papst hat natürlich wie jeder Mensch in einer für andere wichtigen Position besondere Helfer in der geistigen Welt. Sie sind aber nicht dazu da, ihn von dem im ganzen Universum geltenden Gesetz der Logik auszunehmen. Es ist eben ohne Logik, wenn der Papst sich bei Fragen der Empfängnisverhütung an Erklärungen von päpstlichen Vorgängern gebunden zeigt und sich nicht an die wissenschaftlichen Erkenntnisse seiner Zeit hält. Sogar viele ganz ungebildete Eheleute folgen in diesen Fragen ihren eigenen Erkenntnissen und nicht den viele, viele Male wiederholten Mahnungen des „unfehlbaren" Papstes. Darf man nicht fragen, ob die Helfer aus der geistigen Welt das, was mit dem Beistand des Heiligen Geistes doch nur gemeint sein kann, hier gerade nicht zur Wahrheitsfindung des Papstes geholfen haben, wohl aber haben sie vielen einfachen Gläubigen dadurch geholfen, ihre eigene Erfahrung und ihre eigene Autorität als Wert zu entdecken. Möge niemand ein anderes Wesen verurteilen, auch nicht den Papst, dessen ernsthafte Wahrheitsliebe in diesen Tagen auch dadurch sichtbar wurde, dass er alle Archive des Vatikans über die Inquisition den Forschern geöffnet hat. Gott aber ist ja der Gott des Lichtes UND des Dunkels, und so wie viele Gläubige veranlasst wurden, in den päpstlichen Aussagen zur Empfängnisverhütung ihr eigenes Denken zu aktivieren, so wird dieser Gott letztlich alle jetzt noch durch Glauben an Autoritäten gebundenen Wesen durch die Geisteswissenschaft des Dritten Testamentes zur einen Herde unter einem Hirten vereinen.

Aus der Ablehnung der Kabbalalehren durch die frühe Kirche erklärt sich für mich die Entstehung der oben erwähnten okkulten Traditionen. Die Wahrheit lässt sich nicht einfach autoritär unterdrücken. Sie wird immer wieder auf ihren eigenen Wegen zum Vorschein kommen. Heute sind ja diese okkulten Traditionen jedermann zugänglich. Die große Fülle esoterischer Literatur und das fast unbegrenzte Interesse suchender Menschen belegen das zur Genüge. Ich meine, da sind viele, viele Lichter zu finden, die zusammen alle zu der einen großen Sonne der sich den Menschen mitteilenden Gottheit gehören. Martin Luthers Ablehnung mündlicher Überlieferung war dann ganz radikal. Für ihn galt nur die

SCHRIFT ALLEIN. Meines Wissens halten es auch alle nach Luther entstandenen reformierten Kirchen so.

Nachdem wir nun ein wenig das Umfeld der Magie der 72 Gottesnamen angeschaut haben, können wir weiterschauen, wie Heilwirkungen durch sie erreicht werden können. Wie bereits erwähnt, arbeite ich mithilfe eines Zwölftrapezes. In der vorhergehenden Abbildung sind die 72 hebräischen Gottesnamen so eingefügt, dass von der oberen Ecke ausgehend gegen den Uhrzeigersinn jeweils sechs Namen in ein Trapez geschrieben sind.

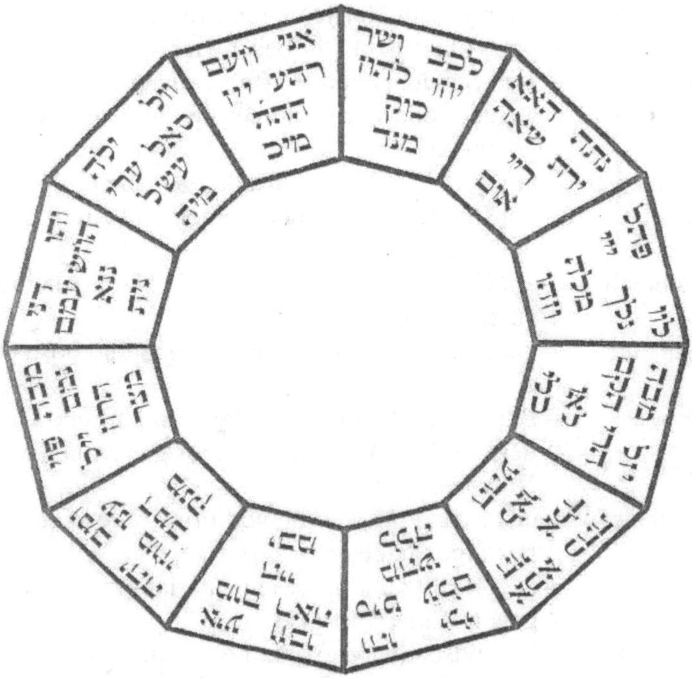

Moses war ein Eingeweihter. Er befreite sein Volk aus der Not der Knechtschaft unter Einsatz der Energien aus dem Gottesnamen: „Herr, Dein Name ist angerufen über uns!“ Es ist die Energie der 26, aus der sich die 72 herauslesen lässt.

Welche befreienden Energien kamen mithilfe dieser 72 Gottesnamen zum Zuge?

(Bei der Lautschrift der 72 Namen sind Vokale eingefügt und auch die Endung iah oder el für Jahwe oder Elohim = Gott; darum hat im Folgenden jeder Name wegen der Einfügung der Lautvokale mehr als drei Buchstaben! Ich gebe keine Übersetzung des Gottesnamens, sondern nur eine kurze Zusammenfassung seines jeweiligen Wirkungsbereiches.)

1. Vehuiah – um mit dem Geiste Gottes erleuchtet zu werden
2. Jeliel – um Volksaufruhr zu beschwichtigen
3. Sitael – zum Schutz gegen Waffen und gegen wilde Tiere
4. Elemiah – gegen seelischen Kummer und um Verräter zu erkennen
5. Mahasiah – um mit aller Welt in Frieden zu leben
6. Lelahel – um Erleuchtung zu bekommen und Krankheiten zu heilen
7. Achaiah – um Geduld zu erlangen und die Naturgeheimnisse zu erforschen
8. Kahetel – um den Segen Gottes zu erlangen und böse Geister zu vertreiben
9. Aziel – Barmherzigkeit Gottes, Freundschaft und Gunst der Großen, Ausführung eines gemachten Versprechens
10. Aladiah – um Gnade für die, die verborgene Verbrechen begangen haben
11. Lauviah – gegen Blitz und um Sieg zu erlangen
12. Hahaiah – gegen Widerwärtigkeiten
13. Jezael – Freundschaft, Versöhnung, eheliche Treue, um leicht zu lernen, Geschicklichkeit
14. Mebahel – gegen die, die das Vermögen eines anderen an sich reißen wollen
15. Hariel – gegen Religionsfrevler
16. Hakamiah – gegen Verräter, um Sieg zu erhalten, Befreiung von Unterdrückern
17. Lanoiah – gegen seelischen Kummer und Traurigkeit
18. Kaliel – um rasche Hilfe zu erlangen
19. Leuviah – gegen Sünden, um die Gnade Gottes zu erlangen
20. Pahaliah – gegen Feinde der Religion, um zum Glauben an Gott zu bekehren
21. Nelekael – gegen Verleumder, gegen Zauber, um böse Geister zu vernichten
22. Jeiael – Entdeckungen, Schutz gegen Unwetter, Schiffbruch, Glück im Handel, auf Reisen
23. Melahel – gegen Waffen und für Sicherheit auf Reisen

24. Hahuiah	– um die Gnade und Barmherzigkeit Gottes zu erlangen
25. Nith	– Offenbarung verborgener Geheimnisse, Hilfe für Weißmagier
26. Haaiah	– um einen Prozess zu gewinnen
27. Jerathel	– um Verbrecher und Verleumder zu überführen
28. Seeiah	– gegen Übelbefinden und Donner, schützt gegen Feuer, Häusereinsturz, Krankheiten
29. Reiiel	– gegen Frevler, Befreiung von sichtbaren und unsichtbaren Feinden
30. Omael	– gegen Kummer, Verzweiflung und um Geduld zu haben
31. Lekabel	– um erleuchtet zu werden
32. Vasariah	– gegen die, die uns in ungerechter Weise angreifen
33. Jehuiah	– gegen Verrat, Diebstahl und um feindlich Gesinnte und Verräter zu erkennen
34. Lehahiah	– um den eigenen Zorn und den anderer zu beseitigen
35. Kevakiah	– um sich mit denen zu versöhnen, die man beleidigt hat
36. Menadel	– um sich in seinem Amte zu erhalten, die Existenzmittel bewahren, die man besitzt
37. Aniel	– um Sieg zu erhalten und um die Belagerung einer Stadt aufheben zu lassen
38. Haamiah	– um alle Schätze des Himmels und der Erde zu erlangen
39. Rehael	– zur Heilung von Krankheiten
40. Ieiazel	– um Trost in allen Lebenslagen und Befreiung aus schwierigen Verhältnissen zu erhalten
41. Hahael	– gegen Frevler und Verleumder

42. Mikael	– um sicher zu reisen, um Verschwörungen zu entdecken
43. Veubiah	– um den Feind zu vernichten, von Sklaverei und Unterdrückung befreit werden
44. Ielahiah	– um ein nützliches Unternehmen gelingen zu lassen; bei Prozessen
45. Sealiah	– Überführung von Bösewichtern und Hoffärtigen, Erhebung Erniedrigter
46. Ariel	– um Offenbarungen zu erhalten
47. Asaliah	– um Gerechtigkeit, Gott zu loben und um Erleuchtung
48. Mihael	– um Frieden und Eintracht zwischen Partnern und Freunden usw. zu bewahren oder wieder herzustellen; um Kinder zu bekommen, um Schutz zu erhalten
49. Vehuel	– gegen Kummer und seelische Unruhe
50. Daniel	– um die Gnade Gottes zu erlangen und um Trost zu haben
51. Hahasiah	– um die Seele zu erheben und die Mysterien der Weisheit zu entschleiern
52. Imamiah	– zur Vernichtung der Macht der Feinde, als Hilfe bei der Flucht Gefangener
53. Nanael	– um spirituelle Entwicklung
54. Nithael	– um die Gnade Gottes zu erlangen, für langes Leben
55. Mebaiah	– um Trost zu verschaffen und für die, die Kinder haben wollen
56. Poiel	– um das zu erlangen, was man braucht
57. Nemamiah	– um in irgendwelchen Dingen Erfolg zu haben, um Gefangene zu befreien
58. Jeialel	– gegen Kummer, zur Heilung von Krankheiten
59. Harahel	– gegen Unfruchtbarkeit bei Frauen, um Kinder den Eltern gehorsam zu machen
60. Mizrael	– um geistige/psychische Krankheiten zu heilen, um Befreiung von Verfolgern

61. Umabel – um die Freundschaft einer Person zu erlangen
62. Jah-hel – um Weisheit zu erwerben
63. Anianuel – um Schutz vor Unfällen, heilt Krankheiten
64. Mehiel – gegen Widerwärtigkeiten
65. Damabiah – gegen schwarze Magie, um Weisheit, Ausführung nützlicher Unternehmungen
66. Manakel – um den Zorn Gottes zu besänftigen, um Epilepsie zu heilen
67. Eiaiel – um Trost in Widerwärtigkeiten, um Weisheit zu erlangen
68. Habuiah – um Gesundheit zu erhalten und Krankheiten zu heilen
69. Rochel – um verlorene oder gestohlene Gegenstände wieder zu erlangen
70. Jabamiah – bei Schaffung neuer, wichtiger Dinge, als Schutz für die, die sich geistig, seelisch und körperlich kräftigen wollen
71. Haiel – zur Überführung von Bösewichtern und Befreiung von denen, die uns unterdrücken wollen, Schutz derer, die Zuflucht zu Gott nehmen
72. Mumiah – wird angerufen bei mystischen Arbeiten. Siehe Papus S. 243-269

Es fällt nach dieser Aufzählung nicht schwer zu erkennen, dass hier gewiss **alle** Bereiche des Menschen, der aus dem Garten Eden auswanderte, bis zum Erreichen des Sinai berührt sind. Also kann man leicht erkennen, dass die 72 Gottesnamen Energien vermitteln, die den **ganzen** Weg des Menschen von Gott und wieder zurück zu Gott begleiten.

Und es ist der Name „Herr", welcher festlegte, wie die Entwicklung der Geschlechter der Menschheit in der Zeit verlaufen sollte.

Entwicklung = Toleth mit dem Zahlenwert 400 – 30 – 4. Das hat denselben Zahlenwert wie Daleth = Tür 4 – 30 – 400, jedoch in umgekehrter Reihenfolge. Die Erzählung von der Schöpfung der Welt, von ihrer Entwicklung um den innersten Kern hat genau 434 Wörter. Es ist der Totalwert von Daleth 4 – 30 – 400 und von Toleth 400 – 30 – 4 und das hat seine Bedeutung. Man geht durch die Tür hinaus aus dem Haus, das heißt hier, hinaus in die Welt und das bedeutet Toleth = Entwicklung, auch 434, was sagen will, wer in die Welt geht, der entwickelt sich. Der Schöpfungsbericht mit 434 Wörtern hat eben den Sinn, den Menschen zu sagen, warum sie in die Welt gesetzt sind, dass alles in ihrem Leben Entwicklung ist, noch nicht vollendet ist, dass aber die Vollendung kommt.

Die Tür gehört zum Haus = Beth. B ist der erste Buchstabe im Schöpfungsbericht: Bereschit = Am Anfang. Dieses Beth hat den Zahlenwert 2, das heißt, in der 2-heit manifestiert sich unser Leben, steht unter der Entwicklung = Toleth. Aber es ist ausgegangen von der 1 und wird zur 1 zurückgeführt. Ein weiteres Beispiel dafür, dass alles Geschehen in der Welt, auch in der scheinbar so chaotischen Welt von heute, auch in der so gestörten Harmonie im Leben eines unserer Kranken, eine Vorausplanung hat, Strukturen hat, die sicher zum Ziel führen. Und die Thora legt uns solche geheimnisvollen Zusammenhänge offen. Eine alte Überlieferung drückt das so aus: Gott schaute in die Thora und schuf mit ihrer Hilfe die Welt. Man betrachtete die Bibel als Bauplan der Welt. Siehe Weinreb S. 73. Von Martinus erfahren wir, dass alle Wesen sich zu genialen Künstlern entwickeln werden, und im Weisheitsreich entstehen kraft dieser ihrer Genialität neue Schöpfungen in Gedankenmaterie für neue Planetensysteme im Mikro- wie im Makrokosmos. Alles, was in physischer Materie sich manifestiert, hat seine Vorausplanung, eben einen göttlichen Bauplan. Was ich vor Jahren bei der Lektüre von Friedrich Weinreb mit großem Erstaunen vernahm, jetzt bei Martinus erfahre ich die genaue Analyse dazu.

In dieser Vorausplanung allen Geschehens ist auch die treibende Energie vorausgeplant, die sich in den 72 Gottesnamen konzentriert und von den Eingeweihten eingesetzt wurde. Dies geschah durch Anrufung des für bestimmte Bedürfnisse zuständigen Gottesnamens oder auch durch Tragen der Namen als Amulette.

In der radiästhetischen Heilarbeit habe ich gelernt, mit Grafiken und Kristallen zu arbeiten und das mit Erfolg.

Wenn nun alle hebräischen Schriftzeichen auch Energien vermitteln und die 72 Gottesnamen diese vorher aufgezählte Fülle von Wirkungen in allen Lebensbereichen des Menschen haben, dann müssen die 72 Gottesnamen auch anstelle von Kristallen in bestimmten Grafiken wirken, so meine Überlegung.

Wie aus dem Gesagten hervorgeht, steht der Gottesname 26, der die 72 enthält, über dem Lebensweg der gesamten Menschheit. Er begleitet den Ausgang von Gott auf dem ganzen Entwicklungsweg durch die Welt bis zur Rückkehr zu Gott. Wenn das für die ganze Menschheit gilt, dann gilt es auch für jeden einzelnen Menschen.

Wie die Sonne das ganze Leben begleitet, so habe ich die Freiheit, ihre Strahlen zeitweise zu meiden oder mich ihnen bewusst auszusetzen. Ich kann auch mein Leben in Gegenden mit mehr oder weniger Sonne einrichten. Ich kann am heißen Äquator oder am sonnenfernen Pol leben.

Des Menschen unmittelbarer Energieaustausch mit dem Universum, also auch mit der Gottheit, geschieht über das Scheitelchakra. Es hat die Form eines Mandalas mit 12 Blütenblättern. So dürften über das Scheitelchakra also auch die Energien der 72 Gottesnamen auf jeden einzelnen Menschen einwirken. Wie ich die natürliche Sonneneinstrahlung durch mancherlei Maßnahmen verstärken kann, so müsste ich auch die immer wirkenden kosmischen Energien aus den 72 Gottesnamen dirigieren und für Heilzwecke verstärken können. Was liegt näher bei einer Einwirkung auf das Scheitelchakra, als an das Zwölftrapez, das Duodekagon zu denken? Mein radiästhetischer Test fiel zugunsten dieses Zwölftrapezes aus.

Ich habe also zuerst mit mir selbst experimentiert. In die 12 Trapeze habe ich alle 72 Gottesnamen verteilt, ohne ein schriftliches Kommandokärtchen, das ich aus der Naturtherapieausbildung kenne, um Formenergien in die gewünschte Richtung zu dirigieren. Wenn doch alle hilfreichen Energien durch die Gottesnamen aktiviert werden, dann wird das, was in mir bedürftig ist, aus diesem

Kraftstrom heilende Energien bekommen. Durch den Einsatz eines Kommandokärtchens kommt nur das in den heilenden Energiestrom, was ich formuliert habe. Und um gewünschte Wirkungen zu formulieren, muss ich um das Bedürfnis des Kranken wissen. Ich kann zwar mit meiner Radiästhesie sehr viele Bedürfnisse bei meinem Kranken entdecken, wann aber dürfte ich sagen, dass ich wirklich alles richtig diagnostiziert habe? So wird also die Intention, alle dem Kranken hilfreichen Energien aus der Gesamtheit der 72 Namen zu vermitteln, nicht durch mein eventuelles Nichtwissen beeinträchtigt.

Ich habe mich gleich von Anfang an mehr und mehr belebt erfahren, und am dritten Tag empfand ich für einige Stunden einen Schmerz im Kopf. Ich hatte den Eindruck, dass eine Blockade überwunden wurde. Diese Erfahrung entspricht dem Effekt homöopathischer Mittel, wonach ein Krankheitsprozess aus einer inneren Schicht zur Heilung in eine weiter außen liegende Schicht gedrängt wird. Danach habe ich keine störenden, schmerzenden Wirkungen mehr feststellen können. Ähnlich ging es zwei anderen Versuchspersonen aus meinem Bekanntenkreis. Jeden Tag habe ich das Verbleiben des Fotos im Zwölftrapez überprüft.

Nach Georgos Vithoulkas (Die neue Dimension der Medizin, Kassel Wenderoth 1997) ist der spirituelle Bereich der innerste und subtilste des menschlichen Organismus. Von dieser Ebene gehen die universalen Energien aus und dringen belebend in den geistigen, emotionalen und physischen Bereich. Physische Gesundheit kann nicht existieren ohne spirituelle Gesundheit, spirituelle Stärke und Harmonie.

Ein verblüffend großer Effekt auf das Immunsystem wird durch die 72 erreicht. 2 bis 4 Skalen Anstieg in der Errichtung neuer Immunbarrieren waren nach dem Verbleib des Fotos auf dem Zwölftrapez mit den 72 Gottesnamen zu verzeichnen. Und das hängt mit der maximalen Erhöhung der spirituellen Schwingung in fast allen Fällen zusammen. Von dieser großen Intensität spiritueller Energien gehen lang anhaltende Wirkungen auf die mehr peripheren Ebenen aus.

Wenn die asiatischen Derwische tanzen, dann erhöhen sich in ihren Drehungen im Uhrzeigersinn die spirituellen Energien und von da wirkt sich der Tanz der Derwische positiv auf andere Organismusebenen aus. Das Gleiche geschieht in der ersten Übung der fünf Tibeter mit ihren 21 Rechtsdrehungen.

Es bleibt also festzuhalten, dass die Therapie des Zwölftrapezes mit den 72 Gottesnamen neben der Einwirkung auf alle physischen, emotionalen, mentalen und spirituellen Disharmonien eine große Reserve an spiritueller Energie auftanken lässt. Ich habe lange Zeit meinen radiästhetischen Feststellungen misstraut, wonach fast alle mit den 72 Gottesnamen Behandelten ihre spirituelle Energie, gemessen in Ångström (Å) bis auf 30.000 erhöhten.

Wenn die spirituelle Energie das eigentliche Zentrum eines gesunden Organismus ist, wie Vithoulkas immer wieder aufzeigt, dann kann der Naturtherapeut nicht daran vorbeigehen, dem Kranken diese Zusammenhänge bewusst zu machen und ihn beten zu lehren, was ja heißt, die Antenne zur spirituellen Dimension selber einzusetzen, damit er wirklich Autor seiner Gesundheit ist.

Heilenergien der Martinus-Symbole

In der hebräischen Thora, insbesondere in den 72 Gottesnamen, verbirgt sich, was Friedrich Weinreb (Origo Verlag Zürich 1966) den göttlichen Bauplan der Welt nennt.

In der Heilenergie der 72 Gottesnamen sehe ich eine beachtliche Bekräftigung für die Meinung von Friedrich Weinreb. Aber wie sieht die konkrete Struktur dieses göttlichen Bauplans aus? Die Mystik der Zahlen offenbart dem Eingeweihten erstaunliche Zusammenhänge, aber bleiben nicht selbst diese offenbarten Zusammenhänge Mystik für den modernen, in seiner Intelligenz hoch entwickelten Menschen? Gemäß der Tradition des okkulten Wissens blieben auch für die Eingeweihten viele Fragen offen. Das belegen die vielen Quellen mit unterschiedlichen Meinungen. Wer hat diese mündlichen Informationen zuerst empfangen? Offenbaren sie einen durchschaubaren logischen Zusammenhang? Zeigen sie Logik hinter allen Manifestationen des Lebens auf? Wenn zum Beispiel gesagt wird, der Mensch wurde geformt aus Lehm, dann ist das eine symbolische Sprechweise, die durch die Kabbala ohne Zweifel viel Erhellung erfährt, aber letztendlich bleibt vieles geheimnisvoll.

Von der Moses-Epoche bis heute sind 3.200 Jahre Entwicklung dahingegangen. Computer, Roboter und unglücklicherweise auch die moderne Kriegstechnik zeigen eine enorme Entwicklung der menschlichen Intelligenz. Infolge seiner hohen Intelligenz ist dieser moderne Mensch weithin nicht mehr in der Lage, schlicht an die Bibel zu glauben. Der gleiche Gott, der der Menschheit zur Zeit des Moses die Thora mit ihrer Begleitung durch mündliche Überlieferung gegeben hat, gibt der Menschheit auf ihrem heutigen Entwicklungsstand eine Welterklärung, die alle Fragen einer entwickelten Intelligenz beantwortet, die in logischen Analysen aufzeigt, dass die uns umgebende Natur, der ganze Kosmos und alle Prozesse unseres menschlichen Lebens einer Logik folgen und in ihren Endresultaten wahrhaft liebevoll sind.

Das von Martinus geschriebene „Dritte Testament“ ist trotz dieses Namens nicht für Gläubige geschrieben, es ist nämlich jene Welterklärung, die Jesus vor 2.000 Jahren seinen Zuhörern noch nicht geben konnte. Alle wissenschaftlichen Analysen auf 6.000 Seiten der Hinterlassenschaft des Martinus sind aus direkter intuitiver Schau erwachsen. Im 30. Lebensjahr öffnete sich sein Geist für diese intuitive Wahrnehmung. Er verließ seine Berufsarbeit als Molkereiarbeiter und widmete sich 60 Jahre hindurch der Niederschrift dessen, was er aus kosmischer Schau als mitteilbar für den Erdenmenschen erkannte. Er ist kein Gebildeter mit Bücherwissen. Die einzige Quelle seiner Mitteilungen ist seine eigene Intuitionsenergie. Seine Schulbildung bekam er auf einer dänischen Landschule.

Martinus weist nach, dass alle Probleme des einzelnen Menschen und der gesamten Menschheit aus der Unwissenheit erwachsen. Auch unsere Krankheiten haben diese Wurzel. Wir haben keine Kenntnis von der Harmonie des Lebens und infolgedessen ist unser Verhalten disharmonisch und Krankheit verursachend. Nur das Wissen kann heilen. Martinus gibt zu seinem Werk einen erleichterten Zugang durch ein vierbändiges Werk: DAS EWIGE WELTBILD. Hier gibt er uns 44 Symbole. Sie sind nicht eine Fotografie der kosmischen Realitäten, sondern eine Herabtransformierung der von Martinus geschauten kosmischen Realitäten auf unser intellektuelles Niveau.

Wenn die Wurzel aller unserer Krankheiten die Unwissenheit ist, dann, so meine Überlegung, dürften die Martinus-Symbole, weil sie Wissen vermitteln, auch eine heilende Energie vermitteln. Radiästhetisch wählte ich zunächst 17 Symbole aus und zwei Jahre lang habe ich mit ihnen mit großer Zufriedenheit gearbeitet. Ich legte das Foto des Kranken auf ein radiästhetisch ausgewähltes Symbol und begleitete es täglich über sein weiteres Verbleiben und seinen eventuellen Wechsel auf ein anderes Symbol. Auf diese Weise habe ich mit 3.000 Personen gearbeitet und im Durchschnitt dauerte die Behandlung 92 Tage je Person. Die positiven Rückmeldungen waren beeindruckend. Nach diesen zwei Jahren bin ich dazu übergegangen, in Anlehnung an die bereits erwähnte Arbeit mit den 72 Gottesnamen die einzelnen Symbole durch ein Zwölftrapez (Duodekagon) mit den Symbolen 1 bis 41 zu ersetzen. Symbol 42 habe ich später auch eingefügt ins Zwölftrapez, jedoch ohne seine Wirkungen zu analysieren und das Symbol zu erklären. Jetzt kamen zusätzliche Wirkungsbereiche zum Tragen und immer in direkter Wirkung, je nach der aktuellen Bedürftigkeit des Kranken.

Die hebräischen Buchstaben sind Energiespender, aber warum der Buchstabe Shin ein Schutzsymbol gegen Dämonen ist, das bleibt Mystik. Die Martinus-Symbole aber lassen uns verstehen, warum sie bestimmte Wirkungen haben. In der Arbeit mit ihnen ist alles durchsichtig.

In diesem Buch gebe ich eine verkürzte Erklärung der Symbole 1 bis 44 in ihrer Bedeutung, wie ich sie im Zusammenhang mit ihrer therapeutischen Energie verstanden habe. Sowohl was die exakte Erklärung der Symbole als auch die Beziehung zu bestimmten Heilwirkungen angeht, kann ich keine letzte Autorität für mich beanspruchen. Ich bin kein Kenner aller Martinus-Werke und ich bin kein Kenner aller medizinischen und naturtherapeutischen Aspekte, ich habe kein schulmedizinisches Studium, ich habe auch längst nicht alle Zweige der Naturmedizin kennen gelernt Dennoch glaube ich, mit meinen Erfahrungen in der richtigen Richtung unterwegs zu sein, was das Verständnis einerseits des Dritten Testamentes und andererseits der Krankheitsprozesse angeht. Es wäre wunderbar, wenn ein kundiger Mediziner, Naturtherapeut und Kenner des Dritten Testamentes meinen Weg überprüfen, korrigieren und vertiefen würde.

Ich meine, es macht neugierig herauszufinden, warum das Foto eines Depressiven auf der Grafik der Symbole heilend wirkt. Und der Therapeut, der die Logik dieses Heilprozesses versteht, kann sein Wissen dem Kranken vermitteln. Aus der Kenntnis des Heilprozesses erwächst die Immunität neuen Erkrankungen gegenüber.

Ich habe eine überraschende Entdeckung in Bezug auf die Erhöhung der spirituellen Energie durch die Martinus-Symbole gemacht. Ich habe mich schon sehr gefreut, wenn die 72 Gottesnamen die spirituelle Energie auf 30.000 Å erhöhten. Jetzt wollte ich einfach den radiästhetischen Ergebnissen nicht glauben, denn fast alle Behandelten erreichten 360.000 Å. Gibt es eine Logik hinter dieser großen Differenz? Alles in der Geisteswissenschaft beruht auf Logik. Was also ist die Ursache dieser großen Differenz im Vergleich mit den 72 Gottesnamen? Die Energie der 72 Gottesnamen resultiert aus dem antiken göttlichen Weltimpuls mit dem Alten Testament. Danach kam der alte Weltimpuls mit dem Auftreten von Jesus, Buddha und Mohammed, und jetzt wirkt mit dem Erscheinen des Dritten Testamentes der Neue Weltimpuls. (Vgl. dazu die Erklärungen zu den Symbolen 1 und 39.) Von Moses bis Martinus wurde das Wissen um das Lebensgeheimnis immer größer, von einem anfänglich schwachen Licht bis hin zu einem hellen strahlenden Licht, in dem es keine Mystik mehr gibt. Wenn das Licht heller wird, dann weil die Energie stärker wird, also auch die spirituelle Energie des mit den Symbolen Behandelten.

Bevor ich auf die Erklärung der einzelnen Symbole und ihre Wirkweise eingehe, möchte ich zeigen, wie die spirituelle Dimension im Falle von Verstorbenenenergien wirksam ist. So viele

Symptome werden von der aktuellen Medizin behandelt ohne Kenntnis der spirituellen Ursache. Kenner der europäischen Szene sagen, dass ein Drittel mit Verstorbenenenergien lebt. Ich würde das bestätigen, in Brasilien ist der Anteil gewiss höher.

Antenne zur spirituellen Dimension der Verstorbenenenergien

Vorbemerkung:

Ich habe mehrere Tausend solcher V.E.-Fälle vor diesen 112 hier aufgeschriebenen erlebt und auch danach sehr, sehr viele. Ich habe nicht die Gewohnheit, alle diese Fälle schriftlich festzuhalten. Als ich begriff, dass es für mich und vielleicht für andere hilfreich sein könnte, die Erfahrungen aufzuschreiben, habe ich in einem Zeitraum von drei Monaten diese Notizen gemacht. Nur etwa fünf Fälle habe ich aus meiner Erinnerung eingefügt, weil sie mir besonders eindrucksvoll schienen.

Vielleicht wird der Leser erstaunt fragen, warum denn nun so viele Einzelfälle hier im Buch veröffentlicht werden. Ich möchte dazu sagen, dass ich selbst lange gebraucht habe, das große Gewicht der V.E. in der Verursachung von Krankheiten zu erkennen. Erst bei genauerem Hinsehen wurde ich mir bewusst, dass aus dieser einen und allen Fällen gemeinsamen Ursache bei jedem daran Erkrankten andere Symptome auftreten. Wo die Krankheitszeichen als fast gleich erscheinen, da liegt es häufig an der mangelnden Wahrnehmung und Darstellungsfähigkeit des Erkrankten. Hätte ich die wenigstens 5.000 Fälle aus meiner Praxis im Einzelnen aufgeschrieben, dann würden sich nie zwei gleiche Fälle ergeben. Man kann V.E. als Krankheitsursache fast nicht überschätzen. Jedenfalls bin ich sicher, dass sie auch von meinen Kollegen in der Naturtherapie stark unterschätzt wird.

Ich möchte den Leser, der keinen Zugang zu einer radiästhetischen Diagnose hat, ermutigen, bei merkwürdigen ähnlichen Symptomen einfach das von mir beschriebene und hier immer erfolgreich eingesetzte befreiende Beten zu versuchen. Wenn sich Reaktionen im Körper zeigen, die manchmal auch sehr schmerzhaft sein können, am Ende aber zu eindeutiger Erleichterung führen, dann weiß er, dass er von V.E. befreit wurde.

Fallbeschreibungen

In den nun folgenden Fallberichten zur Besetzung durch Verstorbenenenergien berichte ich in einem prinzipiellen, jedoch je nach Fall nicht immer konsequent gegliederten Dreischritt.

- Als Erstes kommen eine Kennzeichnung der Person mit Alter und Geschlecht und die von ihr dargestellten Beschwerden.
- Zweitens berichte ich von der radiästhetischen Diagnose.
- Drittens beschreibe ich die Auswirkungen des Befreiungsprozesses in meiner und des Patienten Wahrnehmung, wobei der Leser/die Leserin selbst unterscheiden kann, was mir und was dem Patienten zuzuordnen ist. Der Befreiungsprozess zeigt sich in Form verschiedener Reaktion auf das befreiende Beten. Manchmal ist es ein vermehrter oder im Körper wandernder Schmerz, so wie zum Beispiel das Messer des Chirurgen auch einen im Körper wandernden Schmerz verursachen kann.

Die Abkürzung V.E. steht für Verstorbenenenergien.

1. Francisca
* 20. 6. 1983
Sie hat zwei Söhne.
Zwei Jahre nach der letzten Geburt blieb sie ohne Menstruation.
Der Obsessor war ein Mann, ein Verwandter, der sich aber nicht identifizieren ließ, und dazu eine regelrechte Wolke von V.E. Es gab sehr große Widerstände gegen den Befreiungsprozess von Seiten des Verwandten, schließlich stellte sich bei der Frau eine große Erleichterung ein.

2. Maria R.
* 5. 2. 1961
Sie fühlte einen starken Schmerz in der Hand, die kräftig angeschwollen war, unterhalb des Daumens fühlte sie ein Stechen.
Unbekannte Obsessoren. Nach der Befreiung fühlte sie Erleichterung und die Geschwulst an der Hand schrumpfte sichtbar etwa um die Hälfte.

3. Jose H.
* 19. 3. 1997
Seit mehr als einem Jahr magerte er ständig ab. Er aß keine Bohnen mehr (im Nordosten von Brasilien eine Grundnahrung!), keinen Reis, kein Maniokmehl. Er vertrug nur ein wenig Süßspeise und ein bisschen gekochtes Fleisch.
Seit mehr als einem halben Jahr suchte er Ärzte auf. Diagnose: Würmer. Nie stellte sich Erleichterung ein.
V.E. seit fast fünf Jahren.
Nach dem Befreiungsprozess fühlte er sich sehr erleichtert. Während der darauf folgenden vier Monate erschien er nicht mehr.

Anmerkung:

Dreimal habe ich jetzt von Reaktionen auf den Befreiungsprozess gesprochen. Nach der Diagnose vollziehe ich in Zusammenwirken mit dem Betroffenen in strenger Abgrenzung von anderen Intentionen den Befreiungsprozess. Erst wenn sich darauf beim Patienten deutlich vernommene Reaktionen einstellen, betrachte ich meine Diagnose als zutreffend.

Zum Befreiungsprozess gehören zwei Schritte: Der Dialog mit dem/den Verstorbenen und das befreiende Beten.

Der Dialog geht aus von dem mentalen Gefängnis, in das sich der Verstorbene begeben hat. Ich gehe davon aus, dass immer eine Syntonie zwischen dem Obsessor und dem Besetzten besteht, die eine Chance sein kann, dass die Erklärungen des

Besetzten akzeptiert werden. Dieser Dialog ist natürlich dem intellektuellen und emotionalen Niveau des Patienten anzupassen. Bei verstorbenen Verwandten, die ab und zu auch visualisiert werden, ist das Gespräch aufgrund der erinnerten Erfahrungen vor dem Ableben zu führen. Oft genug hat sich schon durch den Dialog eine befreiende Bewegung eingestellt. Allerdings ist es die weitaus häufigere Erfahrung, dass selbst nach intensivem Gespräch keine Reaktion seitens des/r Verstorbenen vernommen wird, und dann lasse ich den Besetzten beten: „Lieber Vater …“, und zwar mit der Aufforderung an den oder die Verstorbenen: „Bete, betet mit mir.“

Der Besetzte betet dann in einer zweifachen Intention: den Verstorbenen Hilfe zu erbitten und für sich um ein Schließen seines Aurafeldes. Er betet so lange, bis eindeutige Erleichterung verspürt wird. Ich prüfe dann mit der Rute, ob die Verstorbenenenergien entfernt wurden und ob das Biofeld geschlossen ist. Dann ist es immer sehr wichtig, dass der Kranke das „Wachet und betet!“ richtig praktiziert, dass er vernimmt, wenn erneut Verstorbenenenergien einbrechen und dann sofort bis zur vollen Befreiung das „Lieber Vater …“ betet.

4. Johannes
* 15. 12. 1968
Die Beine geschwollen und sehr schmerzhaft. Diagnose: V.E.
Fühlte große Erleichterung.

5.
Ein zweijähriges Kind
Aufgerissene Füße. Die Mutter sagt: „Nichts heilt.“ Es sind Verstorbenenenergien.
Das Kind wurde nicht mehr vorgestellt, das heißt, es fand Heilung. Zur direkten Wirkung konnte es sich ja nicht äußern.

6. Angelita
* 29. 6. 1967
Vier Jahre hindurch Ohnmachtsanfälle, Würmer, zwei Medikamente gegen Epilepsie, aber nur kurze Zeit zeigte sich Wirkung, die Anfälle begannen bald wieder.
Der Obsessor war nicht aus der Familie. Es dauerte ungewöhnlich lange beim Befreien, zwischendurch war die Reaktion der Rute unterbrochen und sehr langes Beten war erforderlich, um die Instinktenergien für das Funktionieren der Rute aus den Blockierungen zu lösen.
Nach über einer Stunde stellte sich ein Kribbeln am ganzen Körper und große Erleichterung ein.

7. Janaina
* 12. 11. 1983
Ohnmachtsanfälle, viele Male, die Glieder blieben kraftlos seit einem ganzen Jahr. Die Mitmenschen sagten: Das ist eben ein Kreuz.
Der Psychiater machte eine Röntgenaufnahme, er fand nichts. Er verordnete Medikamente. Sie bewirkten ein wenig Erleichterung, aber sie wurde davon sehr depressiv.
Es dauerte recht lange, bis sich Erleichterung einstellte. Das Gesicht erhellte sich sichtbar.
Am drauf folgenden Tag kam sie wieder. Obwohl sie viel gebetet hatte und viel Erleichterung spürte, fand sie sich noch nicht richtig befreit. Ich betete erneut und sie fühlte in den Beinen, im Kopf, im Bauch und schließlich im ganzen Körper große Befreiung. Nur im Fuß fühlte sie noch Schmerzen, aber doch schon sehr viel weniger.
Sie wusste ja, dass sie in Hinsicht auf die Verstorbenen beten sollte.
Sie kam nicht wieder, gewiss, weil sie selbst mit ihrem befreienden Beten Abhilfe gefunden hat.

8. Jose
* 7. 11. 1970
„Ich habe ein ernstes Problem. Seit zwei Jahren fühle ich Schmerzen im Hals, dann ziehen sie hinunter zum Herzen und dann füllen sie die ganze Brust."
Er erinnert sich an Juscelina, seine Cousine, verstorben vor acht Jahren. Nach meiner Diagnose hat er V.E. seit sechs Jahren.
Während des Befreiungsrituals mit seiner Verwandten stellt sich Kälte in seiner Brust ein, danach fühlt er Bewegung in seiner Brust und schließlich Erleichterung.

9. Maria
* 18. 6. 1955
Seit zwei Tagen sehr starker Durchfall.
Diagnose: seit wenigen Tagen V.E.
Sie fühlt recht bald im Befreiungsprozess Erleichterung.

10. Ein 32-jähriger Mann
Er präsentiert eine walnussgroße Schwellung unterhalb des Ohres.
Obsessor ist eine Tante, die schon seit vielen Jahren verstorben ist.
Er fühlt Befreiung.

11. Eine 48-jährige Frau
Nervös, erregt, ohne Schlaf.
Viele Arztbesuche: „Die Ärzte sagen, es sei die Wirbelsäule, aber niemals sagen sie, was das wirklich ist."
Diagnose: V.E. seit 31 Jahren. Viele Verstorbene.
Nach der Befreiung sagt die Frau: „Ich fühlte eine Nebelwolke vor meinem Gesicht."

12. Josefa
* 21. 5. 1943
Um die Arme herum, um die Hüften, am Rücken und hinunter bis zu Beinen empfindet sie Kribbeln, starke Bewegungen. Alle verfügbaren Ärzte hat sie aufgesucht, auch in der näheren Umgebung, sie hat einen Heiler aufgesucht, der als Medium Geistwesen empfängt, er sprach von Nierensteinen, sie ließ ein Röntgenbild machen, heute, da sie mich aufsucht, nichts wurde festgestellt. Schon endlos viele Medikamente hat sie geschluckt.
Meine Diagnose: V.E. seit 36 Jahren, sie bestätigt sofort diese Zeitdauer.
Der Widerstand von Seiten der Verstorbenen war sehr groß, nach langer Dauer stellte sich Wirkung ein. Sie fühlte stark die anfangs beschriebenen Bewegungen und dann die große Befreiung.

13. Ein 13-jähriges Mädchen,
* 22. 12. 1990
In der Gegend des Kronenchakras bildete sich ein Kreis von 5 cm Durchmesser ohne Haare.
V.E. der Großmutter. Der Befreiungsprozess war deutlich für sie wahrnehmbar.

14. Cesar M.
* 3. 4. 1974
Mit Vehemenz negiert er die Vaterschaft des zweijährigen Sohnes seiner Frau. Er lebt getrennt von ihr. Er leistet ihr keinerlei Unterstützung.
Warum?
Die Diagnose: V.E. durch einen Vetter, der ermordet wurde. Cesar war sehr verbunden mit diesem Vetter. Er schwört Rache für den Mord und jetzt imitiert er die Haltungen dieses Vetters, der auch seine Vaterschaft über seinen Sohn negiert hat.
Die geschiedene Frau bittet mich um Hilfe und ich frage mit der Rute ab, ob ich die Erlaubnis habe, befreiend für Cesar zu beten. Dann folgte ein sehr mühsamer Befreiungsprozess.

15. Geraldo
* 13. 12. 1949
Drei Stellen am Kopf mit 3 cm Durchmesser ohne Haare und völlig weiß. „Ich habe eine Ärztin aufgesucht in Petrolina. Sie hat mir viele Medikamente verordnet, sie waren sehr, sehr teuer und ich habe die Behandlung dreimal wiederholt. Ergebnis gleich null!“ Elf Jahre V.E., zwei Jahre die weißen Flecken.
Bei der Befreiung bekam er Schweißausbrüche, Kribbeln, Hitze im Kopf.

16. Ildete
* 17. 2. 1971
Schmerzen um die Augen herum, am linken Ohr, im Magen fühlte sie oft starke Beschwerden. Gedächtnisschwäche.
Während der Befreiung fühlte sie eine Kälte im Körper.

17. Elisangela
* 9. 12. 1980
23 Jahre, ihr ganzes Leben lang hatte sie Ekzeme. Flecken in der Größe einer Münze, an die vierzig solcher Flecken auf dem ganzen Körper verteilt. Sie konsultierte einen Hautarzt und danach zwei weitere Ärzte – sie war aus einer armen Landfamilie. Dort fand sie keine Hilfe.
Es dauerte sehr lange, bis sie Reaktionen spürte und ein Kältegefühl den ganzen Körper überzog.

18. Raimunda
* 24. 1. 1937
Trockenheit in der Kehle, Schwierigkeiten beim Atmen, die Zunge klebt am Gaumen.
Diagnose: V.E. von Seiten der Mutter und eines Onkels.
Sie spürte Erleichterung.

19. Gracilda
* 26. 9. 1980
Vier Wochen lebt sie mit starkem Würgegefühl, Druck in der Brust, ohne Willen zu leben.
Sie konsultierte einen Nervenarzt, ohne Ergebnis.
Medikamente gegen Gastritis, nichts. Anfangs Schmerzen in der Herzgegend, dann stiegen sie auf zur Kehle.
Besetzung durch die verstorbene Tante Erminia.
Nach dem Befreiungsritual für Verwandte: „Das Herz hat sich geöffnet, der Druck ist weg!"

20. Maria M.
* 4. 3. 1977
Seit vier Tagen hat sie ein Mal unterhalb der rechten Leiste. Es ist wie eine Narbe, 10 cm lang und bis zur Mitte öffnet es sich bis auf 2 cm und an den Seitenrändern zeigten sich kleine Punkte, wie die Narben einer Nähnaht. Nachts hat sich das Mal entwickelt. Das rechte Bein war stark geschwollen.
Diagnose: Eine Verwandte. Sie erinnert sich sofort an ihre Base Emilia. Die starb in betrunkenem Zustand. Sie hat Glücksspiellose verkauft, lebte von ihrem Gatten getrennt, und starb an einer Straßenkreuzung ihres Stadtviertels.
Sie zeigte große Widerstände gegen den Kontakt Marias mit ihr, die schließlich ein Kribbeln am ganzen Körper verspürt und dann große Erleichterung.
Die Geschwulst am Bein ging sichtbar zurück, die „Narbe" unter der Leiste um die Hälfte!

21. Railda
* 4. 3. 2002
Seit zwei Tagen weint das Kind ununterbrochen, ist sehr aggressiv, ganz gegen seine Art.
Im selben Augenblick, da die Rute das Signal gibt, dass das Kind befreit ist, hört es auch auf zu weinen. Der Mutter erkläre ich das Geschehen und wie sie sich in den nächsten Tagen und Wochen zu verhalten hat, und da fängt das Kind erneut an zu weinen.

Erneute Besetzung.
Erneutes Befreien und wieder genau mit dem Signal der Rute, hört das Kind auf zu weinen. Während der darauf folgenden Handauflegung schaut das Kind sehr interessiert auf alle meine Bewegungen und als die Mutter sich verabschiedet, winkt es mir mit der Hand. Hier werden deutlich zwei unterschiedliche Verhaltensweisen manifestiert: Mit Besetzung Verstorbener und ohne Besetzung.

22. Anisia
* 15. 4. 1975
Elf Monate nach der Geburt ihres Kindes verlor sie sehr an Gewicht: „Ich weiß nicht warum!“ V.E.
Sie erinnert sich an eine Cousine und versucht, den Namen zu sagen. Es dürfte sein, dass von der Verstorbenen ein Widerstand mitspielt. Schließlich sagt sie den Namen: Eva.
Eine sehr mühselige Befreiung. Sie fühlt Hitzewellen durch den Körper.

23. Maria
* 21. 9. 1953
Seit zwei Jahren fühlt sie starke Impulse zu hauchen, in letzter Zeit vermehrt.
V.E. Die Mutter, vor sieben Jahren verstorben.
Erst etwa drei Minuten nach dem Befreiungsritual verspürt sie eine Körperreaktion, ein Gefühl, als wenn der Blutdruck nachlässt.

24. Everaldo
* 27. 12. 1999
Das Kind kann nur tropfenweise urinieren. Hin und wieder ist eine ganze Woche lang alles normal.
V.E. Fühlte große Erleichterung nach der Befreiung.

25. Eine 47-jährige Frau
Seit fünf Jahren ist das rechte Knie geschwollen. Viele ergebnislose Arztbesuche.
V.E. eine Tante. Nach der Befreiung fühlte sie Erleichterung im Knie. Nach einer gewissen Zeitspanne des Gesprächs und der Handauflegung sagt sie plötzlich: „Mein Gott, mein Knie ist gar nicht mehr geschwollen!"

26. Elisabeth
* 10. 2. 1967
Sie schafft es seit langem nicht mehr, die Augen richtig zu öffnen.
V.E. Keine Verwandten. Nach der Befreiung eine leichte Besserung um die Augen.

27. Osvaldina
* 4. 12. 1943
Durchfall, ohne Schlaf, Bauchschmerzen, Schmerzen im Rücken.
Obsessor: Raimunda eine verstorbene Tante. „Ich fühle die Symptome von ihr, die gleichen Schmerzen."
Nach dem Ritual eine große Erleichterung, tiefes Durchatmen.
Hier hatte sich ein Krebs gebildet. Der Immunspiegel war bis auf 11 abgesunken, wobei ein Krebs nicht mehr auszuschließen ist. Sie wurde behandelt mit den Energien der Martinus-Symbole, mit Symphytum C 30, mit Bachblüten und mit Chromotherapie (Farbtherapie) sowie Handauflegung. Nach drei Monaten ist der Immunspiegel bis auf 6 gestiegen, was heißt, dass der Krebs nicht mehr aktiv ist. Während der ganzen Zeit haben sich die oben erwähnten Symptome der V.E. nicht mehr eingestellt.

28. Thais
* 23. 9. 1987
Seit ihrer frühesten Kindheit, sagt sie, fühle sie Kribbeln, Ängste, sehe schwarze Gestalten hinter sich und seit vier Jahren haben sich am ganzen Körper verteilt dunkle Flecken gebildet,

auch im Gesicht, und am rechten Bein ist seitdem eine Hälfte dunkel und eine hell. Hautärztliche Behandlungen helfen nur ganz wenig.
Diagnose: V.E. seit 16 Jahren, also fast das ganze Leben lang und dazu eine Urgroßmutter. Es hat sehr viel gekostet, die Urahnin zu lösen. Am ganzen Körper fühlt sie große Erleichterung.
Weitere Diagnose: Die Farbbildungen auf der Haut sind von der V.E. verursacht.

29. Junior
Fünf Jahre alt.
Seit drei Monaten Krätze an der Hand und an den Füßen.
Seit sechs Wochen wurde er behandelt gegen V.E. und die Symptome sind fast ganz verschwunden.

30. Rosa
* 30. 8. 1950
Seit einem Jahr hustet sie ständig, und zwar ununterbrochen, wie sie betont.
Vier Ärzte hat sie konsultiert, Röntgenaufnahme wurde gemacht. Ohne Ergebnis.
V.E. der Schwester Martina, seit Jahren verstorben.
In beiden Armen fühlte sie starke Bewegungen beim Ritual.

31 Andresa
* 15. 3. 1986
Mit zehn Jahren zeigten sich Probleme in der Koordination der Bewegungen. Große Lernschwierigkeiten, ständige Traurigkeit. Im Alter von ein bis zwei Jahren sah die Mutter sie, als sie nachts erwachte, mit Kindern lachen und spielen, unsichtbar für die Mutter, aber real für das Kind. Sie bekam oft Schweißausbrüche und der Schweiß – so die Mutter – hatte den Geruch von Erwachsenen. Manchmal hörte sie ein Knacken, wie Knallen in der Herzgegend. Die Monatsblutungen waren immer viel zu stark.

Sie wurde von Neurologen behandelt, nahm Antidepressiva, bekam Physiotherapie. Eine Computertomographie vor zwei Jahren ergab Atrophie des Gehirns.
Radiästhetische Messergebnisse: Im: 10; Torr: 12m; F: 4.500; Em: 4.200; M: 6.500; Es: 2.300 und V.E. allgemein.
Der Befreiungsprozess war sehr langwierig, bis sie Hitzewellen im ganzen Körper verspürte, besonders im Bauch.

32. Fabio
Sieben Jahre alt.
Kind armer Landleute, darum bisher noch kein Arztbesuch. Das Kind scheint geistesschwach zu sein, bisher ohne zu sprechen, hässliche chronische Wunden an den Beinen.
Viele Male ohnmächtig.
V.E. Ich mache einen Test: zirka 1.600 Verstorbene!
Viel Gebet ist nötig, bis sich große Erleichterung sichtbar macht am ganzen Körper des nicht sprechenden Kindes. Besonders das Gesicht wird völlig anders. Daraufhin teste ich, ob eine Geistesschwäche vorliegt. Nein, alle Symptome dieses „behinderten“ Kindes sind verursacht durch die Energie der Verstorbenen.

33. Johannes
* 26. 9. 1973
Seit sieben Jahren verspürt er ständigen Bewegungsdrang: laufen, laufen. Oft ist er ganz desorientiert, verirrt sich in Wäldern, sammelt Plastikabfälle. Hält sich auf Distanz zu seinen Eltern. 20 Tage in einer Psychiatrie, wo auch ein Psychologe ihn behandelte. Er verweigerte jegliche Medikamente. Nach der Entlassung hielt es ihn nur 13 Tage zu Hause. Er wird in völlig verschmutzten Kleidern gefunden. Acht Männer brachten ihn heim. Er war noch einmal 14 Tage in einer anderen, privaten Psychiatrie. Er wollte nicht mitfahren nach Paulistana zum Padre Otto. Die Mutter sagt, er war nicht mehr er selber in diesen sieben Jahren, besonders in den letzten vier Jahren.
V.E. Beim Befreiungsprozess stehe ich hinter ihm, lege die

Hände an seinen Kopf und bitte ihn, alle Bewegungen im Körper auszusprechen, sobald er sie verspürt. Er zeigt sich sehr bereit: „Ich fühle angenehme Kühle, so als wäre es im Fernsehen, ein sanfter Wind an einem Flussufer oder auch an der Küste des Meeres. Jetzt ist es wie eine Rakete, die aufsteigt bis zum Mars. Ich fühle große Erleichterung. Am Kopf spüre ich Luft wie von einem Ventilator, als fließe ein Bach über seine Ufer. Jetzt ist es, als wenn ein Regen fällt." Und das Gesicht löst sich aus einer sehr starken Spannung. Er bekommt einen völlig anderen Gesichtsausdruck, wie die Mutter ausdrücklich bestätigt.
Als ich danach mit ihm im Gespräch bin, unterbricht er plötzlich und sagt: „Jetzt fühle ich die gleiche starke Spannung." Und das Gesicht bekommt wieder seinen anfänglichen gespannten Zustand. Wiederum habe ich eingegriffen und ihn erneut zum Mitbeten aufgefordert in der Intention, die Verstorbenen aus seinem Organismus zu befreien. Sein Zustand der Entspannung fand sich recht schnell wieder ein.
Am 10. August 2004 – also nach gut einem Jahr – wieder ein Besuch. Er bestätigte eine sehr große Erleichterung und Besserung. Diagnose und Therapie hatten klare Ergebnisse. Jetzt kam er, die 200 km lange Reise nicht scheuend, um über seine neue Partnerbeziehung mit mir zu reden.

34. Antonio
* 13. 6. 1954
V.E.
Über den ganzen Körper verteilt hatten sich seit 30 Jahren mehr als 30 Ausbeulungen gebildet, 1,5 cm Durchmesser, einige recht dunkelbraun, andere weißer als die übrige Haut.
Zunächst fühlte er beim Befreiungsprozess Reaktionen im Kopf bis zu starken Schmerzen, dann als ob irgendetwas in den Armen gefangen ist. Das ging hinunter in den Bauch. Veränderte sich in ein Kältegefühl, das schließlich bis zu den Füßen hinunterfloss.

35. Cairane
Elf Monate alt.
Seit drei Monaten Schmerzen im rechten Ohr.
V.E. Beim Befreien schaute sie zunächst nach oben, als sähe sie dort etwas, dann fing sie an mit den Armen zu flattern, zu lächeln und als die Rute das Ende des Befreiungsrituals anzeigte, legte sie sich erlöst in den Schoß der Mutter.

36. Magda
* 10. 7. 1976
Seit einem Jahr heiser.
19 Jahre Besetzung durch ihre Uroma.
Die Befreiung erfolgte nur sehr langsam, bis sie Erleichterung in der Bauchgegend empfand.

37. Josef
* 21. 11. 2003
6 Wochen alt.
Weint ständig, schläft nicht.
Opfer einer schwarzen Magie (hier in Brasilien noch sehr häufig praktiziert!).
Ich löse die Magie und das Kind hört auf zu weinen.
Weitere Diagnose: V.E. Als ich anfange zu befreien, beginnt das Kind sofort wieder mit dem Weinen, viele Verstorbene verlassen das Kind. Das Weinen hört auf. Kurz drauf wiederum das Weinen. Ich prüfe noch einmal und stelle fest: Besetzung durch die Uroma. Es dauert lange, sie herauszulösen. Dann kein Weinen mehr und das Kind neigt sich in den Schoß der Mutter zu tiefem Schlaf.
Nach fünf Wochen kommt die Mutter wieder mit dem Kind, das erneut angefangen hat ständig zu weinen. Die Mutter sagt, sie habe das Gebet für die Seelen gebetet, aber bei genauerem Nachfragen stellt sich heraus, dass sie eben nicht „ohne Unterlass“ gebetet hat, wie Jesus sagt. Sie hatte das Beten unterbrochen, obwohl das Kind immer noch weinte. Schließlich hatte sie Angst bekommen, dass sich eine schwere Krankheit

eingestellt hätte. Die Diagnose stellt keine Krankheit fest, außer erneuter V.E. Erneute Befreiung und das Weinen hört auf.

38. Luis
* 19. 4. 1966
Seit vier Jahren ein Schmerz auf der linken Seite in der Gegend der Leber und auf der Haut eine Beule von 10 cm Durchmesser und wahnsinnige Schmerzen, stöhnt er. Es ist nicht zum Aushalten. Eine Röntgenaufnahme hat nichts feststellen können. Danach eine Ultraschalluntersuchung des ganzen Körpers. Ohne Ergebnis. Vier populäre Heiler oder Gesundbeter hat er aufgesucht. Keine Hilfe.
V.E. und großer Mangel des Minerals Phosphor.
Am ganzen Körper stellt sich große Befreiung und Erleichterung ein.

39. Jeadriane
* 12. 9. 1985
Er: „Schmerzen fühle ich am Hinterkopf, dann ziehen sie nach vorne zur Stirn und ich fühle mich oft sehr mutlos!" Die Mutter ergänzt, dass er von klein auf sehr viel krank war, sehr verwirrt und nervös. Kampferspiritus zum Einreiben hat er schon sehr, sehr oft bekommen. Er schläft nicht allein, hat große Angst vor Seelen, wenn er in die Nähe eines Hauses kommt, wo jemand verstorben ist. Er isst wenig, er fühlt seinen Mund, als wenn er verriegelt wäre! Sein Denken ist verfestigt. Nachts denkt er nur an Verstorbene und bittet öfter die Mutter, sie möge die Tür des Schlafzimmers verriegeln oder wenigstens einen Vorhang anbringen. Vor dem Schlafen verbindet er sich die Augen, nur so kann er Schlaf finden. Seit drei Jahren hat er alle verfügbaren Ärzte aufgesucht, ohne Hilfe zu finden trotz vieler Medikamente.
V.E. Ihn befreiend fühlt er eine Frische um die Ohren, dann einen Schmerz links auf der Stirn, eine Kühle am Oberkopf, einen Schmerz im rechten Ohr, Erleichterung am ganzen Kopf und mehr und mehr Erleichterung. „Ich fühle ein Geräusch wie

Gurgeln im Mund. Es steigt hinunter zur Kehle!“ Die Mutter, die an seiner Seite sitzt, bestätigt: „Ich habe es auch gehört!“
Ich verordne ihm Bachblüten: Crab Apple, Mimulus, Pine.

Nach drei Wochen: Es hat sich sehr, sehr gebessert. Ich frage ihn, was er dadurch gelernt habe. Er sagt, er habe gelernt, den Verstorbenen zu helfen und er fühle ihr Kommen an seinem Nacken.

40. Elsa
* 30. 3. 1955
Vom siebenten Lebensjahr an fühlte sie starke Kopfschmerzen. Da ist etwas, was ihr Leben völlig zerstört habe, sagt sie, die Ehe und einfach alles.
Diagnose: Eine unbekannte Verstorbene.
Bei der Befreiung sehr viel Widerstand. Sie berichtet, was sie dabei fühlte: Es begann mit einem Beben im Kopf, mehr und mehr. Der Schmerz nahm zu. Kurzer Atem, mehr und mehr, danach stieg ein Schmerz hinunter zur Bauchgegend, dann ist es ein einschläferndes Gefühl, es steigt hinunter an den Beinen bis zu den Füßen. Schließlich beginnt Erleichterung. Der Kopfschmerz wird weniger, ein Kältegefühl steigt vom Kopf durch den Hals in den Körper.
Ich bin sicher, dass diese Besetzung mit boshaften mentalen Energien an der Zerstörung ihrer Ehe stark beteiligt ist.

41. Luciano
* 12. 1. 1990
Drei Jahre starke Kopfschmerzen.
V.E. seit sechs Jahren: der Onkel Patricius und Großvater Johannes.
Befreiend fühlt er Erleichterung, Kältegefühl, der Kopfschmerz lässt nach.

42. Manoel
20. 4.1930
Beine und Hände geschwollen.
Nach sehr vielem Beten fühlt er einen stechenden Schmerz in der Brustwarze, danach verwirrende Gefühle im Kopf, danach Schmerzen im Kopf, nach langer Aktion langsame Erleichterung auch in den Beinen, und noch später stellt sich sichtbar eine Abschwellung ein.

43. Luis
* 22. 7. 1964
Starke Kopfschmerzen, Rückenschmerzen, die bestgenährte Kuh starb.
Diagnose bei ihm und beim Tier: V.E.
Befreiende Empfindungen: Auf der linken Seite Hitzegefühl, Herzklopfen, erneut Hitzewellen, Erleichterung, erneutes Herzklopfen, bis schließlich Erleichterung eintritt.

44. Carlea
* 10. 9. 1999
Vier Wochen schreit sie vor Schmerzen im Magen, im Kopf, große Ängste, Angst vor allem,
erlitt einen Schock, als sie auf dem Feld eine Schlange sah, schläft nicht allein, kleinste Dinge erschrecken sie, es geht ihr jede Selbstkontrolle ab, im Bad gestürzt, dabei Verletzung am Auge, sie sieht nicht mehr richtig.
V.E. Befreiende Empfindungen: Schmerz im Magen, Kältegefühl, Hitzewelle, ein wandernder Schmerz in der Magengegend.

45. Manoela
* 4. 1. 1939
Etwa vier Monate ohne Gedächtnis, ohne Orientierung, nervös, verwirrt, Kopfschmerzen, einzig außerhalb des Hauses auf dem Feld geht es ihr besser; sobald sie wieder nach Hause kommt, stellt sich wieder das ganze Unwohlsein ein.

Sie erinnert sich ihres Ehemannes, der vor fünf Jahren in der Wasserflut des Stausees ertrunken ist am Karfreitag. Vor drei Tagen träumte sie von ihm und gab ihm Eier und Mais.
Es bedurfte vieler Gebete: Sie fühlt Schmerz im Rücken, Kopfschmerzen, danach Erleichterung.

46. Jenessi
* 31. 1. 1964
Sie ist seit einem Jahr am Ende mit den Nerven, zu jeder Zeit bricht sie in Weinen aus, sehr deprimiert.
V.E.: Das Haus auf einem alten Friedhof.
Befreiende Empfindungen: Kribbeln, Hitzewellen im ganzen Körper, Schmerz im rechten Schulterknochen, ein Stechen an der Stirn, der Schmerz verschwindet, die Hitze wird weniger, hört aber erst ganz auf, als alle Verstorbenen befreit sind. Diagnose: 1.400 Verstorbene.

47. Silvino
* 3. 11. 1968
Nebenhöhlenentzündung, unentschlossen bei seinen Geschäften, will gleich mehrere Dinge auf einmal.
V.E.: 1.800 Verstorbene.
Befreiende Empfindungen: die Hände schlafen ein, dann die Füße, Schmerz im Rücken, langsam nachlassend, Erleichterung.

48. Maria
* 14. 7. 1982
Nach Kaiserschnitt vor vier Wochen starke Kopfschmerzen, sehr nervös, sehr traurig, deprimiert.
Ursache: V.E.: Das Haus auf einem Friedhof vor 11.000 Jahren.
Befreiende Empfindungen: Magenschmerzen, Kältewellen in den Armen, Erleichterung im Kopf, bis der Schmerz ganz aufhört.

49. Luis
* 7. 10. 1986
Arme und Beine schlafen ein. Ständig müde.
V.E. Befreiende Empfindungen: leichter Schmerz im Magen, Frösteln, Erleichterung, halb benommen, Herz schlägt langsamer, Angstgefühle, von neuem schläfrig, müde, mehr erleichtert, innere Unruhe.

50. Maria
* X. 6. 1988
Nervös, nichts gelingt ihr, Kopfschmerzen, Rückenschmerzen, Schmerzen im ganzen Körper. „Nie war ich ohne Kopfschmerzen, ohne Magenschmerzen. Ich widerspreche meiner Mutter, ich weiß einfach nicht, was in mir vorgeht", sagt sie.
V.E. 14 Jahre. Betend: Schmerzen lassen nach, schließlich völlige Erleichterung.

51. Rosemeri
* 18. 11. 1981
Vor drei Monaten hatte sie zwei Menstruationen und danach überhaupt keine mehr.
V.E. Obsessor die Großmutter.
Befreiend fühlte sie ein Sausen im Kopf und dann volle Erleichterung.

52. Maria
* 7. 5. 1965
Schmerzen im Rücken, Schmerzen im Magen aufsteigend in die Brust bis zu den Schultern. Magenentzündung. Seit sechs Monaten diese Probleme, ohne Mut, ihre täglichen Aufgaben zu erledigen, Unruhe im Kopf, in den Nerven.
Arzt: Amöben, jedoch die Blutuntersuchung ergab nichts.
Zweimal Magenuntersuchung: Gastritis. „Ich habe schon so viele Medikamente genommen,
habe schon so viel ausgegeben, ich kann keine Medikamente mehr bezahlen!"

V.E. Befreiende Empfindungen: Weniger Schmerzen im Rücken, danach auch im Magen keine Schmerzen mehr, ja im ganzen Körper schmerzfrei.

53. Josef
* 8. 1. 1972
Diagnose und Therapie telefonisch.
Sieben Monate ist er ohne Energie im Körper, es ist ihm, als wäre er von einer Geschwindigkeit von 120 Kilometer in der Stunde auf nur 10 hinabgesunken. Kopfprobleme, fiel in Depression.
V.E. seit acht Jahren, ca. 1.400 Verstorbene, das Haus auf einem Ort eines Friedhofs vor 1.600 Jahren.
Befreiende Empfindungen: Zunächst mehr Schmerz im Kopf, nachlassend, besser, schließlich ganz frei.
Nach drei Tagen kam ein Anruf: „Ich fühle mich besser, viel, viel besser.“ Nach zwei Monaten erneute Bestätigung des positiven Zustandes.

54. Madalena
* 8. 11. 1957
„Ich fühle mich nervös, übernervös, ausgelaugt, Schmerzen in den Beinen“ – dabei macht sie mit beiden Händen eine Bewegung von den Schenkeln bis zu den Füßen –, „seit einem Monat mache ich Massagen, erreiche aber keine Besserung.“ Sie zeigt sich verzweifelt. „Ich bin verwirrt und überaus nervös seit dem Tode meines Mannes vor drei Jahren. Von da an begann meine Tochter, sich gegen die Mutter aufzulehnen“.
V.E. Befreiende Empfindungen: Sie fühlt Schwindelbewegungen im Kopf, Schmerzen, merkwürdige Bewegungen, dann noch sich verstärkend und bedrängend, schließlich nachlassend, frei bis hinunter zu den Füßen.
Infolge des sich anschließenden Gespräches mache ich einen Test zur Situation der aggressiven Tochter: V.E. des verstorbenen Vaters. Mit der Mutter vollziehe ich das Befreiungsritual und sie verspürt deutlich die Bewegungen dieses Verstorbenen.

55. Josefa
* 1. 12. 1951
Bereits vor zwei Monaten hatte sie sich vorgestellt mit ihrem linken Bein voller chronischer Wunden. Jetzt sind sie fast ganz abgeheilt, aber immer noch V.E.
Befreiend fühlt sie große Erleichterung und sie bestätigt, dass sie noch aktiver sein muss mit ihrem befreienden Beten.

56. Johannes
* 24. 3. 2003
Seit sechs Tagen ständiges Erbrechen, wenn er isst, erbricht er sich und isst nichts mehr, nur ein bisschen Tee nimmt er, zeigt Übelkeit, weint aber nicht.
V.E.: eine Cousine der Großmutter, seit drei Monaten verstorben. acht Tage vorher ein Schlaganfall, aber sie war schon lange Zeit sehr krank. Sie war 60 Jahre alt.
Bereits als ich mit der Rute die Diagnose begann, wurde das Kind mächtig erregt, bis es dann in regelrechter Todesagonie schrie, schrie, als wäre es das Ende der Welt. 15 Minuten ging es so und dann wurde das Kind ganz still. Ich sprach noch mit der Großmutter und da fing das Kind erneut an zu schreien. Diagnose: Die Verstorbene war zurückgekehrt. Weitere fünf Minuten Gebet und dann fiel das Kind beruhigt auf dem Schoß der Großmutter in tiefen Schlaf. Seit über einer Woche hatte es so gut wie gar nicht geschlafen und in der letzten Nacht überhaupt nicht.

57. Jessica
* 24. 6. 1996
Anderthalb Jahre Schmerzen in der Magengegend. Sie will nie allein bleiben, Angst! Sie wohnt in Teresina und in den Ferien und zusätzlich viermal im Jahr besucht sie Paulistana. Sie fand es merkwürdig, dass sie jedes Mal mich aufsuchen wollte, aber immer dann stellten sich die Schmerzen ein und es kam nicht zu dem Besuch.

V.E. Ob die Verstorbenen wohl fürchteten, den Platz bei Jessica durch den Besuch bei mir zu verlieren? Man muss so fragen, denn solche Rektionen kommen sehr häufig vor. Über ein Medium sagte einmal ein 18-jähriger Verstorbener zu mir: „Immer wenn du deine Rute nimmst, dann verstecke ich mich in der untersten Schrankecke!“ – Befreiend: Erleichterung.

58. Marlene
* 8. 11. 1973
Ihr großes Problem ist Übergewicht. Sie hat sich schon um eine Ernährungsspezialistin bemüht, aber ergebnislos. Bis 18 Uhr fühlt sie kein Bedürfnis, zu essen, aber dann bis 22 Uhr – der Abend ist die Zeit der Verstorbenen, die ja mit dem übermäßigen Essbedürfnis zu tun haben – isst sie und isst, ohne satt zu werden. Sie verschlingt irgendwelches Essen, auch was völlig geschmacklos ist, verschlingt sie. Drei Nierensteine und viele Steine in der Leber haben sich gebildet. Obwohl sie sich als recht mutig einschätzt, kann sie doch nur mit großer Angst an eine OP denken.
V.E.: Drei Verwandte. 1. die Stiefmutter ihrer Mutter, verstorben vor sechs Jahren, 2. der Großvater väterlicherseits, vor neun Jahre verstorben und eine vor 22 Jahren verstorbene Tante ihrer Mutter. Ihr Haus befindet sich am Ort eines Friedhofs vor 900 Jahren. 19 Jahre wohnt sie dort und vor 15 Jahren begann die V.E.
Befreiend fühlt sie in den Armen Schmerzen und danach Erleichterung in der Gegend der Nieren.

59. Josefa
* 12. 7. 1945
„Ich fühle komische Bewegungen in mir.“
V.E. Befreiende Empfindungen: „Ich fühle, dass sich etwas entfernt. Jetzt geht es mir besser.“

60. Maria
* 17. 10. 1963
Zwei Jahre Anfälle und starke Kopfschmerzen. Sie fällt auf den Boden und schreit und schlägt mit Armen und Beinen. Sie nahm Schlafmittel, Schmerztabletten gegen die Kopfschmerzen, aber der Kopf schmerzt ununterbrochen. Vor fünf Jahren Total-OP des Uterus, vor 90 Tagen eine Zyste aus dem Eierstock entfernt. „Wenn ich Druck fühle, zünde ich eine Kerze an und das bringt mir Erleichterung. Mein Ehemann will nichts davon wissen, aber ich weiß, dass es mir gut tut."
V.E. seit acht Jahren. Befreiende Empfindungen: Ein Schmerz steigt auf von der Brust bis zum Kopf, dann Schwindel, danach Erleichterung.

61. Conceicao
* 21. 9. 1958
Kopfschmerzen, Schwindelgefühle, hatte Ohnmachtsanfälle, aber nicht mehr in letzter Zeit, viele Bedrängnisse. „Ich höre Stimmen im Bad." Zyste im Eierstock. Hat etliche Sektenkirchen aufgesucht, manchmal schien man ihr zu helfen, aber letztlich blieb sie ungeheilt.
17 Jahre V.E. Befreiende Empfindungen: im Kopf Erleichterung, langsam stellte sich Besserung im ganzen Körper ein.

62. Mafalda
* 8. 5. 1949
Kopfschmerzen, Ungeduld im Urteilen.
V.E. Befreiende Empfindungen: fühlte Schmerzen, Schwindel, Erleichterung.

63. Daniel
Per Telefon. Erlitt eine Firmenpleite. Probleme im rechten Auge, Verlust der Sehstärke. Gestern konsultierte er einen Arzt, der ein fremdartiges Objekt im Auge feststellte. Als er es entfernen wollte, verschwand es, aber das Auge blieb entzündet, voller Schmerzen.
V.E. seit 14 Jahren.

Ich orientierte ihn, wie er die V. E. befreien kann und nach dem Auflegen des Hörers betete ich aus der Ferne. Nach 15 Minuten rief er an, mir mitzuteilen, dass er sich sehr erleichtert fühle.

64. Maria
1 Monat und 20 Tage.
Die Mutter des Kindes kam zu mir, um aus der Ferne ihr Kind zu segnen. Es befand sich im Krankenhaus am Tropf, es habe ständig geweint.
V.E. ist meine Diagnose. Ich besuchte das Kind und traf bei ihm Mutter, Vater und Großmutter an. Das Kind weinte nicht. Ich sagte den Eltern, dass es ziemlich wahrscheinlich sei, dass das Kind beim Befreiungsprozess Schmerzen empfinde und wieder weine. So geschah es auch. Als die Rute anzeigte, dass das Kind frei war von den störenden Energien, hörte das Weinen direkt auf. Ich machte die Handauflegung und merkte, dass die drei Erwachsenen auch V.E. hatten. Als alle drei die Befreiung bestätigten, konnte ich ihnen auch leichter erklären, was mit dem Baby geschehen war und wie sie sich selbst und auch das Kind bei neuer Besetzung durch ihr Beten befreien können.

65. Jocimar * 25. 4. 1942 Rodrigues * 26. 2. 1934 Evaldo * 22. 9. 1965
Frau, Mann und Sohn erzählen. Das Jahr 2003 war furchtbar für sie, alles ging daneben, sie hörten Klopfen an den Wänden, ein Spiegel im Bad zerbrach, im Schlafzimmer zerbrachen gleich zwei Spiegel mitten entzwei und fielen zu Boden. „Ich stand davor, als der eine zerbrach, und später wiederholte sich das gleiche Schauspiel mit dem anderen. Das Glas fiel auf meinen Körper!“ Seit Jahren sind im Haus berstende und krachende Geräusche zu vernehmen. Das Jahr 2003 war besonders schlimm, ständig zerbrachen Gegenstände. Musikalische Auftritte des Sohnes wurden bestens vorbereitet und am Ende gelang nichts. Die 12-jährige Tochter des Musikers besuchte die geschiedene Mutter. Diese lässt sie nicht zurückkehren zum Vater und zu den Großeltern, obwohl sie ständig weint.

V.E. bei allen dreien. Zwischen 1.000 und 3.000 Verstorbene.
Nach 20 Minuten Befreiung fühlte der Sohn Hitzewellen, mehr und mehr, Schweißausbrüche und schließlich wurde die Hitze für ihn unerträglich, bis er ganz frei wurde. Der Vater fühlte später auch Hitze im ganzen Körper. Die Mutter bedurfte des befreienden Betens, eine Stunde und 10 Minuten, bis sie in den Armen ein Einschlafen spürte. Weitere 15 Minuten: auch bei ihr stellte sich große Erleichterung ein.
Nachdem alle drei frei waren, zeigte der Vater unter seinem linken Arm ein Brandmal 20 x 8 cm. „Wildes Feuer": „Es brennt fürchterlich!" Er hat schon fünf Ärzte besucht, aber immer noch bleibt es gleich. Diagnose: auch das V.E.

66. Jeanette
* 24. 6. 1982
Kopfschmerzen ohne Ende, sie spricht weinend vor Verzweiflung: „Ich bin es leid, ich wiederhole immer wieder dieselben Dinge und nie gelingt mir etwas. Ich bin deprimiert seit etwa vier Jahren, manchmal mehr, manchmal weniger. Ich habe einen Arzt aufgesucht. Steine in der Galle. OP im Juli vergangenen Jahres. Schwarze Flecken bildeten sich im Mund auf der rechten Seite, dann erschienen sie auf der linken Seite. Ich weiß nicht, was mit mir ist, ich lebe nur in großer Trauer. Die Zeit vergeht, ich arbeite und nichts Positives gibt es in meinem Leben!" Sie erzählt alles mit ständigem Weinen.
V.E. seit 15 Jahren und drei Verwandte von ihr. Vor acht Monaten hat sie mich schon einmal mit ihrem Problem besucht und es ist kaum besser geworden. Die Verwandten habe ich nicht entdeckt. Es bedarf immer ganz großer Aufmerksamkeit bei der Diagnose der V.E., denn das Sich-Verstecken geschieht allzu leicht Besonders wenn ich nach einem verwandten Obsessor frage, kann die Antwort zu leicht beeinflusst werden. Ich muss dann durch Gebet die Instinktenergie vor den Gedanken des Obsessors schützen. Sie erinnerte sich der Großmutter Angela, verstorben vor drei Jahren, einer Tante der Mutter, Netinha, vor fünf Jahre verstorben, die dritte wurde nicht erinnert. Aber auch

so wurde im Ritual Kontakt mit ihr aufgenommen. Sie fühlte große Erleichterung und Freude, große Freude im Gesicht. Der Kopfschmerz ließ ganz nach, als ob ein großer Druck sich in die Bauchgegend zog und dann aufstieg zum Rücken, um großer Erleichterung zu weichen.

67. Maria
* 1. 5. 1945
Die Sicht behindert, das linke Auge entzündet.
V.E. befreiend: „Es wird alles klarer, mein Gott, ich kann wieder richtig sehen!"

68. Yvonne
35 Jahre, Schauspielerin aus Berlin
Seit längerer Zeit allgemeines Unwohlsein, Kopfschmerzen.
V.E.: Eine im KZ im zweiten Weltkrieg verstorbene Großmutter. Beim Ritual mit Verwandten visualisiert sie die Verstorbene. Sie steht neben einem Krankenbett und im Dialog mit der Enkelin legt sie sich gelassen ins Bett und ganz allmählich löst sie sich zusammen mit dem Bett in einem klaren Licht auf. - Die Kopfschmerzen ließen nach. - Dann erscheint wieder das Bett und hinter dem Kopfende steht mit einem Knüppel in der Hand die Schwägerin der Großmutter. Sie hatte die Großmutter bei den Nazibehörden verleumdet und so ins KZ gebracht. Nach sehr viel Dialog und Gebet senkt sie den bedrohlich erhobenen Knüppel und auch sie legt sich ins Bett und löst sich im hellen Licht auf.
Yvonne fühlt große Erleichterung.

69. Marina
28 Jahre
Kam zu mir, um den Reisesegen zu erbitten. Sie wollte nach Sao Paulo, 3.000 km reisen, um dort eine OP zu erbitten. Der Arzt hatte eine Geschwulst am rechten Unterkiefer als Krebsgeschwulst diagnostiziert.
Ich machte einen Test: V.E.: Eine Großmutter. Nach dem Ritual

schrumpfte die tennisballgroße Geschwulst sichtbar zusammen auf höchstens 2 mm.
Sie nahm Abstand von ihrer Reise.

70. Eine 27-jährige Frau präsentierte unter ihrem linken Auge eine 5 mm große Geschwulst.
V.E. einer Verwandten. Es war nicht möglich herauszufinden, wer, denn alle erinnerten Namen wurden von der Rute nicht bestätigt. Schließlich wurde sie im Ritual als die hier gegenwärtige Verwandte angesprochen. Erleichterung stellte sich ein. Nach drei Wochen konsultierte sie mich noch einmal und erklärte, dass die Geschwulst bereits auf dem Heimweg völlig verschwand. Doch seit wenigen Tagen zeigte sich eine völlig gleichartige Geschwulst unter dem rechten Auge. Befreiend zeigte sich mit der Erleichterung eine sichtbare Verkleinerung der Geschwulst um die Hälfte. Sie schaute in den Spiegel und bestätigte es.

71. Maria
51 Jahre
Sie kam mit Schmerzen im Rücken.
V.E. Befreiend stellte sich Erleichterung ein.
Sechs Wochen später kommt sie und sagt, sie habe sehr große Besserung erfahren, aber so ein kleiner Schmerz sei immer noch da. Ihr Foto befand sich immer noch auf der Grafik. Die Behandlung war also noch nicht abgeschlossen, aber voll bestätigt. Vor allem war es auch nötig, dass sie erneut motiviert wurde, ihr befreiendes Beten nicht zu unterlassen. Bei genauem Nachfragen geschieht es immer wieder, dass die Notwendigkeit des Betens nicht recht begriffen wurde und dass noch viel Angst vor dem Sterben da war.

72. Wilma
* 11. 12. 1978
Eine Besucherin aus Sao Paulo sucht mich auf, um sich über Rohkosternährung zu informieren. Sie leidet an Fettleibigkeit.

Ihr Mann sagt, sie lebe mit großer innerer Unruhe. Sie habe Angst, ohne zu wissen wovor. Sie hat mit verschiedenen Körperübungen angefangen und ernährt sich fast nur mit Gemüse und Früchten. Aber der gewünschte Erfolg blieb aus.
V.E. Ihr Haus gebaut über einem alten Friedhof.
Ich erkläre ihr, wieso die Verstorbenenenergie Angst auslösen kann. Wo Angst erscheint, da stößt der Organismus Adrenalin aus. Das kommt aus unserem Tiererbe. In ihr aber hat das Adrenalin keine Fluchtreaktion zu verursachen wie im Tier. Die Angst in uns ist die Angst des Tieres in uns. Ständige Angst bedeutet ständige Adrenalinausstöße. Sollte die Gewichtszunahme nicht eine Folge dieser häufigen Adrenalininjektionen sein? Sie versteht sofort. Befreiend: Sie empfindet ein Kältegefühl im ganzen Körper.
Das Symbol 7 mit dem Foto gab nach einer Woche das Schluss-Signal.

73.
Ein fünfjähriger Junge
Wurde hospitalisiert, weil er ein starkes Würgen im Hals hatte und nur sehr schwer atmen konnte. Jedoch blieben alle getroffenen Maßnahmen erfolglos. Die Großmutter des Kindes rief mich. Ich traf das Kind am Tropf hängend.
V.E. Den Umständen gemäß, nahm ich eine stillschweigende Befreiung auf. Das Kind fühlte sich befreit und kehrte nach Hause zurück.

74. Josef
70 Jahre
Litt starke Schmerzen an der linken Ferse.
V.E. befreiend große Erleichterung.
Nach einer Woche kam er wieder. Der Schmerz hatte nachgelassen, aber noch nicht ganz. Ich fragte ihn nach seiner Gebetsaktivität. Er hatte es einfach vergessen. Das Foto auf dem Symbol wirkt, aber in der Regel bedarf es der Mitarbeit des Betroffenen.

75. Iraci
* 13. 5. 1972
Vor neun Jahren begann es, dass sie Kältegefühle befielen, Zittern und Anfälle. Es wurden Medikamente gegen Anfälle verordnet, aber die Symptome zeigen sich unverändert. Gestern noch hatte sie einen Anfall, fiel zu Boden und schäumte wie nie; vier Männer hielten sie fest.

V.E.: die Uroma, verstorben vor vielen Jahren, und eine Schwägerin der Mutter, verstorben vor zwei Jahren.
Als das Ritual begann, überfiel Iraci ein starkes Zittern, so wie sie auch vor neun Jahren zitterte, als alles begann. Bei Ende des Rituals hörte das Zittern auf.
Zwei Wochen später kam sie wieder und war fast frei. Weitere vier Wochen später war das Ende des Verbleibens des Fotos auf dem Symbol 7 angezeigt. Sie kam auch nicht wieder, sicher weil sie ganz befreit war.

Anmerkung:
Immer heile ich V.E. auf zwei Wegen:
1. *Der Kranke und mein Gebet.*
2. *Ich lege das Foto auf das Symbol 7, dessen Heilwirkung in den späteren Erklärungen beschrieben wird.*

76. Sinailda
* 1. 1. 1975
Vor drei Monaten zeigten sich Arme und Füße geschwollen und schmerzhaft.
V.E. durch den Großvater mütterlicherseits. Er hatte große Angst vor Verstorbenen und auch vor dem eigenen Sterben. Nach dem Ritual zeigte er sich sehr befreit. Das Foto blieb 7 Wochen auf dem Symbol 7.

77. Josileide
* 5. 3. 1931
Seit sechs Jahren war der linke Arm eingeschlafen und sie erlitt Anfälle. Sie suchte einen Arzt auf und bekam Gardenal verordnet. „Es scheint mir so, dass wenn jemand stirbt, er direkt in mir bleibt. Ich weiß nicht warum, aber manchmal sehe ich Licht und dann merke ich, dass da nichts ist. Der Arzt hat mir Gardenal verordnet und das tut mir gar nicht gut, das weiß ich!"
V.E. Als das Ritual endet, hebt sich ihr linker Arm automatisch in die Höhe. Bachblüten: Mimulus, Star of Bethlehem, Walnut. Das Foto blieb sieben Wochen auf dem Symbol 7.

78. Mario
* 5. 3. 1931
Er berichtet: Als er sein Auto in die Garage stellt, fühlte er einen Schmerz im linken Knie, er stieg auf zum Kopf und dann hinunter bis zur großen Zehe am linken Fuß. Fuß und Zehe blieben eingeschlafen. Er schrie vor Schmerzen, er konnte nicht mehr gehen. Er ließ sich aus der Apotheke für 50 Reais Spritzen geben, aber nichts änderte sich. Drei Monate danach kam er zu mir.

V.E.: eine Verwandte, sofort erinnerte er sich an Maria, seine Cousine, verstorben vor 60 Jahren. Sie war sehr krank und starb recht jung: „Ich war ein Kind und fühlte damals große Todesangst und manchmal fühle ich sie auch jetzt noch!" Ritual der Befreiung. Dauerte recht lange, bis er im Bein und im ganzen Körper Erleichterung erlebte. Ich gebot ihm, aufzustehen. Der Schmerz war weg und das Bein war wieder normal. Ich forderte ihn auf, recht achtsam zu sein. Weil die Befreiung sehr schwierig war, konnte es ja sein, dass die Verstorbene sich wieder einfindet und zeigte ihm Schritte, wie er seine Todesangst verwandeln kann, damit schließlich sein Sterben zum größten Fest im Leben werde. Das Foto verblieb genau zwei Monate auf dem Symbol 7.

79. J.M.D.
* 5. 9. 1928
„Vor fünf Monaten begann ein Jucken auf der Haut, die Beine schwollen an, entzündeten sich und danach bildeten sich viele Pusteln. Ich bin nach Sao Paulo gereist, um mich dort heilen zu lassen. Ich habe schrecklich viele Spritzen bekommen. Es wurde nicht besser. Ich habe den Arzt gewechselt. Er gebot, die Injektionen abzusetzen, und ich sollte Physiotherapie machen. Er verordnete heiße Bäder und Salben. Keine Besserung!" Er kehrte nach Paulistana zurück und suchte mich mit dem gleichen Problem auf: geschwollene Beine und viele Pusteln.
V.E. befreiend fühlte er zum allerersten Male Bewegung in den Beinen und Erleichterung. Er versicherte, dass er jetzt geheilt werde. Da er sehr entfernt wohnt, kam er nicht wieder, aber ich bin sicher, dass er jetzt befreit ist.

80. Maria
* 25. 6. 1972
Seit drei Jahren zeigte sich bei ihr am Kopf eine harte Beule in der Größe eines Tennisballes verbunden mit starkem Kopfschmerz. Die Haut der Beule war wesentlich wärmer als die Haut drumherum. V.E. sind mentale Energien, elektrische Partikelchen, die sich in die Nervenbahnen des Inkarnierten einmischen und Kurzschlüsse bewirken, also Wärme erzeugen, daher die größere Wärme der Haut der Beule.
Hier war die V.E. die des vierzehnjährigen Bruders, der an einem verunglückten Schuss aus der Flinte starb.
Einige Ärzte stellten Probleme an der Wirbelsäule fest und viele Schmerzmittel wurden verordnet.
Beim Ritual verspürte sie Erleichterung im Nacken, Bewegungen im ganzen Körper, starkes Herzklopfen: „Ich habe auch einige Schatten gesehen!", sagte sie.

81. Frau von 81 Jahren
Seit acht Jahren verspürte sie Schmerzen im Uterus, Schmerzen die Wirbelsäule hinauf steigend, Schmerzen in der Brust, den

Kopf umkreisend, als wenn ein Ring um ihn gelegt würde. Sie sagt: „Viele Male habe ich Ärzte aufgesucht, aber nichts wurde festgestellt. Schließlich meinte ein Arzt, es sei Rheumatismus. Ich habe viel Geld ausgegeben für Medikamente und keine Besserung gefunden".
V.E. Befreiend fühlte sie eine erfrischende Kühle durch den Körper gehen, und das wiederholte sich noch zweimal, bis sie ganz frei war. Als sie sich verabschiedete, sagte sie: „Oh, ich fühle mich sehr viel besser. Vielen, vielen Dank!"

82. Der Krankenwagen des Municips Paulistana, unterwegs mit vier kranken Frauen, verunglückte und stürzte in einen recht tiefen Baggersee. Der Fahrer und drei Frauen ertranken, einschließlich einer hochschwangeren Frau. Nur eine Frau konnte sich retten. Eine Stunde darauf passierte ein Ehepaar mit seinem Pkw diese Stelle und hielt dort an. Zwei Monate nach dem Unfall bat mich dieses Ehepaar, ihren Wagen zu segnen, es geschähen so merkwürdige kleine Mängel und Pannen. Einmal versagte die Hupe, dann fiel das Glas aus dem Scheinwerfer, Schrauben wurden locker, Drahtzüge verklemmten usw.

V.E. von einer der Frauen, die im Baggersee im Krankenwagen ertrunken waren. Vermutlich hat sie, als der Krankenwagen in den Fluten versank, mit aller Kraft versucht, sich durch Öffnen einer Tür zu retten, und da das Denken vor dem Versagen des Körpers dasselbe ist wie nachher, hat sie nun alle Kraft der Gedanken eingesetzt für die Demontage gewisser Teile am Pkw des Ehepaares, der ja auf trockenem Land in der Nähe anhielt. Sie war so intensiv in ihren Gedanken, dass sie nicht merkte, dass ihre Mühe nicht mehr dem Krankenwagen galt, dass sie mit ihrer mentalen Energie Autoteile demontieren konnte, aber natürlich hat sie nicht begreifen können, dass sie keinen physischen Körper mehr hatte. Das ist ihr erst in meinem Kontakt mit ihr aufgegangen. Jedenfalls blieb der Pkw danach frei von diesen merkwürdigen Pannen.

83. 1994 brachte eine Frau ihre zweijährige Enkelin, die ihre Mutter mit Namen Irene verloren hatte. Sie benahm sich nicht mehr wie ein Kind, sie hatte in ihrem Wesen alles Kindliche verloren. Ihre Art zu spielen, zu essen, zu schlafen und zu sprechen, alles war verändert. Sie sprach wie eine Erwachsene. Sie stellte sich anderen vor, an ihre Haare greifend und sagend, das seien die Haare von Irene. Sie zeigte auf ihre Kleider und sagte, es seien die Kleider von Irene. Als die Oma mit dem Kind zum ersten Male nach der Beerdigung zum Friedhof ging, lief das Kind ihr voraus und blieb vor dem Grab der Mutter stehen ohne, dass es ihr gezeigt worden war. V.E. der Mutter. 1999 präsentierte die Großmutter mir ihre Enkelin gesund und frisch. Die Symptome waren nie wieder gekommen.

84. Ein zehnjähriges Mädchen vom Lande – 50 km entfernt – wurde zu mir gebracht liegend auf einem Pritschenauto. Der Körper war völlig versteift.
V.E. des verstorbene Großvaters. Nach der Befreiung setzte sich das Mädchen auf und fuhr heim.

85. Eine Frau, 35 Jahre alt, zeigte ihren abgestorbenen rechten Fuß, schon fast völlig schwarz. Arzt: eine verstopfte Vene.
V.E. des Großvater väterlicherseits.
Befreiend fühlte sie große Erleichterung. Sie kam nicht wieder, da sie von sehr weit angereist war. Ich bin sicher, dass ihr Fuß gerettet wurde.

86. Hyane
* 26. 6. 1973
Ich war eingeladen zu einem Kindergeburtstag. Der Großvater des Kindes sprach über die sehr ernsten Sorgen, die er mit seiner ältesten Tochter habe. Sie ist 30 Jahre alt, hat etliche chirurgische Eingriffe hinter sich, war zweimal in der Psychiatrie, hatte etliche Male Selbstmordversuche unternommen, geschieden. Sie habe Hilfe bei Spiritisten gesucht, bei

Sektenkirchen. Sie hatte weder Frieden noch die Lösung ihrer Probleme gefunden. Noch während des Zuhörens machte ich einen radiästhetischen Test und sagte dem Mann, ich glaubte, ich könnte seiner Tochter helfen.
Sie kam. Sie kam mit sehr viel Angst. Sie erzählte, dass ihr Vater ihr schon vor zwei Jahren einen Besuch bei mir vorgeschlagen habe und sofort fühlte sie große Angst. Jetzt stellte sich wiederum Angst ein, sodass sie die beiden letzten Tage im Bett verbrachte. Ihr Bruder begleitete sie bis zu meinem Haus. „Padre, ich weiß nicht, was ich hier soll“, so stellte sie sich vor. In langsamem Vortasten konnte ich ihr schließlich sagen, dass ich glaubte, dass alle ihre Probleme eine Lösung finden könnten in der Befreiung von V.E. Ich lud sie ein, sich zum Befreiungsritual zu setzen und alles einfach auszusprechen, was sie jetzt in ihrem Körper fühle. Zwei Stunden habe ich gebetet, die Hände an ihren Kopf gelegt: „Ich habe Angst, Angst, mehr und mehr Angst. Ich fühle Schmerz oben im Kopf. Er steigt hinunter am Rücken, jetzt eine große Wärme im ganzen Körper, Schmerzen steigen hinunter bis zu den Füßen, ich bin schwindlig, Schmerzen im Magen, Schmerzen am Herzen“ – da, sie sieht ihren verstorbenen Großvater, sieht ihre Urgroßmutter, eine Tante, einen Vetter, der ermordet wurde, eine andere Tante, die sehr viel Gebet brauchte und Gespräch, um sich zu entfernen. Danach erschien vor ihr eine Figur mit zwei Hörnern. Sie sah ein Kind, das durch eine abartige Figur auch gehbehindert war. Immer forderte sie ihre Verwandten auf, ins Vaterhaus zu gehen mit den vielen Wohnungen und sie verstand es gut, zu erklären, dass sie doch keines physischen Körpers bedürften und dass die Liebe zu ihr sich nicht in einem Eindringen in ihren Organismus verwirkliche, sondern im Einssein mit Gott im Hause mit den vielen Wohnungen. Mit Gott eins sein heiße doch, in das Herz der Lieben auf dieser Erde einzuziehen, also auch in ihr Herz. Und immer, wenn nach einer gewissen Zeit ein Verstorbener ins Licht ging, erschienen viele rote Rosen. Danach löste sich das Bild sowohl der Person als auch der Rosen auf. Während dieses Prozesses wurde sie einmal für Momente ohnmächtig. Als alles

zu Ende war rief sie: „Ich bin ohne Angst! Ich bin ohne Angst!“ Ihr Gesicht veränderte sich sehr, entkrampfte sich zu wirklicher Schönheit. Mit einer sehr herzlichen Umarmung verabschiedete sie sich. Sie ging zur Wohnung ihres Bruders, umarmte ihn strahlend, und was sie schon lange nicht mehr hatte tun können, auch ihre Schwägerin umarmte sie zu deren ganz großer Freude. Während der letzten zwei Jahre wollte sie mich schon mehrmals aufsuchen, aber jedes Mal, wenn sie mich sah, wuchs die Angst in ihr so, dass sie es nicht schaffte. Es kann nur die Angst der Verstorbenen gewesen sein, dass sie durch mich von ihr entfernt werden könnten.

87. Maria
* 15. 12. 1953
Vor drei Jahren eine Tumoroperation am Kopf. Sie sagt: „Aber der Arzt hat mir den Tumor nicht gezeigt!“ Sie fühlte Kopfschmerzen und immer so, dass der Schmerz vom linken Arm aufstieg bis zur linken Kopfseite und dann hinüberzog auf die rechte Seite. Nach der OP kehrte der gleiche Schmerz zurück! Wenig später erfolgte eine Blinddarm-OP. Vor sechs Monaten OP an der Galle. Aber sie fühlte die gleichen Schmerzen an der gleichen Stelle. Nichts hatte sich geändert. Dann Schmerzen im Bauch, an der Wirbelsäule, im ganzen Körper.
V.E.: ca. 12.000. Befreiend – eineinhalb Stunden – berichtete sie: „Schmerzen rechts am Kopf, sie steigen hinunter zum linken Bein, Bauchschmerzen, die Blinddarmnarbe schmerzt, die Galle, jetzt starker Schmerz an der Wirbelsäule, an der linken Brust, im Kopf, am linken Arm, mehr und mehr Schwindelgefühle.“ Und jedes Mal, wenn der Schmerz zu einer anderen Stelle wanderte, fühlte sie Erleichterung dort, wo er vorher war. Sie sagte: „Ich habe noch eine OP gehabt am rechten Daumen und am Unterleib. Nach der Blinddarm-OP fühlte ich zu Hause die gleichen Schmerzen wie vorher. Der Arzt verstand es einfach nicht. So geschah es nach jeder der fünf OPs.“

88. Maria
* 23. 5. 1981
„Ich bin sehr traurig, fühle mich in Bedrängnis ohne einen Grund zu haben, ich habe Angst und weiß nicht warum.“
V.E. seit 20 Jahren: der vor 15 Jahren verstorbene Vater. Als ich vom Vater spreche, rollen Tränen. Als der Vater ging, stellte sich höchstens eine leichte Besserung ein. Es war noch sehr viel Befreiung nötig, bis sie Kribbeln fühlte und die große Erleichterung. Die 20 Jahre hatten Übergewicht bewirkt, das keine Maßnahme zu verringern vermochte. Ich erklärte ihr, dass die Ängste Adrenalinstöße verursachten, die dann aber nicht in Fluchtbewegungen umgesetzt wurden, sondern in essen und essen und so in Gewichtszunahme .

89. Maria
* 15. 7.1979
Ihr ganzer Körper war mit dunklen Flecken übersät (3 bis 4 mm); bis zu den Lippen, ja bis in den Mund. Zur Blutuntersuchung benutzte der Arzt eine Kanüle am Arm und auch dort bildete sich ein Fleck, nur violett und größer (1 cm); das war vor sieben Tagen. Sie fühlte ein Stechen und wenn sie hinschaute erschien der Fleck.

V.E. Sie erzählte, dass sie von dem als Obsessor diagnostizierten Gilberto geträumt habe. Nach einem Fest mit viel Alkohol und dann mit Krawallen wurde er von der Polizei verfolgt. Er flüchtete auf einem Motorrad. In einer Kurve prallte er an eine Hausecke und verstarb sofort. Es bedurfte viel Zeit, um den Verstorbenen zu befreien. Beim Befreiungsritual waren zwei Freundinnen von Maria zugegen und halfen. Nach mehr als einer Stunde fühlte sie Erleichterung, aber sie fühlte sich nicht sicher, dass Gilberto wirklich gegangen war.
Drei Monate später stellte sie sich mit einer völlig reinen Haut vor.

90. Rodrigues
* 11. 9. 1995
Seit einem Jahr erbricht das Kind. Am Tage zuvor geschah es zweimal. Er ernährt sich nicht. Er war sehr kräftig, aber jetzt ist er richtig mager. Wenn er isst, erbricht er sich gleich danach, er fühlt Schmerzen in den Beinen. Er wurde „allen Ärzten vorgestellt", sagt die Mutter und nennt drei Namen. Alle möglichen Untersuchungen wurden gemacht. Die Mutter: „Aber ich fühle, das er nicht gesund ist. Appetit anregende Vitamine halfen auch nicht."

V.E.: Edvaldo, ein Vetter der Mutter, verstorben vor zwei Jahren, noch sehr jung, infolge einer Krankheit. Nach 45 Minuten befreienden Betens und Dialoges fühlte Rodrigues ein wenig Schwindel und nach weiteren zehn Minuten große Erleichterung. Sein Gesicht entspannte sich. Er verstand sehr gut die Erklärungen, warum Gedanken Verstorbener an seiner Magenfunktion Störungen hervorriefen und dass seine Ängste die Ängste der Verstorbenen waren.
Fünf Tage später besuchte er mich mit strahlendem Gesicht, um zu danken und zu sagen, dass er schon wieder richtigen Appetit entwickelt habe.

91. Edimar, 20 Jahre alt.
Bereits zwei Jahre lebt er mit starken Kopfschmerzen in der oberen Region und der Schmerz geht auch auf die Augen und in den ganzen Körper. Er verspürt Luftmangel und Magenschmerzen. „Ich bin überaus nervös, kann nicht schlafen, große Bedrängnisse im Kopf, Konflikte, ich denke nur unsinniges Zeug, ich fühle den Schmerz richtig drin im Fleisch, und sitze ich, kommen Schwindelgefühle."
V.E. seit sieben Jahren. Befreiend fühlt er Rückenschmerzen, der Blick wird starr, dann Erleichterung. Aber noch fühlt er eine Zeit lang einen gewissen Nebel vor sich.

92. Ejajane
* 4. 3. 2003
Gestern hatte sich bei dem Kind eine starke Agonie entwickelt, Weinen, Schreien. Im Warteraum verbrachte die Mutter 90 Minuten mit dem ständig weinenden Kind. Als ich ins Sprechzimmer einlud, verstummte das Weinen. Ich sprach mit der Mutter, stellte V.E. von 1.800 Verstorbenen fest und das Kind blieb völlig ruhig. Dann fing ich an zu befreien, nach einer Minute fing ein Schreien mit höchster Lautstärke an. So blieb es 40 Minuten lang und dann wurde das Kind plötzlich still und fiel auf dem Schoß der Mutter in tiefen Schlaf.

93. Elisangela, zirka 35 Jahre, Opernsängerin.
Sie kam mit Schmerzen im Mund, konnte nicht gut essen und war dennoch ohne Appetit. Die Nächte waren schlaflos, einfach schrecklich für sie. Sie lebt im Hause der Eltern. Sie nennt es einen Ort von Wut und immer wieder Wut. Die Mutter ist sehr depressiv. „Von ihr habe ich meine Depression geerbt. Mein Vater ist sehr unzufrieden mit allen und allem, voller Eifersucht, nur Zornausbrüche kenne ich bei ihm!“
V.E. vom zweiten Lebensjahr an. Haus am Ort eines früheren Friedhofs. Im vierten Lebensjahr zog die Familie in eine andere Stadt, wo sie jetzt lebt, und wieder ist es ein Ort eines ehemaligen Friedhofs. (4.300 Å)
Befreiend, nach etwa fünf Minuten fühlt sie Nackenschmerzen, Schwindelgefühle im Kopf, Erleichterung.
Danach berichtet sie noch: „Als 1999 mein Vetter einen Herztod erlitt, fühlte ich mich, als wäre ich umgeben von vielen Geistern und ich fühlte ein häufiges Zittern an der rechten Seite meines Mundes. Und in den letzten vier Jahren erlebte ich sehr merkwürdige Dinge. Es starben meine beiden Großmütter und eine Hausangestellte und immer war da neben etlichen anderen Sachen, die ich kaum beschreiben kann, dieses starke Zittern an der rechten Seite des Mundes. Als die Hausangestellte starb, war es mir, als ob mein eigener Körper am Sterben war. Beim Tode der Oma mütterlicherseits spürte ich ein großes Bedürfnis, für

sie zu beten, und das hat mir dann auch Erleichterung verschafft. Als Kind bin ich gewöhnlich mit Schrecken aufgewacht, ich hatte den Eindruck, als hätte mich jemand angestoßen und ich reagierte mit Schreien. Ein anderes Faktum: „Ich erkrankte mit großer Leichtigkeit an dem, was das Volk ‚Quebrante' nennt. (eine volkstümliche Bezeichnung für V.E., was etwa bedeutet: Etwas Brechendes) Eine besonders enge Beziehung hatte ich zu meiner Mutter und doch fühlte ich bei ihr irgendetwas Merkwürdiges, für mich Unerklärliches."
Als sie mich bat zu prüfen, was in der Beziehung ihre Mutter anging, stellte ich viele Jahre V.E. fest. Da war die Erklärung für das Merkwürdige und Befremdliche, das sie in der Beziehung zur Mutter wahrnahm.

94. Maria
* 3. 9. 1977
„Seit zehn Tagen, verstehe ich die Welt nicht mehr. Ich fühle mich ständig sehr traurig. Ich bin Hausangestellte und immer war ich ein sehr froher Mensch. Alles habe ich mit richtiger Freude gemacht, aber jetzt gelingt mir fast nichts ordentlich in meiner Arbeit. Du bist so verändert, höre ich die anderen kommentieren."
V.E. befreiend spürte sie Schwindel im Kopf und dann mehr und mehr Erleichterung.
Dann spricht sie von ihrer Angst vor Verstorbenen und ihrer großen Angst vor dem Sterben. Wenn sie ein Trauerhaus besucht, fühlt sie keine Angst, aber wenn sie wieder heimgeht, geht die Angst mit ihr.

95. Franziska
* 17. 7. 1960
„Öfter kann ich nicht schlafen, nur mit Medikament gelingt es. Ich glaube Verrückte schlafen nicht, denn wenn ich sehr nervös bin, finde ich keinen Schlaf. Sorgen um meinen Vater, der an Nierenkrebs erkrankte, verschlimmern die Sache. Meinem ältesten Sohn Weder geht es genauso. Manchmal zittern ihm

beide Hände, es ist irgendetwas in mir, sagt er dann. Wenn er eine Kirche betritt, reagiert er aufgeregt, zittert und findet an keinem Platz Ruhe. Darum geht er nicht mehr in eine Kirche. Wenn ich die Wohnung aufräume, fällt plötzlich ein Glas auf den Boden, das fest auf einem Tablett mit Rand stand; es ist, als ob es hochspringt und fällt. Das ist schon etliche Male passiert. Oder ein Glas steht auf dem Tisch und fällt von alleine um, ohne dass es zerbricht. Nachts sehe ich manchmal dunkle Gestalten. Auch mein Sohn sieht solche Gestalten. Wenn ich mich schlafen lege, ist mein Körper manchmal völlig versteift. Ich habe große Schmerzen im Rücken." Der Ehemann ergänzt: „Manchmal erscheint sie so sehr außer sich selbst, als ob sie ein Medium in Trance wäre und ein Wesen in ihr spricht und durch sie handelt."
V.E.: Haus Ort eines Friedhofs vor 700 Jahren.
Befreiend: „Irgendetwas bewegt sich in meinen Eingeweiden, etwas geräuschvolles, Schmerzen in der linken Brust, in den Eingeweiden, am Kopf auf der linken Seite, meine Arme zittern, starkes Beben in meinen Händen, das Zittern hört auf, wieder Schmerz im Darm, an der linken Brust Einschläfern, Kopfschmerzen, die Lippen schlafen ein, Frost im Gesicht." Ein Zittern geht durch den ganzen Körper und langsam kommt Erleichterung im ganzen Körper.

96. Dona, zirka 53 Jahre.
„Seit 14 Tagen bin ich sehr krank!" – Sie berichtete, dass sie am Tage zuvor an meinem Hause vorbeiging, und in dem Augenblick, wo sie mich sah, einen Drang in sich spürte weiter gehen zu müssen, ohne mich auch nur anzusprechen. Und: „Meine Augen haben sich verdunkelt. Ich weiß nicht, was geschehen ist. Ich hatte nicht den geringsten Gedanken einzutreten und um Hilfe zu bitten. Ich bin krank, aber so richtig krank." – Sie greift mit den Händen an ihre Füße und lässt sie hinaufgleiten bis zum Kopf.
„Alles tut weh. Meine Hausarbeiten, die ich immer mit so viel Freude tat, bekomme ich nicht getan. Meine kleinen Verkäufe laufen nicht mehr. Ich spreche mit meinen Kunden, aber dann

gehen sie und nichts verkaufe ich. Und es sind so viele Dinge des täglichen Bedarfs zu bezahlen.
V.E.: ein Verwandter. „Ich denke nicht, dass es mein Sohn ist. Ich habe so viel für ihn gebetet. Habe Messen lesen lassen. Ich meine, er ist an einem guten Ort." Aber es ist der Sohn, der sie besetzt. Befreiend dauerte es sehr lange, bis sie Bewegung in ihrem Körper wahrnahm. Es begann mit den Augen, die sich aufhellten. Dann zog große Ruhe in ihren ganzen Körper.
Es ist zwei Jahre her, dass ihr Sohn ermordet wurde.

97. Raimunda
* 12. 10. 1967
„Mein Problem begann am 30. November 2003. Ich erwachte mit geschwollenem linken Arm und dann zog das Angeschwollene zu den Füßen. Es schmerzt nicht, es ist nur die Schwellung. Jetzt sind beide Arme so, von innen her bis in beide Hände und in die Schultern. Ich habe bereits einen Arzt aufgesucht. Er verordnete ein Medikament. Die Schwellung verschwand zunächst, aber sie kam sehr schnell wieder. Ich arbeite, aber ich fühle mich schwach und mager."
V.E.: eine Verwandte. Sie erinnert sich sofort an Januaria, Frau eines Onkels. Hatte viele Probleme, litt und litt. Es begann mit einer Zyste. Im August wurden es elf Jahre, dass sie verstarb. Nur eine Tochter gedenkt ihrer. Da sie weit weg wohnt, schickt sie Kerzen für das Grab. An der Beerdigung und der Trauerfeier nahm fast niemand teil.
Befreiend: „Ich fühle ganz innen Bewegung ausgehend von den Händen, steigt auf zur Brust, ich bin erleichtert, erleichtert", wiederholt sie.

98. Joselide
* 9. 7. 1985
Kopfschmerz, Rückenschmerzen, Magenbrennen seit einer Woche und Tage mit Fieber.
V.E. seit vier Wochen. Befreiend: Ein leichter Schmerz im Magen, dann nach und nach frei.

99. Valeria, 24 Jahre
14 Tage mit verdunkelter Sicht, Schmerzen an Lidern und Brauen. „Ich habe mir das geholt beim Bohnenpflanzen. Es war auf einem bestimmten Acker. Jetzt habe ich Angst, dorthin zu gehen. Ich kann nicht dorthin gehen. Mein Mann fühlt dort nichts."
V.E. seit 14 Tagen, jener Ort vor 1.500 Jahren Friedhofsgelände. Befreiende Empfindungen: Die Augen verdunkelten noch mehr, Schmerzen an den Lidern traten auf, langsam Erleichterung und klare Sicht.

100. Celia
* 24. 4. 1962
Per Telefon: Vor 14 Tagen Schlaganfall. Auf der rechten Seite Arme und Beine ohne Bewegung, beginnt langsam wieder zu gehen.
V.E. seit zwei Monaten. Haus Ort eines alten Friedhofs. Erleichterung.

101. Luis
* 25. 9. 1977
Seit einer Woche zeigt sich am linken Fußknöchel eine schorfige Wunde von 8 cm. Medikament aus der Apotheke half, aber bald bildete es sich wieder. Ein kleines Grind unter dem rechten Auge und rechts auf dem Bauchfell. Er fragt, ob es wohl Potó war, ein hiesiges Ungeziefer.
V.E.: Teresa, eine Nachbarin, evangelisch. Befreiend nach viel Gebet Erleichterung.

102. Jayane
* 25. 9. 1903
Isst nicht, schläft nicht, weint sehr viel, vor zwei Tagen bildeten sich zwei Geschwülste oberhalb der Stirn. Als alles anfing, suchte sie einen Arzt auf, der ein Medikament verordnete. Ein anderer Arzt setzte eine Spritze und machte ein Blutbild.

V.E. befreiend: Dauerte lange, bis eine Reaktion kam, dann Weinen, Schreien und große Unruhe, schließlich Beruhigung. Während des Gespräches mit der Mutter noch ein zweimaliges Weinen und wenn es aufhörte, gab die Rute das Signal, dass die Verstorbenen gegangen waren.

103. Eugenio
* 16. 11. 1967
Eine Wunde an den Lippen. „Wenn ich vom Land in die Stadtregion komme, beginnt eine merkwürdige Bewegung in meinen Füßen, ich werde nervös und die Hände schwitzen.
V.E. mehr als 2.000 und seit fünf Jahren. Befreiende Empfindungen: noch mehr Schweiß an den Händen, nervöse Bewegungen an den Füßen, dann über den ganzen Körper, nach und nach Erleichterung.

104. Maria
* 14. 3. 1967
Im rechten Ohr eine große Geschwulst. Der Arzt verabreichte eine Spritze, ohne Besserung. Es bleibt innerhalb des Ohres eine komische Bewegung und das seit einem Monat und einer Woche.
V.E. befreiend ein Klingeln im Ohr, wie das Bellen eines Tieres, Kopfschmerzen, langsam weniger und dann nach noch sehr langem Beten überall Erleichterung auch im Ohr.

105. Douglas
* 1. 8. 1991
Er schläft nicht mehr, isst nicht, erbricht sich, und das seit vier Wochen, als der von der Mutter geschiedene Vater verstarb. Er war Alkoholiker. Der Junge dränge immer wieder, er wolle den Padre Otto aufsuchen. Die Mutter ging zu etlichen Ärzten, er nahm Medikamente aus der Apotheke und aus der

Hausapotheke, besuchte Gesundbeter, aber er wurde danach nur nervöser.
V.E. befreiend bekam er sensationelle Gefühle im ganzen Körper und langsame Besserung.
Als ich ihm erkläre, was geschehen war, fühlte er plötzlich starke Bauchschmerzen. Jetzt nahm er selber die Befreiung vor, und zwar mit schnellem Erfolg.

106. Teresina, 51 Jahre
Starke Kopfschmerzen. Sie besuchte alle hiesigen Ärzte. Machte etliche Reisen nach Teresina (453 km), gab sehr viel Geld aus, und litt nur noch größere Schmerzen.
V.E. seit 2 Jahren: ein Urgroßvater von ihr. Befreiend: „Oh, ich bekomme Angst! Ich kann einfach mit ihm nicht reden!" Nach Versuchen von etwa zehn Minuten gelang es ihr, ihn anzusprechen. Sie fühlte stark die Ablösung des Verstorbenen. Der Schmerz im Kopf, Schmerz so vieler Jahre verschwand. So lange hatte sie nicht mehr erlebt, was es ist, ohne Schmerz zu sein. Sie wiederholte einige Male, dass sie sofort Verstorbene befreien werde, wenn sich Symptome dafür einstellten. Wer so viel gelitten hat, der wird wirklich barmherzig!

107. Nelzete, 34 Jahre
Acht Jahre Herpes, Furunkulose. Ernste Probleme mit dem Ehemann, Kontakte mit einem anderen Mann. „Ich gehe nicht zur Kommunion, Gott ist abwesend in meinem Leben, ich bin gestresst, wie kann ich mit all dem leben?" Sie fragt mich, ob es denn wirklich Herpes sei.
V.E. befreiend – nach sehr langem Beten – fühlt sie ausgehend vom Munde hinuntersteigend in die Arme, wo sie die Furunkel hatte, bis in den ganzen Körper Erleichterung. Ich prüfe noch einmal, da sie jetzt frei ist von der Verstorbenenenergie. Sie hat kein Herpes. Eine ganz große Last war ihr von den Schultern genommen.

Therapeutische Maßnahmen.

Das Foto auf folgenden Symbolen:

Symbol 7:	Verstorbenenenergien
Symbol 16:	Karma aus der vergangenen 12. Inkarnation
Symbol 21:	Atmungssystem – die Beschwerden, die sie im Munde fühlte
Symbol 27:	Astrallarven infolge negativen Gedankenklimas

Zwölftrapez mit den 72 Gottesnamen: Allgemeine Rückkehr zum VATER.

Bachblüten

Agrimony	– die Maske, versteckte Beziehung mit anderem Mann
Gorse	– sie hatte keine Freude mehr am Leben
Heather	– die sehr schwache Vitalität
Hornebeam	– gegen ständige Müdigkeit
Mustard	– das Licht existiert. „Gibt es noch Heilung für mich?“
Star of Bethlehem	– klammert sich an die beiden Söhne und an die Tochter
Sweet Chestnut	– starke Melancholie.

108. Osvaldina
* 26. 7. 1943

„Gestern habe ich beim Frühstück die Tasse Kaffee in die Hand genommen und als ich sie zum Mund erhob, bekam ich einen starken Schmerz im Rücken.“ Sie greift mit der Hand nach hinten. „Ich habe Massagen genommen, Medikamente, aber ich fand keine Besserung.“

V.E.: ein Vetter ihres Mannes.

Die Befreiung mithilfe des Rituals für Verwandte dauerte sehr lange, bis die Rute endlich das Signal gab. Wenig später griff sie mit der Hand nach hinten, denn sie fühlte den gleichen Schmerz wie gestern. Bald darauf verzog sich der Schmerz völlig.

109. Leonardo
* 21. 6. 1975
Es kommt der Vater dieses jungen Mannes, der sich jetzt in Sao Paulo befindet. „Mein Sohn hatte es in der Schule sehr leicht, bis er den 2. Grad absolvierte. Dann kam plötzlich ein Einbruch. Er war verfremdet, ohne Möglichkeit zu lernen. Nichts hat er mehr gemacht. Die Mutter rasiert ihn, badet ihn. Alle Arten von Untersuchungen wurden gemacht. Magnetresonanz, Radiografie, Psychiatrie, Neurologie. Alles erbrachte nichts. Er verlor jeglichen Antrieb. Er geht mit geballten Händen. Wenn ich sage, mein Sohn, öffne deine Hände, dann tut er es, um sie dann bald wieder zu schließen.“
V.E. 11 Jahre: die Urgroßmutter Rosa. Sie verstarb plötzlich. Sie bekam Durchfall und verstarb sofort.
Ritual mit dem hier anwesenden Vater anstelle des Sohnes in Sao Paulo, gerichtet an dessen verstorbene Urgroßmutter. Der Vater fühlte starke Emotionen, Kribbeln am ganzen Körper, danach Erleichterung.
Das Haus auf einem Grundstück eines ehemaligen Beerdigungsinstitutes.

110. Elias
* 1. 2. 1922
Seit 1998 sieht er nicht mehr gut, mal stärker mal weniger verschleiert. Der Arzt sagt, es sei keine Sache für eine OP.
V.E. seit 18 Jahren mit sieben Verwandten, drei Männer und vier Frauen. Mit großer Schnelle erinnert er sich aller sieben. Befreiend spürt er Kribbeln in den Beinen, dreimaliges tiefes Atmen, danach große Erleichterung.

111. Franziska
* 13. 8. 1956
Sie fühlte sich sehr, sehr nervös, Schleier vor den Augen, Ohrenrauschen, kalte Unterarme.
V.E.: die Mutter. Immer denke sie an sie, immer, immer. Befreiende Empfindungen: „Die Sicht wird klar, ich fühle

Magenschmerzen, der Schmerz verschwindet, Schmerzen an den Armen, kalter und heißer Schweiß, Hitze im ganzen Körper, und wahrhaftig, jetzt fühle ich an den immer so kalten Unterarmen Hitzewellen, jetzt ist die Temperatur normal."

112. Frutuosa
* 6. 4.1961
Seit zwei Monaten zittert sie am ganzen Körper, hoher Blutdruck.
V.E. 6 Jahre. Sie hat mich schon einmal aufgesucht. V.E., aber sie hat nicht ihren Beitrag geleistet. Die Symptome sind jetzt sogar stärker.
Befreiende Empfindungen: „Ich fühle einen Schock im Körper, als wenn es Elektrizität wäre", – dies wurde so nur von ihr ausgedrückt, die Gedanken sind ja elektrischer Natur, auch die der Verstorbenen – „als wenn das Blut in meinen Adern unter Druck steht, ich fühle Bewegungen, kurzatmig, kalter Schweiß, das Herz klopft im ganzen Körper, der Atemdruck lässt ein wenig nach." Nach einer gewissen Zeit: „Der Druck ist verschwunden, ich fühle mich besser, sehr erleichtert. Aber mein Atem war wie festgebunden, gefangen, ich hatte keinen Appetit, auch nur irgendetwas zu essen, ich bin ausgetrocknet, einfach ausgelaugt."

Reaktionen im Befreiungsprozess von Verstorbenenenergien

1. Der verwandte Verstorbene zeigte große Widerstände. Schließlich stellte sich bei der Frau große Erleichterung ein.
2. Fühlte große Erleichterung und die Geschwulst an der Hand schrumpfte sichtbar etwa um die Hälfte.
3. Fühlte sich sehr erleichtert. Bis vier Monate danach erschien er nicht mehr.
4. Fühlte große Erleichterung
5. Das zweijährige Kind zeigte nach der Befreiung keine Reaktion an den aufgerissenen Füßen.
6. Es dauerte ungewöhnlich lange beim Befreien, zwischendurch war die Reaktion der Rute unterbrochen und es bedurfte sehr vielen Gebetes, um die Instinktenergie für das Funktionieren der Rute aus den Blockierungen zu lösen. Nach einer Stunde stellte sich ein Kribbeln am ganzen Körper ein und große Erleichterung.
7. Es dauerte recht lange, bis sich Erleichterung einstellte. Das Gesicht erhellte sich sichtbar, und sie fühlte in den Beinen, im Kopf, im Bauch und schließlich im ganzen Körper große Befreiung. Nur im Fuß fühlte sie noch Schmerzen, aber doch schon viel weniger. Sie wusste, dass sie in Hinsicht auf die Verstorbenen beten sollte: Jesus, befreie sie! Sie kam nicht wieder, weil sie selbst Abhilfe gefunden hat.
8. Es stellte sich Kälte in der Brust ein, dann Bewegung in der Brust und Befreiung.
9. Fühlt recht bald im Befreiungsprozess Erleichterung.
10. Fühlt Befreiung.
11. Ich fühle eine Nebelwolke vor meinem Gesicht.
12. Sie fühlte stark die anfangs beschriebenen Bewegungen, Kribbeln, große Erleichterung.
13. Erleichterung.

14. Aus der Entfernung ergibt sich ein sehr mühsamer Befreiungsprozess.
15. Schweißausbrüche, Hitze im Kopf, Kribbeln.
16. Fühlte eine Kälte im Körper.
17. Sehr langsam Reaktionen, Kältegefühl überzieht den ganzen Körper.
18. Spürte Erleichterung.
19. „Das Herz hat sich geöffnet. Der Druck ist weg!"
20. Nach großen Widerständen ein Kribbeln am ganzen Körper, dann große Erleichterung. Die Geschwulst am Bein ging sichtbar zurück, die „Narbe" unter der Leiste um die Hälfte!
21. Das Kind hört auf zu weinen, schaut interessiert der folgenden Handauflegung zu und winkt mir mit der Hand zum Abschied.
22. Nach mühsamer Befreiung Hitzewellen durch den Körper.
23. Erst drei Minuten nach dem Befreiungsritual eine Körperreaktion, ein Gefühl, als wenn der Bluthochdruck nachlässt.
24. Fühlte große Erleichterung nach der Befreiung.
25. Nach der Befreiung fühlte sie Erleichterung im Knie. Nach einer gewissen Zeitspanne des Gesprächs und der Handauflegung sagt sie plötzlich: „Mein Gott, mein Knie ist gar nicht mehr geschwollen!"
26. Eine leichte Besserung um die Augen.
27. Bauchschmerzen, Rückenschmerzen verschwinden, große Erleichterung, tiefes Durchatmen.
28. Am ganzen Körper fühlt sie große Erleichterung.
29. Symptome von Krätze an Hand und Füßen nach sechs Wochen Behandlung von V.E. fast ganz verschwunden.
30. In beiden Armen fühlt sie starke Bewegungen beim Ritual.
31. Hitzewellen.
32. Der Eindruck, dass das Kind eine geistige Behinderung habe, veränderte sich sichtlich zum Besseren, wie auch die radiästhetische Diagnose keine geistige Behinderung ergab.

33. „Ich fühle eine Frische, als wäre es im Fernseher, wie eine frische Brise am Flussufer oder am Meer. Jetzt fühlt es sich an wie eine Rakete, die bis zum Mars aufsteigt, große Erleichterung beim Atmen. Wie ein Ventilator am Kopf, wie ein Bach, der frei am Kopf herunter sich ergießt. Es ist wie ein strömender Regen." Und sein Gesicht entspannte sich aus einer sehr starken Spannung, er wurde sehr, sehr locker und gelöst. Das Gesicht veränderte sich sehr sichtbar und die Mutter sah es und bestätigte es mit großer Genugtuung. Jetzt fühlte er wirklich sich, was er sieben Jahre lang nicht mehr kannte.
34. Zunächst fühlte er einen Schmerz im Kopf, dann, als ob sich irgendetwas in den Armen festgesetzt hätte, es wanderte zum Bauch, dann verwandelte es sich in ein Frischegefühl, das schließlich bis zu den Füßen hinterstieg.
35. Beim befreienden Beten schaute das Kind nach oben, begann schließlich Flugbewegungen mit den Armen, Lächeln und schließlich ein gelöstes Sich-in-den-Schoß-der-Mutter-Legen.
36. Nur sehr langsam stellte sich Erleichterung in der Bauchgegend ein.
37. Das Kind begann in großer Agonie zu schreien, und dann plötzlich fiel es in den Schoß seiner Mutter zu tiefem Schlaf.
38. Erleichterung am ganzen Körper.
39. Ein Kältegefühl in der Höhe der Ohren, ein leichter Schmerz an der linken Stirn, Kälte direkt auf dem Scheitel, ein Schmerz am rechten Ohr, Erleichterung um den ganzen Kopf, mehr und mehr erleichtert und schließlich besonders deutlich am rechten Ohr. „Ich höre ein Gurgelgeräusch im Mund, jetzt steigt es die Kehle hinunter." Die Mutter, die links neben ihm saß: „Ich hab es auch gehört!"
40. Es begann mit einem Beben um den Kopf, mehr und mehr sich verstärkend und dann ein richtig starker Schmerz. Der Atem wurde kurz, mehr und mehr, dann stieg ein Einschläfern hinunter bis zum Bauch, bis zu den Beinen,

bis zu den Füßen und zum Ende des befreienden Betens stellte sich große Erleichterung ein, der Schmerz im Kopf löste sich auf, ein Frischegefühl ging bis in den Hals. Nach der Befreiung äußerte sie große Hoffnung, dass sich ihr Leben jetzt positiv verändern kann. Sie hatte die Besetzung wie eine Zerstörung des ganzen Lebens empfunden, in ihrer Ehe und überhaupt in allem.

41. Ich fühle Erleichterung, ein Kältegefühl, die Kopfschmerzen lassen nach.
42. Nur nach sehr langem Beten fühlte sie einen schmerzhaften Druck in der Brust, dann in der Brustwarze, Verwirrung im Kopf, wird zu Schmerz, ziemlich lange anhaltend und allmählich stellt sich Erleichterung ein, auch die Beine zeigten Erleichterung und nach und nach ging die starke Schwellung sichtbar zurück.
43. Auf der linken Seite eine Hitzewelle, starkes Herzklopfen, Hitzewelle, Erleichterung, erneutes Herzrasen, hielt an bis zum Ende der dem befreienden Beten folgenden Handauflegung, und dann schließlich die große Erleichterung.
44. Magenschmerzen, Kälte, Hitze, ein im Bauch wandernder Schmerz.
45. Sehr, sehr langes Beten ohne Reaktion, dann ein Schmerz im Rücken und aufsteigend zum Kopf, Erleichterung.
46. Gleich zu Beginn des befreienden Betens: Kribbeln und Wärme im ganzen Körper, Schmerzen im rechten Schulterknochen, ein leichter Schmerz an der Stirn, der Schmerz verschwindet, die Hitze lässt nach, Erleichterung und völliges Verschwinden der erhöhten Körperwärme.
47. Einschlafen der Hände, dann der Füße, Schmerzen im Rücken, allmählich nachlassend, allgemeine Erleichterung.
48. Sofort ein Schmerz im Magen, Kältegefühle in den Armen, Erleichterung im Kopf, bis kein Schmerz mehr gefühlt wurde.
49. Ein leichtes Stechen im Magen, Kälte, Erleichterung, ein

wenig schwindelig, Herzklopfen lässt nach, Angst, von neuem schwindelig und schläfrig, erneut Erleichterung, Unruhe.

50. Nervös, und der ständige Kopfschmerz beginnt nachzulassen, bis er ganz aufhört.
51. Während des Rituals fühlte sie Schwindel im Kopf, dann Erleichterung.
52. Die Rückenschmerzen ließen nach, dann die Schmerzen im Magen und schließlich war der ganze Körper schmerzfrei.
53. Beim Befreien vermehrten sich zuerst die Kopfschmerzen, wurden weniger und weniger und schließlich fühlte sie sich wesentlich besser. Nach drei Tagen sehr, sehr viel besser.
54. Beim Befreien fühlte sie starken Schwindel im Kopf, Schmerzen, dann sehr fremdartige Bewegungen, danach großen Druck verursachend, und schließlich löste sich alles auf, auch in den Beinen.
55. Das linke Bein, seit zwei Monaten stark entzündet, geschwollen und voller offener Wunden. Durch ihr befreiendes Beten sind sie jetzt schon sehr viel besser. Bei meinem befreienden Beten fühlt sie starke Erleichterung und sie erkennt, dass sie noch bewusster selber beten muss.
56. Schon gleich beim ersten Ansatz zur Diagnose – recht häufig merken das Verstorbene sofort! – verfiel das Kind in richtige Agonie, weinte und schrie während des recht lange währenden Befreiungsprozesses, danach fiel es zu tiefem Schlaf in den Schoß der Oma. Es hatte ja auch sechs Tage nicht mehr richtig geschlafen, besonders aber in der letzten Nacht blieb es ganz ohne Schlaf.
57. Schon beim Betreten des Sprechzimmers vermehrten sich die Magenschmerzen, um dann beim Befreien völlig zu verschwinden.
58. Zunächst stellte sich ein Schmerz in den Armen ein und dann das große befreiende Gefühl in der Nierengegend.

59. Ich fühle eine merkwürdige Erscheinung sich von mir entfernen, es geht mir viel besser.
60. Ein Schmerz stieg auf von der Brust bis zum Kopf, Schwindelgefühle, Besserung.
61. Fühlte Besserung im Kopf und allmählich im ganzen Körper.
62. Fühlte Schmerzen aufsteigen, Schwindel, Erleichterung.
63. Er fühlte sich sehr erleichtert.
64. Das Kind befand sich im Krankenhaus und konnte dort nicht beruhigt werden. Es weinte ununterbrochen. Als ich zu befreien begann, weinte es noch intensiver, geriet in richtige Agonie, dann plötzlich beruhigte es sich völlig.
65. Das befreiende Beten war zugleich für Vater, Mutter und Sohn. Nach etwa 20 Minuten fühlte der Sohn Wärme aufsteigen, mehr und mehr, Schweiß brach aus und schließlich verschwand die Wärme. Später fühlte auch der Vater Wärme im Körper, während die Mutter nichts wahrnahm. Nach einer Stunde und zehn Minuten fühlte auch sie Erleichterung und ein einschlafendes Gefühl in den Armen und nach weiteren 15 Minuten war auch die Mutter völlig befreit.
66. Sie fühlte große Erleichterung und Freude, große Freude überstrahlte ihr Gesicht. Der Kopfschmerz ließ ganz nach, als ob ein großer Druck sich in die Bauchgegend zog und dann aufstieg zum Rücken, um großer Erleichterung zu weichen.
67. „Es wird alles klarer. Mein Gott, ich kann wieder richtig sehen!“
68. Sie sieht die im KZ verstorbene Großmutter neben einem Krankenbett stehen und im Dialog mit der Enkelin legt sie sich gelassen ins Bett und ganz allmählich löst sie sich zusammen mit dem Bett in hellem Licht auf. – Die Kopfschmerzen ließen nach. – Dann erscheint wieder das Bett und hinter dem Kopfende steht mit einem Knüppel in der Hand die Schwägerin der Großmutter. Sie hatte die Großmutter bei den Nazibehörden verleumdet und so ins

KZ gebracht. Nach sehr viel Dialog und Gebet senkt sie den bedrohlich erhobenen Knüppel und auch sie legt sich ins Bett und löst sich im hellen Licht auf. Yvonne fühlt große Erleichterung.

69. Im Laufe des Befreiungsrituals schrumpfte die Geschwulst von Tennisballgröße bis auf 2 mm. Sie nahm Abstand von der Reise zur Operation der „Krebsgeschwulst“.
70. Sie kam mit einer Geschwulst von 5 mm unterhalb des linken Augenlides. Beim Ritual fühlte sie große Erleichterung. Drei Wochen später kam sie und sagte, dass sofort auf ihrem Heimweg die Geschwulst zurückgegangen war. Jetzt aber hatte sich eine ähnliche Geschwulst am rechten Augenlid gebildet. Beim Beten verringerte sie sich sichtbar, sie schaute in einen Spiegel und bestätigte meine Beobachtung.
71. Die Schmerzen im Rücken ließen kräftig nach.
72. „Ich habe eine Frische durch meinen Körper gefühlt.“
73. Der Druck im Hals ließ nach.
74. Der Schmerz wurde weniger.
75. Als das Ritual begann, überfiel sie ein starkes Zittern, so wie sie auch vor neun Jahren zitterte, als alles begann. Bei Ende des Rituals hörte das Zittern auf.
76. Nach dem Ritual zeigte er sich sehr befreit.
77. Als das Ritual endet, hebt sich der eingeschlafene Arm automatisch in die Höhe.
78. Ritual dauerte recht lange, bis er im Bein und im ganzen Körper Befreiung erlebte. Ich forderte ihn auf, aufzustehen. Der Schmerz war weg und das Bein war wieder normal.
79. Zum ersten Male fühlte er erleichternde Bewegung in seinen Beinen.
80. Sie verspürte Erleichterung im Nacken, Bewegungen im ganzen Körper, starkes Herzklopfen: „Ich habe auch einige Schatten gesehen“, sagte sie.
81. Sie fühlte eine erfrischende Kühle durch den ganzen Körper gehen und das wiederholte sich noch zweimal, bis

sie ganz frei war. Als sie sich verabschiedete, sagte sie: „Oh, ich fühle mich viel besser. Vielen, vielen Dank!"

82. Nach dem Ritual zeigten sich keine der vorher aufgetretenen Mängel mehr.
83. Durch das Ritual verschwanden die Symptome des Kindes völlig und sieben Jahre später stellte mir die Großmutter die Enkelin frisch und gesund vor. Nie mehr hatten sich Symptome eingestellt.
84. Das liegende Mädchen erhob sich nach dem Ritual und kehrte befreit nach Hause zurück.
85. Bei der Befreiung stellte sich große Erleichterung ein.
86. Beim befreienden Gebet berichtete sie: „Ich habe Angst, Angst, mehr und mehr Angst. Ich fühle Schmerz oben im Kopf. Er steigt am Rücken hinunter, jetzt eine große Wärme im ganzen Körper, Schmerzen steigen hinunter bis zu den Füßen. Ich bin schwindelig, Schmerzen im Magen, Schmerzen am Herzen" – da, sie sieht ihren verstorbenen Großvater, sieht ihre Urgroßmutter, eine Tante, einen Vetter, der ermordet wurde, eine andere Tante, die sehr viel Gebet und Gespräch brauchte, um sich zu entfernen. Danach erschien vor ihr eine Figur mit zwei Hörnern. Sie sah ein Kind, das auch durch eine abartige Figur gehbehindert war. Immer forderte sie diese ihre Verwandten auf, ins Vaterhaus zu gehen mit den vielen Wohnungen, und sie verstand es gut zu erklären, dass sie doch keines physischen Körpers mehr bedürften und dass die Liebe zu ihr sich nicht in einem Eindringen in ihren Organismus verwirkliche, sondern im Einssein mit Gott im Hause mit den vielen Wohnungen. Mit Gott eins sein heiße doch, in das Herz der Lieben auf dieser Erde einzuziehen, also auch in ihr Herz. Und immer, wenn nach einer gewissen Zeit ein Verstorbener ins Licht ging, erschienen viele rote Rosen. Danach löste sich das Bild sowohl der Person als auch der Rosen auf. Während dieses Prozesses wurde sie einmal für Momente ohnmächtig. Als alles zu Ende war, rief sie: „Ich bin ohne Angst! Ich bin

ohne Angst!", ihr Gesicht veränderte sich sehr, entkrampfte sich zu wirklicher Schönheit. Mit einer sehr herzlichen Umarmung verabschiedete sie sich. Sie ging zur Wohnung ihres Bruders, umarmte ihn strahlend, und was sie schon lange nicht mehr hat tun können, auch ihre Schwägerin umarmte sie zu deren ganz großer Freude.

87. Schmerzen rechts am Kopf, sie steigen hinunter zum linken Bein, Bauchschmerzen, die Blindarmnarbe schmerzt, die Galle, jetzt starker Schmerz an der Wirbelsäule, an der linken Brust, im Kopf, am linken Arm, mehr und mehr Schwindelgefühle. Und jedes Mal, wenn der Schmerz zu einer anderen Stelle wanderte, fühlte sie Erleichterung dort, wo er grade war. Sie sagte: „Ich habe noch eine OP am rechten Daumen und am Unterleib gehabt. Nach der Blinddarm-OP fühlte ich die gleichen Schmerzen wie vorher. Der Arzt verstand es einfach nicht!"

88. Nachdem der Vater sich entfernt hatte, fühlte sie nur sehr wenig Erleichterung, und nachdem sich die anderen Verstorbenen durch sehr viel Beten entfernt hatten, fühlte sie Kribbeln und volle Befreiung.

89. Nach mehr als einer Stunde fühlte sie Erleichterung. Aber es blieb ein großer Zweifel, dass der Verstorbene sich entfernt habe, jedoch nach drei Monaten stellte sie sich völlig befreit von den dunklen Hautflecken vor.

90. Nach 45 Minuten Gebet fühlte er ein wenig Schwindel und nach weiteren zehn Minuten Erleichterung und das Gesicht entspannte sich sehr. Zehn Tage später kam er nur, um mir zu sagen, dass es ihm gut ginge und dass er richtigen Appetit entwickelt habe, und sein Gesicht strahlte.

91. Der Rücken beginnt zu schmerzen, die Augen blicken starr und dann Erleichterung, jedoch noch einige Minuten ein gewisser Nebel vor dem Gesicht.

92. Nach einer Minute fing das Baby in höchster Lautstärke an zu schreien und nach weiteren 40 Minuten fiel es plötzlich in den Armen der Mutter in tiefen Schlaf.

93. Schmerzen im Nacken, schwindelig im Kopf, dann Erleichterung.
94. Ein starker Schwindel entwickelte sich im Kopf und mehr und mehr verschwand er, bis alles ganz frei war.
95. „Irgendetwas bewegt sich in meinen Eingeweiden, etwas Geräuschvolles, Schmerzen in der linken Brust, in den Eingeweiden, am Kopf auf der linken Seite, meine Arme zittern, starkes Beben in den Händen, das Zittern hört auf, wieder Schmerz im Darm, an der linken Brust Einschlafen, Kopfschmerzen, die Lippen schlafen ein, Frost im Gesicht, ein Zittern geht durch den ganzen Körper und langsam kommt Erleichterung im ganzen Körper."
96. Es dauerte sehr lange, bis sie Bewegung in ihrem Körper wahrnahm. Es begann mit den Augen, die sich aufhellten. Dann zog große Ruhe in ihren ganzen Körper. Während des ganzen Prozesses fühlte sie den ermordeten Sohn sehr nahe.
97. „Ich fühle ganz innen Bewegung, ausgehend von den Händen, steigt auf zur Brust, ich bin erleichtert, ich bin erleichtert!"
98. Ein leichter Schmerz im Magen, dann nach und nach frei.
99. Die Augen verdunkelten sich noch mehr, Schmerzen an den Lidern traten auf, langsam Erleichterung und klare Sicht.
100. Erleichterung.
101. Nach viel Gebet Erleichterung.
102. Es dauerte lange, bis eine Reaktion kam, dann Weinen, Schreien, große Unruhe, schließlich Beruhigung. Während des Gesprächs mit der Mutter noch ein zweimaliges Weinen und wenn es aufhörte, gab die Rute das Signal, dass die Verstorbenen gegangen waren.
103. Der Schweiß an den Händen vermehrte sich, nervöse Bewegungen an den Füßen, dann über den ganzen Körper, nach und nach Erleichterung.
104. Ein Klingeln im Ohr, wie das Bellen eines Tieres, Kopfschmerzen, langsam weniger und dann nach weiterem sehr langem Beten überall Erleichterung, auch im Ohr.

105. Befreiend bekam er sensationelle Gefühle im ganzen Körper und langsame Besserung. Als ich ihm erklärte, was geschehen war, fühlte er plötzlich starke Bauchschmerzen. Jetzt nahm er selber die Befreiung vor und mit schnellem Erfolg.

106. V.E. seit zwei Jahren: ein Urgroßvater von ihr. Befreiend: „Oh, ich bekomme Angst! Ich kann einfach nicht mit ihm reden!“ Nach Versuchen von etwa zehn Minuten Dauer gelang es ihr, ihn anzusprechen! Sie fühlte sehr intensiv die Ablösung des Verstorbenen, der Schmerz im Kopf, ein Schmerz so vieler Jahre verschwand. Schon so lange hatte sie nicht mehr erleben dürfen, was es ist, ohne Schmerz zu sein! Sie wiederholte einige Male, dass sie sofort Verstorbene befreien werde, wenn sich Symptome dafür erneut einstellen sollten.

107. Nach sehr langem Beten fühlt sie ausgehend vom Mund, hinuntersteigend in die Arme, wo sie die Furunkel hatte, bis in den ganzen Körper Erleichterung.

108. Sie griff mit der Hand nach hinten, denn beim befreienden Beten fühlte sie den gleichen Schmerz wie gestern, der sich bald darauf völlig verzog.

109. Starke Emotionen, Kribbeln am ganzen Körper, Erleichterung.

110. Kribbeln in den Beinen, dreimaliges tiefes Atmen, danach große Erleichterung.

111. „Die Sicht wird klar, ich fühle Magenschmerzen, der Schmerz verschwindet, Schmerzen in den Armen, kalter und heißer Schweiß, Hitze im ganzen Körper, wahrhaftig, jetzt fühle ich an den immer so kalten Unterarmen Hitzewellen, jetzt ist die Temperatur normal.“

112. „Ich fühle einen Schock im Körper, als wenn es Elektrizität wäre.“ – Dies wurde so bisher nur von ihr ausgedrückt, die Gedanken sind ja elektrischer Natur, auch die der Verstorbenen! – „Elektrizität, die das Blut unter Druck setzt in meinen Adern, ich fühle Bewegungen, kurzatmig, kalter Schweiß, das Herz klopft im ganzen

Körper, der Atemdruck lässt ein wenig nach. Nach einer gewissen Zeit: „Der Druck ist verschwunden, ich fühle mich besser, sehr erleichtert. Aber mein Atem war wie festgebunden, gefangen, ich hatte keinen Appetit, auch nur irgendetwas zu essen, ich bin ausgetrocknet, einfach ausgelaugt.“

Wenn ein Gebet in klar umschriebener Intention praktiziert wird, dann treten keine anderen Wirkungen auf, auch wenn sie dem Kranken noch so gut täten. Hier wurde das befreiende Beten immer nur ganz ausschließlich auf die Befreiung von der V.E. gerichtet. Die sich daraus ergebenden Reaktionen habe ich aussprechen lassen und aufgezeichnet. Damit ist zweifelsfrei erwiesen, dass alle diese Reaktionen von Verstorbenenenergien im Prozess des Sich-Ablösens herrühren. Aus der zweifelsfreien Gewissheit dieser ein und derselben Wurzel kommen auch all die so unterschiedlichen Krankheitssymptome. Ich zähle sie im Folgenden auf, um zu zeigen, was die Unwissenheit, die fehlende Antenne zur spirituellen Dimension für leidvolle Konsequenzen hat, wenn man, anstatt die Wurzel zu heilen, an den Symptomen agiert.

Krankheitssymptome der Verstorbenenenergien

1. Zwei Jahre nach der letzten Geburt ohne Monatsblutung
2. Sie fühlte einen starken Schmerz in der Hand, die kräftig angeschwollen war, unterhalb des Daumens fühlte sie ein Stechen
3. Seit mehr als einem Jahr magerte er ständig ab
4. Die Beine geschwollen und sehr schmerzhaft
5. Aufgerissene Füße
6. Vier Jahre Ohnmachtsanfälle, Würmer (?)

7. Viele Male Ohnmachtsanfälle, die Glieder blieben kraftlos seit einem ganzen Jahr
8. Seit zwei Jahren Schmerzen im Hals, sie ziehen sodann zum Herzen und füllen die ganze Brust
9. Seit zwei Tagen starker Durchfall
10. Eine walnussgroße Schwellung unterhalb des Ohres
11. Nervös, erregt, ohne Schlaf
12. Um die Arme herum, um die Hüften, am Rücken und hinunter bis zu den Beinen starkes Kribbeln, starke Bewegungen
13. In der Gegend des Kronenchakras bildete sich ein Kreis von 5 cm Durchmesser ohne Haare
14. Mit Vehemenz negiert er die Vaterschaft
15. Zwei Jahre drei Stellen am Kopf mit 3 cm Durchmesser ohne Haare und völlig weiß
16. Schmerzen um die Augen herum, am linken Ohr, im Magen, Gedächtnisschwäche
17. 23 Jahre alt und ihr ganzes Leben lang Ekzeme, Flecken in der Größe eines 10-Cent-Stückes, an die 40 über den ganzen Körper verteilt
18. Trockenheit in der Kehle, Schwierigkeiten beim Atmen, Zunge klebt am Gaumen
19. Vier Wochen starkes Würgegefühl, Druck in der Brust, ohne Willen, zu leben
20. Seit vier Tagen ein Mal unterhalb der rechten Leiste, wie eine Narbe, 10 cm lang, bis zur Mitte öffnet sie sich bis auf 2 cm breit, an den Seitenrändern kleine Punkte, wie die Narben einer Nähnaht. Nachts hat sich das Mal entwickelt. Das rechte Bein stark geschwollen.
21. Seit zwei Tagen weint das Kind ununterbrochen, ist sehr aggressiv. Ganz gegen seine Art.
22. Das neunjährige Mädchen verlor elf Monate nach seiner Geburt sehr an Gewicht
23. Seit zwei Jahren fühlt sie starke Impulse zu hauchen, vermehrt in letzter Zeit
24. Kind kann nur tropfenweise urinieren. Dann eine ganze Woche lang alles normal.

25. Seit fünf Jahren ist das rechte Knie geschwollen
26. Sie schafft es seit langem nicht mehr, die Augen richtig zu öffnen
27. Durchfall, ohne Schlaf, Bauchschmerzen, Schmerzen im Rücken
28. Seit ihrer frühesten Kindheit Kribbeln, Ängste, sieht schwarze Gestalten hinter sich und seit vier Jahren haben sich am ganzen Körper verteilt dunkle Flecken gebildet, auch im Gesicht und am rechten Bein ist seitdem eine Hälfte dunkel und eine ist hell. Hautärztliche Behandlungen helfen nur ganz wenig.
29. Seit drei Monaten Krätze an der Hand und an den Füßen.
30. Seit einem Jahr ständig am Husten, und zwar ununterbrochen
31. Mit zehn Jahren zeigten sich Probleme in der Koordination der Bewegungen. Große Lernschwierigkeiten, ständige Traurigkeit. Im Alter von ein bis zwei Jahren sah die Mutter sie als sie nachts erwachte, mit Kindern lachen und spielen, unsichtbar für die Mutter, aber real für das Kind. Sie bekam oft Schweißausbrüche und der Schweiß – so die Mutter – hatte den Geruch von Erwachsenen. Manchmal hörte sie ein Knacken wie Knallen in der Herzgegend. Die Monatsblutungen waren immer zu stark.
32. Das siebenjährige Kind scheint geistesschwach zu sein, bisher ohne zu sprechen, hässliche chronische Wunden an den Beinen. Viele Male ohnmächtig.
33. Seit sieben Jahren ständiger Bewegungsdrang, laufen, laufen. Oft ist er ganz desorientiert, verliert sich in Wäldern, sammelt Plastikabfälle. Hält sich auf Distanz zu seinen Eltern. 20 Tage in einer Psychiatrie, wo auch ein Psychologe ihn behandelte. Er verweigerte jegliche Medikamente. Nach der Entlassung hielt es ihn nur 13 Tage zu Hause. Er wird in völlig verschmutzten Kleidern gefunden. Acht Männer brachten ihn heim. Er war noch einmal in einer anderen privaten Psychiatrie. Er wollte nicht mitfahren nach Paulistana zum Padre Otto. Die Mutter sagt, er war nicht mehr er selber in diesen sieben Jahren, besonders in den letzten vier Jahren.

34. Über den ganzen Körper verteilt hatten sich seit 30 Jahren mehr als 30 Ausbeulungen gebildet, 1,5 cm Durchmesser, einige recht dunkelbraun, andere weißer als die übrige Haut
35. Seit drei Monaten Schmerzen im rechten Ohr
36. Seit einem Jahr heiser
37. Sechs Wochen alt und weint ständig, schläft nicht
38. Seit vier Jahren ein Schmerz auf der linken Seite in der Gegend der Leber und auf der Haut eine Beule von 10 cm Durchmesser und wahnsinnige Schmerzen, stöhnt er, nicht zum Aushalten
39. Schmerzen am Hinterkopf, ziehen zur Stirn, mutlos, als Kind viele Krankheiten, sehr verwirrt, nervös, schläft nicht allein, Angst vor Seelen, isst wenig, fühlt den Mund wie verriegelt, sein Denken verfestigt, verriegelt Türen vor dem Schlafen, verbindet die Augen zum Einschlafen
40. Vom siebenten Lebensjahr an fühlte die 39-Jährige starke Kopfschmerzen. Da ist etwas, was ihr Leben völlig zerstört habe, sagt sie, die Ehe und einfach alles.
41. Drei Jahre starke Kopfschmerzen
42. Beine und Hände geschwollen
43. Starke Kopfschmerzen, Rückenschmerzen
44. Vier Wochen schreit die Fünfjährige vor Schmerzen im Magen, im Kopf, große Ängste vor allem, erlitt einen Schock, als sie auf dem Feld eine Schlange sah, kleinste Dinge erschrecken sie, es geht ihr jede Selbstkontrolle ab. Im Bad gestürzt, dabei Verletzungen am Auge, sie sieht nicht mehr richtig.
45. Etwa vier Monate ohne Gedächtnis, ohne Orientierung, nervös, verwirrt, Kopfschmerzen, einzig außerhalb des Hauses, auf dem Feld geht es ihr besser; sobald sie wieder nach Hause kommt, stellt sich wieder das ganze Unwohlsein ein
46. Seit einem Jahr ist sie am Ende mit den Nerven. Zu jeder Zeit bricht sie in Weinen aus, sehr deprimiert
47. Nebenhöhlenentzündung, unentschlossen bei seinen Geschäften, will gleich mehrere Dinge auf einmal
48. Nach Kaiserschnitt vor vier Wochen starke Kopfschmerzen, sehr nervös, sehr traurig, deprimiert

49. Arme und Beine schlafen ein, ständig müde
50. Nervös, nichts gelingt ihr, Kopfschmerzen, Rückenschmerzen, Schmerzen im ganzen Körper. „Ich widerspreche ständig meiner Mutter. Ich weiß einfach nicht, was in mir vorgeht", sagt sie
51. Vor drei Monaten hatte sie zwei Menstruationen und danach keine mehr
52. Schmerzen im Rücken, Schmerzen im Magen, aufsteigend in die Brust bis zu den Schultern. Magenentzündung, ohne Mut, ihre täglichen Aufgaben zu erledigen, Unruhe im Kopf, in den Nerven
53. Sieben Monate ist er ohne Energie im Körper, als wäre er von einer Geschwindigkeit von 120 Kilometer in der Stunde auf nur 10 hinabgesunken, Kopfprobleme, Depression
54. Nervös, übernervös, ausgelaugt, Schmerzen in den Beinen
55. Das linke Bein voller chronischer Wunden
56. Seit sechs Tagen ständiges Erbrechen, wenn er isst, erbricht er. Nimmt nur noch ein bisschen Tee zu sich, der einjährige Junge weint aber nicht dabei.
57. Anderthalb Jahr Schmerzen in der Magengegend. Sie will nie allein bleiben. Angst.
58. Übergewicht ihr großes Problem. Bis 18 Uhr fühlt sie kein Bedürfnis, zu essen, aber dann bis 22 Uhr – der Abend ist die Zeit der Verstorbenen – isst sie und isst, ohne je satt zu werden. Drei Nierensteine haben sich gebildet, viele Steine in der Leber.
59. „Ich fühle komische Bewegungen in mir."
60. Zwei Jahre Anfälle und starke Kopfschmerzen, fällt auf den Boden, schreit und schlägt mit Armen und Beinen. Ununterbrochen Kopfschmerzen. Vor fünf Jahren Total-OP des Uterus, vor 90 Tagen Zyste aus dem Eierstock operiert.
61. Kopfschmerzen, Schwindelgefühle, Ohnmachtsanfälle, hört Stimmen im Bad, Zyste im Eierstock
62. Kopfschmerzen, Ungeduld im Urteilen
63. Erlitt eine Firmenpleite. Probleme im rechten Auge, Verlust der Sehstärke. Gestern konsultierte er einen Arzt, der ein

fremdartiges Objekt im Auge feststellte, als er es entfernen wollte, verschwand es. Aber das Auge blieb entzündet und voller Schmerzen.

64. Kind im Krankenhaus am Tropf
65. Ein Brandmal unter dem Arm 20 x 8 cm, genannt „Wildes Feuer“, brennt fürchterlich.
66. Kopfschmerzen ohne Ende, sie spricht weinend vor Verzweiflung: „Ich bin es leid, ich wiederhole immer wieder dieselben Dinge und nie gelingt mir etwas. Ich bin deprimiert seit etwa vier Jahren. Steine in der Galle, vergangenes Jahr OP. Schwarze Flecken im Mund auf der rechten Seite, dann erschienen sie auf der linken Seite. Ich weiß nicht, was mit mir ist. Ich lebe nur in großer Trauer. Die Zeit vergeht, ich arbeite und nichts Positives gibt es in meinem Leben!“ Sie erzählt alles unter ständigem Weinen.
67. Die Sicht behindert. Das linke Auge entzündet.
68. Seit längerer Zeit allgemeines Unwohlsein, Kopfschmerzen.
69. Tennisballgroße Geschwulst am rechten Unterkiefer, als Krebs diagnostiziert.
70. Unter dem linken Auge eine 5 mm große Geschwulst
71. Schmerzen im Rücken
72. Fettleibigkeit, große Angst, ohne zu wissen, wovor
73. Starkes Würgen im Hals behindert Atmen. Am Tropf keine Erleichterung.
74. Starke Schmerzen an der linken Ferse
75. Seit neun Jahren Kältegefühle, Zittern, Anfälle
76. Vor drei Monaten zeigten sich Arme und Füße geschwollen und schmerzhaft.
77. Seit sechs Jahren der linke Arm eingeschlafen, erlitt Anfälle
78. Schmerz im linken Knie, stieg auf zum Kopf, dann hinunter bis zur linken großen Zehe, Fuß und Zehe blieben eingeschlafen. Er schrie vor Schmerzen, er konnte nicht mehr gehen.
79. Jucken auf der Haut, Beine schwollen an, entzündeten sich, bildeten viele Pusteln.
80. Seit drei Jahren zeigte sich am Kopf eine harte Beule,

tennisballgroß, verbunden mit starkem Kopfschmerz. Die Haut der Beule war wesentlich wärmer als die Haut drumherum.

81. Die 81-Jährige verspürte seit acht Jahren Schmerzen im Uterus, Schmerzen die Wirbelsäule hinaufsteigend, Schmerzen in der Brust, den Kopf umkreisend, „als wenn ein Ring um mich gelegt würde".
82. Merkwürdige kleine Mängel und Pannen am Pkw.
83. Das zweijährige Kind war nicht mehr es selber. Es zeigte Verhalten einer Erwachsenen.
84. Der Körper des zehnjährigen Mädchens war völlig versteift
85. Ein völlig schwarzer, fast abgestorbener Fuß. Arzt: verstopfte Vene.
86. Etliche chirurgische Eingriffe, zweimal in der Psychiatrie, einige Selbstmordversuche
87. Kopfschmerzen, Tumor-OP vor drei Jahren („Arzt hat mir den Tumor nicht gezeigt!"). Kopfschmerzen weiterhin genau wie vor der OP, Schmerz immer so, dass er vom linken Arm aufstieg zum Kopf bis zur linken Kopfseite und dann hinüberzog zur rechten Kopfseite. Wenig später eine Blinddarm-OP, danach die gleichen Schmerzen, eine OP an der Galle, nichts änderte sich. Schmerzen im Bauch, an der Wirbelsäule, im ganzen Körper. OP am rechten Daumen und am Unterleib.
88. „Traurig, fühle mich in Bedrängnis, Angst und weiß nicht, warum."
89. Der ganze Körper war mit dunklen Flecken übersät (3 bis 4 mm), bis zu den Lippen, bis in den Mund. Zur Blutuntersuchung benutzte der Arzt eine Kanüle am Arm und auch dort bildete sich ein Fleck, nur violett und größer (1 cm); das war vor sieben Tagen. Sie fühlte ein Stechen und wenn sie hinschaute, erschien der Fleck.
90. Erbrechen seit einem Jahr, Kind ernährt sich nicht, erbricht sofort, völlig abgemagert, Schmerzen in den Beinen.
91. Zwei Jahre starke Kopfschmerzen in der oberen Region, Schmerz geht auch auf die Augen und in den ganzen Körper, Luftmangel, Magenschmerzen, überaus nervös, schlaflos,

große Bedrängnis im Kopf, Konflikte, denke nur unsinniges Zeug, fühlt den Schmerz richtig drin im Fleisch; wenn er sitzt, dann wird er sofort schwindelig

92. Kind seit gestern in starker Agonie, Weinen, Schreien
93. Schmerzen im Mund, kann nicht gut essen, appetitlos, schlaflos, depressiv, sehr enge Beziehung zur Mutter und doch das Gefühl von etwas sehr Merkwürdigem.
94. „Immer war ich sehr froh und seit zehn Tagen nur traurig. Ich verstehe die Welt nicht mehr."
95. Schlaflos, nervös, öfter fällt ein Glas um, sieht dunkle Gestalten, manchmal wie in Trance und ein anderes Wesen spricht in ihr, handelt durch sie.
96. Seit 14 Tagen richtig krank, alles tut weh vom Kopf bis zu den Füßen. Augen haben sich verdunkelt. Tägliche Arbeiten gelingen nicht mehr.
97. Aufgewacht mit geschwollenem linkem Arm, dann zog Geschwulst zu den Füßen, nur geschwollen, kein Schmerz. Jetzt sind beide Arme so, von innen her bis in die Hände und hinauf zu den Schultern. Arzt verordnete Medikament, Geschwulst kam aber sofort wieder. „Ich arbeite, aber fühle mich schwach und mager."
98. Kopfschmerz, Rückenschmerzen, Magenschmerzen, Fieber
99. 14 Tage mit verdunkelter Sicht, Schmerzen an Lidern und Brauen, Angst
100. Schlaganfall, Arme und Beine ohne Bewegung
101. Seit einer Woche am linken Fußknöchel eine schorfige Wunde von 8 cm, kleines Grind unter dem rechten Auge und rechts auf dem Bauchfell
102. Baby isst nicht, schläft nicht, weint sehr viel, seit zwei Tagen zwei kleine Geschwülste oberhalb der Stirn
103. Eine Wunde an den Lippen: „Wenn ich vom Land in die Stadt komme, beginnt eine merkwürdige Bewegung in meinen Füßen, ich werde nervös und die Hände schwitzen."
104. Eine große Geschwulst im rechten Ohr
105. Schläft nicht, isst nicht, erbricht sich seit vier Wochen
106. Starke Kopfschmerzen

107. Furunkulose seit acht Jahren. Arzt sagt, es sei Herpes, sie zweifelt, großer Stress
108. Ein plötzlicher starker Schmerz im Rücken
109. Der Vater berichtet: „Mein Sohn hat bis zum Gymnasialabschluss bestens lernen können, dann plötzlich veränderte sich sein Verhalten. Er war nicht mehr er selbst, sogar waschen und baden musste die Mutter ihn, er verlor jeden Antrieb. Die Hände hält er immer geschlossen, wenn ich ihn auffordere, sie zu öffnen, tut er es, um dann sofort wieder sie zu schließen."
110. Seit sechs Jahren sieht er sehr schlecht. Arzt: kein Fall für OP
111. Fühlt sich sehr, sehr nervös, Augen verdunkeln sich, Ohrengeräusche, kalte Unterarme
112. Zittern am ganzen Körper, Bluthochdruck

Von Verstorbenenenergien betroffene Organe

Gesicht		Leber	
Schmerzen an der Hand	3	Kopfschmerzen	19
Schmerzende Beine	6	Mundhöhle	2
Geschwollene Beine	4	Arme	4
Aufgerissene Füße		Stirnhöhlenvereiterung	
Gurgel	2	Ohne Gedächtnis	
Fußknöchel		Glieder eingeschlafen	
Brust	2	Schläfrig	
Herz		Am ganzen Körper	2
Erbrechen	2	Schultern	
Durchfall	2	Chronische Wunden	
Beulen	6	Fettleibigkeit	2
Flecken	3	Fieber	
Augen	8	Nierensteine	
Ohr		Ohnmacht	3
Magen	7	Ohne Schlaf	
Schlaganfall		Schwindelgefühle	2
Ausschlag		Zyste	
Husten	2	Eierstock	

Atmung	2	„Wildes Feuer“	
Zunge		Gallensteine	2
Abmagern	2	Menstruation	2
Urinsystem	2	Krebs	
Knie	2	Hals	
Darm		Ferse	
Große Zehe		Jucken	
Pickel		Knoten am Backenknochen	
Rückenschmerzen	5	Vene verstopft	
Kopftumor		Blindarm	
Füße	4	Bauch	
Bewegungskoordination		Wirbelsäule	2
Schweiß		Ohne Appetit	

116 Organe oder verschiedene Körperstellen sind bei den 112 Fällen betroffen.

Insgesamt 139 Symptome.

In den folgenden Statistiken sind von den 112 Beispielen, die in diesem Buch veröffentlicht sind, die Häufigkeit und Art der körperlichen Krankheiten oder Schmerzen, die durch Verstorbenenenergien verursacht wurden, sowie die emotionalen Manifestationen der Kranken bei Verstorbenenenergien dargestellt.

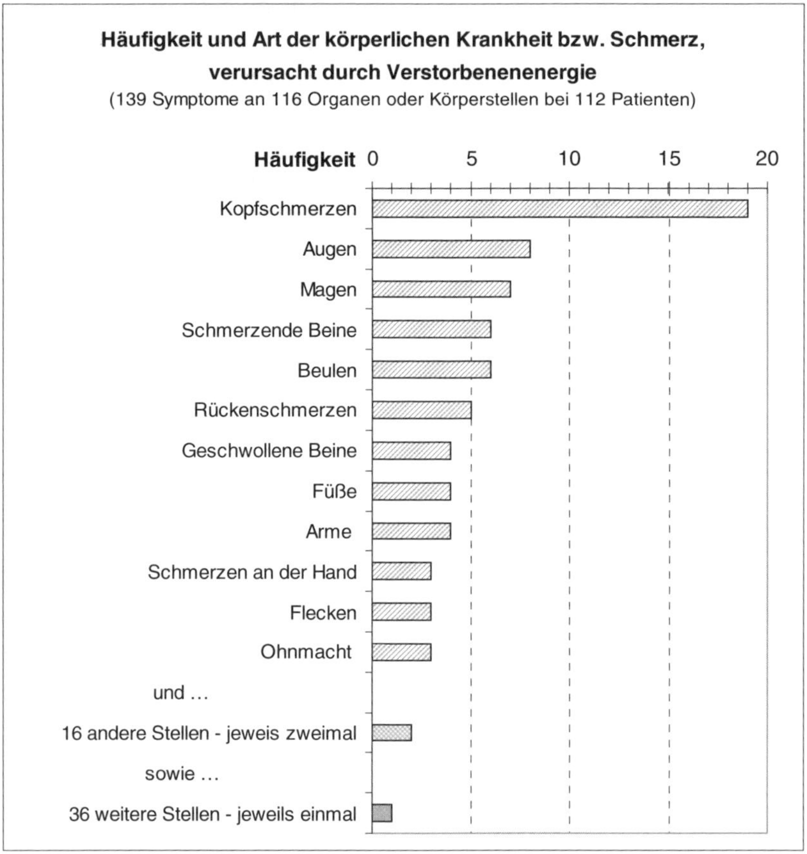

Emotionale Manifestationen bei Verstorbenenenergien

Ohnmachtsanfall		Depression	6
Aufgeregt		Nervös	7
Todesangst	3	Gedächtnisschwäche	
Starkes Würgen		Druck in der Brust	
Ohne Lebenswillen		Ständiges Weinen	4
Aggressiv		Angst	4

Lernschwierigkeiten
Desorientierung
Verwirrung 3
Angst vor Seelen 2
Erschrecken
Unentschlossenheit
Ich weiß nicht, was mir geschieht
Empört
Angst vor Alleinsein
Ungeduld
Unruhe
Nicht mehr man selbst sein
Selbstmordversuch
Nervöse Magenentzündung
Sich verrückt vorkommen

Traurigkeit 6
Bewegungszwang
Angst vor Dunkelheit
Verzweiflung 3
Keine Selbstkontrolle
Nichts gelingt 3
Ohne Lebensmut
Schlaflos 4
Bedrängnisse
Pleite
Kältegefühle
Angst vor Toten
Unruhe
Besorgtheit
Ich schaffe nicht mehr meine täglichen Arbeiten

Parapsychologische Manifestationen

Kribbeln
Schwarze Figuren sehen
Stimmen im Bad hören
Merkwürdige Gefühle in mir
Hautjucken

Starke Bewegungen
Klopfen an den Wänden
Zerbrochene Spiegel 5
Knistern im Dachgerüst
Verweigern der Vaterschaft

97 emotionale Manifestationen und 14 parapsychologische

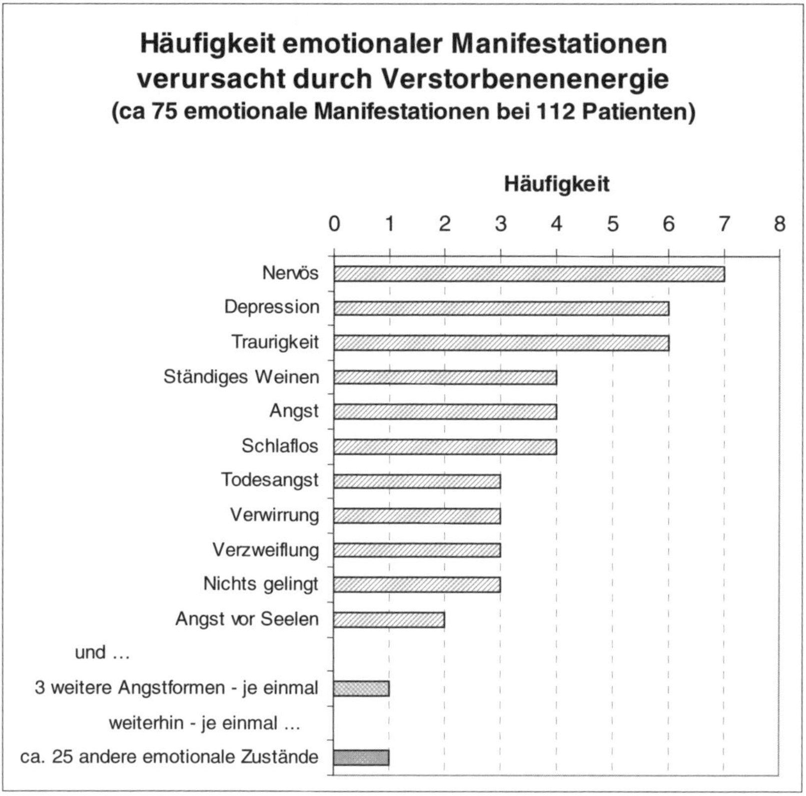

Arztbesuche und ergebnislose Behandlungen bei V.E.

Es sind also nur bei diesen 112 Fällen 96 Organe betroffen und 97 emotionale Manifestationen, bei denen sich die Menschen ja auch in die Hand des Arztes begeben. In all diesen Symptomen gibt es nur eine einzige Ursache: Verstorbenenenergien. Darum hat hier auch nur eine einzige Medizin Wirkung: der befreiende Kontakt mit den desorientierten Brüdern und Schwestern durch den Dialog, das Gebet und das Symbol 7. Es ging mir nicht darum nachzufragen, wie viele frustrierende Arztbesuche gemacht wurden und wie viele Medikamente zu welchen Preisen gekauft wurden, aber aus dem von den Betroffenen Erzählten könnte man schon Unsummen herausrechnen, die Ärzte, Krankenhäuser und Pharmaindustrie bekommen haben – aus Unwissenheit!

Anmerkung (zur Praxis der radiästhetischen Diagnose bei V.E.)

- *zur Richtigkeit der Diagnose: Verstorbene beeinflussen häufig die Diagnose. Der Therapeut muss lernen, das wahrzunehmen und durch Gebet die radiästhetische Reaktion von jedem Fremdeinfluss zu befreien. Auch muss er prüfen, ob die aufgezählten Symptome die V.E. als einzige Ursache haben oder welche anderen Ursachen es noch gibt.*

- *bei Obsessoren aus der Verwandtschaft: Den Betroffenen Namen nennen lassen, an die er sich spontan erinnert, und dann prüfen, welche Namen von Obsessoren sind.*

Die Kommunikation zwischen der physischen und der psychischen Ebene

In diesem Abschnitt zitiere ich in voller Länge einen Artikel, der mir sehr wichtig erscheint. Dieser Artikel stammt von einem Vortrag, den Martinus 1949 gehalten hat und der im deutschen KOSMOS – unter gleichnamigen Titel – veröffentlicht wurde.

Die mentale Wolke der Trauer

Für die allermeisten Menschen auf der Erde ist die psychische oder geistige Daseinsebene ein Rätsel. Alles, was jenseits des so genannten Todes oder jenes Prozesses liegt, durch den der physische Körper zu einer Leiche wird, ist deshalb mystisch. Dieser Vorgang ist die Ursache ungeheuer großer Trauer und großen Leides, und es wäre eine große Hilfe und ein großer Trost für die Menschen, wenn sie mit der Zeit lernen könnten zu verstehen, was der Prozess, den man den „Tod" nennt, eigentlich ist.

Hier in dieser physischen Welt wissen wir, dass es ganz natürlich ist, dass physische Menschen mehr oder weniger seelisch oder psychisch mit anderen physischen Menschen verbunden sind. Eltern und Kinder, Ehepartner, nahe Freunde und Menschen mit gemeinsamen Interessen sind also normalerweise durch eine Liebes-, Freundschafts- oder Interessengemeinschaft miteinander verbunden. Dass es Ausnahmen gibt, verändert nicht das Prinzip; Grundanalysen leitet man nicht von den Ausnahmen ab, sondern vom Allgemeingültigen. Wenn Eltern ein größeres oder kleineres Kind verlieren, kommen sie in einen mentalen Leidenszustand, den wir Trauer nennen. Sie können im wachen Tagesbewusstsein keine Gefühle oder Gedanken mehr mit ihrem Kind austauschen, und sie wissen nicht einmal, ob es noch existiert. Es ist also etwas in der Mentalität der Eltern abgerissen. Etwas, das früher täglich eine erfreuende und belebende Wirkung auf das Gemüt der Eltern hatte, nämlich die Kommunikation mit ihrem Kind, hat plötzlich aufgehört. Dieser seelische Leidenszustand kommt täglich in Tausenden von Fällen auf der ganzen Erde vor. Und es sind nicht nur Eltern, die über ihre „toten" Kinder weinen, es kann auch umgekehrt sein. Genauso kann es ein Ehepartner sein, der den Verlust seines Partners beweint, ein Freund, der über den Verlust eines Freundes oder einer Freundin trauert, ja es können die Mitarbeiter eines ganzen Betriebes sein, die aufrichtig über den Verlust eines tüchtigen, liebevollen und beliebten Kollegen trauern, der durch seine gute Laune und sein hilfsbereites Wesen für eine helle und frohe Stimmung am Arbeitsplatz sorgte und dessen Tüchtigkeit und Fähigkeit zur Zusammenarbeit nun auch ein Verlust für die Gesamtheit ist. Es liegt also – neben vielen anderen Arten von dunklen mentalen Wolken – eine außerordentlich große schwarze mentale Wolke der Trauer über der Erdenmenschheit. Die Tiere können auch trauern, aber da sie keine so entwickelte Mentalität wie die Erdenmenschen haben, kann ihre Trauer nicht dieses große Ausmaß annehmen. Und die Menschen können natürlich auch sehr über den Verlust eines Tieres trauern, das sie gern hatten. Auch in dieser Beziehung kann es von Bedeutung sein, verstehen zu lernen, dass es in Wirklichkeit keinen Tod gibt.

Der Tod zur Unzeit

Die dunkle Wolke der Trauer ist also dort die absolut dichteste und schwärzeste, wo der Tod durch Unglück, Tötung oder plötzliche Krankheit eintritt und wo derjenige, der weggeht, noch verhältnismäßig jung ist. Dort, wo der Tod aufgrund des Alters eintritt, ruft er für gewöhnlich nicht annähernd so viel Schmerz und Trauer hervor, obwohl man natürlich die alten Menschen, die man geliebt hat, vermisst, wenn sie weggegangen sind. In einer solchen Situation sind jedoch sowohl derjenige, der sterben muss, als auch diejenigen, die ihn verlieren müssen, mehr darauf vorbereitet. Derjenige, der sterben muss, ist oft des Lebens müde, wie man so sagt, und er oder sie ist vielleicht mit der Zeit, rein körperlich gesehen, schwach und gebrechlich geworden und hat mehr oder weniger den unausgesprochenen Wunsch, von diesem Zustand befreit zu werden, in dem der Körper nicht mehr richtig funktioniert und eine große Müdigkeit die frühere Lebenskraft abgelöst hat. Der alte Mensch hat keine minderjährigen oder unreifen Wesen mehr, die er versorgen oder um die er sich sorgen muss. Viele, ja vielleicht die meisten seiner besten Freunde sind schon gegangen, und da er rein mental nicht mehr in der Welt der jüngeren Menschen lebt, sondern sich fast wie ein Gast unter ihnen fühlt, gibt es nicht mehr so viel, was bei einem solchen Weggang zerreißen wird. Für viele alte Menschen hat der Tod – wenn auch nur aufgrund ihrer Müdigkeit – einen Schimmer der Befreiung. Vielleicht fühlen sie auch, dass sie für ihre Umgebung eine Last sind, was sie nicht sein wollen, sodass sie sich aus diesem Grund nach einer Befreiung sehnen. Da aber eine enorme Anzahl von Menschen – nicht zuletzt, wenn Kriege auf der Erde stattfinden, aber auch aufgrund des immer stärkeren Verkehrs und der vielen Krankheiten – auf eine Art stirbt, die man als unnatürlichen Tod bezeichnen muss, ein Tod zur Unzeit, werden starke seelische Verbindungen oft brutal zerrissen, und das tägliche Zusammensein mit Menschen, mit denen man sich innig verbunden fühlte, hört plötzlich auf, weil die Organismen dieser Wesen zu Leichen geworden sind. Deshalb lastet die dunkle Wolke der Trauer und des Verlustes über der Erde.

Was die Natur uns zeigt

Wenn wir die Natur ernsthaft studieren wollen, um einen Überblick über ihren Kreislauf und ihre verschiedenen Entwicklungsstadien zu bekommen, werden wir erleben, dass wir dort, wo wir imstande sind, einer Entwicklung bis zu ihrer Kulmination oder ihrem fertigen Schöpfungsresultat zu folgen, sehen, dass sich diese Naturprozesse zur Freude, zum Nutzen und zum Segen ihrer Umgebung entfalten. Diese Naturprozesse, in denen eine Entwicklung zu ihrer Kulmination oder zu ihrem fertigen Stadium gelangt, resultieren nicht in einer Kulmination von Trauer und Leid, sondern absolut in deren Gegenteil. „Hat das irgendeine Beziehung zum Tod von Menschen", werden Sie vielleicht fragen. Ja, das hat es, weil Leben und Tod der Menschen in dieser physischen Welt auch ein Teil eines Naturprozesses sind, der mit Kreislauf und Entwicklung zu tun hat. Und wenn wir sehen, dass das scheinbare Schlussfazit des Lebens eines Menschen das ist, dass der betreffende Mensch schon in seiner frühesten Kindheit oder in seiner blühenden Jugend stirbt, zum Leid und Schmerz seiner Umgebung, so widerspricht das den Gesetzen, die sich dort auswirken, wo wir sonst imstande sind zu erkennen, wie der Kreislauf und die Entwicklungsstadien der Natur in ihrem Schlussfazit zur Freude und zum Segen für ihre Umgebung werden. Rein theoretisch oder gedankenmäßig haben wir keinerlei logische Grundlage, auf der wir den Zustand der Trauer als ein Schlussfazit oder als etwas Fertiges und Endgültiges akzeptieren können. Die Naturprozesse, die in

Wirklichkeit göttliche Prozesse sind, weisen auf das Vollendete hin, obwohl dies durch eine Reihe unfertiger Stadien geschieht. Und das Vollendete, das endgültige Resultat hat nichts mit Schmerz, Trauer und Leid zu tun. Was ist dann natürlicher als einzusehen, dass der Zustand der Trauer nur ein vorübergehendes Stadium ist, das – entsprechend dem Fortschritt der Natur bei der Vollendung der Situation und des Prozesses – einem Stadium der Freude und des Segens Platz machen muss.

Wir erleben überall, das die Früchte ihr saures Stadium haben, bevor sie ihren reifen Zustand erreichen. Wir erleben hier in unseren Breitengraden, wo die Einzelheiten des Jahreskreislaufs am kontrastreichsten sind, dass der Winter mit seiner Kälte und seinem Frost nicht der Höhepunkt der Natur in materieller Entfaltung und Schöpfung ist. Wir sehen, dass auch er nur ein saures Stadium vor dem milden, alles durch Licht und Wärme belebenden Zustand des Sommers ist. Je mehr wir die Schöpfungsmethoden der Natur beobachten, desto mehr erkennen wir, dass die Natur das reife Stadium auslöst, eine Entfaltung von Freude fördernden und Leben spendenden Kräften als Resultat vorausgehender saurer Zustände. Dasselbe gilt für den Teil der Natur, der aus der Erdenmenschheit besteht. Alle dunklen Zustände, Zustände der Trauer, des Unglücks und des Leidens unter den Menschen sind – gemäß der Sprache, die das Leben selbst oder die Natur selbst spricht – unumgängliche Vorläufer, notwendige Vorstadien der kulminierenden Stadien der Reife, die kommen werden. Stadien, die mit einem Erleben der größten Lebensentfaltung von schöpferischer Kraft, von Freude und Segen und von Liebe ohne Leid, Verlust oder Schmerz gleichbedeutend sein werden. Die Natur selbst kann uns also zeigen – ohne dass man deshalb kosmisches Bewusstsein oder andere hochpsychische Fähigkeiten zu haben braucht –, dass die Zustände der Trauer und der Leiden vorübergehende und keine endgültigen Stadien im Lebenserleben des Lebewesens sind. Das, was wir den Tod nennen, ob er nun als etwas Natürliches im Alter oder zur Unzeit in der Kindheit, in der Jugend oder im reifen Alter eintritt, ist nur ein scheinbares Schlussfazit. In Wirklichkeit ist er nur ein mehr oder weniger natürlicher Abschluss eines jener notwendigen

Vorstadien, die dem reifen Sommerstadium des Lebens vorausgehen. Hinter dem dunklen und traurigen Trennungszustand, den der Tod rein physisch fördert, existiert ein weiterführendes Lebensstadium, das an sich eine Frucht der hellen Seiten des physischen Lebens ist und deshalb nichts, was wir fürchten müssen. Gleichzeitig wird das Lebewesen durch das Lebensstadium nach dem „Tod" hindurch neuen Erlebenszuständen in der physischen Welt entgegengeführt; Zustände, die sich zum Licht und zur Wärme der Nächstenliebe hin entwickeln werden und hin zu einem kosmischen Wissen, das das, was wir Tod nennen, überwunden hat.

Der physische Körper ist eine „Brücke" oder ein Kontaktorgan

Wenn sich ein Lebewesen durch den Prozess, der fälschlicherweise Tod genannt wird, von seinem physischen Körper, der unbrauchbar geworden ist, trennt, dann ist dieses Phänomen in Wirklichkeit eine Geburt. Es ist genauso eine Geburt wie der Eingang zum physischen Dasein von der Empfängnis durch den Embryozustand im Mutterleib. Während der letztgenannte Prozess eine Geburt in die physische Welt ist, ist der erstgenannte eine Geburt in die geistige oder psychische Welt. Wenn das so viele Erdenmenschen nicht verstehen können, dann liegt das daran, dass sie noch in einen Zustand materialistischen Aberglaubens eingehüllt sind. Sie glauben, dass ein Lebewesen durch die Geburt „entsteht". Sie glauben, dass keine andere Wirklichkeit existiert als die, die sie mit ihren physischen Sinnen auffassen können. Sie denken nicht daran, dass die Verbindung, die z. B. zwischen zwei physischen Menschen bestehen kann, nicht konstant von physischer Natur ist, ja dass man eigentlich feststellen muss, dass eine solche Verbindung primär einen psychischen oder geistigen Charakter hat und auch in Perioden existiert, in denen diese beiden physischen Menschen keinen physischen Kontakt miteinander haben. Wie viele Beispiele gibt es nicht dafür, dass sich eine Mutter plötzlich darüber klar wurde, dass ihr Sohn, der sich weit weg befand, in Gefahr war? Man hat später kontrollieren können, dass der Zeitpunkt dieses Erlebnisses der Mutter zusammenfiel mit dem Erlebnis einer gefährlichen Situation des Sohnes, in der er instinktiv an seine Mutter gedacht hatte. Man nennt das Telepathie oder Gedankenübertragung, und es existieren viele Beweise dafür, dass so etwas auch über große Distanzen hinweg stattfinden kann. Aber was geschieht, wenn die gefährliche Situation des Sohnes seinen so genannten Tod herbeiführt? Kann er dann nicht mehr auf telepathischem Weg mit seiner Mutter oder mit anderen noch physisch lebenden Wesen in Verbindung kommen, mit denen ihn ein Liebes-, Freundschafts- oder Interessenkontakt verbindet? Die Antwort darauf muss ein absolutes ‚Doch' sein. So wie die Elektrizität immer noch existiert, auch wenn eine Lampe kaputtgeht, genauso existiert auch das lebendige denkende Wesen (dessen Gedankenkraft ist übrigens eine Form von Elektrizität) immer noch, auch wenn seine physische Apparatur, sein Organismus, „kaputtgegangen" ist. Und er vergisst seine Freunde und Angehörigen nicht, obwohl er nun einen Geburtsprozess in eine andere Welt durchmacht, die nicht mit physischen Sinnen erlebt werden kann. Das Wesen wird nicht von seiner Psyche getrennt, obwohl es von seinem physischen Körper getrennt wird, und es bekommt nicht plötzlich eine andere Art von Bewusstsein, weil es die physische Ebene verlässt. Wenn es beabsichtigt wäre, dass das Wesen bei seiner Geburt in die geistige Welt seine Freunde und Erlebnisse aus der physischen Ebene total vergessen soll, welchen Nutzen hätten dann diese Freunde und diese physischen Erlebnisse? Wenn das Wesen wirklich dieses Dasein vergessen sollte, woraus sollte sein Bewusstsein dann bestehen? Der physische Körper war ein Werkzeug, eine Brücke für die Psyche des Menschen hinüber zur physischen Materie, zur Welt der festen, flüssigen und gasförmigen Stoffe. Der physische Körper bestand selbst aus diesen Stoffen, aber er war ein Kontaktorgan zur physischen Materie und nicht irgendetwas anderes. Durch ihn konnte das Lebewesen zur physischen Natur Kontakt aufnehmen, d.h. zu Mineralien, Pflanzen, Tieren und Menschen, die doch allesamt ebenfalls mehr oder weniger entwickelte Kontaktorgane der lebendigen psychischen

Wesen sind oder „Brücken" zur physischen Welt sind. Hinter ihnen allen, hinter der ganzen Natur existiert etwas Geistiges, etwas Psychisches. Wenn das nicht so wäre, könnte die Natur nicht in Form logisch aufgebauter Organe oder Organismen, in Form physischer Funktionen hervortreten, die aneinander angepasst sind und eine Einheit darstellen, eine logische Struktur, die die Menschen studieren können und deren Gesetze sie nach und nach entdecken und verstehen können.

Gedankenbilder gehen über die „Brücke" hin und her

Aber womit studieren die Menschen die Natur? Womit beginnen sie, deren Funktionen und Gesetze zu verstehen? Womit lernen sie einander kennen und lernen allmählich die Wesensart des anderen zu verstehen und zu tolerieren? Mit ihrer Psyche, die nichts Physisches ist und die auch keine Wirkung der physischchemischen Prozesse im Organismus ist, wie diejenigen, die in ihrem materialistischen Aberglauben gefangen sind, meinen. Im Gegenteil, mit ihrer Psyche – die strahlenförmiger, elektrischer Natur ist und die den physischen Organismus beleben kann und durch ihn auf eine Wellenlänge mit der Ausstrahlung anderer lebendiger Organismen kommen kann – halten die Lebewesen die chemischen und anderen Prozesse in ihrem Organismus in Gang. Die psychischen Kräfte sind die primären, während die physischen Prozesse die sekundären sind. Deshalb sollte man eigentlich überhaupt kein Lebewesen als physisches Wesen bezeichnen, da alle Lebewesen geistige Wesen sind. Man sollte – und das wird man in der Zukunft auch tun – zwischen geistigen Wesen, die in physischer Materie inkarniert sind, und geistigen Wesen, die es nicht sind, unterscheiden.

Worauf basieren Wissenschaft, Kunst, Philosophie, Religion, Technik und praktische Alltagsarbeit? Sie basieren allesamt auf Gedankenbildern – Gedankenbildern im Bewusstsein der Erdenmenschen. Gedankenbilder sind jedoch nichts Physisches, obwohl sie eine Wirkung der Erlebnisse sein können, die ein Lebewesen auf der physischen Ebene macht. Gleichgültig ob es ein

Künstler ist, der in seinem Atelier oder in der Natur arbeitet, ob es ein Forscher im Laboratorium ist, ein Philosoph an seinem Schreibtisch, ein Priester auf der Kanzel, ein Konstrukteur an seiner Maschine, ein Handwerker an seiner Hobelbank, eine Hausfrau in ihrer Küche oder irgendein anderer Mensch, der seine tägliche Arbeit hier in dieser physischen Welt verrichtet, überhaupt nichts von all dem, was sie tun, kann ohne Gedankenbilder stattfinden. Im Überblick des Menschen über Situationen müssen Gedächtnis und Erfahrung mit mehr oder weniger logischem Denken verbunden werden. Auch wenn ein Teil der Arbeit auf Gewohnheitsfunktion basiert, hat sich diese Funktion doch nicht ohne vorausgegangenes Denken entwickeln können. Gedankenbilder sind die Verbindung zwischen der physischen und der psychischen Ebene im einzelnen Menschen. Und die Gedankenbilder, die ein Mensch während seiner physischen Inkarnation in seiner Psyche geschaffen hat, spielen schließlich eine sehr wesentliche Rolle, auch wenn er seinen physischen Körper durch den „Tod" verlassen hat. Kann aber der Verstorbene auch mit den Hinterbliebenen in der physischen Welt in Gedankenverbindung sein?

Der Unterschied und die Gemeinsamkeit zwischen Wesen auf der physischen und der psychischen Ebene

Der Erdenmensch ist, wie schon erwähnt, kein „physisches Wesen", sondern ein geistiges Wesen, das vorübergehend im Besitz eines physischen Körpers ist. Dieser physische Körper ist ein Kontaktorgan oder eine Art Brücke zur physischen Ebene. Der Unterschied zwischen dem, den wir einen „Verstorbenen" nennen und einem Menschen, der noch im Besitz seines physischen Körpers ist, ist der, dass der „Verstorbene" nicht mehr imstande ist, durch seinen Geist oder sein Bewusstsein die physische Natur mit ihren festen, flüssigen und gasförmigen Materien zu erleben, während der inkarnierte Mensch im Allgemeinen so viele physische Eindrücke erlebt, dass er geneigt sein kann zu vergessen, dass er ein geistiges Wesen ist.

Obwohl dieser Unterschied zwischen einem inkarnierten und

einem diskarnierten Wesen besteht, gibt es doch die viel größere Gemeinsamkeit, dass sie beide geistige Wesen sind, die imstande sind, in ihrem Bewusstsein Gedankenbilder zu erschaffen. Das diskarnierte Wesen, also das Wesen, das man in der Alltagssprache den „Verstorbenen" nennt, lebt in einer Gedankenwelt. Und auch das in physischer Materie inkarnierte Wesen lebt in einer Gedankenwelt, obwohl es vielleicht so aussieht, als ob es nur in einer physischen Welt lebte. Wenn das eine dieser beiden Wesen seinen physischen Körper verlassen hat und das andere sein tagesbewusstes Erleben durch seinen physischen Körper noch hat, haben sie doch immer noch jene Gedankenwelt gemeinsam, die sie gemeinsam hatten, als sie noch zusammen auf der physischen Ebene waren. Es handelt sich dabei um all die mentalen Bereiche, in denen sie auf gleicher Wellenlänge miteinander waren, in denen sie gemeinsame Interessen hatten oder alles in allem der gemeinsame Bereich, in dem Liebe und Freundschaft – oder (das muss auch erwähnt werden) Feindschaft und Hass – beiden Partnern besondere Erlebnisse verschafften, in denen der jeweils andere Partner eine wesentliche Rolle spielte. So etwas kann nicht plötzlich verschwinden, selbst wenn einer der Partner seinen physischen Körper verliert.

Die Verbindung auf medialem Weg und durch eigenes Erleben

Aber warum existieren denn Verlust und Trauer, wenn die beiden Wesen immer noch eine Welt von Gedanken und Gefühlen gemeinsam haben? Warum erlebt derjenige, der auf der physischen Ebene zurückgeblieben ist, nicht, dass der „Verstorbene" weiterlebt und dass sie weiterhin eine Gemeinschaft haben? Dafür gibt es mehrere Ursachen. Es geschieht jedoch manchmal, dass ein Mensch durch ein spiritistisches Medium oder durch eigene Erfahrung ohne die Hilfe eines Mediums erleben darf, dass derjenige, der weggegangen ist, weiterlebt und es gut hat, und dass der Hinterbliebene erfährt, dass er nicht trauern, sondern lieber dem anderen liebevolle Gedanken senden soll. Es sind jedoch

Ausnahmen, wenn so etwas geschieht, und viele Menschen empfinden es als etwas Unheimliches und Verkehrtes. Entweder glaubt man, dass das Schwindel sei, Wunschdenken oder Suggestion, oder aber man sagt, es sei sündig, eine Verbindung mit den Toten zu suchen. Leider kann es in gewissen Fällen Schwindel sein und auch Wunschdenken und Autosuggestion können eine Rolle spielen. Und dass der Gedanke, es sei verkehrt, Verbindung mit den Toten zu suchen, eine so große Verbreitung gefunden hat, ist auch kein Zufall. Diese Einstellung hatte und hat noch immer bis zu einem gewissen Grad ihre Bedeutung als eine Art Schutz für die Wesen, sowohl auf der physischen als auch auf der psychischen Ebene, worauf wir gleich noch zurückkommen werden. Aber gleichzeitig muss absolut unterstrichen werden, dass so etwas möglich ist, und dass durchaus nichts Verkehrtes darin zu sein braucht, dass ein Mensch, der über jemanden, der weggegangen ist, trauert, durch ein Medium hier auf der physischen Ebene Kontakt mit dem Betreffenden bekommt und dadurch in einen positiveren Gemütszustand kommt, der ihm oder ihr aus der Negativität der Trauer und des Verlustes heraushilft. Aber dies ist kein Kontakt, den man zur gewohnheitsmäßigen Kommunikation machen sollte. Das würde eine Gebundenheit und Abhängigkeit hervorrufen, die nicht natürlich und nicht richtig ist.

Der psychische Zwischen- oder Embryozustand

Wenn ein Mensch stirbt, wird er also von seinem physischen Körper getrennt, nicht aber von seiner Psyche. Er lebt in seiner Gedankenwelt, die nicht plötzlich verändert wird, weil er die physische Ebene verlässt. Als er hier lebte, hat er seine Gedanken anderen Menschen durch Reden und Schreiben mitgeteilt, was beides physischer Natur ist und wozu ein physischer Körper nötig ist. Aber so wie ein physisch inkarnierter Mensch träumen kann, dass er redet oder schreibt (was bedeutet, dass er es auf eine bestimmte Weise denken kann), so kann auch das diskarnierte Wesen aufgrund seiner eingefleischten Denkgewohnheit weiterhin denken, dass es redet und schreibt, aber es kommt damit nicht in Verbindung mit Menschen auf der physischen Ebene. Seine „Schrift“ und seine

„Rede" sind Gedankenbilder, denn in der psychischen oder geistigen Welt gehorcht die Materie und gestaltet sich entsprechend dem Willen und den Gedanken. Was zum Beispiel ein Maler auf der geistigen Ebene als erstes lernen muss ist, dass er nicht an Pinsel, Leinwand und Farbtuben denken muss, sondern dass er die Bilder, die er malen will, nur denken muss und schon stehen sie leuchtend in geistiger oder strahlenförmiger Materie vor ihm. Dasselbe gilt für Rede und Schrift, die in der Geschichte der Menschheit noch ältere Ausdrucksmittel sind als die Malerei und die deshalb für alle Menschen noch mehr zur Gewohnheit geworden sind. Ich habe davon gesprochen, dass das, was wir „Tod" nennen, als Geburt auf die geistige Ebene betrachtet werden muss. Und man kann sagen, dass, so wie das Embryostadium im Mutterleib vor der Geburt auf die physische Ebene ein abgesonderter und eingeschlossener Vorbereitungszustand für das Leben in der physischen Welt ist, so ist auch der Zwischenzustand oder der erste Zustand, den der Erdenmensch durchlebt, nachdem er seinen physischen Körper verlassen hat, ein „eingeschlossener" Vorbereitungs- oder Embryozustand, bevor das Wesen reif genug geworden ist, um in das Leben in den geistigen Welten geboren zu werden, in denen es viele wunderbare Erlebnisse haben wird, bevor es wieder auf die physische Ebene geboren wird, um in seiner Entwicklung weiterzukommen. Aber in was ist das Wesen während des psychischen Zwischen- oder Embryozustandes „eingeschlossen"? Es ist in sein physisches Gewohnheitsbewusstsein eingeschlossen, das natürlich nicht physisch in dem Sinne ist, dass es aus physischer Materie besteht, sondern es heißt physisch, weil es aus Gedankenbildern besteht, die direkt aus Erlebnissen in der physischen Welt abgeleitet sind. Diese Gedankenbilder sind Wirkungen sowohl von „guten" als auch „bösen", sowohl von angenehmen als auch unangenehmen Erlebnissen, und sie sind natürlich von der Entwicklungsstufe geprägt, die der Sinnesapparat des betreffenden Wesens innehatte, und von seiner Gehirnkapazität. Es ist also eine stark physisch geprägte Gedankenwelt, in der das „verstorbene" Wesen lebt, basierend auf Gedanken- und Gefühlsgewohnheiten, die sein physisches Dasein geprägt haben.

Die halb- und ganzpsychische Kommunikation

Da die Gedankenbilder dieses psychischen Embryowesens sehr stark von seiner eben abgeschlossenen physischen Inkarnation geprägt sind, ist es natürlich, dass es mit seinen Gedanken weiterhin auf einer Wellenlänge mit den Wesen ist, die es in seinem physischen Dasein gekannt hat. Aber es kann weder mit ihnen reden noch an sie schreiben. Wie ist dann ein Kontakt möglich? Es gibt, wie schon erwähnt, zwei Möglichkeiten: Die eine ist der Kontakt durch ein physisches Medium, und die andere ist eine direkte geistige Verbindung zwischen dem diskarnierten und dem inkarnierten Wesen. Die erstgenannte Möglichkeit können wir die „halbpsychische Kommunikation" nennen und die letztere die „ganzpsychische Kommunikation". Wenn ich die Kommunikation durch ein Medium „halbpsychisch" nenne, dann deshalb, weil sie auch halbphysisch ist. Hier ist ein kommunizierendes Zwischenglied erforderlich, nämlich das physische Medium. Das Medium ist eine Art psychischer Dolmetscher, da die Gedanken des diskarnierten oder psychischen Wesens mit Hilfe des Organismus des Mediums in Töne oder Sprache verwandelt werden. In den allermeisten Fällen ist nicht nur ein physisches, sondern auch ein psychisches Medium oder Zwischenglied notwendig, d.h. ein geistiges Wesen, das es gewohnt ist, mit einem physischen Medium zu kommunizieren, was der eben „Verstorbene" ja nicht ist. Es versteht sich von selbst, dass eine Kommunikation, die über zwei – in gewissen Fällen sogar mehrere – Zwischenglieder vor sich gehen muss und abhängig von den Fähigkeiten und der Entwicklung dieser Dolmetscher ist, nicht vollkommen sein kann. Die halbpsychische Kommunikation ist aber auch nicht das Ziel eines näheren Kontaktes zwischen der physischen und der psychischen Welt. Sie hat ihre Bedeutung gehabt, besonders in der Vergangenheit, befindet sich jetzt aber in einer starken Degeneration. Der ganzpsychische Kontakt dagegen, die direkte Telepathie oder Gedankenübertragung, ist ein natürliches Glied in der ganzen weiteren Entwicklung der Erdenmenschheit. Sie wird sich allmählich bilden, sobald sich die einzelnen Individuen die Fähigkeit der dafür notwendigen Gedankenkonzentration und nicht zuletzt die moralische Kapazität aneignen werden, die bewirkt, dass man seine Fähigkeit zur Gedankenkonzentration und Telepathie nicht missbraucht. Es ist nicht der Sinn des Lebens, dass die Wesen auf der physischen Ebene immer weiter im Aberglauben leben müssen, weder im naiv religiös betonten und sektiererischen Aberglauben noch im ebenso naiven und sektiererisch materialistischen Aberglauben. Es ist nicht der Sinn, dass sie weiterhin in einer Art Absonderung in dem Glauben leben sollen, dass die psychische oder geistige Welt nicht existiert – oder in dem naiven Glauben, dass sie eine ewige Hölle oder ein ewiges Paradies ist, die die verlorenen Sünder in ewigem Schmerz bzw. die erlösten Gläubigen in ewiger Seligkeit aufnimmt. Diese beiden Auffassungen sind vorübergehende „saure" Stadien in der Entwicklung der Menschheit auf dem Weg zu geistiger Reife. Die Entwicklung geht jedoch durch den Fortschritt des einzelnen Menschen vor sich. Und was kann der Einzelne – zum Nutzen für sich selbst und für andere – tun, um die Kommunikation zwischen der physischen und der psychischen Ebene zu fördern?

Die Konzentrationsfähigkeit in Gefahrensituationen

Vor allem ist es von Bedeutung, dass der einzelne Mensch beginnt zu verstehen und das Natürliche darin zu sehen, dass er primär ein geistiges Wesen ist und dasselbe für alle anderen Lebewesen gilt. Als Nächstes ist es von außerordentlicher Bedeutung, dass man sich klar darüber wird, welch ungeheure Macht und Kraft der Gedanke an sich hat. Man ist so sehr daran gewöhnt, dass Gedanken nichts bedeuten außer im Zusammenhang mit Rede und Schrift. Man ist es nicht gewohnt, dass Gedanken allein durch Konzentration und völlig ohne Worte oder Schrift auf einen anderen Menschen übertragen werden können. Es gibt jedoch, wie schon erwähnt, etliche Beispiele hierfür, und es werden noch mehr werden, wenn die Menschen, insbesondere Forscher, hierauf aufmerksam werden. Aber was zeigen uns die Beispiele, die es bereits gibt? Sie zeigen uns, dass die Menschen besonders in

Gefahrensituationen ihre Gedanken so stark konzentrieren können, dass sie unmittelbar von einem anderen Menschen, mit dem sie geistig stark verbunden sind, empfangen werden können. Und es zeigt sich, dass dies unabhängig von der Distanz zwischen ihnen ist. Wenn eine Mutter plötzlich spürt oder vor sich sieht, sei es nun im Traum oder im wachen Zustand, dass sich ihr Sohn, der in Amerika lebt, in großer Gefahr befindet, so liegt das daran, dass der Sohn in der Gefahrensituation so stark an seine Mutter gedacht hat, dass diese Gedankenkonzentration, so wie Radiowellen, den „Empfangsapparat" der Mutter getroffen hat, der aufgrund ihrer Liebe zu dem Sohn in hohem Maße empfänglich dafür ist. Wenn man aber imstande ist, etwas bestimmtes in einer Gefahrensituation zu tun, in der die Konzentrationsfähigkeit verstärkt ist, so zeigt das doch deutlich, dass diese Fähigkeit existiert, aber aufgrund mangelnder Übung nur ausnahmsweise gebraucht wird. Ein Mensch ist im Allgemeinen in einer Gefahrensituation – z.B. wenn er verfolgt wird oder nur glaubt, verfolgt zu werden – auch imstande, viel schneller zu laufen, als er es sonst kann, vielleicht sogar über ein Hindernis zu springen, das er normalerweise nicht überwinden könnte. Wenn er es jedoch für notwendig hält und sich genügend darauf konzentriert, ist das also möglich. Die Fähigkeit ist vorhanden. Deshalb ist es auch mit ausreichender Übung und Konzentration möglich, seine Fähigkeit, zu denken so stark zu trainieren, dass die Gedanken direkt auf das Bewusstsein der Menschen übertragen werden können, an die man denkt, unabhängig von der Distanz und auch unabhängig davon, ob der Betreffende, an den man denkt, sich auf der geistigen oder der physischen Ebene befindet.

Die Gefahren einer Gedankenkonzentration, solange die Menschen dafür moralisch noch nicht reif sind

Wäre es aber nun gut, wenn die Menschen normalerweise eine solche Konzentrationsfähigkeit besäßen, dass sie ihre Gedanken auf die anderen Lebewesen in der physischen Welt oder auf der geistigen Ebene übertragen könnten? Nein, nicht auf der derzeitigen moralischen Entwicklungsstufe der Erdenmenschen. Erstens würden etliche Menschen diese Fähigkeit ausnutzen, um Macht über andere zu bekommen, das wäre schwarze Magie. Und da dies früher oder später zu ihnen selbst zurückkehren würde, würden sie sich dadurch ein furchtbares Schicksal schaffen. Zweitens würden die Menschen, die die physische Ebene verlassen haben, auf längere Zeit an den Zwischen- oder Embryozustand, in dem sie sich gleich nach dem Tode befinden, aufgrund all der egoistischen Gedanken der Trauer und des Verlustes, die ihnen von den Hinterbliebenen entgegenströmen würden, gebunden bleiben, sodass sie sich aus Mitleid in der Nähe der physischen Wesen aufhalten würden und es nicht übers Herz brächten, sie zu verlassen. Sie würden zu einer Art „Gespenster" werden, die durch die Wünsche ihrer Familie oder Freunde an die physische Ebene gebunden wären, bis sie sich selbst durch ihre eigenen Gedanken davon befreien könnten, sodass gleichsam eine Art Krieg zwischen den physischen und den psychischen Wesen entstünde. Drittens sind ja nicht alle Menschen, die sterben, liebevoll und gut. Viele sterben sogar in einem Zustand von Hass, Eifersucht, Verbitterung und Rachsucht. Man stelle sich vor, dass diese Geister imstande wären, ihre negativen Gedankenkonzentrationen auf nichtsahnende Menschen zu übertragen und sich an ihnen zu rächen oder sie zu Werkzeugen ihrer hasserfüllten Gedanken zu machen. So etwas kann geschehen, aber es ist nichts, wovor Sie sich fürchten müssen – da die Magie solcher primitiven Wesen stark begrenzt ist –, nicht zuletzt, wenn Sie sich immer bemühen, „Herr im eigenen Hause" zu sein, das heißt, Herr über Ihre Gedanken und Gefühle zu sein, und wenn Sie – falls Sie sich müde fühlen – ein wenig Energie dafür benutzen, um Hilfe und Schutz gegen negative Gedanken zu beten. Dann kann kein negativ eingestelltes Wesen, weder auf der physischen noch auf der geistigen Ebene, durch Gedankenkonzentration Macht über Sie bekommen.

Die Entwicklung der Gedankenkonzentration zur Materialisation und ihre natürliche Verbindung mit dem Gebet

Wie kann ein Mensch versuchen, sich durch Gedankenkonzentration mit einem anderen Wesen zu verbinden, ohne dass das mit irgendeiner Art von Negativität verbunden ist? Durch dieselbe Methode, wie die, die man im Gebet an die Gottheit natürlicherweise gebraucht. Und wenn es sich um eine Verbindung mit Wesen auf der psychischen Ebene handelt, sind die physisch inkarnierten Menschen viel besser imstande, in der Nacht, wenn sie schlafen, mit ihnen zu kommunizieren. Dann sind sie frei von all den physischen Eindrücken, die die Gedankenkonzentration auf die „Verstorbenen" ablenken können, und daher sind sie dann auch empfänglicher für die Gedankenkonzentrationen dieser Wesen. Dann kann man sich vielleicht am Morgen daran erinnern, dass man von einem oder mehreren, die weggegangen sind, „geträumt" hat, aber in Wirklichkeit war man in der gemeinsamen Gedankenwelt mit ihnen zusammen. Und das kann man ohne weiteres auch wirklich gewesen sein, selbst wenn man sich am Morgen nicht daran erinnern kann. Jeder liebevolle Gedanke, der von einem Wesen zum anderen gesandt wird, ganz gleich, wo sich die beiden Wesen befinden, geht in die Aura des anderen Wesens ein, und wenn das Wesen mit der übertragenen Gedankenkonzentration auf eine Wellenlänge kommt, gleitet sie in das tagesbewusste Erleben des Wesens hinein. Und es wird immer eine Verstärkung des Gedankens an ein anderes Wesen sein, wenn er mit einer Gedankenkonzentration an die Gottheit verbunden wird.

Die Erdenmenschen befinden sich in der physischen Welt, um logisch denken zu lernen. Ihre Schrift, ihre Sprache und vieles andere sind Hilfsmittel, die allmählich immer mehr verbessert und vergeistigt werden. Dies sind alles nur vorbereitende Stadien dafür, dass die Grenze zwischen der physischen und der geistigen Welt immer mehr ausgewischt wird. Aber wenn die Menschen gelernt haben, richtig zu denken – und das bedeutet, in allen Situationen liebevoll und zum Nutzen und zur Freude für den Nächsten und die Gesamtheit zu denken –, dann wird gleichzeitig ihre Konzentrationsfähigkeit wachsen, ohne dass dies etwas mit Gefahrensituationen zu tun hat, im Gegenteil. Dann werden sie imstande sein, so konzentriert und richtig zu denken, dass sie nicht mehr geboren werden müssen und nicht mehr sterben müssen, sondern sich einen Körper denken können und schon steht er in verfeinerter physischer Materie da – das ist Materialisation. Und mithilfe des Gedankens können sie ihn wieder auflösen.

Üben Sie sich darin, liebevoll zu denken und logisch danach zu handeln, dann tragen Sie dazu bei, die physische Welt mit der geistigen zu verbinden.

Martinus´ Vortrag vom 13.11.1949.
Der obige Artikel wurde erstmals im dänischen KOSMOS Heft 8/1969 veröffentlicht, übersetzt von C. Rickus für den deutschen KOSMOS 4/2002 und von dort mit freundlicher Genehmigung wortgetreu übernommen.

Anmerkung: Ein Nein zur Heilung durch Hypnose

Auf meinem Weg, für mich die Heilmethode zu praktizieren, die am effizientesten ist, bin ich auch der Hypnose begegnet. Ich habe mich ein wenig in ihre Technik einführen lassen. Aber bald merkte ich, dass ein Faktor dabei fast völlig übergangen wird: Es ist das Bemühen, den Kranken selbst zum Autor seiner Heilung zu führen. Es ist die starke Gedankenkonzentration des Hypnotiseurs, die dem anderen Wesen induziert wird, den Kranken passiv macht, damit der Wille des Hypnotiseurs Raum bekommt. Martinus warnt vor dieser Heiltechnik, weil sie die Aura für Fremdwesen öffnet, die eben nicht immer positive Gedankenkonzentrationen mitbringen, wie es beim Hypnotiseur gewiss vorausgesetzt werden darf. Es können dann nicht nur Verstorbenenenergien einfließen, sondern auch andere Wesen mit sehr boshaften Absichten.

Sodann ist es ja der natürliche Entwicklungsprozess des Lebens für einen Erdenmenschen, dass er denken lernt und nicht, dass er sich einfach fremden Gedanken überlässt. Selbst wenn so „Heilung“ geschieht, ist sie wohl kaum in Harmonie mit den Prozessen der Natur.

Die spirituelle Geburt

Alle Menschen haben ein klares Bewusstsein darüber, dass ihr physisches Leben durch die Geburt aus dem Mutterschoß beginnt. Auch jene, die nicht an eine spirituelle Dimension unseres Lebens glauben, sind davon überzeugt. Alle wissen Bescheid über die Notwendigkeit der embryonalen Entwicklung im Mutterschoß.

Das diskarnierte Lebewesen durchläuft eine ganze Reihe von Zuständen, bis es dann wieder inkarnieren will, um seine Entwicklung zum wahren Menschen fortzusetzen. Das kann nur in der physischen Welt geschehen mit der Notwendigkeit, all das durchzustehen, was zur Zone des Tierreiches gehört, zum Reich der Schwereenergie unter dem Gesetz des Tötens, wo jeder sich selbst der Nächste ist. Der Erdenmensch gehört noch zum Tierreich mit seinem notwendigen Egoismusgesetz, aber er ist schon im Prozess der Entwicklung hin zum wahren Menschenreich, wo die Liebe zum Nächsten alles beseelt. So erfordert jede Geburt in die physische Welt große Anstrengungen für das Lebewesen. Am Ende dieser Wanderung fühlt er große Sehnsucht auszuruhen und das wird ihm nach seinem Tode zuteil – wenn alles einen normalen Gang nimmt – in einer ganz wunderbaren Weise in der spirituellen Welt. Und so wie der Eintritt in die irdische Welt durch eine Geburt geschieht, so erfordert auch der Eintritt in die spirituelle Welt einen Geburtsvorgang und ist eine große Wohltat für den „Verstorbenen“. Was gut ist für den „Verstorbenen“, sollte auch die Hinterbliebenen erfreuen. Die Stunde des „Todes“ sollte das größte Fest des Lebens sein! Aber es fehlt noch sehr viel, dass es so sein kann, sowohl bei denen, die gehen, als auch bei denen, die bleiben.

Warum sich Diskarnierte und Inkarnierte so häufig gegenseitig schädigen

Alle leben in Gedankenbildern, die Lebenden und die „Verstorbenen“. Vor und nach dem Tode denken die Lebewesen und denken heißt, mentale Bilder erschaffen, denn es ist die „Mens“, der Geist in uns, der denkt. Das Gehirn ist nur eine Antenne, um die Gedanken des Geistes zu empfangen und in die physische Welt zu transformieren in Worten oder Schriftzeichen. Die Mens ist nicht physisch, sie ist geistig. Wenn das Wesen den physischen Körper verlässt, fährt es ununterbrochen fort zu denken und das geschieht durch den Geist.

Was ein Mensch zum Beispiel bei einem plötzlichen Tod denkt, kann sich doch nach dem Tode nur in den gleichen Bildern und Angelegenheiten bewegen wie vor dem Tode und es kann doch nur an das gebunden sein, was er eben in seinem Alltagserleben gedacht hat. Vielleicht war er mit seinem Auto unterwegs, machte Einkäufe, war auf seinem Acker beschäftigt, in der Hausküche, in der Werkstatt, im Büro usw. So sind es Tausende von Möglichkeiten, in denen sich das tägliche Leben gestaltet und ebenso viele Gelegenheiten, unterschiedliche mentale Bilder zu erzeugen. Diese mentalen Bilder eines jeden Wesens sind nicht einfach nur zufällig. Alle haben ihre Geschichte. Der Kleinbauer aus der Dürreregion des brasilianischen Nordostens denkt an seine Pflanzungen, so wie der Bauer aus dem feuchten Klima Südbrasiliens an die seinen denkt, aber in ganz anderen mentalen Bildern. Der erste denkt in steter Sorge, ob es wohl zum Überleben reicht, der zweite denkt vielleicht, wie er seine Riesenflächen und Superproduktionen am besten kapitalisieren kann. Der Wissenschaftler zu Beginn seiner Laufbahn denkt anders, als er nach reichen Lebenserfahrungen und vielleicht bahnbrechenden Entdeckungen denkt. So sind eines jeden mentale Bilder aus einer Kette vorheriger Erfahrungen entstanden, wenn das Wesen seinen Alltag im Hier und Jetzt lebt. Dann ist darin für ihn Entwicklung und Logik zu erkennen. Aber leider ist es nicht immer so. Es gibt andere Anstöße für mentale Bilder. Beispielsweise bewegt sich ein Mensch auf einer belebten Strasse mit seinem Auto. Er sieht viele andere Autos, Fußgänger, Häuser, Tiere, Pflanzungen, Seen, Felder, Wälder, Berge und vieles mehr, was jetzt seine Fantasie anregt zu vielen Gedankenbildern, und wenn er in all den mentalen Schöpfungen ausgerichtet bleibt auf seine Verantwortung am Steuer, also im Hier und Jetzt bleibt, zeigt er sich als der Herr seiner Situation. Er kann nicht plötzlich durch irgendein Fantasiebild dessen Gefangener werden und die Herrschaft über das Auto verlieren. Wer so seinen Alltag lebt, hat mit Leichtigkeit viele Momente, die ihn zu Gebet, zu Lob und Dank anregen.

Und was so ist für einen Kraftfahrer, spielt sich ebenfalls so ab für eine Köchin, einen Arzt, einen Lehrer, einen Handwerker etc. Wer so präsent ist im Hier und Jetzt seines Alltags, der wird bei einem plötzlichen Sterben keine größeren Schwierigkeiten haben, auch präsent zu sein in all dem, was ihm geschieht, wenn der physische Körper verlassen werden muss. Er wird sich den neuen Realitäten genauso öffnen können, wie er sich jeweils im Hier und Jetzt des physischen Lebens geöffnet hat.

Leider gibt es zu viele unter den Zeitgenossen, die einfach nicht ihr Hier und Jetzt zu leben verstehen. Sie leben im Gestern oder im Morgen. Das Gestern sollte ein Vergangenes sein, von dem die Wesen wissen, dass es nie mehr Gegenwart werden kann. Ihre Gedanken kreisen stets um Vergangenes. So können ihre mentalen Bilder nicht aus dem Hier und Jetzt geboren werden. So können sie einfach in einem gewissen Sinne auch nicht gegenwärtig sein, wenn sie „sterben". Sie nehmen nicht wahr, was im Sterben geschieht und wie ihre Gedankenbilder sich aus der Vergangenheit formen, die ja physisch ist; so meinen sie auch, dass sie immer noch sich in der physischen Welt befinden. Sie sind gefangen in unerledigten Angelegenheiten, in schweren Problemen, die ohne Lösung geblieben sind, in Sorgen um ihre Lieben, in Konflikten mit ihrem Nächsten usw. Die Liste dessen, was ein Wesen mental gefangen hält, kann endlos fortgeführt werden. Für den „Verstorbenen" gibt es keine Lösung mehr für all diese Dinge.

Es haben sich mentale Circuli vitiosi gebildet, die sich automatisiert haben und einfach auch im Denken des „Verstorbenen" fortdauern, wie sie schon vor dem „Sterben“ sein Denken beherrscht haben.

Dann gibt es auch Wesen, die immer nur in schönen oder sorgenvollen Zukunftsbildern leben. Auch sie bilden Circuli vitiosi, die sie hindern, das Ereignis des „Sterbens“ wirklich wahrzunehmen.

Wer auf solche Weise ein Gefangener seiner Mentalität ist, wie soll er seine Gedanken ändern können, wenn er „stirbt“ und nicht einmal wahrnimmt, dass er seinen physischen Körper verlässt? Dazu kommt ein weiterer sehr ernster Umstand seiner Unwissenheit. Wer sich im Leben in dieser Welt fast überhaupt nicht bewusst ist, dass er nicht ein physisches, sondern ein spirituelles Wesen ist, der hat sich nie bewusst gemacht, dass es ja gar nicht sein Gehirn ist, das denkt. Er erlebt sich nach dem „Sterben“ als weiterhin denkend und ist also überzeugt, dass er noch sein Gehirn haben muss. Natürlich merkt er, dass sich etwas verändert hat im „Sterben“, aber er weiß nicht was, denn er hat sich Denken immer nur als gehirngebundenen Prozess vorgestellt. Er weiß nicht, dass das Gehirn die Antenne des denkenden Geistes ist. Immer mehr muss er sich also in seine Circuli vitiosi verbohren und immer mehr müssen ihn Unsicherheit und Angst und Verzweiflung ergreifen.

In einem solchen Zustand kann das Wesen nur im Zwischenzustand hängen bleiben. Seine innere Richtung ist, den „festen Boden“ der Mutter Erde unter den Füßen zu fühlen.

So berührt er den Körper eines geliebten Wesens oder jedes beliebigen Wesens, das noch in dieser Welt lebt und in seinen mentalen Bildern in der gleichen Wellenlänge schwingt.

So durchdringen diskarnierte Wesen den Organismus in dieser Welt lebender Menschen mit allen ihren dunklen und qualvollen Gedanken. Gedanken sind elektrischer Natur, sind vom denkenden Geist kreierte Partikelchen, ganz gleich ob es ein inkarniertes oder ein diskarniertes Wesen ist. Alle Kommandos im physischen Körper, die Organe und Zellen organisieren und in Funktion halten, sind bewusste oder automatisierte unbewusste Gedanken, sind also auch elektrischer Natur. Wenn nun ein diskarniertes Wesen in die Aura eines Menschen einzieht, dann haben dessen Gedanken natürlich keinen direkten Einfluss auf den physischen Körper, das wäre nur über das Gehirn dieses Wesens möglich und das ist längst zum Friedhof getragen worden. Aber die Gedanken des diskarnierten Wesens berühren die unendlich vielen mentalen Kommandos in den Nervenbahnen des Körpers, in den es eingedrungen ist, und stören seine Funktionen. Hier liegt die Ursache so vieler oft grausiger Symptome durch Verstorbenenenergien. Da es sich um Besetzungen durch fremde Wesen handelt, die ihren eigenen Willen haben, erklärt sich so auch das häufige Wandern der Symptome, wie im Fall Nr. 97 eine Geschwulst sich vom Arm zum Fuß bewegt. Im Befreiungsprozess ist die Ortsveränderung der Symptome fast jedes Mal von den Betroffenen bezeugt.

Jetzt ist auch gut zu verstehen, dass der Befreiungsprozess mental sein muss. Es sind unsere Gedanken, besonders wenn sie konzentriert sind, die die Verstorbenen vernehmen können. Und wie sie Wesen besetzen, die in der gleichen Wellenlänge schwingen, die in Syntonie mit ihnen sind, so sind eben gerade diese Wesen am meisten indiziert, den befreienden Dialog mit ihnen aufzunehmen. Sie sind gewiss besonders in der Lage, die Gedankengefängnisse ihrer sie besetzenden Brüder und Schwestern oder Verwandten zu öffnen und ihnen zu erklären, was mit dem Verlassen des Körpers geschehen ist. Warum sie jetzt so leiden, sich gleichsam in eine Sackgasse begeben haben, und dass sie zum Leben nicht eines Körpers bedürfen, sondern den Platz im „Hause ihres Vaters" zugesichert bekommen haben. Und da Gott die Freiheit allen Wesen gegeben hat und voll und am meisten respektiert, müssen sie selber wollen; zum Wollen aber gehört das Verstehen und Wissen, was ein Wesen wirklich will.

Der Befreiungsprozess kann nicht ohne Gebet sein, aber es kann auch nicht irgendein Beten für arme Seelen sein. Nach meiner Erfahrung ist der mentale Dialog mit dem Verwandten oder auch den unbekannten Wesen unerlässlich. Ich habe zu viele Male erlebt, dass verstorbene Angehörige ihre noch inkarnierten Verwandten besetzen, selbst wenn sie jahrelang viele Gebete, Messfeiern und Grabbesuche realisiert haben. Selbst wenn eine sehr religiöse Person in großem Vertrauen verstorben ist – jedenfalls nach Wahrnehmung der Hinterbliebenen –, geschieht es, dass sie noch nach Jahren zum

Obsessor wird. Ich glaube, dass es an dem Nichtwissen um die spirituelle Welt liegt. Alle Religionen gehören zu einem infantilen Entwicklungsstadium. Die Wesen sind darum gehalten, an religiöse Autoritäten zu glauben, und je fester ihre Überzeugung von der Unfehlbarkeit dieser Autoritäten ist, umso schwieriger ist es für sie, den wahren Zustand nach dem Verlassen des physischen Körpers zu verstehen und zu erkennen, dass sie selber wollen müssen. Hier haben die Angehörigen eine große Chance, allerdings auch nur, wenn sie sich für die Notwendigkeit eines Dialoges motivieren lassen.

Martinus sagt, dass die Verstorbenen in ihrem mentalen Gefängnis immer sofort dann Hilfe von geistigen Wesen bekommen, wenn sie um Hilfe bitten oder zu Gott beten. Ja das kleinste Gebet, um Hilfe zu bekommen, werde erhört. Darum sage ich meinen Kranken mit V.E., dass sie nach dem Dialog mit ihren Verstorbenen diese auffordern mögen, zu beten. Bete, bete, rufe um Hilfe, ja bete mit mir „Lieber Vater, lieber Vater …“. Wenn doch schon der geringste Hilferuf erhört wird, wie kann es dann sein, dass religiöse Menschen mit ständiger Gebetspraxis noch nach Jahren ihre Angehörigen besetzen? Warum haben sie in der neuen Situation aufgehört, zu beten? Denn hätten sie gebetet, wären sie sofort aus dem Zwischenbereich befreit worden, wären sie nicht mehr lästige Obsessoren für ihre Lieben. Ich glaube, dass es daran liegt, dass gerade religiöse Menschen häufig beim Verlassen des physischen Körpers eine fast abgrundtiefe Enttäuschung erfahren. Es ist eben einfach alles so ganz anders als das, was die doch recht infantilen religiösen Vorstellungen ihnen eingeprägt haben. Wenn sie Hilfe suchen, um aus ihrer Enttäuschung herauszukommen, dann müssen die helfenden Geistwesen ihnen immer erst die infantilen religiösen Vorstellungen wegsuggerieren, ehe sie über die reale geistige Welt belehrt werden können.

Wir sind dabei, einige Antworten zu finden, warum sich „Lebende und Verstorbene“ gegenseitig Schaden zufügen. In diesem Zusammenhang muss auch erwähnt werden, dass es Wesen gibt, die diese Welt verlassen mit einem Herzen voller Hass und großem Verlangen, seinen Nächsten zu schädigen. Wer mit solchen

Gedanken geht, der bleibt natürlich auch auf der anderen Seite des Lebens in diesen seinen Gedanken. Im Hause des Vaters gibt es keinen Platz, um dort irgendjemandem auch nur das geringste Leid zuzufügen. Wer danach verlangt, seinen Hass zu kühlen, der kann sich darum auch nur auf das Reich der Schwere ausrichten, wo das Gesetz des Tötens herrscht. Hier findet er Wesen gleicher Gedankenklimate und es ist sehr einsichtig, dass er hier großes Leid zufügen kann. Es mag so sein, dass es solche Verstorbene sind, die große Schmerzen durch ihre Besetzung verursachen und die dann auch beim Befreiungsprozess sehr resistent sind.

Ich habe bereits vom notwendigen Dialog der inkarnierten Wesen mit den diskarnierten Wesen gesprochen, aber dieser Dialog kann natürlich nicht gelingen in irgendeiner Form von Unwilligkeit, dass man etwa versucht, sie mit harten Worten zu vertreiben, was nicht ausschließt, dass öfter auch eine liebevolle Bestimmtheit notwendig ist. Hier gilt das Jesuswort „Wer das Schwert ergreift, der kommt durch das Schwert um!" Solche Haltung kann die Besetzung nur verfestigen. Sie wird neue, endlos viele Besetzungen bewirken, denn seine Aggressivität ist in Syntonie mit den Wellenlängen von aggressiven Obsessoren. Er hat einen „offenen Körper" sagen die Nordestinos, und wie soll sich sein Körper „schließen", wenn er seine Mentalität nicht ändert?

Hier möchte ich in Ergänzung zum befreienden Beten noch ein Wort sagen, das ich in all den 112 berichteten Fällen eingesetzt habe. Es sind mir Fälle begegnet, wo das Beten geradezu endlos wurde. Der „offene Körper" blieb einfach offen, trotz des vielen Betens und Befreiens und trotz des Fotos auf dem Symbol 7. Es handelte sich besonders um solche Menschen, die von Geburt an Verstorbenenenergien hatten. Hier habe ich entdecken dürfen, dass es möglich ist, sofort das Gebet an den Vater zu richten in der Intention, den „Körper zu schließen" das heißt, das Aurafeld zu schließen, oder anders gesagt, zu bitten, dass jede Syntonie mit Verstorbenen hinweggenommen werde. Und ich hatte damit Erfolg, ja manchmal war es geradezu die „einzige" Rettung für den Leidenden. Ich habe dann aber immer noch an die desorientierten Diskarnierten denken müssen und glaube, dass die liebevolle Weise für beide Seiten so ist, dass ich in der befreienden Intention bete und auch befreienden Dialog mit den Verstorbenen führe und sie dann auffordere, mit mir zu beten. Ich fange dann an, die Intention dahin zu ändern, dass ich um die „Schließung des Körpers“ bete: „Lieber Vater, lieber Vater ...“, bis ich durch die Rute das Signal bekomme, dass das Biofeld geschlossen ist und dass alle Besetzungen aufgehört haben. Für mich war das eine sehr befreiende, sehr hilfreiche Entdeckung. Leider habe ich das erst entdeckt, nachdem eine 28-jährige Lehrerin an V.E. verstorben ist. Ich nehme das als sehr sicher an, denn alle Untersuchungen in etlichen Spezialkliniken ergaben keine für die Medizin erkennbare Todesursache. Immer wenn ich und die mitbetende Familie genug gebetet hatten, ging es ihr besser. Leider hatte ich nicht die Möglichkeit, ständig zu beten, und kam erst nach ihrem Hinweggang auf den Gedanken, gleich in der Intention, „den Körper zu schließen“ zu beten.

Was bedeutet „den Körper zu schließen“? Ich habe bei meinem ersten Mal so gebetet, dass ich die Vorstellung hatte, dass sich das Aurafeld von innen her in Richtung nach außen so wieder herstellt, dass die Verstorbenenenergien herausgedrängt werden. Ich wollte verhindern, dass so etwas geschehen könnte wie ein Sie-im-Aurafeld-Einschließen. Gebet ist ja eine spirituelle Energie und nach Vithoulkas reagiert sie von innen her in Richtung nach außen. So kann also nicht ein Gefangensetzen vorkommen. Sodann habe ich mir Gedanken gemacht, was wohl geschieht, wenn ein Verstorbener gleichsam herausgedrängt wird, ehe er seine Situation verstanden hat und selber gehen will. Darum halte ich es für gut, ihn eben aufzufordern, mit mir zusammen zum Vater zu beten. Und letztlich bleibt ja auch wahr, dass eines jeden Erdenmenschen Aurafeld so intakt sein sollte, dass kein Eindringen von Verstorbenen möglich wird, und das kann kein Unrecht dem Verstorbenen gegenüber sein, denn sein rechtmäßiger Platz ist ja eben nicht im physischen Körper eines inkarnierten Wesens, sondern die spirituelle Welt im Hause des Vaters.

Aus den 112 angeführten Fällen sind V.E. von Verwandten wohl eindeutige Signale, dass die diskarnierten Wesen auch im Aurafeld anwesend sind. Da wo es sich um andere und manchmal nach der

Messung mit der Rute sehr, sehr viele Verstorbene handelt, dürfte es wohl auch so sein, dass automatisierte Gedankenkomplexe im Aurafeld agieren und hier kann ja nur Heilung des Aurafeldes von innen her Abhilfe schaffen, sei es durch direktes Beten oder durch die Energetisierung mit dem Symbol 7. Vielleicht steht hinter so häufigem befreiendem Beten mit immer wieder neuen Besetzungen diese Realität von automatisierten Verstorbenenenergien. Auch wenn sich diese Frage für mich nicht mit Sicherheit beantworten lässt, weiß ich jetzt doch Heilung zu finden durch die Gebetsintention, „den Körper zu schließen“.

Leiden macht das Wesen barmherzig, befähigt es, mit dem Leid des Nächsten zu fühlen.

So ist es meine Erfahrung, dass die an Besetzung durch Verstorbene Leidenden sehr leicht zu motivieren sind, große Barmherzigkeit für den noch mehr als sie leidenden Verstorbenen aufzubringen.

Inkarnierte und diskarnierte Wesen voneinander befreien

Ich habe schon von der Notwendigkeit von Gebet und Dialog mit den Verstorbenen gesprochen.

Wenn wir nach der eigentlichen Wurzel fragen, werden wir immer wieder auf die Unwissenheit stoßen, sowohl bei inkarnierten wie bei diskarnierten Wesen.

1. Die Unwissenheit der Diskarnierten

- Desorientierung

Sie wissen nicht, dass sie keinen physischen Körper mehr haben und zu ihrem Weiterleben auch gar nicht brauchen. Sie haben keine Vorstellung davon, dass sie ohne Gehirn denken können. Sie spüren, dass etwas geschehen ist, dass etwas anders ist, aber was anders ist, hüllt sich in Nebel, lässt sie sehr, sehr desorientiert.

- Gefangen in Trauer und Sehnsucht nach ihren zurückgelassenen Lieben

Ihr „Sterben“ hat große Trauer bei ihren Lieben ausgelöst und dieser Schmerz eines Lieben hält das diskarnierte Wesen mit tausend Banden fest. Es fehlt fast ganz die Praxis, dass beide Seiten sich richtiggehend voneinander verabschieden, um sich dann in der geistigen Welt zu gegebener Zeit wieder zu sehen. Darum ist es für den Therapeuten unerlässlich, seinen Klienten aufzuklären, dass im Befreiungsprozess ein ganz entschiedenes Sich-Verabschieden nachzuholen ist.

Beide Seiten wissen nicht, dass eine Besetzung gar keine liebevolle Nähe zum geliebten Wesen sein kann. Einheit vollzieht sich, wenn das „verstorbene“ Wesen in das „Haus des Vaters“ einzieht. Dort vollzieht sich das Einssein mit Gott, und eins mit Gott sein heißt, eins sein mit allen Gottessöhnen, heißt also für das diskarnierte Wesen, direkt ins Herz des geliebten noch inkarnierten Wesens einziehen, denn wo zwei eins sind, da haben sie gegenseitig im Herzen des anderen Platz genommen. Das geliebte Wesen, wenn es den leidvollen Zustand der Besetzung überwunden und den Übergang in die geistige Welt vollzogen hat, kann dann ein Schutzengel für seine Hinterbliebenen werden. Über ein Medium habe ich ein solches Wesen von seiner Schutzengelfunktion einmal sagen hören: „24 Stunden bin ich bei ihm und gebe Acht auf ihn!“ Geschieht es nicht jedem Menschen viele Male, dass er sich zum Beispiel beim Verlassen des Hauses erinnert, dass er etwas Bestimmtes vergessen hat. Solche Anstöße können sehr wohl von unseren Lieben aus der geistigen Welt sein, die dort noch mehr als hier keinen Müßiggang kennen. Sie leben dort in ständiger Aktivität und immer sind es nur Taten der Liebe.

- Angst, gerichtet zu werden

Christen mit starkem religiösem Glauben orientieren sich durch das Evangelium vom Jüngsten Gericht, so wie sie es ausgelegt bekommen oder sich selbst auslegen. Sie meinen, dass sie nur ein einziges physisches Leben haben, und nach dem Tode verbleiben ihre Leiber im Grab bis zum Tag des Jüngsten Gerichtes. Sie leben mit Zweifeln, ob sie mit den Lämmern gerettet werden oder mit den Böcken verdammt werden zur ewigen Hölle. Aber dieses Gleichnis spricht nicht vom Gericht nach jeder Inkarnation. Es spricht von der Großen Geburt zum wahren Menschenreich auf Erden. Dann wird es allerdings eine Trennung geben zwischen den Lämmern und den Böcken, das ist die Trennung zwischen denen, die durch ihre Ethik, durch ihre Nächstenliebe reif sind für die Große Geburt, und denen, die noch nicht zur vollkommenen Liebe entwickelt sind und sich darum in noch weiteren Inkarnationen zur Vollkommenheit entwickeln müssen. Alle werden einmal bis zur Großen Geburt entwickelt sein. Eine Hölle gibt es nicht. Aber leider lebt in noch sehr vielen die Angst vor ewiger Höllenstrafe. Solche Wesen haben überhaupt keine Vorstellungen von einem geistigen diskarnierten Leben zwischen den einzelnen Reinkarnationen.

- *Sie wissen nicht, dass sie frei sind*

Der Erdenmensch weiß, dass er freien Willen hat, aber er weiß nicht, was das wirklich heißt. Er weiß nicht, dass er in seiner freien Wahl alles gewählt hat, was sein Schicksal ausmacht. Er weiß gewöhnlich nicht, dass er nie Opfer irgendeines anderen Wesens sein kann. Jedes Wesen ist eine Dreieinigkeit des X1, X2 und X3. Es ist ein ewiges Ich – X1, mit seiner ewigen Schöpfungsfähigkeit – X2, und mit seinen ewigen Grundenergien – X3. Jeglicher Schöpfungsakt, jegliche Manifestation des Lebens wird geboren aus einem Urwunsch – wie Martinus es nennt – dieses ewigen Ich und ist völlig jenseits von bewusster Wahrnehmung, es ist die erste Bewegung für jegliches Schaffen des Wesens. Und in diesem Urwunsch des Wesens ist seine Freiheit verankert. Darum sind alle Wesen frei, frei auch in der physischen Dimension, hier aber mit gewissen Einschränkungen. Deshalb kann man sagen, alle Gottessöhne sind frei, selbst die kleinsten Lebewesen. So können sich also diskarnierte Wesen, die gefangen sind in ihren mentalen Circuli vitiosi, nur dann aus diesem Gefängnis befreien, wenn sie selbst es wollen, und damit sie es wollen können, müssen sie entdecken, dass es so ist und das kann sehr lange dauern.

- Sie wissen nicht, dass Hilfe existiert

In allen Schwierigkeiten oder Leiden der Wesen existiert das Elternprinzip. Das gilt für die physische und die spirituelle Dimension. So wie beim Eintritt in die physische Welt durch eine neue Geburt das Lebewesen eines Elternpaares bedarf, um es zu nähren, zu pflegen, zu erziehen etc., so gibt es auch beim Eintritt in die geistige Welt „Eltern". Die Geburt für das Leben im Hause des Vaters kann nicht ohne Helfer vor sich gehen. Aber unseligerweise weiß der Erdenmensch infolge seines aktuellen Entwicklungsstandes kaum etwas davon, dass es viele helfende geistige Wesen gibt für alles, was ihm nach dem „Sterben" unbekanntes Gebiet ist. Aber so wie das Tier in Lebensgefahr durch ein Raubtier aufschreit und dies ein Zeichen für die allen Wesen angeborene Fähigkeit zum Beten ist, so wird auch das zum Obsessor gewordene, in seinen mentalen Bildern gefangene Wesen dorthin kommen, um Hilfe zu bitten, eben zu beten. Im selben Moment werden seine Geistführer und Schutzengel zur Stelle sein und Hilfe leisten. In diesem Problem der Unwissenheit des „Verstorbenen" können Eltern und Verwandte große Hilfe leisten, indem sie ihm erklären, dass er um Hilfe bitten kann, dass er seine Lieben, die schon vor ihm verstorbenen sind, um Hilfe anruft.

Im Elternprinzip, das auch hier gilt, bewahrheitet sich das Jesuswort „Sogar die Haare eures Hauptes sind gezählt. Keines fällt zu Boden ohne den Liebesplan des Vaters!".

Und wenn der Erdenmensch wirklich keine Hilfe mehr wahrzunehmen weiß und in seiner Verzweiflung Selbstmord begeht, wird er danach entdecken, dass er mit seiner Verzweiflungstat einer Illusion zum Opfer gefallen ist, und auch er wird Hilfe finden.

2. Die Unwissenheit der in der physischen Welt inkarnierten Wesen

Ich habe in meinem mehr als 50-jährigen Pastoraldienst viele Pfarrangehörige in ihrer „Sterbestunde" begleitet und habe den Hinterbliebenen vor und nach dem „Tod" ihres Angehörigen beigestanden. Es war recht selten, dass jemand mit dem

„Sterbenden“ über seinen Hinübergang sprach, und auch der „Sterbende“ sprach nur selten von seinem Abschied.

Zum Spenden der „Sterbesakramente“ lud man immer seltener ein und möglichst erst dann, wenn der Angehörige kein Bewusstsein mehr hatte, um ihn nicht durch den Priesterbesuch zu erschrecken. Beide Seiten hüllten sich in verlegenes, oft sehr drückendes Schweigen. In Wahrheit verstand keine der beiden Seiten, was vor sich ging. Mehr oder weniger verdrängte jeder die Wirklichkeit. Angst und große Unsicherheit nahmen beide Seiten gefangen. Was ist im „Sterben“ geschehen mit meinem Angehörigen, der nun unbeweglich daliegt? Wo befindet er sich und in welchem Zustand? Man kann nicht einmal sich selbst solche Fragen stellen, geschweige denn einem anderen und mit ihm darüber reden. Stummheit beherrscht die Atmosphäre. Alle sind blockiert, gefangen! Ein solches mentales Gefängnis für beide Seiten muss ja zwangsläufig den „Sterbenden“ zum Obsessor für einen seiner Lieben machen.

Da wo es möglich ist, Gebete gemeinsam und laut am Sterbebett zu sprechen, kann die Realität des Sterbens schon leichter akzeptiert werden. Aber solches – früher einmal absolute Selbstverständlichkeit – ist heute zur ganz seltenen Ausnahme geworden. Und wenn wirklich einmal ein Priester gerufen wurde und betete, kehrt nach seinem Weggang das gleiche Schweigen ein.

Ich habe auch schon erlebt, dass ich zu einer Sterbenden hohen Alters gerufen wurde, Kinder und Enkelkinder waren zugegen. Die Kranke lag isoliert in Schweigen, obwohl sie durchaus noch reden konnte, und die Besucher waren in einer Runde für sich in lautem Gespräch, denn um den anderen zu verstehen, musste man den eingeschalteten Fernsehapparat übertönen. Als ich mit der Kranken sprach, änderte sich nichts am Verhalten der Besucher. Schließlich bat ich um Stille für das Gebet mit der Sterbenden. Nur sehr unwillig wurde der Fernseher abgeschaltet und leises Reden ging dennoch weiter. Ich meine, das ist alles große Unwissenheit über das Ende des physischen Lebens. Man braucht die Technik, den Fernseher, um die aus der Unwissenheit erwachsende Angst buchstäblich zu „überspielen“.

Dennoch gibt es viele sehr hoffnungsvolle Erfahrungen, und des Lebens eigene Entwicklung wird zu einem neuen Bewusstsein angesichts des „Sterbens“ führen. In diesem Zusammenhang möchte ich nicht weitere Analysen bringen. Es gibt ja, Gott sei es gedankt, bereits eine große und wertvolle Literatur zum Sterbethema, weniger allerdings über den Zustand der Diskarnierten. Hier möchte ich einfach einige meiner eigenen Erfahrungen mit dieser Realität wiedergeben. Der Leser selber mag analysieren, was des Lebens eigene Sprache ihm zu sagen hat.

Ein Hausmeister und Gärtner eines Bildungshauses erkrankte an Krebs und verstarb mit 47 Jahren. Fünf Monate vor seinem „Sterben“ pflanzte er in einem Blumentopf eine kleine Grünpflanze. Er überreichte sie seiner Frau und sagte, diese Pflanze möge sie pflegen und nach seinem „Tode“ möge sie ihr als ein Zeichen dienen, dass das Leben und die gegenseitige Liebe fortdauerten. Im letzten Lebensmonat sprach er häufig von seiner großen Reise und auch einen Monat vor dem Heimgang sagte er, es werde in der Karwoche sein, aber es werde nicht mehr Karfreitag werden. Gründonnerstag um 12 Uhr verließ er seinen Körper in völliger Ruhe. Seine letzte Bewegung war, dass sich seine linke Hand öffnete und ein kleines aus Holz geschnitztes Kreuz losließ. Er hatte es beständig umfasst in den letzten Wochen seiner Bettlägrigkeit. Er verabschiedete sich von allen Lieben in seiner Nähe in Gesprächen unter vier Augen. Seiner Frau übergab er alle Dokumente betreffend seine Rente, seine Versicherungen und Sparbücher. Er sprach – je einzeln – mit seinem siebenjährigen Sohn und mit seiner fünfjährigen Tochter einige Tage vorher und verabschiedete sich mit herzlichen Küssen und Umarmungen. Als Letzten lud er zum Gespräch seinen Hausarzt ein. Dieser hatte verordnet, dass er bereits einige Wochen vor dem „Sterben“ unbedingt im Krankenhaus bleibe, denn er brauche jetzt täglich eine Morphiumspritze – der Krebs hatte sich im Gehirn ausgebreitet – und er könne ihn nicht täglich aufsuchen. Der Kranke und seine Frau, ausgebildete Krankenschwester, aber wollten, dass er zu Hause sterben dürfe. So hatte er einen anderen Arzt um diesen Dienst gebeten. Das Gespräch mit seinem Hausarzt dauerte fast eine ganze Stunde. Der Kranke wollte keine ungelösten Beziehungsprobleme mitnehmen auf seine „große Reise“. So drückte er sich viele Male aus und sprach in großer Freude und Erwartung von seiner „großen Reise“.

In den Kar- und Ostertagen gab es keine Friedhofsdienste, so erfolgte die Beerdigung erst eine ganze Woche später. Die Familie besuchte den in der Leichenhalle aufgebahrten „Verstorbenen“ jeden Tag und erlebte alle diese Tage als ein besonderes Geschenk von ihm. Dieser 47-jährige Mann verabschiedete sich in Harmonie mit allen Menschen seiner Umgebung, auch mit seinen Pflanzen. Die Fensterbänke seiner Wohnung waren geschmückt mit bestens gepflegten Blumen und Grünpflanzen. Und genau zur Stunde seines Hinübergangs verwelkte die Topfpflanze, die er seiner Frau gegeben hatte als Zeichen der Fortdauer von Leben und Liebe nach dem „Sterben“. Aber recht bald wurde diese Pflanze wieder grün. Die fünfjährige Tochter lebte so sehr ihre mentale Kommunikation mit dem Vater, dass sie überhaupt keine Traurigkeit fühlte. Als einige Tage nach der Beerdigung ihre Mutter vor sich hin weinte, nahm das Kind das kleine Handkreuz des Vaters und drückte es in die Hand der Mutter und sagte: „Da hast du deinen Papa!“

Im Krankenhaus besuchte ich einen Mann, der sich auch der Bedeutung seines Sterbens bewusst war. Bei einigen aufeinander folgenden Besuchen hatte er mit mir eine Revision seines ganzen Lebens gemacht. Aber mit seinen Angehörigen über das Sterben zu sprechen, war ihm nicht möglich. Als nun die Stunde näher kam, wurde er viel von seinen Lieben besucht. Schließlich kam ich in sein Zimmer und traf ihn mit einer großen Zahl von Besuchern, alle in jenem besagten Schweigen. Als ich eintrat, wendete der Kranke seinen Kopf zu mir hin, lächelte mit einem Strahlen übers ganze Gesicht und verstarb. Für mich gibt es keinen Zweifel, dass dieser Mann unter dem erdrückenden Schweigen seiner Angehörigen litt. Buchstäblich „keiner sprach zur Sache“, wie es sprichwörtlich heißt. Als aber einer eintrat – ich –, mit dem er sich über seinen Hinübergang ausgetauscht hatte, da war der Bann gebrochen und er erlebte die Befreiung und konnte gehen.

Ich wurde spät abends zu einem gerade ins Krankenhaus eingelieferten alten Mann gerufen. Bereits vor einem Jahr war er hospitalisiert und ich hatte viele Gespräche, auch übers Sterben, mit ihm geführt. Jetzt traf ich ihn in einem sehr geschwächten Zustand, abgemagert und völlig apathisch. Ich begrüßte ihn wie einen alten Bekannten und aus unseren vielen Gesprächen wusste ich, dass er darauf wartete, dass ich mit ihm bete. Als ich begann – so das drückende Schweigen im Krankenzimmer durchbrechend –, da gingen durch den alten, so siechen Körper mächtige Impulse, das Gesicht füllte sich mit Blut, die Haut straffte sich wie die eines jungen Mannes, ein sehr kräftiges und strahlendes Lächeln erfüllte sein Gesicht, er erhob beide Arme zu Bewegungen großer Freude und verließ seinen Körper. Wieder war es der Augenblick, da das grausige Schweigen mit seinen mentalen Circuli vitiosi durchbrochen wurde, der nun den „Sterbenden" freigab für seine neuen Erfahrungen in Hinsicht auf seine spirituelle Geburt.

Ich kenne „Sterbende" voll von Hoffnung und Leben. Aber ich kenne leider auch viele, die in großer Angst „sterben". An zwei Tagen legte ich allen meinen Patienten einen Fragebogen mit 71 Fragen zur Angst vor. An jedem Tag waren es 19 Befragte. In 60 Prozent aller Fragen wurde Angst bestätigt. Alle diese 38 Personen hatten V.E. Alle Angst ist Angst vor dem Sterben und diese Angst ist es vor allem, die auch in den Verstorbenen schwingt, die sie dann nach dem „Sterben" zu Obsessoren macht. Beide Parteien schwingen in der gleichen Wellenlänge und ziehen sich gegenseitig an.

Hier im Nordosten Brasiliens gibt es den Ausdruck „Encosto de almas", Anlehnung von Seelen. Allen ist es aus altem Volkswissen bekannt, dass es so etwas gibt, anders als bei uns in Deutschland, wo natürlich das gleiche Phänomen existiert. In Deutschland muss ich in aller Regel bei der Diagnose V.E. lange Erklärungen abgeben und oft kann ich den Betroffenen nicht überzeugen, dass er an diesem Problem leidet. Hier im Nordosten werden in der Regel Türen und Fenster mit hellblauer Farbe gestrichen. Aus dem oben erwähnten Volkswissen soll den Verstorbenen dadurch der Eintritt verwehrt werden. Hellblau ist die Farbe des Himmels. Man wusste, dass gefährliche Verstorbene nicht den Himmel sondern die Erde suchen, also hoffte man, dass die Farbe des Himmels sie abschrecken würde. Ich meine, das ist eine sehr realistische Auffassung.

Heute existiert eine große Zahl von Veröffentlichungen zu Nahtod-Erlebnissen, die sich ergeben, wenn nach dem Herztod der Hirntod noch nicht erfolgt ist. Kraft großer Fortschritte der Medizin können Herztote oft wieder zum Leben zurückgeholt werden.

Ich möchte von zwei Fällen aus der Reihe der vielen sprechen, die ich bei jahrelangen täglichen Besuchen auf der Intensivstation erlebt habe.

Ein Mann von 40 Jahren berichtet: „Ich sehe eine wunderbare helle Straße voll von kleinen Figuren, alle auf dieser Straße wandernd. Die Straße führte zu einem großen lichtvollen Wesen. Eine dieser Gestalten auf dem Wege zu Gott war ich selber.“ Als er sich so sah, fühlte er sehr großes Glück. Da hörte er eine Stimme. Es war die Stimme Gottes. Sie sprach, für ihn sei es noch nicht an der Zeit. Alle würden eintreten, er aber noch nicht. Mit einem Herzen voller Traurigkeit kehrte er um und bald darauf erwachte er aus seinem Koma.

Eine 30-jährige Krebskranke verlor ihr Augenlicht. Sie war auf der Intensivstation, wo ich sie besuchte. Sie war zurückgekehrt aus der Situation zwischen Herztod und Hirntod.

Sie berichtete: Sie sah sich in einer ganz wunderbaren Landschaft. Sie ging und ging. Da kam sie an ein großes rundes Feld voller schönster roter Rosen. Eine Stimme forderte sie auf, ruhig in dieses Feld hineinzugehen. Sie selbst empfand Angst, sie könnte die Rosen verletzen, aber die Stimme drängte sie und sie trat ein und – oh Wunder – sie konnte gehen, ohne dass sie auch nur die geringste Verletzung an den Blumen vollzog. Sie ging bis in die Mitte und setzte sich, erfüllt vom herrlichen Duft der Rosen. Sie war sich bewusst, dass es sich um die jenseitige spirituelle Welt handelte und sie wollte sie nicht mehr verlieren. Da erwachte sie aus dem Koma und befand sich wieder in der Welt ihrer erblindeten Augen.

Ich habe keine Zweifel, dass ein friedvolles Totengesicht Zeugnis gibt von dem, was der Sterbende bei seinem Hinübergang gedacht hat.

Ein 45-jähriger Landmann ging sehr früh morgens auf die nahe Wiese seines Anwesens, um mit seiner Sense Gras für seine Schafe zu mähen. Bei dieser Arbeit erlitt er einen tödlichen Herzanfall. Seine Frau und seine Tochter ließ er in der Welt zurück. Am Abend desselben Tages besuchte ich ihn mit der 20-jährigen Tochter in der Leichenhalle. Das Gesicht des Toten war sehr gespannt, verschlossen. Ich orientierte die Tochter, mit ihrem Vater im Dialog zu sein und ohne Unterlass zu beten. Am nächsten Tag besuchten wir wiederum gemeinsam den Toten. Groß war unsere Überraschung. Das Gesicht des Mannes war völlig entspannt und vermittelte jetzt einen großen Frieden. Einige Wochen später hatte ich einen Traum. Ich sah in einer Etage unter der Erdoberfläche eine wunderbare, sonnige Landstraße. Sie führte zu einem großen und sehr schön farbig gestalteten Bauernhof. Davor stand dieser verstorbene Landmann und er ging in diesen Hof hinein, denn es war sein Hof.

Es gibt in Deutschland kirchliche, kommunale und private Krankenhäuser. Soweit es mir bekannt ist, haben alle auch einen Ort für die Leiber der verstorbenen Kranken, einen Raum in aller Regel tief unten im Keller und manchmal voller Gerümpel, einfach ein Abstellraum. Ich sehe in diesem so allgemeinen Faktum ein Anzeichen für das völlige Fehlen einer entwickelten Nachtod-Kultur christlicher Gesellschaften. Eine Doktrin, die die Reinkarnation negiert und bestenfalls lehrt, dass die Leiber bis zum Jüngsten Tag in ihren Gräbern verbleiben, kommt nicht so weit, ihre Gläubigen zu einem aktiven Kontakt mit ihren „Verstorbenen“ anzuleiten.

Mit einer Gruppe von 20 Seelsorgern besuchte ich eine anthroposophische Klinik. Aber wie groß war meine Überraschung, als unser erster Besuch der der „Leichenhalle“ des Krankenhauses war. Hier war alles ohne Vergleich mit dem, was ich von christlichen Krankenhäusern gewohnt war. Ich trat ein in einen großen Raum mit wunderschönen Kunstwerken zum Thema des Übergangs von der physischen zur spirituellen Welt. Drei Tage verbringen die

Angehörigen hier in der Gegenwart des Leibes des „Verstorbenen" in Gebet und Dialog mit ihm. Es gibt hoffnungsvolle Lichter in unserer Erdenmenschen-Gesellschaft, die die Hoffnung nähren, dass der Tod zum größten Fest des Lebens wird und es so keine Möglichkeit mehr gibt, dass Verstorbene zu Obsessoren werden.

Heilen mit Symbolen des Dritten Testamentes

Vorbemerkung

Liebe/r Leser/in, wenn Sie einiges zur V.E. gelesen haben, dann haben Sie eine Antenne zur spirituellen Welt bekommen, dann können Sie anfangen zu verstehen, dass alle existierenden Energien spiritueller Natur sind, geistig sind, und wo Geist ist, da ist Energie. In den Symbolen des Dritten Testamentes manifestiert sich Geist in hoher Konzentration. In den Symbolen des Dritten Testamentes konzentriert sich also Energie. Probieren Sie es aus! Legen Sie Ihr Foto auf eines der Symbole (die auch Schwarzweiß-Kopien sein können) und Sie werden heilende Wirkungen empfangen, die dem entsprechen, was das Symbol zu Ihrem Leid Erhellendes mitzuteilen hat. Da ist nichts Mystisches im Spiel. Alles ist völlig logisch. Sie müssen dazu kein Radiästhesist sein.

Die Entdeckung – Symbol Nr. 16

Eine 36-jährige Frau leidet an Anorexie. Die Symptome verstärken sich. Täglich muss sie hören, dass sie sehr mager sei. Ob es ihr nicht gut gehe. Was denn mit ihr los sei.

Ich prüfe mit meiner Rute: Gibt es für diese Anorexie eine tiefste Ursache? Kann ich sie entdecken? Ich prüfe, wie es meine Gewohnheit bei allen Ratsuchenden ist. Schließlich frage ich mich, ob die Ursache in früheren Leben zu finden ist. Ich zähle zurück und stoße auf die 16. Inkarnation. In diesem Augenblick taucht das

Symbol 16 vor mir auf, es nennt sich: der Ewigkeitskörper. Ich frage mich, ob das Foto der Frau auf dieses Symbol gelegt eine heilende Wirkung bei Karma erreichen kann. Die Antwort ist positiv. Ich lege das Foto auf das Symbol und prüfe täglich sein weiteres Verweilen. Am 14. Tag gab die Rute das Signal, das Foto vom Symbol zu nehmen. Es war genau der Tag, an dem die junge Frau wieder Appetit bekam. Essen war nicht mehr eine leidvolle Verpflichtung für sie. Sie nahm langsam zu, und heute nach zwei Jahren kann ich zweifelsfrei feststellen, dass sie von ihrer Anorexie geheilt ist.

Bei meiner Ausbildung zum Naturtherapeuten an der Universität in Teresina (Brasilien) habe ich gelernt, Heilergebnisse mit Kristallen, Grafiken und Symbolen zu erzielen. Basierend auf dieser Erfahrung wählte ich mit der Rute 17 Symbole des Ditten Testamentes für meine Heilarbeit aus und durfte erfahren, dass diese Symbole in ihrer Wirkung alles bisher von mir Praktizierte zurückließen. Ich habe sehr bald alle an der Universität erlernten Techniken aufgegeben und bei Heilungen nur noch mit diesen Symbolen mittels eines Fotos gearbeitet. Die Therapeutengruppe „Antena“ in Teresina übernahm diese Methode und alle fanden ihre große Wirkung bestätigt.

In den letzten fünf Jahren habe ich ständig im Dritten Testament gelesen. Dieses Wissen hat mir den Weg geöffnet, bei der Heilung der erwähnten Anorexie an das Symbol 16 zu denken.

Wissen heilt, darum habe ich die Patientin natürlich auch gleich zu Anfang der Behandlung so in das Geschehen eingeführt, dass sie verstehen lernte, was bisher so unbegreiflich war, und so zur Handelnden werden konnte. Ich konnte ihr zeigen, wie das Gesetz von Ursache und Wirkung unser ganzes Schicksal formt. Alles, was der Mensch denkt, spricht oder tut, ist eine Ursache für Wirkungen, die zu ihm selbst zurückkehren. Wie alle Himmelskörper sich in Kreisbahnen bewegen und immer zum Ausgangspunkt der Bewegung zurückkehren, so ist es auch mit den Atomen und Partikeln im atomaren und subatomaren Mikrokosmos. Das gleiche Gesetz waltet auch in allem, was von uns an Gedanken, Worten und Taten ausgeht. Es bewegt sich in Kreisläufen und kehrt zu uns, dem Ausgangspunkt, zurück. Das Thema der Reinkarnation war für diese

Patientin, obwohl Katholikin, kein Problem. Sie konnte mit Leichtigkeit akzeptieren, dass es ein Karma aus früherem Leben war. Sie akzeptierte es, ihre Reaktionen gegenüber den Bemerkungen ihrer Umgebung zu ändern, indem sie sich bemühte, ihr Verhalten in zwei Bereichen zu verändern. Erstens: Alles Unangenehme aus diesem Zusammenhang mit dem Gebetssatz anzunehmen: Vater, es geschehe dein Wille. Zweitens: Eine innere Einstellung zu schaffen, etwa so: Alles, was ich erleide, das wünsche ich keinem meiner Nächsten, auch nicht dem ärgsten Feind! Mit dieser Reaktion auf einen zurückkehrenden Schicksalsbogen zu reagieren heißt, das Karma zu löschen gemäß der Erklärungen des Martinus zum Symbol 16. Auch ohne im Einzelnen zu wissen, was an Negativem in der vergangenen Inkarnation als Ursache dieser Anorexie geschehen war, stellte sich das positive Ergebnis schnell und für dauernd ein.

Jeder Psychoanalytiker weiß darum, dass eine Anorexie als fast unheilbar gilt. Das Problem liegt darin zu wissen, wo die Wurzel des Übels ist und wie sie zu heilen ist. Die freudianische Psychoanalyse sucht die Ursachen in der frühen Kindheit und bemüht sich, diesen neurotischen Komplex aufzulösen. Im Falle dieser Patientin existieren reichlich solche neurotischen Symptome, aber die Rute diagnostizierte die Wurzel im vergangenen Leben und trotz aller psychotherapeutischen Begleitung, die ich geben durfte, sehe ich die eigentliche Heilwirkung durch das Symbol 16. Ich sage dies auch im Zusammenhang mit früheren von mir durchgeführten psychotherapeutischen Behandlungen.

In ihrem ersten Lebensjahr verlor die Patientin ihren Vater durch einen Herzinfarkt. Die Mutter blieb allein mit ihrer gerade geborenen jüngsten Schwester, vier weiteren Schwestern und zwei Brüdern. Für den Unterhalt dieser immerhin acht unmündigen Kinder eröffnete die Mutter die erste Bäckerei hier in Paulistana, wo ich diese Erfahrungen mache und niederschreibe. Die Patientin litt nie an materieller Bedürftigkeit, aber umso mehr an emotionaler. Eine Bäckerei hat andere Öffnungszeiten als der übrige Handel. Von morgens 5 Uhr bis abends 19.30 Uhr war die Mutter in der Bäckerei und an den Sonntagen wenigstens auch noch sieben Stunden. Für die Kinder war es nötig, 500 Meter von der Wohnung bis zur Bäckerei zu laufen, wenn sie mit der Mutter sprechen wollten und ihre Nähe erleben wollten. Da sie sich ja immer in der Öffentlichkeit befand, konnte die Mutter ihren acht Kindern auch keine intimen Zärtlichkeiten und Gespräche geben. So war die Kindheit der Patientin gezeichnet von großem Mangel an mütterlicher Nähe und Wärme. Die Mutter kompensierte diesen Mangel an emotionaler Nähe zu den Kindern durch psychosomatische Symptome. Durch alle ihre 36 Lebensjahre lebte die Patientin in großer Sorge um die Mutter. Mit Herz- und Kreislauf-Problemen, Rücken- oder Nierenschmerzen suchte die Mutter die Aufmerksamkeit ihrer Kinder. Die Patientin ihrerseits zwang die Mutter, sich zu sorgen und sich um sie zu kümmern, indem sie das Essen verweigerte. Auf diese Weise frustrierte sie ihr eigenes Wohlbefinden. In ihrer ständigen Suche nach Liebe heiratete sie mit 15 Jahren, bekam vier Kinder. Doch nach neun Jahren wurden die Symptome der Anorexie gravierender und zwei weitere Jahre führten zur Trennung vom Ehemann. Wahrhaftig, es fehlten keine weiteren Probleme, um die Diagnose von Karma aus einem früheren Leben zu verstehen. Viele ihrer Nöte können durchaus verstanden werden als Ernte dessen, was sie in ihrer 16. Inkarnation gepflanzt hatte, wie sie auch für eine freudianische Psychoanalyse reichlich Material bieten, ohne jedoch ihre eigentliche Wurzel zu offenbaren. In den Gesprächen dieser 14 Tage Behandlung wurden diese Fakten ebenfalls analysiert.

Behandlung von Karma früherer Inkarnationen mit Kristallen

Die erste Erfahrung mit Heilung von negativem Schicksal aus früheren Inkarnationen habe ich natürlich mit mir selber gemacht. Eines Tages sagte mein Zahnarzt, das Leben eines Pfarrers müsse doch sehr frustrierend sein, da ich meine Zähne durch nächtliches Knirschen fast zu kurz geschliffen habe. Er denke an die Notwendigkeit, demnächst eine Prothese einzubauen. Aber ich fühlte mich in meinem Beruf keineswegs frustriert. Ich nahm meine Rute und begann zu suchen; schließlich entdeckte ich, dass die Wurzel des

Problems in der 6. zurückliegenden Inkarnation lag. Wie ich es in der Therapieausbildung gelernt hatte, machte ich ein Arrangement von etlichen Kristallen über einem Dekagon (Zehneck) und dazu ein Kommandokärtchen (schriftliche Definition der beabsichtigten Wirkung). Ich überprüfte täglich das Verbleiben. Nach fünf Monaten bekam ich das Signal, die Behandlung sei beendet. Mein Zahnarzt hat nie mehr feststellen können, dass ich mit den Zähnen knirsche.

Nach dieser Erfahrung habe ich viele Behandlungen von Karmaresten mit Kristallen durchgeführt, aber immer waren Monate nötig. Als ich zur Arbeit mit dem Symbol 16 wechselte, dauerte das Verbleiben des Fotos auf dem Symbol im Durchschnitt etwa zehn Tage.

Wie erklärt sich diese so ungewöhnlich intensive Heilwirkung? Hat sie mit der Struktur des Symbols etwas zu tun? Sie ist ja ein richtiges Mandala und viele Heilgrafiken der Radiästhesisten haben ähnliche Formen. Ist es also das, was die Radiästhesisten Energie der Form nennen, also eine Magie, die letztlich Mystik bleibt? Das wäre dann eine Formenergie unabhängig von der Logik des Symbols. Aber kann es bei der Geisteswissenschaft des Martinus solcher Mystik bedürfen, wie es bei den hebräischen Buchstaben der Fall ist? In der Welterklärung des Martinus beruht alles auf Logik. Als ich mir das vergegenwärtigte, wusste ich, dass ich mir die Heilkraft des Symbols aus seinem Sinn erklären musste. Wirkung ist Energie und Energie ist Geist. Welches ist der Geist dieses Symbols? Welches ist sein Sinn zu fragen, heißt fragen nach seiner Energie.

Das Symbol stellt ein rundes Feld um ein Strahlenkreuz dar mit einem kleinen weißen Dreieck in seinem Zentrum. Das Kreuz symbolisiert den ewigen Lichtaspekt des Lebewesens. Ausgehend von diesem Zentrum sehen wir viele Kreislinien, die alle, ebenso wie sie ausgehen, auch zum Zentrum zurückkehren. Diese Rundläufe bezeichnen Bewegungen, die vom ewigen Ich des Lebewesens ausgehen und zu ihm zurückkehren. Alle Schöpfung ist in Bewegung, seien es Sonnen, Planeten, Atome, Strahlen, Körper oder Gedanken; hinter jeder Bewegung steht immer ein ewiges Lebewesen, jede Bewegung vollzieht immer eine Kreisbewegung, mit der sie unweigerlich zum Ausgang zurückkehrt. Auf diese Weise entsteht um jedes Lebewesen eine Sphäre unendlich vieler Kreisbewegungen. Auf dieser so einfachen Tatsache beruht jegliche Schicksalsbildung des Lebewesens. Es gilt das Gesetz von Saat und Ernte. Was einer sät, das wird er ernten. Wer Hass sät, wird Hass ernten. Wer Liebe sät, wird Liebe ernten. Hier offenbart sich die Unmöglichkeit von Ungerechtigkeit. Niemand kann Opfer sein. Immer ist er selbst der Täter, die Ursache seines ganzen Schicksals. Ihr könnt über Schlangen und Ottern schreiten, es wird euch nicht schaden, erklärt Jesus. Sollten sie jemandem schaden, dann ist er selbst die Ursache und der „Übeltäter" ist nur sein Instrument. Ich werde immer ernten, was ich selbst gepflanzt habe. Es gibt also keine Missernte in dem Sinne, dass ich alles gut bestellt habe und dann nicht ernte. Oh, welch wunderbare Realität. Vom Bauern des brasilianischen Nordostens sagt das Sprichwort: Er pflanzt seinen Mais zehnmal mit viel Arbeit an Vorbereitung und Jäten, um dann einmal zu ernten, weil der Regen zur rechten Zeit fehlt. Auch für den Leidenden ist es eine wunderbare Wahrheit, dass im ganzen Universum niemals eine Tat an irgendeinem Lebewesen ohne Liebe verübt werden kann. Und wo Leid ist – auch das des Bauern, der zehnmal sät und nur einmal erntet –, da ist es nur eine lokale Erscheinung, die ihre Ursache im Wesen selbst hat und mit absoluter Gewissheit vorübergehend ist.

Gewisse Schicksalsbogen kommen schon in den nächsten Sekunden zurück und das Wesen fühlt sich frustriert oder realisiert, je nachdem, was es seinem Nächsten gegenüber getan hat. Andere Bogen kehren zurück nach Tagen, Monaten, Jahren, Lebenszyklen, nach einigen Inkarnationen oder auch sehr viel größeren Zeiträumen; ja über einen ganzen Entwicklungskreislauf und mehr können sie sich erstrecken. Alle diese Wege sind unsichtbar für das physische Sehen, auch für hellsichtige Wesen. Ausschließlich dem kosmischen Sehen ist es möglich, sie wahrzunehmen.

Es ist wirklich gut, dieses von Martinus zu erfahren und so zu wissen, wie umfassend der Geist und die in Symbol 16 repräsentierten Energien sind und dass sie deshalb auch entfernteste Wurzeln heilen können. Hier wird verständlich, weshalb dieses Symbol so intensiv und schnell wirkt.

Was ist nun die Logik hinter diesem ewigen Schicksalsgesetz? Geht es dabei darum, das Wesen mit den Folgen seines zurückkehrenden Bösen zu strafen? Wenn es so wäre und alles vollkommen zurückkäme, würde der Erdenmensch, als Autor unendlich vieler negativer Taten seinem Nächsten gegenüber, fast nicht mehr aus seinem Leid herausfinden. Es würde jedenfalls sehr, sehr lange dauern.

Es gibt die „Vergebung der Sünden".

Wie ist das zu verstehen? Was an schwerem Schicksal aus Handlungen und Gedanken zum Wesen zurückkehrt, hat nie den Sinn von Strafe oder Wiedergutmachung. Es hat ausschließlich den Sinn, den Erdenmenschen erfahren zu lassen, was das Leid bewirkt hat, das er seinem Nächsten angetan hat. Das Leben offenbart sich so als ein Ort, um Erfahrungen zu sammeln, als eine Schule, die das noch unvollkommenen Wesen in Gottes Hand Verständnis lehren will für die Schwere des Leidens, auf dass er es nicht mehr übers Herz bringt, solches jemals wieder seinem Nächsten zuzufügen. Wenn diese Erfahrung gereift ist, dann wird alles noch in dieser Richtung ausstehende Karma gelöscht. Erkennen wir, wie groß die Weisheit und Liebe Gottes sind, dass das Wesen eben genau durch seine Akte der Lieblosigkeit lieben lernt! Wahrhaftig: ALLES IST SEHR GUT!

Wenn die Probleme des Ratsuchenden mit einem Karma aus früheren Leben in Zusammenhang standen, habe ich mit einem schriftlichen Text versucht, seine eigene Aktivität zu wecken:

„Wenn ich meinen Schmerz fühle: Ich begegne ihm bewusst, nehme ihn an.

- Ich bete: Vater, dein Wille geschehe, Vater, dein Wille geschehe.
- Ich ernte, was ich selbst gesät habe.
- Mein Leiden ist nicht eine Strafe, eine Schuld.
- Es ist eine Lehre in der Schule des Lebens.
- Ich bin bereit, die große Barmherzigkeit mit meinem Nächsten, mit Menschen, Tieren und Pflanzen zu lernen.
- Was ich leide, wünsche ich keinem anderen, auch nicht meinem Feind."

Das ist ein Bemühen, damit der Kranke selbst zum Autor seiner Heilung wird. Je nach dem Stand seines Auffassungsvermögens spreche ich auch über die Reinkarnation. Ich bin dabei behutsam, denn Gläubige haben von ihren religiösen Autoritäten kaum etwas dazu gehört, es sei denn Verurteilung. Hier in Brasilien sind Begriffe wie Karma und Reinkarnation ziemlich geläufig infolge der großen Verbreitung des Spiritismus. Auch Japaner und Chinesen, also Buddhisten, leben in großer Zahl hier. Und wo das Leben selbst infolge eines Karmas Leid bringt und dieses seine bewusste Heilung findet, kommt das Thema der Reinkarnation ins Bewusstsein und kann so mithelfen, aus Unwissenheit begangene Fehlhaltungen zu vermeiden. Das Wissen darum, dass man erntet, was man sät, kann helfen, Krankheiten vorzubeugen.

Aus solcher Erfahrung lässt sich leicht das Bewusstsein erwecken über das „Ich" als den festen Punkt in aller Bewegung, eben die eigene Unsterblichkeit und absolute Unverletzlichkeit. Der Patient kann im therapeutischen Prozess neue Motivation finden, bewusster Schöpfer seines Schicksals zu werden. Anstelle lethargischer Opferhaltung wachsen Kreativität und Selbstverwirklichung. Das Bewusstsein seines ewigen „Ich" als Schöpfer aller Manifestationen seines Lebens von Ewigkeit her bis in alle Ewigkeit kann mitten in seinem Leiden zu einer großen Kraftquelle werden.

Die bisherigen Überlegungen zur Heilwirkung des Symbols 16 helfen zu verstehen, dass ein Foto eines Selbstmordgefährdeten auf diesem Symbol ihm Befreiung vom Lebensüberdruss, also Reinigung bringen kann. Und aus dem Geist/der Energie dieses Symbols, dass alles sehr gut ist, fließen ihm neue Lebensbejahung zu. Und gerade nach einem begangenen Selbstmordversuch habe ich dem Betroffenen – wenn ich die Wirkungen mit der Rute messe – durch sein Foto auf dem Symbol 16 Hilfe bringen können.

Das Symbol 16 hat gemäß meiner Rute heilende Wirkung auf das Lymphsystem und die Haut. Die Lymphbahnen entgiften und reinigen den Organismus. Die Haut ist ein hervorragendes Ausscheidungsorgan unseres Körpers. Die Parallele mit der bereits reichlich belegten Befreiung von Folgen eines negativen Karmas ist augenscheinlich.

Das Universum ist Klang! Mit physischen Augen können wir die Schicksalsbogen der Wesen nicht sehen, aber wenn das Universum Klang ist, dann müssen doch wohl diese Bogen auch Klang erzeugen und somit bestätigt sich die Heilwirkung auf unser Gehörsystem.

Jesus beklagt, dass die Menschen die Zeichen der Zeit, die Signale ihres Körpers nicht wahrnehmen (Mt 16,3). So fehlt die Achtsamkeit bei der Schicksalsbildung. Beispielsweise wird bei einem Wohnungswechsel ein Haus mit den gleichen Negativschwingungen gewählt. Die alte Wohnung war über einem Friedhofsgelände und die neue ist es auch! Schicksal!? Fehlende Sensibilität für seinen Körper. Es ist logisch, dass der Geist des Symbols 16 hier heilend wirken muss. Die Wahl der Rute ist zutreffend.

Anmerkung zu den folgenden Symbolerklärungen

In den nachfolgenden Heilbeschreibungen der Symbole ist die Kenntnis ihrer Bedeutung unerlässlich. Die Beschreibungen in den nachfolgenden Erklärungen sind „selektiert“, weil in diesem Buch nur die für das Heilen relevanten Aspekte angeführt werden können. Eine vollständige Beschreibung der Symbole in deutscher Sprache findet sich in den Büchern DAS EWIGE WELTBILD, Band 1, Band 2, Band 3 + 4. Aus diesen Büchern wird im Nachstehenden teilweise frei zitiert.

Symbol Nr. 1 – Der Geist Gottes über den Wassern

– DNA – Schutzsymbol – Animus/Anima – Entwicklung der Zweipoligkeit, – Männlichkeitswahn – Homosexualität

Die Bibel spricht zu Anfang von der Erschaffung der Welt. Es heißt in Genesis 1,2: „Der Geist Gottes schwebte über den Wassern.“ Schweben ist ein ziemlich nichtssagender Begriff. Im hebräischen

Originaltext heißt es: „Ve ruach elohim merachefet al pene tehom = Der Geisthauch Gottes brütete über den Wassern.“ Hauchen bezeichnet Energie. Aktivität und Brüten lässt verstehen, dass es sich hier um eine Kraft handelt, wo sich Leben entwickelt, wie das Brüten der Henne über ihren Eiern für die Entwicklung der Küken, bis sie schlüpfen. Es ist also eine Energie, die Leben hervorbringt. Und das Wort „tehom“ bedeutet nicht einfach Wasser. Man übersetzt es auch mit Urmeer, es will eben so viel sagen wie Wasser als Urmaterie von aller physischen Schöpfung. Jesus spricht in Joh 3,6 zu Nikodemus von der Reinkarnation in den Worten „geboren werden aus dem Wasser und dem Geist“. Mit Wasser ist die physische Materie gemeint für eine Reinkarnation eines diskarnierten Wesens, das Jesus hier Geist nennt. So wie, ohne dass ein Geistwesen dahinter steht, kein Embryo sich im Mutterleib – aus dem Wasser – entwickeln kann, so kann auch im ganzen Universum sich nichts entwickeln, ohne dass ein Geist dahintersteht, eben der Geist Gottes, der über den Wassern schwebt.

Es steht ein ewiges Ich dahinter, wenn sich ein neues Menschenleben im Mutterschoß entwickelt, und es entwickelt sich mit Logik und Planung, das ist im genetischen Code festgelegt, der DNA. Ich sehe darin etwas völlig Paralleles zum Geist Gottes über den Wassern. Der genetische Code ist eingeprägt in physische Materie und so können auch Schädigungen vorkommen. Aber in seinem Urbild, dem Geist Gottes über den Wassern, können keine Schäden auftreten. Ist es nicht absolut logisch und herrlich, dass Schäden an der DNA durch das Symbol 1 geheilt werden können?

Ich habe erlebt, dass das Foto von drei Menschen einer Familie fünf Monate auf dem Symbol war. Dann gab die Rute das Signal, dass die Behandlung beendet sei. Ich erfuhr durch ein Telefonat, dass die seit Jahren unheilbare erbliche Krankheit erhebliche Besserung aufwies. Ein stets schwindeliger und Gehbehinderter wurde schwindelfrei und kann richtig gehen.

Die Archetypen der Tiefenpsychologie von Jung bezeichnen Urbilder im Menschen, die hinter der vollen Persönlichkeitsentfaltung stehen und sie werden aktiviert durch das Symbol 1, eben durch den Geist Gottes, der hinter aller Schöpfung steht.

Dieser Geist ist Planmäßigkeit, Energie, Liebe. Liebe wächst aus einem Organ, das sich in den Wesen durch die Zweipoligkeit entwickelt, und Martinus spricht vom göttlichen Feuer, das zwischen den beiden gleich stark gewordenen Polen fließt.

Wo beide sexuellen Pole im Wesen gleichwertig sind, da ist die Entwicklung des wahren Menschen vollkommen geworden. Da ist Sexualität nicht mehr an Geschlechtsorgane und an einen gegengeschlechtlichen Partner gebunden. Der ganze Organismus, das ganze Denken wird zum Organ liebevollen und beglückenden Sich-Begegnens. Hier ist der Geist Gottes zu seinem vollendeten Werk gekommen. Darum ist es einfach logisch, dass das Symbol bei Männlichkeitswahn Heilwirkungen bringt und auch bei anderen sexuellen Verletzungen.

Das große Strahlenkreuz des Symbols bedeutet die totale Vollkommenheit aller Schöpfungen Gottes. Das Strahlenmeer symbolisiert den Geist Gottes, der einfach alles durchdringt. Es unterscheiden sich hellere und dunklere Felder. Sie bezeichnen göttliche Weltimpulse. Wir sehen Kreise als Symbole von Sonnen und Planeten. Der Doppelkreis in der Mitte steht für unsere Erde. Sie wird von drei Strahlenfeldern berührt. Das unterste stellt die primitiven Religionen dar, das Feld, in dem sich die Erde noch fast ganz befindet, steht für die drei großen Weltreligionen Christentum, Buddhismus und Islam. Das oberste Feld bezeichnet den neuen Weltimpuls mit dem Dritten Testament.

Symbol Nr. 2 – Das Welterlösungsprinzip

– Negatives Gedankenklima – Depression – Selbstverletzung

Dieses Symbol heilt negatives Gedankenklima, Depression und Selbstverletzung. Zwei Bewegungen bestimmen dieses Symbol. Breite Stufen rechts und links und von vorne führen nach oben zu einer weißen Stufe unterhalb eines weißen und strahlenden Sternes in einem gelben Feld.

Die zweite Bewegung geht von diesem Stern aus, führt nach unten in drei sich verbreiternden Strahlen, bis sie sich im Dunkel des schwarzen untersten Feldes verlieren.

Diese Bewegungen bezeichnen einen beständigen Aufstieg für jedes Lebewesen in einem beständigen Licht, das von oben kommt und ständige und zuverlässige Hilfe für alle Wesen bedeutet. Im Blick auf das Symbol sind diese beiden Bewegungen ohne Unterbrechung und ohne jegliche Form von Behinderung augenfällig. Martinus sagt uns damit, dass jedes Wesen sich in einem ständigen Entwicklungsprozess zu immer besseren Zuständen befindet und dass ihm nie Hilfe verwehrt wird. Es ist das Licht der Gottheit selbst, das dem Wesen entgegenleuchtet. Wer sollte es je auslöschen können?

Dem Menschen, der alles grau in grau sieht, für den einfach alles negativ ist, einfach ohne Sinn, dessen Gedankenklima keinen einzigen Sonnenstrahl mehr kennt, diesem Menschen wird durch die Energie dieses Symbols neue Lebensenergie aus seinem Innersten erweckt.

Durch das Foto auf diesem Symbol habe ich viele Male erfahren dürfen, dass Depressive wieder zu normaler Lebensbejahung gefunden haben. Aber es war in der Regel ein langsamer Prozess, besonders wenn es sich um Selbstverletzung handelte.

Bei diesem Symbol handelt es sich darum, uns zu zeigen, dass für alle höher entwickelten Wesen im Tierreich und im Erdenmenschenreich das Elternprinzip gilt. Selbstverletzung ist eine sehr starke Blockierung des Elternprinzips. Ein kleines Kind, das das Fehlen von elterlicher Fürsorge erleben muss, hält sich für schuldig am Versagen der Eltern, und da die Eltern auch zum Strafen nicht anwesend sind – wie in einem Fall von ständig alkoholisierten Eltern –, muss es sich selbst bestrafen in immer neuen Versuchen, sich die Pulsadern aufzuschneiden.

Eine 36-jährige junge Frau behandle ich mit ihrem Foto auf dem Symbol seit über einem Jahr.

Die tägliche Prüfung mit der Rute verlangt weitere Behandlung, obwohl bisher kaum Anzeichen für eine Besserung da sind. Aber ich glaube, sie wird Besserung finden.

Das orange Feld mit den aufsteigenden Stufen stellt das Tierreich dar, zu dem auch der unfertige Erdenmensch noch gehört. Aber dieser befindet sich in seinem Entwicklungsprozess auf den oberen Stufen hin zum gelben Feld, dem wahren Menschenreich.

Jegliches bereits ein wenig entwickeltes Leben in diesem Reich der Schwereenergie sieht sich einer feindlichen und widerstrebenden Umgebung gegenüber und kann darum nur durch ein Elternpaar in die Welt geboren werden, wie es auch für seine Kindheit weiterer Pflege und Fürsorge bedarf. Dieses Elternpaar hat eine ihm angeborene Liebe für das hilflosen jungen Wesen. Und was für die Entwicklung des physischen Körpers im Reich der Schwereenergie gilt, das gilt auch für die geistige Entwicklung des Wesens hin zum wahren Menschen. Auch hier gibt es das Elternprinzip, gibt es immer Hilfe.

Dieses Elternprinzip realisiert sich durch in der Entwicklung ältere Brüder im Rahmen der großen Weltreligionen. Hierdurch bekommt das Wesen Hilfe für sein spirituelles Wachstum.

Martinus hat drei von der Gottheit ausgehende Strahlen gezeichnet. Sie stehen für den Buddhismus, das Christentum und den Islam. Damit möchte er aber nicht sagen, dass nur diese drei Religionen dem Elternprinzip für den Erdenmenschen genügen. Er betont, dass es viele Helfer auch in anderen Religionen gibt. Festzuhalten bleibt, dass immer Hilfe bereitsteht für den Erdenmenschen und dass es immer richtig ist, in Notsituationen um Hilfe zu rufen. Durch das Elternprinzip, die Hilfe in der Not, bestätigt sich: Alles ist sehr gut!

Symbol Nr. 3 – Intoleranz

– Intoleranz – Hass – Feindseligkeit – Atheismus – Offenheit für die Gottesbeziehung

Das Symbol 3 zeigt links ein großes Flammenkreuz, die Gottheit, von dem nach allen Seiten Lichtstrahlen ausgehen. Dieses Strahlenmeer sagt uns, dass der Grundton des Universums Heiliger Geist ist, Friede, Freude, Segen für alle Lebewesen. Aber wie jedes

Lebewesen frei ist, in diesen Grundton einzustimmen oder nicht, sind Friede, Segen und Freude nicht für alle Lebewesen. Wo aber der Grundton des Universums das Wesen durchdringt, da regieren Nächstenliebe und die Freude, für das Wohlergehen anderer zu leben.

Wir sehen zwei kleine Sterne, die zwei Strahlen aussenden, die sich kreuzen, und hinter den Strahlen sehen wir ein dunkles Feld mit dem Erdball, der in Flammen steht. Orange ist die Farbe der beiden Sterne und der von ihnen ausgehenden Strahlen, es ist die Farbe der Schwereenergie, der Energie des Tierreiches. Die Sterne bezeichnen zwei Wesen oder auch zwei Gruppen von Wesen des Tierreiches, des Reiches, das unter dem Gesetz steht „Jeder ist sich selbst der Nächste". Diese beiden, repräsentiert durch die beiden Sterne, sind in Konflikt miteinander, keiner will das Leben des anderen tolerieren. Es ist die Situation von zwei Tieren, von denen jedes das andere töten will, es ist die Situation eines Erdenmenschen, der seinen Egoismus lebt und alles versucht, das Leben seines Nächsten auszulöschen. Der Erdenmensch der Jetztzeit hat sich zu einem wahrhaftigen Künstler in der Entwicklung im Bau von Tötungsmaschinen gegen seinen Nächsten entwickelt.

Das Symbol zeigt, wie radikal die Strahlen göttlichen Segens im Bereich des Hasses ausgeschlossen werden. Es ist eben der Hass, der das Wesen in die Finsternis der Kriege, Streitereien, Krankheiten und jeder Art von Leiden führt. Es erlebt die Hölle, die Götterdämmerung, eben das Jüngste Gericht. Der verlorene Sohn isst mit den Schweinen, er kehrt in sich, er erinnert sich seines Vaters und kehrt zurück in dessen offenen Arme. Die Erfahrung der Finsternis erschuf in ihm die Sehnsucht nach dem Licht. Gesättigt vom Bösen, erwachte in ihm der Hunger nach dem Guten und so können wir erkennen, dass alles gut ist einschließlich das Böse, das ein unangenehmes Gutes ist, aber eben ein Gutes aus der Werkstatt des Vaters, der so schließlich seine Schöpfung vollendet, und der Sohn wird Ebenbild des Vaters.

Nie kann es geschehen, dass das Wesen ewig in der Finsternis bleibt, da der Grundton des Universums Liebe ist, die letztlich für alle Wesen Frieden und Wohlergehen schafft. Wie ja schon gesagt wurde: Der verlorene Sohn kehrt zurück zum Vater. Aber es ist möglich, dass viele Leiden das Wesen nicht treffen, es ist möglich, auf dem falschen Weg umzukehren, ehe er zu den Schweinen führt. Wie man alle Werke des Egoismus in der Intoleranz zusammenfassen kann, so können wir sagen, dass alle Anstrengungen, tolerant mit seinem Nächsten zu sein, hinführen zum Segen im Strahlenglanz des Heiligen Geistes.

Wer krank ist, leidet an Konsequenzen seiner Intoleranz. Darum ist es unerlässlich für ein gesundes Leben, alles, was Intoleranz ist, umzuwandeln: Hass, Zorn, Eifersucht, Kritik, Neid, Antipathie, genussvoll sich auslassen über die Fehler des Nächsten etc. Nur so kommt das Wesen zu einer lebendigen Beziehung zu Gott, der die Quelle ist von Gesundheit, Freude und Frieden.

Wenn ich weiß, dass alles im Leben meines Nächsten gut ist, auch die negativen Verhaltensweisen, denn er befindet sich ja noch in der Werkstatt Gottes und ist eine noch nicht fertige Schöpfung, dann ist es wirklich nicht schwer, absolut tolerant zu sein, eben in Syntonie mit dem Universum zu sein, das Liebe zu allen Wesen bezeugt. Das ist es, was Jesus gelebt hat bis in die Stunde des Kreuzesleidens: Vater, verzeih ihnen, denn sie wissen nicht, was sie tun.

So ist es offensichtlich, dass dieses Symbol Intoleranz heilt und das Wesen öffnet für eine Beziehung zur Gottheit, für die Liebe.

Symbol Nr. 4 – Der Weg zum Licht

– Verzweiflung – Sorge

Jedes Lebewesen ist ein dreieiniges Prinzip. Es ist ein ewiges Ich, gebunden an sein ewiges Überbewusstsein, und an dieses gebunden ist das ewige Unterbewusstsein, das sich durch seinen Organismus manifestiert. Der Organismus ist vergänglich. Das Wesen gebraucht ihn als Instrument für das Erleben des Lebens. Wenn der Organismus sich abgenutzt hat, wird er kraft göttlicher

Anordnung ausgewechselt. Dank der göttlichen Weisheit existiert der „Tod“ nicht, denn die Wesen sind durch die wiederholte Erneuerung ihres Organismus zum ewigen Lebenserleben befähigt.

Wenn wir die Lebewesen beobachten, können wir feststellen, dass sie sich alle in Entwicklung befinden, ein jedes auf einer anderen Stufe, und zusammen bilden sie eine Stufenformation der Entwicklung. Diese Entwicklungsleiter beginnt im Mineralreich, steigt auf zum Pflanzenreich, weiter zum Tierreich und schließlich zum wahren Menschenreich. Alle Erdenmenschen befinden sich auf dieser Leiter. Im Tierreich leben sie die Mentalität des Tieres, die wir das „Böse“ nennen. Nur wenn das Wesen so weit gekommen ist, dass es Gott über alles liebt und den Nächsten wie sich selbst, kann es geboren werden zum wahren Menschen, zum Menschen als Ebenbild Gottes. Dieses Reich existiert noch nicht auf Erden, aber es ist in Entwicklung.

Zu gegebenem Zeitpunkt erwacht im Wesen das religiöse Prinzip. Es wird genährt durch das Welterlösungsprinzip und durch die Welterlöser. Dieses religiöse Prinzip wird den Menschen hinführen zu seiner Vollendung, da er durch die Große Geburt kosmisches Bewusstsein bekommt. Das Wesen erlangt bewusstes Einssein mit Gott und Bewusstsein seiner Unsterblichkeit. Das religiöse Prinzip manifestiert sich nicht nur im religiösen Verhalten, sondern wirkt auch im Materialismus, in der Politik und in anderen Lebensäußerungen.

Die materialistische Wissenschaft ist nicht in der Lage, die Lösung des Lebensmysteriums zu bieten. Sie kommt höchstens zu Maß- und Gewichtsergebnissen. Um die Lösung des Lebensmysteriums zu finden, bedarf der Erdenmensch eines Entwicklungsstandes weit erhoben über das moralische Niveau tierischer Verhaltensweisen. Er muss die menschlichen Verhaltensweisen entwickeln, sodass er es nicht mehr über das Herz bringt, Hass, Zorn oder Verbitterung seinem Nächsten gegenüber zu zeigen.

Auf dem Symbol 4 geht ein kegelförmiges Feld von der linken zur rechten Seite. Das weiße Feld bedeutet das ewige Ich der Lebewesen, die durch die vertikalen Striche voneinander abgetrennt sind. Jedes kleine weiße Feld symbolisiert das Ich eines Lebewesens. Das violette Feld bezeichnet das Überbewusstsein der Lebewesen und das unterste Feld steht für die Organismen der Lebewesen.

Wir sehen, dass die Wesen in einer Bewegung ständigen Wachsens sind, sich in ständiger Verbesserung ihres Zustandes befinden, nie kann es eine Bewegung rückwärts geben. Das Leben führt unfehlbar zu immer größeren Horizonten. Wo gibt es da Raum für ein Verzweifeln am Leben? Die Energie dieses Symbols vermittelt heilende Wirkungen für verzweifelte und besorgte Wesen.

Im unteren Feld geht der Entwicklungsweg vom Mineralreich, Farbe Indigo, zum Pflanzenreich in roter Farbe über das orange Tierreich bis zum wahren Menschenreich, dargestellt in gelben Feldern. Der kleine gelbe Stern bezeichnet die Große Geburt zum wahren Menschen. Wir sehen den Erdball im letzteren Bereich des Tierreiches sich dem wahren Menschenreich nähern. Der orange Stern unten steht für die materialistische Wissenschaft. Von ihr geht ein Strahl aus bis zum Mineralreich. Er ist grün und bezeichnet die Intelligenz, mit deren Hilfe der Mensch die Realitäten von Tierreich und Mineralreich zu erfassen vermag, während ein grüner Strahl, die Philosophie bezeichnend, nach rechts ausgeht, vermischt mit ein wenig Gelb, was sagen will, dass Intelligenz und Gefühl anfangen, sich zu verbinden. Das befähigt zu einer gewissen Vorausschau auf das wahre Menschenreich. Aber das reicht nicht aus für die materialistische Wissenschaft, das Lebensmysterium zu lösen. Sie kommt nicht zur Durchdringung der violetten und weißen Felder, in denen die Unsterblichkeit der Wesen markiert ist.

Der dünne orange Strahl, auch den Erdball einschließend, gibt den Bereich der Kenntnis des Erdenmenschen an. Der kleine rote Stern steht am Beginn des Pflanzenreiches, der orange Stern am Beginn des Tierreiches, zu dem auch der Erdenmensch gehört, der gelbe Stern markiert den Eintritt ins wahre Menschenreich. Der ganz kleine Stern nach dem vertikalen weißen Strich sendet einen wachsenden gelben Strahl aus bis zum gelben Strahlenstern. Er will die wachsende Kraft des religiösen Prinzips darstellen, das ohne Zweifel den Erdenmenschen hinführt zur Geburt zum wahren Menschen, wo alle „der Weg, die Wahrheit und das Leben" sein werden. Alle werden kosmisches Bewusstsein erlangen, und die beiden weißen Strahlen nach rechts und links bezeichnen seine unbegrenzte Reichweite.

Die Figur I im kleinen Feld in der linken Ecke bezeichnet die drei Strukturen des Lebewesens. Die Figur II zeigt den Menschen ohne kosmisches Bewusstsein. Die Figur III steht für den vollkommenen Menschen, als Bild und Gleichnis Gottes. Die strichpunktierten Linien zeigen den Wahrnehmungsbereich der beiden Wesen. Wir sehen, dass der kosmisch bewusste Mensch die physische und spirituelle Struktur des Lebewesens wahrnimmt, während der kosmisch nicht bewusste nur den physischen Bereich kennt. Das Wesentliche seines Seins bleibt ihm ein Rätsel.

Aus meiner therapeutischen Erfahrung möchte ich bei dieser Symbolerklärung noch eine mehr ins Einzelne gehende Überlegung zur Besorgnis anfügen. Es geschieht einfach zu oft, dass Menschen an ihrer zu großen Sorge erkranken. Sie hat ihre Wurzel im Tierreich. Es ist der Instinkt, der das Tier die Sorge für seine Jungen in großer Perfektion ausführen lässt, genau bis zu dem Zeitpunkt, da die Jungen selbst ihren Unterhalt finden. Das Tier hat kein Bewusstsein davon, Vater oder Mutter zu sein. Der Instinkt regelt die ganze Fürsorge. Instinktiv hört das Muttertier auf, die Jungen zu säugen, manchmal sogar in recht aggressivem Wegstoßen. Vögel hören instinktiv auf, die Jungen zu füttern und werfen sie aus dem Nest, wenn sie nicht genug Anstrengung machen zu fliegen und sich Futter zu suchen.

Der Erdenmensch aber, das Tier, das seine Intelligenz weit entwickelt hat, hat Bewusstsein von seiner Elternschaft, er entwickelt emotionale Bande, die weit über die Zeit hinaus gehen, da Elternsorge für die Nachzucht lebensnotwendig ist. Er macht sich Sorgen ums tägliche Brot, Sorgen als Mutter oder als Vater ein ganzes Leben hindurch. Das bedrückt das Leben der Kinder und auch sein eigenes Leben.

Der Mensch kann aber lernen, kraft seines religiösen Glaubens, kraft seiner entwickelten Intelligenz, dass sein Leben ein unfehlbarer Weg zum Licht ist, bereitet in der Logik und Liebe des himmlischen Vaters, und dass dieser der wahre Vater seiner Kinder ist. Eltern, die ihre Kinder nicht rechtzeitig freigeben für deren eigenes Leben, sondern fortfahren, sich in Sorge zu verzehren, stellen sich in Wahrheit an Gottes Stelle, und das schadet ihnen selbst und den Kindern, da es einfach in Disharmonie steht zum Leben, das eben ein Weg zum Licht ist.

„Padre, ich mache mir viele Sorgen!“ Wie oft höre ich das! Nach einem ausführlichen Dialog gebe ich solchen Menschen eine Übung auf. „Ich vertraue, ich vertraue …“ Ich lade sie ein, immer wenn das Denken frei ist, diese Übung zu machen. Viele haben mir nach einer Zeit des Übens bestätigt, dass sich so ihr Leben grundlegend geändert hat.

Bei Matthäus können wir im sechsten Kapitel nachlesen, wie eindringlich Jesus uns zeigt, dass jegliche Sorge unrealistisch ist, denn „Euer Vater im Himmel weiß, was ihr zum Leben braucht!“ Jesus sagt dies, weil er in kosmischem Bewusstsein sieht, dass unser Leben ein Weg zum Licht ist. Darum wirkt der Geist, die Energie dieses Symbols, über das Foto hilfreich auf den besorgten oder verzweifelten Erdenmenschen.

Symbol Nr. 5 – Kosmische Bewusstlosigkeit

– Borderline – Schizophrenie

GNOTI SE AUTON – Erkenne dich selbst, ist ein zentrales Gebot griechischer Philosophie und Weisheit. Alle Erkenntnis geistiger Realitäten beginnt bei der Selbsterkenntnis. Wer das Lebensrätsel lösen will, muss sich selbst bis auf den Grund kennen.

Dasselbe gilt für den Therapeuten: Alle seine Arbeit am Patienten beginnt bei ihm selbst. Keiner kann einen Patienten weiterführen, als seine Selbsterfahrung geht.

Und in Bezug auf kosmische und geisteswissenschaftliche Analysen zur Wahrheit seines Lebens ist der unvollendete Erdenmensch in völliger Bewusstlosigkeit.

Bereits durch das Symbol 4 wissen wir vom religiösen Instinkt des Erdenmenschen, der eine Bewusstseinsveranlagung und das

Fundament seines gesamten religiösen Empfindens ist. Durch das Prinzip der Welterlösung mit den Welterlösern führt die Gottheit den unfertigen Menschen mittels religiöser Wahrheiten, die dem jeweiligen noch kindlichen Verständnis des unfertigen Wesens angepasst sind. Infolge dieser Anpassung an das intellektuelle Niveau waren ihre Wahrheiten partiell und eingekleidet in Gleichnisse und Erzählungen. Zu der Zeit war es einfach nicht möglich, in logischen Analysen das Lebensmysterium zu erhellen. Mit dem intellektuellen Wachstum der Wesen mussten diese Lehren immer wieder dem neuen Niveau angepasst werden, bis Jesus kam und sagte: „Liebe Gott über alles und liebe deinen Nächsten, wie dich selbst!“ Niemals wird es ein höheres moralisches Gebot geben als dieses. Keine Lebensform kann göttlicher sein als diese. Aber auch für Jesus gab es nicht die Möglichkeit, zu seinen Zuhörern in logischen Erklärungen zu sprechen. Diese hohen Ideale konnten von unvollendeten Wesen nur geglaubt werden, wie Kinder an ihre Eltern glauben.

Aber das Leben bleibt nicht stehen. Die Wesen bleiben nicht gebunden an einen gewissen Stand der Entwicklung, bevor nicht der wahre Mensch in seiner Vollendung erschaffen ist. Wir können heutzutage beobachten, wie besonders in der westlichen Welt die Menschen sich von den Religionen entfernen. Sie können sich nicht mehr zufrieden geben mit Gleichnissen und Erzählungen, sie fordern logische Argumente. Sie sind weithin Materialisten geworden. Sie kennen nur die physische Wirklichkeit, und über sie hinaus anerkennen sie nichts. So verwerfen sie die Religionen, und viele verlieren jegliche Bindung an die Gottheit. Für sie beginnt das Leben mit der Geburt und endet mit dem Tode. Sie sind sich dabei nicht bewusst, dass das ein Aberglaube ist, der im gleichen religiösen Instinkt gründet.

Das Symbol 5 zeigt außerhalb des großen schwarzen Kreises die sechs Farben der Grundenergien, aber ohne geordnete Struktur, alles befindet sich in einer Art Nebel. Das bedeutet, dass der materialistische Mensch die Begriffe Instinkt, Schwere, Gefühl, Intelligenz, Intuition und Gedächtnis kennt, aber nicht weiß, was sie sind und wie sie funktionieren. Das lichte Kreuz in der Mitte bezeichnet das ewige Ich des Wesens, und die Strahlen bezeichnen kosmisches Wissen, aber es ist eingegrenzt in einen orangen Kreis, in die Schwereenergie des Erdenmenschen, die Ursache der kosmischen Bewusstlosigkeit. Im schwarzen Umfeld befinden sich drei große Fragezeichen. Alles aus der geistigen Welt ist Frage ohne Antwort. Der materialistische Mensch, selbst wenn er ein berühmter Wissenschaftler ist, ist schlechthin ein Schizophrener. Dennoch bleibt festzuhalten, dass die materialistische Wissenschaft der Menschheit große Fortschritte gebracht hat, besonders durch die Befreiung von schwerer körperlicher Arbeit.

Im therapeutischen Prozess ist immer davon auszugehen, wo der Kranke steht. Dieses Symbol zeigt die tiefste Wurzel aller Schizophrenie und darum ist es für den Betroffenen heilend, sein Foto auf das Symbol zu legen. Borderline heißt ein Zustand zwischen Psychose und Neurose und es ist sehr einsichtig, dass auch dafür Heilwirkungen von diesem Symbol ausgehen.

Symbol Nr. 6 – Das Lebewesen I

– Kreislaufsystem – Autonomes Nervensystem – Chakren öffnen – Geschaffene Wesenheit – Wesenheit

Das Symbol zeigt sechs farbige Felder, vom Grunde ausgehend bilden sie eine Kegelfigur. Es ist leicht zu sehen, wie sich die sechs Farbfelder nach oben hin verengen. Es ist das Dreieck an der Spitze der Kegelfigur, das gleichsam alle Felder zu sich hinzieht und sie in eine Einheit einbindet. Selbst der große Kreis in der Mitte kann nicht herausfallen aus dieser Einheit. Die sechs Farbfelder, die sich nach oben hin erheben, bilden im mittleren Trapez kleine Dreiecke und weiter hinauf bilden sie kleine Kreise in einem Feld einer violetten Wolke, die sich weiter nach oben im weißen Dreieck verliert. Allein durch die Struktur der Formen manifestiert sich eine starke Energie, ausgehend vom Dreieck an der Spitze.

Das Foto, auf dieses Symbol gelegt, lässt den abgebildeten Menschen eintreten in eben diesen Energiefluss und wer sich bemüht, die Erklärungen des Martinus zu diesem Symbol zu verstehen, der begreift leicht, warum dieses Symbol Chakren öffnet, heilend auf das Kreislaufsystem und das autonome Nervensystem einwirkt, warum es geschaffene Wesenheiten auflöst und von Wesenheiten von außerhalb befreit.

Das Dreieck an der Spitze der Kegelfigur bezeichnet das Ich des Lebewesens, seinen höchsten Wesenskern, das, worin sich alles in eine Einheit konzentriert. Alle Bewegungen rufen nach einer Ursache, alle Schöpfung führt zurück zum Schöpfer. Keine einzige Schöpfung kann aus sich selbst entstehen; denn aus Nichts kann nicht etwas entstehen. Es ist notwendig, dass sich hinter jeder Bewegung eine Ursache, ein Beweger befindet. Und diese ursachenlose Ursache, dieser unerschaffene Schöpfer ist das ewige Ich des Lebewesens. Da es nicht erschaffen wurde und da es ohne jede Bewegung ist, kann von ihm nur ausgesagt werden, dass es „Etwas ist, das ist“. Ein Nichts kann es nicht sein. Da es Schöpfung gibt, da sie nicht aus Nichts sein kann, muss sie aus Etwas sein und dieses Etwas ist das ewige Ich des Lebewesens.

Das Ich kann erschaffen, darum muss es die Fähigkeit zu erschaffen haben, eine Fähigkeit des Erlebens und Manifestierens, eine Kraft hinter der Materie zum Erschaffen und sich anderen Wesen mitzuteilen und deren Mitteilungen zu vernehmen. Und diese Fähigkeit kann ebenfalls nicht eine erschaffene Fähigkeit sein, denn wenn sie erschaffen wäre, müsste es eine Zeit geben vor ihrer Erschaffung, es müsste also eine Zeit geben, in der das ewige Ich ohne diese Fähigkeit war, darum kann auch diese Fähigkeit, zu erschaffen ebenfalls nur ein „Etwas, das ist“ sein.

Die ewige Fähigkeit zu erschaffen, Martinus nennt sie die Mutterenergie, könnte niemals Körper und Organe hervorbringen, die ja vergängliche, zeitliche Instrumente sind, das Leben zu erleben, wenn nicht ein ebenfalls ewiges Prinzip dem ewigen Ich eine ununterbrochene Erfahrung des Lebens ermöglichte. Und dieses Prinzip muss ebenfalls ewig sein, also auch ein „Etwas, das ist“.

So nennt Martinus das ewige Ich des Lebewesens, dieses „Etwas, das ist“ X1, die ewige Fähigkeit zu erschaffen nennt er X2 und das mit ihm verbundene ewige Prinzip des Leben Erlebens nennt er X3. Diese drei X haben dieselbe Bezeichnung: „Etwas, das ist.“ Auf diese Weise, mit der gleichen Bezeichnung des „Etwas, das ist“, stellen sie sich dar als eine untrennbare Einheit. Jedes Lebewesen ist dieses dreieinige und unteilbare Prinzip.

Vom ewigen Ich geht also alle Manifestation des Lebens aus. Das Ich bedarf dafür der ewigen Schöpfungsfähigkeit, der ewigen Mutterenergie, sich darstellend durch das ebenfalls ewige Prinzip der sechs Grundenergien. Diese bekommen alle Impulse zu ihrer Manifestation aus der Mutterenergie, dem Überbewusstsein des Lebewesens. Hier werden auch alle gemachten Lebenserfahrungen gespeichert. Ausgangspunkt und Ort der Speicherung sind die im Symbol durch die kleinen runden Kreise dargestellten Grundtalentkerne.

Als Pflanzenwesen stellt sich das Ich dar durch die Dominanz der Instinktenergie, gekennzeichnet durch die rote Farbe. Von hier entwickelt sich das Lebewesen hinein ins Tierreich, zu dem auch der Erdenmensch gehört und wo die Schwereenergie vorherrscht, markiert in der Farbe Orange. Es folgt das gelbe Feld der Gefühlsenergie, die das wahre Menschenreich prägt. Das Wesen entwickelt sich weiter zum Weisheitsreich durch das Anwachsen der Intelligenzenergie in der grünen Farbe. Und weiter wächst die Intuitionsenergie, bis sie völlig dominant ist, und das Wesen lebt nun in der göttlichen Welt, wo es kraft seiner entwickelten Intuition direkt an allem Anteil hat, was das in allem unbegrenzte Leben und Erleben der Gottheit ausmacht. So wie alles Erleben dem Gesetz von Hunger und Sättigung unterworfen ist, gibt es auch in dieser schier unbegrenzten Erlebnismöglichkeit eine Sättigung. Das Wesen richtet sich von der völligen Ausrichtung auf das Erleben der Gottheit mehr und mehr auf sein eigenes Inneres aus und kraft der nun zur Dominanz herangewachsenen Gedächtnisenergie kann es sich jetzt in seiner inneren Welt bewegen, wie immer es will. Es ist nun in seiner Innenwelt selbst eine Gottheit geworden. Ganz nach Wunsch kann es sich nun alles aus der langen Entwicklungsspirale in allen Einzelheiten in Erinnerung bringen. Im Symbol ist die Gedächtnisenergie mit der Farbe Indigo gekennzeichnet. Da das Wesen in seinem Wahrnehmen ganz auf seine Innenwelt ausgerichtet ist, verliert es schließlich jegliche Kommunikation mit der Außenwelt, es wird „hart“ der Umwelt gegenüber, erscheint als Mineral, völlig unempfindlich auch gegenüber aggressiven Einwirkungen seiner Umwelt. Darum können wir uns zum Beispiel die aus Mineralmaterie geformten Fingernägel und Haare schneiden, ohne Schmerz zu fühlen.

Fünf Sechstel der Entwicklungsspirale wurden ohne Schmerz zu erleiden durchwandert, sie waren ohne Möglichkeit, Böses zu tun. Das Wesen brachte es einfach nicht übers Herz, dem Nächsten ein Leid anzutun. Der Weg durch das Tierreich aber war gekennzeichnet von der Schwereenergie mit dem Gesetz des Tötens. Jetzt im Seligkeitsreich werden alle diese dunklen Erfahrungen auch wieder erlebt, aber sie haben nichts mehr von ihrer ersten Finsternis, sie sind jetzt in der Erinnerungswelt des Wesens zu Goldkopien geworden. Das Wesen kann sie jetzt in ihrem wahren Sein erleben als den notwendigen Kontrast zum vielen erlebten Guten. Das Böse, das in der Passage durch das Tierreich so leidvoll war, wird nun in großer Seligkeit, ohne jedes Leid, wieder erlebt. Jetzt versteht das Wesen das Böse aus seiner tiefsten Ursache, es versteht, dass es auch ein Gutes ist, ein unangenehmes, aber notwendiges Gutes. All das Gute, das es durch fünf Energiereiche erleben durfte, war nur erlebbar durch seinen Kontrast in der Dominanz der Schwereenergie. Aus dieser tiefen Erkenntnis wächst nun im Seligkeitsreich der Hunger, das Böse wieder zu erleben. Das Wesen geht vom Mineralreich ins Pflanzenreich, aber nicht einfach in einer Wiederholung, sondern in einer neuen höheren Entwicklungsspirale.

Aus dieser Zusammenfassung der Erklärungen des Martinus wird dennoch deutlich, dass das ewige Ich des Lebewesens der Schöpfer seines gesamten Lebenserlebens ist. Alles gehorcht seinem Wunsch. Das Spitzendreieck der Kegelfigur beherrscht alles, auch das runde Feld in der Mitte des unteren Trapezes kann einfach nicht herausfallen. Mit seinem Kreuz und den Strahlen stellt es das kosmische Bewusstsein des Wesens dar, das aber noch gebunden ist durch die orange Schwereenergie.

In unserem physischen Organismus hat sich das Ich ein Kommandosystem im autonomen Nervensystem geschaffen, ein alle

Zellen betreffendes Versorgungssystem im Kreislaufsystem und ein sehr differenziertes Austauschsystem mit dem Universum in seiner Aura mit den Chakren. Das Symbol hilft mittels des Fotos also dem in diesen Systemen blockierten Kranken, Heilung zu finden. Und es ist sehr logisch, dass die „Herrschaft“ des Ichs störende Gedankenklimate und negative Wesenheiten nicht zulässt, dass sie dem Energiefluss dieses Symbols nicht standhalten können.

Symbol Nr. 7 – Das Lebenseinheitsprinzip

– Verstorbenenenergien – Energetisches System – Lebersystem
– Zellsystem – Männliches Geschlechtssystem
– Potenzialisiert Kristalle – Sternzeichen

Dieses ist das von mir in der Therapiearbeit am meisten benutzte Symbol. Wie in diesem Buch gezeigt bereits wurde, gibt es einfach sehr häufig Krankheitssymptome aus negativen Gedankenenergien Verstorbener. Bevor ich mich mit allen Aspekten dieses Symbols vertraut gemacht habe, habe ich es wegen meiner Arbeit mit den Verstorbenenenergien – die eben durch die Rute indiziert war – nach dem Jesuswort genannt „In meines Vaters Haus gibt es viele Wohnungen!“.

Das Kreisfeld als Ganzes stellt ein Lebewesen dar. Wir kennen schon das Dreieck in seiner Mitte als Zeichen des dreieinigen Prinzips eines jeden Lebewesens. Aber im Kreisfeld erscheinen andere kleinere Kreisfelder. Auch sie stellen Lebewesen dar, die immer wieder noch kleinere Kreisfelder in sich haben und das ohne Ende bis ins Unendliche. Das heißt also, Lebewesen in Lebewesen bis ins unendlich Kleine. Wenn nun das große Kreisfeld das Universum darstellt, dann kann es einfach nur die ewige Gottheit darstellen, Gott, in dem wir leben, uns bewegen und sind oder auch: „In meines Vaters Haus gibt es viele Wohnungen.“

Hier zeigt sich sehr deutlich, dass alles seinen ihm gebührenden Platz hat. Alle Lebewesen sind Mikrowesen in einem Makrowesen außer der Gottheit, sie ist das Makrowesen, in dem alle Wesen

Mikrowesen sind. So ist zu verstehen, dass alle Lebewesen völlig gleich sind, denn alle sind Mikrowesen in einem Makrowesen und alle sind ein Makrowesen für die Mikrowesen ihres Organismus. So ist der Mensch ein Mikrowesen in seinem Makrowesen Erde und er ist ein Makrowesen für die Mikrowesen seines Organismus.

Aber der jetzige Erdenmensch ist sich kaum dessen bewusst, dass er ein Makrowesen für die Mikrowesen seines Organismus ist, und noch viel weniger hat er eine Vorstellung von seinem Leben als ein Mikrowesen im Makrowesen Erde.

Dieses Nichtwissen um die Struktur Leben in Leben führt auch mit dazu, dass Verstorbene einfach in fremde Organismen eindringen Hätten sie in ihrem Erdenleben eine Kenntnis bekommen von diesem Prinzip des Lebens im Leben, wüssten sie, dass ihnen immer und überall ein Platz bereitet ist, auch nach dem Verlassen des physischen Körpers. Sie könnten sich schlicht und einfach in völliger Seelenruhe umsehen, da wo sie sich wiederfinden nach dem Verlassen des Leibes. Es hat mich zu Beginn meiner Erfahrungen mit diesem Symbol bei Verstorbenenenergien immer wieder beeindruckt, wie schnell dieses Symbol gleichsam als „Platzanweiser“ agiert hat. Oft genug war der Prozess in zwei oder drei Tagen beendet, allerdings dauerte es manchmal auch Wochen oder mehrere Monate, bis die Obsessoren loslassen konnten. Immer aber halte ich den orientierenden Dialog mit den Verstorbenen sowie das befreiende Beten für unerlässlich.

Die Konstellation der Planeten und Sternzeichen kann ebenfalls Disharmonien für den Menschen bewirken, in Bezug auf sie sind wir Mikrowesen, das Symbol 7 wirkt auch hier als „Platzanweiser“ heilend. Wir sind ja Mikrowesen des Erdballs, der ist Mikrowesen des Sonnensystems und das wiederum ist Mikrowesen im Milchstraßensystem, also Leben in Leben. Die Logik der Heilwirkung ist augenfällig.

Ebenso bedarf es kaum einer weiteren Erklärung, dass das Symbol heilend auf das Zellsystem wirkt, ist doch schon das Symbol selber eine Darstellung von Zellen.

Die Leber, das chemische Laboratorium des Körpers, wirkt entgiftend. Giftstoffe sind nicht aus sich selbst schädlich, sie sind es aufgrund falscher Zuordnung – der „Platzanweiser“ hilft. Kristalle können sich mit schädlichen Energien aufladen. Das Symbol 7 reinigt parallel zur Leber. Störungen im Energiesystem des Körpers sind durch Kurzschluss verursacht, wiederum ist der „Platzanweiser“ Symbol 7 hilfreich.

Männliche Sexualität ist nach außen gerichtet und leicht fehlgeleitet. Das Symbol heilt.

Symbole Nr. 8, 9, 10 – Die drei Analysen des Dreieinigen Prinzips

8 – Bluthochdruck
9 – Muskulatur
10 – Archetypen – Das Urwissen der Seele – Jegliche Form von Infektion

In der Erklärung zum Symbol 7 war bereits die Rede davon, dass alle Lebewesen zugleich Mikro- und Makrowesen sind. Es ist dies das Prinzip der Duplizität der Lebewesen. Kraft dieses Prinzips präsentieren sich die Wesen in ihrer Gesamtheit als eine Einheit und in Konsequenz davon auch das Universum. Und wie diese Gesamtheit sich aus Lebewesen bildet, muss auch diese Gesamtheit ein Lebewesen sein, sie kann in sich nicht irgendetwas Totes haben. Das bestätigt sich durch die Tatsache, dass alles in Bewegung ist, und Bewegung ist eine Manifestation von Leben. Und überall treffen wir auf Bewegung, im allerkleinsten Bereich des Mikrokosmos genauso wie im größten Bereich des Makrokosmos. Und wie Bewegung logische Schöpfungsprozesse voraussetzt, so ist es deutlich, dass hinter Bewegung Bewusstsein existiert. Bewusstsein seinerseits ist ein sicherer Beweis für einen lebendigen Ursprung.

Betrachten wir nun das gesamte Universum mit all seinen manifestierten und unmanifestierten Teilen. Was können wir sagen von diesem gigantischen Ozean von Bewegung, von logischen Prozessen an Transformation und Schöpfungsprozessen? Wie es alles ist, was existiert, so ist es auch gleichzeitig alles Große und alles Kleine, alles Schwarze und alles Weiße, alles Licht und alle Finsternis, alles Intellektuelle und alles Nichtintellektuelle, alles Böse und alles Gute. Kurz gesagt, das Universum ist Ausdruck von allem zur gleichen Zeit. Da es zur gleichen Zeit das eine wie das andere ist, kann seine Analyse nur sein: „Etwas, das ist." Martinus nennt es darum X1.

Dieses namenlose Etwas enthält eine Schöpfungsfähigkeit, die sich im Makrokosmos wie im Mikrokosmos und Zwischenkosmos durch die Entfaltung der ganzen Natur zeigt. Der zuletzt genannte Kosmos ist der der Pflanzen, Tiere und Menschen. Diese Schöpfungsfähigkeit, die einfach alles umfasst und darum unbegrenzt ist, kann auch nur die einzige Analyse haben: „Etwas, das ist", und Martinus nennt es X2.

Der Ozean sichtbarer örtlicher und zeitlicher Manifestationen kann nicht eine einzige Analyse haben. Jede zeitliche oder örtliche Analyse kann immer nur geschaffene Objekte analysieren, nie kann sie zu einer Analyse des Ganzen werden. Darum können wir von dieser gigantischen, ewigen und unbegrenzten Erscheinung auch nur sagen, dass es „Etwas ist, das ist" und es hat die Bezeichnung X3 bekommen.

In der Erklärung zum Symbol 6 sind diese drei X die Analyse des Lebewesens. Das Universum repräsentiert sich somit als ein Lebewesen, und dieses Lebewesen kann nur die ewige Gottheit selber sein. Sie zeigt sich hiermit als ein dreieiniges Prinzip.

Und wirklich, es ist dieses Prinzip, das die christliche Religion die Heilige Dreifaltigkeit nennt mit den Namen Vater, Sohn und Heiliger Geist. Wir erkennen hier, dass mit der Bezeichnung Vater das ganze Universum gemeint ist, der Sohn sind alle existierenden Lebewesen zusammen und die Bezeichnung Heiliger Geist ist das einzige und alles umfassende Bewusstsein der Gottheit.

Symbol Nr. 8 – DAS GÖTTLICHE ETWAS

Das X1 stellt eine weiße runde Scheibe dar, die dieses Namenlose symbolisiert, das Ausdruck des alles einschließenden Universums ist. Durch das Universum drückt sich das gleiche Etwas aus, das sich im Ich eines Lebewesens ausdrückt, folglich müssen wir dieses Etwas, das alles Existierende einschließt, als das Ich des Universums betrachten, das X1 genannt wurde.

Das Symbol heilt Bluthochdruck. Sind nicht mit diesem Problem behaftete Menschen solche, die immer mehr und mehr wollen? In diesem göttlichen Etwas ist einfach alles enthalten und alles in Harmonie. Man kann nicht mehr wollen. Darum ist es sehr logisch, dass dieses Symbol Bluthochdruck heilt.

Symbol Nr. 9 – DAS SCHÖPFUNGSVERMÖGEN DES LEBEWESENS - X2

Wir haben gesehen, dass hinter dem Universum ein ewiges Ich existiert. In gleicher Weise besitzt dieses Ich ein ewiges und unbegrenztes Schöpfungsvermögen und es kann keinen Namen haben, es ist das X2.

Die violette Farbe bezeichnet die Mutterenergie. Die runde Öffnung in der Mitte und die kleinen Öffnungen am Rande symbolisieren ein ewiges Prinzip, das im Symbol 11 näher erklärt wird. Dieses Prinzip bedeutet die Identität des Ichs des Universums mit dem Ich eines jeden Lebewesens. Ohne dieses Prinzip wäre die Existenz der Gottheit und aller Lebewesen unmöglich. Dies ist das Fundament der Begriffe Gott und Gottessöhne und es ist der Grund, Gott als Vater zu bezeichnen. Diese völlig untrennbare Zusammenarbeit zwischen Gott und den Gottessöhnen unterhält in allen Lebewesen ein ewiges Bewusstsein und ein ewiges Leben. Absolut jede Schöpfung und alles Erleben hat seinen Grund in dieser Kooperation.

Das Symbol 9 heilt die Muskulatur. Das X2 bezeichnet das ewige Schöpfungsvermögen, bezeichnet die Bewegung aller Bewegungen, es ist die Wurzel der Bewegungen, ihr Entstehen. Ist die Muskulatur nicht das Instrument für physische Bewegungen des Lebewesens? Und das Symbol 9 heilt die Muskulatur. Wieder einmal ist die Logik dieser Heilwirkung offensichtlich, und ebenso, dass die vom Instinkt geführte Rute korrekte Diagnosen erstellt.

Symbol Nr. 10 – DAS ERSCHAFFENE - X3

Dieses Symbol veranschaulicht das Resultat der Kooperation zwischen dem X1 und dem X2, es ist das Schöpfungsvermögen der Gottheit in Zusammenarbeit mit dem Schöpfungsvermögen aller Lebewesen. Das sichtbare Universum, genannt X3, ist dieses Resultat. Somit ist das Universum der Organismus der Gottheit, der aus den Organismen aller existierenden Lebewesen besteht. Alle Organismen der Lebewesen sind erschaffene Werkzeuge, die der Gottheit für ihre Schöpfertätigkeit dienen und ihr so ein ewiges Erleben des Lebens garantieren.

Auf dem Symbol sind sechs farbige Felder markiert, es sind die Bereiche des göttlichen Bewusstseins. Diese Felder sind in Bewegung mittels der sechs Grundenergien. Wir kennen sie schon in der Bezeichnung Instinktenergie, Schwereenergie, Gefühlsenergie, Intelligenzenergie, Intuitionsenergie und Gedächtnisenergie. Mittels dieser Energien verbindet sich die göttliche Schöpfungsfähigkeit mit der Schöpfungsfähigkeit der Lebewesen zu ewiger Zusammenarbeit. Ergebnis sind die sechs Bewusstseinsbereiche oder die sechs Erlebnissphären. Das Pflanzenreich mit der Instinktsphäre in roter Farbe, das Tierreich mit der Schwereenergie in Orange, das vollkommene Menschenreich der Gefühlssphäre in gelber Farbe, das Weisheitsreich der Intelligenzsphäre in grüner Farbe, die göttliche Welt der Intuitionssphäre in blauer Farbe und das Seligkeitsreich der Gedächtnissphäre in der Farbe Indigo.

Das Symbol 10 aktiviert die Archetypen, weckt das Urwissen der Seele und heilt jegliche Art von Infektion. Nach C. G. Jung sind die Archetypen Energien des Universalbewusstseins der Menschheit. Durch die Geisteswissenschaft des Martinus, wie sie sich in diesem Symbol 10 darstellt, können wir verstehen, wie sehr Jung Recht hat und warum dieses Symbol die Archetypen aktiviert, stellt es uns doch die Bewusstseinsbereiche des Universums dar, den Urgrund, in dem die Archetypen verwurzelt sind. Das Urwissen der Seele kann natürlich auch nur in den Bewusstseinsbereichen des Universums verwurzelt sein. Für die seelische Gesundung eines Patienten sind die Archetypen wesentliche Energiequellen und so kann natürlich sein Foto auf diesem Symbol nur heilsam sein.

Eine Infektion rührt her aus den körperfremdartigen Substanzen. Wenn sich ein solcher Art erkrankter Mensch mit seinem Foto in den Energiefluss dieses Symbols begibt, wirkt sich die Aktivierung der Zusammenarbeit des göttlichen Schöpfungsvermögens mit dem Schöpfungsvermögen des Kranken in einer Verstärkung der körpereigenen Abwehrkräfte gegen das Eindringen von Infektionen und zur Reinigung von ihnen aus.

Symbol Nr. 11 – Das ewige Weltbild - Das Lebewesen 2 – Die ewige Gottheit und die ewigen Gottessöhne

– Negatives Gedankenklima – Haarausfall – Zellsystem – Die fünf Eingeweide – Überschuss an Yangenergie – Immunsystem – Aids – Entfernt Ameisen

Das Symbol zeigt farbige Felder und Figuren, die sich alle in einem großen weißen Feld befinden. Ausgehend vom äußeren weißen Rand des Kreisfeldes begegnen wir zunächst vielen kleinen weißen Kreisen innerhalb eines violetten Strahlenringes, in dem auch das Weiß durchschimmert, bis es dann völlig offen ist. Weiter nach innen befindet sich ein Kreisfeld in den schon bekannten sechs Farben der Grundenergien. Wieder erscheint das Weiß und nach einem Strahlenfeld stoßen wir in der Mitte auf einen großen weißen Stern.

Der Leser, der meinen Gedanken gefolgt ist, versteht sehr gut, dass es sich bei diesem Symbol nicht einfach um eine farbige Figur handelt, sondern um ein Weiß, in dem gleichsam alle farbigen Figuren schwimmen. Trotz der farbigen Vielfalt ist das Weiß als das alles Bestimmende unverkennbar. Es bezeichnet das Ich der ewigen Gottheit, und die kleinen weißen Kreise sind die Ichs der Lebewesen; obwohl sie viele sind, sind sie doch alle völlig und untrennbar in dem einen Weiß der Gottheit, also völlig eins mit Gott, ganz und gar von derselben Wesensart. Martinus zeigt es meisterhaft in diesem Symbol.

Alle kleinen Ichs sind eingebettet in ein Feld violetter Strahlen. Es repräsentiert das Schöpfungsvermögen der Gottheit, die Mutterenergie, und von ihr aus senden alle kleinen Ichs farbige Strahlen in Richtung des großen Sterns in der Mitte aus. Die Farben stimmen überein mit den vom Stern ausgehenden Strahlen. Und wo sich die Strahlen, die von der Gottheit ausgehen, mit den Strahlen, die von den kleinen Ichs der Lebewesen ausgehen treffen, da manifestiert sich das Geschaffene. Schöpfung ist also immer ein Zusammenwirken der Gottheit mit den einzelnen Lebewesen und jeweils kommt es im Bereich einer Grundenergie zu deren Kulmination.

Wir sehen das Seligkeitsreich oder Mineralreich in der Farbe Indigo, das Pflanzenreich im roten Feld, das Tierreich, auch das Reich des Erdenmenschen in der Farbe Orange, das wahre Menschenreich im gelben Feld, das grüne Feld des Weisheitsreiches und das blaue Feld der göttlichen Welt. Danach tritt das Wesen wiederum ein ins Seligkeitsreich, aber in einer höheren Spirale. Hierzu weise ich hin auf die Erklärungen zum Symbol 14.

In das Grundenergienfeld treten von beiden Seiten ausgehend vom weißen Feld Flamenzungen ein. Das bedeutet, dass von der Gottheit in die Organismen der Lebewesen eine Energie ausgeht, die Martinus das „höchste Feuer“ nennt; es bezeichnet die göttliche Liebe, die die gesamte Schöpfung durchdringt. Sie bewirkt die Zweipoligkeit der Lebewesen. Alle Lebewesen haben diese Doppelpoligkeit, alle sind männlich und weiblich. Die Bibel sagt, Gott erschuf den Menschen als sein Ebenbild. Als Mann und Frau erschuf er ihn (Gn 1,27).

Nur im Tierreich, also auch beim Erdenmenschen, ist ein Pol im Zustand der Latenz und die Lebewesen manifestieren sich als „einpolig“. Das höchste Feuer kann nicht als beständige Energiequelle erlebt werden. Nur dann, wenn sich ein einpoliges männliches Wesen mit einem ebenfalls einpoligen weiblichen Wesen im Sexualakt verbindet, wird das höchste Feuer aktiv. Die Wesen erfahren für Augenblicke göttliche Seligkeit, die später vom wahren Menschenreich an eine ständige Erfahrung sein wird, und dies führt das Wesen zu absoluter Nächstenliebe, in der es wahrhaft gottähnlich wird, Sohn Gottes nach seinem Bild und Gleichnis. Im gelben Feld sehen wir einen fünfzackigen Stern, der die Geburt zum wahren Menschen bezeichnet. Unterhalb des Sterns sehen wir ein blau-schwarzes Feld, das den augenblicklichen Entwicklungsstand des Erdplaneten bezeichnet.

HEILWIRKUNGEN: Das Symbol drückt in überzeugender Weise die überall gegenwärtige Liebe Gottes aus und ihre Wirksamkeit in allen und für alle Lebewesen. Alles, was lebt, lebt in ihm und lebt durch ihn und das von Ewigkeit her und bis in alle Ewigkeit. Alle Lebewesen bilden mit Gott eine untrennbare Einheit, in der Gott immer wirksam ist in seiner unbegrenzten Liebe. Wenn alles immer mit Gott verbunden ist, dann ist auch alles immer gut. Der Erdenmensch ist sich dessen nicht immer bewusst. Er kann also ein negatives mentales Klima in sich erschaffen. Aber wenn er sich mit seinem Foto den Energien dieses Symbols aussetzt, muss sich wirklich alles Negativdenken auflösen. Wenn nun der Therapeut die Botschaft dieses Symbols seinem Patienten zu vermitteln versteht, wird die Heilung nicht ausbleiben.

Wer Augen hat zu sehen, sehe! Das Symbol zeigt, dass alle Wesen geliebt sind in völlig gleicher Weise, seien es Pflanzen, Tiere, Menschen, Arme, Reiche, Mächtige, Ohnmächtige, Mikrowesen oder Makrowesen. Alle sind gleich ewig und von gleicher Wesenheit.

Auch unsere vielen kleinen Körperzellen kommen zu ihrem Recht, falls Disharmonien durch ein Foto auf dem Symbol Heilung finden sollen.

Die traditionelle chinesische Medizin benennt fünf Eingeweide. Sie haben einen Entsorgungsdienst im Körper und finden heilende Energien durch dieses Symbol. Entsorgung ist ein wichtiger Dienst, damit alles als gut erlebt werden kann. Zuviel „Yang“ nach chinesischer Medizin stört die Harmonie, das Symbol hilft bei solchem Überschuss.

Ein ähnlicher Effekt wird sichtbar, wenn lästige Ameisen an ihren Ort verwiesen werden sollen durch eine Grundrisszeichnung eines Hauses auf dem Symbol.

Und wie geht es mir, dem Therapeuten, wenn mich die Menschen aufsuchen? Da kommen Arme und Reiche, Gebildete und manchmal sehr Ungebildete, sehr Liebevolle und auch Gehässige. Muss nicht einfach jeglicher negative Impuls in mir verwandelt werden angesichts der Botschaft dieses Symbols? Und noch mehr kann ich frei werden, wenn ich mein Foto auf das Symbol 11 lege. Es lässt die Energie der Gottesliebe einfach wirken, sodass sich bestätigt, was Jesus in kosmischem Schauen sagt: „Sogar die Haare eures Hauptes sind gezählt!" (Mt 10,30), also buchstäbliche Bestätigung der Wirkung gegen Haarausfall.

Alle Lebewesen sind umgeben und von innen her durchwirkt durch die eine große und unbegrenzte Liebe Gottes. Wie aber kann es sein, dass sich in uns selbst und um uns herum so viel Leid manifestiert? Was Martinus uns mit Symbol 11 vermittelt, ist unsichtbar für den Erdenmenschen. In seiner Unwissenheit kann er sich gar nicht in Harmonie zu diesen Realitäten verhalten. Er verhält sich disharmonisch, verursacht so selber sein Leid, bis er durch sein Leiden lernt, sich harmonisch zur Gottesrealität zu verhalten. Aber selbst in seiner Unwissenheit ist der Erdenmensch nicht in der Lage – das lehrt eindringlich das Symbol 11 –, aus der Einheit mit Gott zu fallen. Alle aus der jetzigen Leidenssphäre sind auf dem Weg zur Großen Geburt und Martinus gibt eine Zeit von etwa 3.000 Jahren an, bis durch die Große Geburt des Erdballs auf unserem Planeten kein Leid mehr existieren kann. Alle jetzt lebenden Erdenmenschen – in der Werkstatt des Vaters – werden dann ebenfalls durch die Große Geburt geführt sein zum wahren Menschen, zu Gottes Bild und Gleichnis.

Zusammen mit den Symbolen 6, 7 und 41 bewirkt Symbol 11 eine Heilung am Immunsystem. Meine ersten Erfahrungen mit einer Wiederherstellung des Immunsystems habe ich mit dem Zwölftrapez der 72 Gottesnamen gemacht. Nach den Skalen, angegeben von Vithoulkas, stieg mit den 72 Gottesnamen das Immunsystem in der Regel um ein bis zwei Werte. Das Symbol 11 allein hatte etwa 50 Prozent mehr Wirkung, und wo ich mit allen Martinus-Symbolen in einem Zwölftrapez gearbeitet habe, stiegen die Immunsystem-Werte noch schneller und weit höher an. Ich konnte bis zu vier und fünf Skalen beobachten.

Wenn Symbol 11 solche Wirkkraft auf das Immunsystem hat – eben das Entsorgesystem des Körpers –, lässt sich das auch aus dem bereits Gesagten gut verstehen. Es stärkt so die Abwehrkräfte des Organismus und darum ist es logisch, wenn es auch Heilwirkungen durch die Rute zuerkannt bekam bei Aids. Aus praktischer Erfahrung kann ich diesbezüglich noch nichts dazu sagen.

Symbol Nr. 12 – Die Kombinationen der Grundenergien

– Fieber – Virusinfektion

Wie bereits gesagt wurde, wird alles Erschaffen und Erleben der Wesen gespeist aus den sechs Grundenergien. Die siebente Grundenergie, bekannt als die Mutterenergie, trägt zusammen mit dem Ich das Überbewusstsein, und mehr noch, sie verursacht durch reziproke Aktionsrhythmen die Kombinationen und das Zusammenwirken der anderen sechs Grundenergien in der Weise, dass immer eine von ihnen in ihrem Höchststand in sechs unterschiedlichen Stadien wirkt. In jeder Kombination sind stets alle sechs Energien wirksam, aber sie entfalten sich nicht in gleicher Weise. Auf diese Weise bilden sich die sechs unterschiedlichen Stadien, die jeweils eine Existenzsphäre gestalten.

Die beiden ersten Sphären sind bekannt als das Pflanzenreich und das Tierreich, während die dritte Existenzsphäre, das wahre Menschenreich, höchstens teilweise bekannt ist. Der Erdenmensch ist noch nicht so weit entwickelt, dass er zu diesem Reich gehören kann. In seiner Mentalität, in seinem Empfinden und in seiner Lebensweise ist er immer noch beherrscht von tierischen Tendenzen, wie sie sich in allen Formen des Egoismus zeigen, weit entfernt von wahrhaft menschlichen Verhaltensweisen wie selbstlose Nächstenliebe. In dem Sinne ist der Erdenmensch erst zum Teil Mensch. Es ist das, was die Sphinx durch das Tier mit Menschenkopf ausdrückt. Der Erdenmensch ist ein noch nicht zu Ende entwickelter Mensch.

Auf dem Symbol sehen wir schwarze horizontale Striche. Sie trennen sechs Felder voneinander, die die sechs Existenzebenen bezeichnen: Pflanzenreich, Tierreich, Menschenreich, Weisheitsreich, göttliche Welt und das Seligkeitsreich. In den beiden seitlichen vertikalen Feldern erkennen wir die zu den jeweiligen Reichen gehörenden Grundenergien. Zwischen diesen beiden vertikalen Feldern befinden sich sechs vertikale Säulen, in denen die sechs Farbfelder stets zwischen breiteren und schmaleren Feldern wechseln. Wir sehen in der ersten Säule auf der linken Seite die Instinktenergie unten in ihrer größten Entfaltung im Pflanzenreich; aufsteigend ins Tierreich nimmt sie ab, nimmt weiter ab im Menschenreich und wird ganz latent im Weisheitsreich, wieder anwachsend in der göttlichen Welt und im Seligkeitsreich, um dann wiederum im Pflanzenreich zu ihrer Höchstentfaltung zu finden, das aber in einer neuen und höheren Entwicklungsspirale.

Wenn wir die Grundenergiefelder in der horizontalen Ausfaltung innerhalb eines Reiches anschauen, zum Beispiel im Tierreich, dann sehen wir die Instinktenergie in abnehmendem Zustand, die Schwereenergie in Höchstentfaltung, zunehmend die Gefühls- und Intelligenzenergie; latent ist die Intuitionsenergie und ebenfalls abnehmend die Gedächtnisenergie.

In jedem Reich finden wir so eine andere Kombination der Grundenergien. Ihre Höchstentfaltung bestimmt die einzelnen Existenzreiche. Im unteren Feld ist die höchst entfaltete Instinktenergie bestimmend für das Pflanzenreich; diese Kombinationen gehorchen ewigen Gesetzen und garantieren den Lebewesen eine ewige Manifestation des Lebens.

Das Symbol heilt bei Fieber und Virusinfektionen. Wie können wir Logik in dieser Wirkweise erkennen? Die Körpertemperatur erwächst aus einer Kombination zweier Grundenergien, der Schwereenergie und der Gefühlsenergie. Fieber entsteht durch ein Ungleichgewicht durch zu viel Schwereenergie. Das Symbol wirkt hier, weil von ihm Harmonisierung auf die Kombinationen der Grundenergien ausgeht. Und die Tätigkeit eines Virus im Organismus verstärkt ebenfalls die Schwereenergie, denn der Virus ist ein Wesen, das zum Tierreich gehört mit seiner Dominanz der

Schwereenergie. Der Virus bewirkt also auch zu viel Schwereenergie. Wenn die Energien des Symbols Schwereenergie entziehen, verliert der Virus seine Existenzbedingungen. Einmal mehr sehr beeindruckend, wie treffsicher die Instinktenergie des Radiästheten wirkt und wie logisch der Heileffekt des Symbols sich zeigt.

Symbol Nr. 13 – Der ewige Weltplan

– Schwarze Magie – Hormonsystem
– Sinnesorgansystem – Alzheimer (Symbol Nr. 13 ist 33-mal intensiver als das Symbol Nr. 41)

Das Symbol zeigt uns die Grundzüge des ewigen Weltplanes auf. Alles ist in Bewegung und alles folgt ewigen Gesetzen in allen Bewegungen. Und wo in einer Therapie mit diesem Symbol gearbeitet wird, muss alles Gegengesetzliche sich einfach in die ewige Ordnung einfügen. Hier sehe ich Logik in der Wahl dieses Symbols zur Heilung von Schäden aus schwarzmagischer Arbeit. Schwarze Magie ist eine hochpsychische Energie, die tief ins Tierreich, ins Gesetz des Tötens gehört, aber in der Entwicklungsphase zum wahren Menschen gegen den ewigen Weltplan läuft. Daher kommt für den Jetztmenschen diese Heilwirkung.

Der erste Blick auf das Symbol zeigt uns, dass es hier wieder um Kombinationen aller sieben Grundenergien geht, alle ihre Farben sind vertreten. Dazu kommen das Weiß und das Schwarz. Beim Eintreten in das große runde Feld von außen nach innen begegnen uns zwei exzentrische Kreisfelder, eins in Schwarz und eins in Weiß. Es gibt dadurch fast ganz weiße und fast ganz schwarze Abschnitte. Aber niemals lässt das Weiß das Schwarz ganz verschwinden und ebenso lässt das Schwarz niemals das Weiß ganz verschwinden. Von Martinus erfahren wir, dass es um das Kontrastprinzip geht, das einfach in allen Manifestationen des Lebens wirksam ist. Das Weiß bezeichnet das Licht, das Schwarz die Finsternis. In der Erfahrung des Lebens in der physischen Dimension und in der spirituellen

Dimension bedeutet Licht Liebe, Hilfe, Freude und Friede, während Finsternis sich im Töten, in Hass, Wut, Zorn, Eifersucht, Neid, Krieg und Verfolgung zeigt.

So wie es überhaupt keine physische Wahrnehmung gibt, ohne dass sie ein Zusammenspiel von Licht und Finsternis ist, so gibt es auch kein Erleben des Lebens im Seelischen und Spirituellen, ohne dass es ein Zusammenspiel von Hass und Liebe ist. Kraft dieses Prinzips wird das Lebewesen durch alle sechs Reiche des Spiralkreislaufs geführt. Nachdem alle Erfahrungen des tötenden Prinzips ausgelebt sind, erwacht aus der Sättigung die Sehnsucht, der Hunger nach dem Kontrast, eben nach dem Licht.

Die Mehrheit der Erdenmenschen sehnt sich nach Frieden. Wir sind es einfach satt, ständig nur Nachrichten von Kriegen, Überfällen, Raubzügen, Finanzskandalen, Ausbeutung, Unterdrückung und Korruption zu empfangen. Wir wollen einfach nichts mehr davon hören und sehen. Aber immer noch gibt es viele Zeitgenossen, die sich ergehen im Anschauen von Kriminalfilmen, wo ein tüchtiger Polizist oder ein gerissener Schurke zum Helden wird. Fußballfans vibrieren in überschäumender Begeisterung, wenn ihr Team seinen Gegner bezwungen hat. Noch existiert die große Spekulation mit Rüstungsgeldern, Politiker verbinden sich mafiaähnlich zu Stimmenkauf, Wahlkampflügen und Machtmissbrauch. Illegalität triumphiert nicht nur im viele Leben zerstörenden Drogenhandel, sie triumphiert auch in Manipulationen in Handel und Produktion. Wahrhaftig, der Erdenmensch hat seinen Genuss an der Finsternis noch nicht gestillt. Die Folgen davon sind in aller Welt offensichtlich. Krankenhäuser sind überfüllt und die Warteschlangen vor den Sprechzimmern der Ärzte wachsen. Die Reichen werden immer reicher und in allen Ländern verarmen die Armen immer weiter.

Wir sehen den Erdenmenschen unterwegs in großer Finsternis. Vor allem sieht er nicht, woher er kommt, wohin er geht und wer er eigentlich ist.

Wir können aber auch deutlich wahrnehmen, dass die Geschichtsepoche der Verherrlichung des tötenden Prinzips zu Ende ist. Kriegshelden werden nicht mehr geehrt wie in vergangenen

Zeiten. Noch gibt es den Glauben an Wiedervergeltung. Nach dem 11. September 2001 wünschten 96 Prozent der US-Bevölkerung Rache für den Angriff auf das World Trade Center. Und trotz allem ist die Sehnsucht nach Frieden allgemein.

Das Symbol 13 ist durch dünne schwarze Striche in sechs Segmente eingeteilt. Die Striche gehen von einem schwarzen Kreis um ein violettes Innenfeld aus. Im unteren rechten Kreissegment sehen wir die Finsterniszone in ihrer Kulmination. Wenn wir von dort ins große Kreisfeld eintreten, stoßen wir auf einen kleinen weißen Kreis, und weiter zur Mitte befindet sich ein schwarzes Feld mit den sechs Grundenergien in unterschiedlicher Ausdehnung. Das größte Farbfeld ist orange, es bezeichnet die Dominanz der Schwereenergie. Der dazu gehörige kleine weiße Kreis bezeichnet das Ich des Lebewesens, hier als Erdenmensch auf seinem Weg durch den Bereich der Finsternis.

Die punktierten Linien von einem schwarzen Feld zum anderen zeigen, dass alles in ständiger Bewegung ist. Hier in der Bewegung des Erdenmenschen zum wahren Menschen sehen wir die bis dahin dominierende Schwereenergie abnehmen zugunsten der Dominanz der Gefühlsenergie. Den schwarzen Linien folgend, sehen wir stets zwei abnehmende und zwei zunehmende Farbfelder. Ein Feld dominiert und eines ist in seiner Latenz. Dieses ist bereits eingezeichnet in das violette Kreisfeld, das die Mutterenergie der Gottheit darstellt. Beim Erdenmenschen befindet sich die Intuitionsenergie in diesem Stadium.

Die beiden zunehmenden Grundenergien des Erdenmenschen sind Gefühl und Intelligenz, die beiden abnehmenden sind Instinkt und Gedächtnis. Für den Erdenmenschen ist es unerlässlich, den starken Einfluss der Schwereenergie zurückzudrängen, vor allem durch Entwicklung von Gefühl und Intelligenz. Wo Gefühl und Intelligenz in ihrer Entwicklung im Gleichgewicht sind, da entwickelt sich die Liebe. Liebe wächst in der Spiralzone dort, wo das Lebewesen die wahre Hölle erleben muss in der Kulmination der Finsternis. Ausgehend von dieser Leidenserfahrung entwickelt sich das Mitgefühl mit anderen Wesen, die große Barmherzigkeit. Da wächst jene Haltung, in der das Wesen es einfach nicht mehr übers

Herz bringt, seinem Nächsten Leid anzutun. Aus dieser Wurzel wächst die Weisheit. Deshalb ist es so, dass in allen kommenden Reichen des Seins – dargestellt in den weiteren fünf schwarzen Feldern von Symbol 13 – kein Leid mehr existieren kann. Alles Verhalten der Wesen ist einzig liebevolle Hingabe. Aber um es noch einmal zu sagen, der Kontrast aus Hass und Finsternis war notwendig. Das Wesen braucht die Erfahrung des Bösen, um mit unerschütterlicher Entschlossenheit nur das Gute zu leben. Es musste durch die Erfahrung des jüngsten Gerichts und des Teufelsbewusstseins, um hinzugelangen zu einer dauerhaften Hingabe an das Gute in allen kommenden Reichen, Reichen eines Lebens in göttlichem Licht.

Die therapeutische Wirkung des Symbols 13 wurde radiästhetisch dem Hormonsystem zugesprochen. Es gibt sehr viele Drüsen im menschlichen Körper, die Hormone produzieren. Dem Laien bekannt sind zum Beispiel Schilddrüse, Hirnanhangdrüse, Tränendrüsen, Schweißdrüsen, Geschlechtsdrüsen, Gallendrüse und Thymusdrüse. Hormone regeln das Wachstum; Fehler in der Produktion können zum Beispiel zu Zwergwuchs führen, regeln die Geschlechtsentwicklung und die Geschlechtsfunktionen, regeln die Körpertemperatur, regeln den Mineralhaushalt, regeln und organisieren die Körperabwehr usw. Kurz: Hormone sorgen dafür, dass die tausendfältigen Prozesse unseres Körpers planmäßig und harmonisch ablaufen. Das Hormonsystem – wir können es das Planungssystem unseres Körpers nennen – ist eine ans Wunderbare grenzende Verbindung der Drüsenfunktionen untereinander, eine planmäßige Programmierung all dieser Funktionen. Störungen in diesem System können weit reichende Folgen haben. Wieder einmal ist die Logik der Heilwirkung des Symbols, der ewige Weltplan, überaus deutlich.

Das Hormonsystem funktioniert automatisch, eben unbewusst zum Wohle des Organismus. Parallel dazu gibt es vielfältige Funktionen, die bewusst zu steuern sind vom Ich des Lebewesens. Das Sinnessystem gibt dem Ich die Wahrnehmungen für seine Steuerfunktionen. Störungen in diesem System heilt das Symbol ebenfalls.

Das Symbol 13 lehrt, dass alles immer in Bewegung ist. Seine Energie bewegt also, auch gerade da, wo etwas stehen zu bleiben scheint, wie das Altersgedächtnis beim an Alzheimer erkrankten alten Menschen. Auch diese Heilwirkung ist sehr einsichtig.

Symbol Nr. 14 – Der kosmische Spiralkreislauf

– Voodoo – Knochenmarksystem – Visualsystem
– Sehnenstränge

Meine Rute hat für die Heilung der hier im Nordosten Brasiliens häufigen Praxis der Voodoo-Magie dieses Symbol 14 angegeben. Wie lässt sich Logik darin erkennen? Das Symbol zeigt eine Kreisspirale, die sich in einer unendlichen Bewegung von innen nach außen, von kleinen Kreisen zu stets größeren bewegt. Sie kommt aus einer unendlichen Tiefe und steigt auf zu einer Höhe ohne jede Begrenzung, sie bezeichnet den ins Unendliche kleinen Mikrokosmos und den ebenfalls ins Unendliche großen Makrokosmos. Jeder einzelne Kreislauf, ob ein größerer oder ein kleinerer, durchläuft alle sechs Daseinsreiche, sie sind jeweils in den sechs Farben im Symbol markiert. Hier sind sieben Kreisläufe dargestellt. Wir sehen sie mit Buchstaben bezeichnet. Zum mittleren Kreislauf mit dem Buchstaben D gehört der Erdenmensch. Sein Organismus ist der Mikrokosmos der inneren Kreisläufe. C bezeichnet seine Organe, B die Zellen und A die Materie des Körpers. Unser Makrokosmos ist bezeichnet mit E für die Erde und anderen Planeten, F für das Sonnensystem, G für das Milchstraßensystem. Das weiße Feld bezeichnet die Reichweite der materialistischen Wissenschaft. Sie nimmt nur Pflanzen, Tiere und Menschen und Atome und Sterne wahr. Sie weiß nichts davon, dass sowohl unser Organismus als auch die Sterne Lebewesen sind. Bestünde nicht der ganze Mikrokosmos unseres Körpers aus Lebewesen, könnte unser Ich überhaupt nicht Kontakt aufnehmen und einen Organismus aufbauen. Wir bedürfen also für unser Leben der Wesen des Zwischenkosmos und der Wesen des Mikrokosmos und müssen in Harmonie mit ihnen leben. Disharmonie im Zwischenkosmos ist alles, was Krieg heißt, Disharmonie mit dem Mikrokosmos heißt Krankheit.

Dem Studierenden der Symbole hinterlässt dieses Symbol einen starken Eindruck der Ewigkeit des Lebens, das unendlich viele Spiralkreise durchläuft und unendlich große Weiten erfüllt.

Viele Male habe ich das Symbol zur Heilung von Voodoo-Schäden eingesetzt. Immer habe ich mich dabei auf die Diagnose durch die Rute gestützt. Nach zwei Jahren solcher Praxis mit anderen habe ich am eigenen Leibe viele Voodoo-Angriffe erfahren. Jetzt hat mich die Eigenerfahrung gelehrt, was Voodoo ist und warum Symbol 14 hier heilt.

Während einer ganzen Woche erwachte ich 1 Uhr nachts mit einer merkwürdigen Bewegung im Kopf in der Gegend des Kronenchakras. Es schien etwas sehr Boshaftes und überaus Starkes in das Allerheiligste meines Organismus einzudringen. Ich sah mein Gesicht im Spiegel völlig blass, Durchfall meldete sich und eine allgemeine Schwäche befiel den Körper. Ich machte meine Diagnose, sie ergab Voodoo. Sofort setzte ich den Exorzismus ein. Erst nach vier Stunden verschwand das Übelsein und ich fühlte große Müdigkeit. Besonders erschreckt hat mich, dass ich feststellen musste, dass alle meine Immunbarrieren völlig lahmgelegt waren. Aus der gleichen Quelle kam zur gleichen Zeit ein Angriff auf einen 17-jährigen Jugendlichen. Hier stellten sich völlig ähnliche Symptome ein und auch die völlige Ausschaltung des Immunsystems.

Deutlich war für mich zu spüren, dass die Energien des Voodoo sich in einer Rechtsdrehung nach innen hineinbohrten, während ja die Bewegung des kosmischen Spiralkreislaufs in Linksdrehung von innen nach außen verläuft. Die Bewegung des Symbols 14 ist also der Bewegung des Voodoo entgegengesetzt und darum ist sie heilend für den Betroffenen.

Beim Schreiben dieser Zeilen wurde ich unterbrochen von einer 30-jährigen Frau. Seit 14 Tagen fühle sie eine starke Leere im Kopf und da sie davon spricht, macht sie eine wirbelnde Bewegung mit beiden Händen über dem Scheitelchakra. Noch ehe sie davon sprach, dass sie seit 14 Tagen daran leide, hatte ich schon mit meiner Rute für die gleiche Zeit einen Voodoo-Angriff gegen sie festgestellt. 14 Tage unter Voodoo-Magie, hieß auch eine Zerstörung des Immunsystems. Das Symbol 14 wird von der Voodoo-Imprägnation heilen und weitere Martinus-Symbole werden das Immunsystem wieder herstellen.

Eine 42-jährige Frau leidet an Magenschmerzen. Sie fühlt großen Hunger, kann aber fast nichts essen. Sie versteht das einfach nicht. Sobald sie essen will, erbricht sie sich, doch es ist ein trockenes Erbrechen. Seit fünf Jahren leidet sie so. Der Arzt spricht von einer mentalen Störung. Meine Diagnose: Voodoo, verursacht durch einen Satanskult vor 6.000 Jahren am Ort des Hauses. Die Praxis der schwarzen Magie gibt es in Europa nicht wie hier in Brasilien, aber das Wohnen über Orten von magischen Kulten der Vorzeit kann ähnliche Schäden bewirken und die Energie des Symbols kann dann sehr hilfreich werden.

Eine 47-jährige Frau berichtet: Sie fühlt Nierenschmerzen, die Rippen tun weh, der Uterus ist entzündet, brennt, sie arbeitet, obwohl sie ständig Müdigkeit, Schwindelgefühle, Schmerzen in den Beinen, Nervosität fühlt. Der Ehemann ist Bauer, arbeitet viel auf seinem Acker, aber erreicht nichts. Er hat ein ganzes Feld mit Kokospalmen, die sehr empfindlich sind gegen spirituelle negative Energien, die zum Beispiel auch an Orten von Blutvergießen „imprägniert“ sein können, und erntet nichts, alle seine geschäftlichen Unternehmungen sind erfolglos; er fühlt ständige Kopfschmerzen, der Hals ist verhärtet, die Nieren schmerzen, das rechte Bein schmerzt, Schwindel, schlaflos.

Diagnose: 17 Jahre Voodoo, das Haus am Ort eines ehemaligen Satanskultes, 5.000 Jahre her.

Aus dieser Quelle hat sich das Voodoo ergeben, sowohl für das Haus als auch für alle Familienmitglieder.

Wir können mit unserem ewigen Ich überhaupt nur einen Organismus als Instrument des Erlebens aufbauen, weil alle Materien nur als Organismen von ihren Mikro-Ichs existieren können. Es handelt sich um Kontakt unseres Ich zu den kleinen Ichs.

Im Zwischenkosmos sind wir uns des Kontaktes von Ich zu Ichs mit Menschen und Tieren leichter bewusst. So wie nun die Voodoo-Magie Disharmonien im Kontakt zu unserem Organismus erzeugt, so bewirkt sie auch Disharmonien im Zwischenkosmos. Die Frau des Bauern sagt, alle seine geschäftlichen Unternehmungen sind erfolglos. Voodoo-Magie wird hier in Brasilien mit viel „Erfolg“ eingesetzt gegen Konkurrenten in der Geschäftswelt, in der Politik und gegen Mitbewerber in der Partnersuche. „Alles, was ich unternehme, geht mir daneben!“, sagen die Betroffenen.

Der Erfolg des Symbols 14 bei der Auflösung von Voodoo-Magie bestätigt hiermit auch die Aussagen des Symbols, dass wir immer nur innerhalb von Makro-, Zwischen- und Mikrokosmos existieren können. In diesen drei Kosmen sind ja immer die jeweiligen Bereiche der Grundenergien einander zugeordnet. Darum kann diese Magie so dirigiert werden, dass sie zugleich den Körper und auch die mitmenschlichen Beziehungen in Disharmonie bringt.

Im Rückenmark befindet sich das zentrale Nervensystem. Es ist geschützt durch die Wirbelsäule und verbindet das Gehirn mit Organen und Zellen in Nervensträngen, die von Wirbel zu Wirbel in den ganzen Körper gehen. So werden also die kleinen Ichs aus den Kreisläufen A, B und C mit dem Ich im D-Kreislauf verbunden. Das Symbol 14 zeigt diese Verbundenheit der Kosmen. Was könnte wohl logischer sein als die Diagnose, dass Symbol 14 das Rückenmarksystem heilt?

Wer mit seinen Augen in die Welt schaut, der kann nicht leugnen, dass alles Sehen dem Gesetz der Perspektive unterworfen ist. Symbol 14 zeigt die perspektivische Zuordnung von Mikro-, Zwischen- und Makrokosmos. Seine Bewegung folgt dem Perspektivgesetz wie das Sehen, darum hat das Symbol Heilwirkungen auf das Visualsystem.

Sehnen sind ein sehr dichter Stoff, sie haben die Funktion, starke Muskelkräfte mit den festen Knochen zu verbinden. Sehnen müssen fest sein wie Knochen, aber auch beweglich wie Muskeln. Sehnen müssen also mit Wesen aus dem A-Kreislauf in ganz besonderer Sorgfalt organisiert sein. Ich denke, dass sich hier die Logik der Heilwirkung von Symbol 14 zeigt. Sehnenverletzungen sind sehr schmerzhaft und heilen langsam. Sie sind eben nicht so leicht zugänglich für das Blut- und Versorgungssystem des Körpers. Ich finde es sehr einleuchtend, dass die Energie von Symbol 14 hier nachhelfen kann.

Symbol Nr. 15 – Das Gesetz der Bewegung

– Galle

Die Gottheit ist eine unteilbare Einheit aus allen Lebewesen. So wie jedes Lebewesen die Analyse eines ewigen Ichs mit Schöpfungsfähigkeit und Manifestation des Lebens hat, so hat auch die Einheit aller Lebewesen die Analyse eines ewigen Ichs mit Schöpfungsfähigkeit und Manifestation des Lebens.

Was ist Manifestation? Manifestation ist eine Kombination verschiedener Bewegungen. Und Bewegung ist der Wechsel eines Gegenstandes von einem Ort zu einem anderen oder von einem Seinszustand in einen anderen, und das ist es, was wir Schöpfung nennen. Ein Wesen, das schaffen will, bewirkt eine Bewegung. Schöpfung und Bewegung sind identisch. Aber Bewegung kann nicht existieren ohne einen Beweger. Sei es nun im Makrokosmos oder im Mikrokosmos: Alles, was existiert, ist Bewegung, und keine Bewegung existiert ohne einen, der bewegt, ohne ein Ich, das der feste Punkt in aller Bewegung ist.

Absolute Unbeweglichkeit existiert nur im ewigen Ich, und im gesamten Universum existiert nur Bewegung. Folglich gibt es den Tod nicht. Alles ist Bewegung. Alles ist Leben. Alles, was Zugang zu unserer Wahrnehmung hat, ist Bewegung. Berge, Wasser, Menschen, Pflanzen, Sterne, feste, flüssige, gasförmige und strahlenförmige Materie, alles ist Bewegung, und hinter jeder Bewegung existiert ein Ich als fester Punkt. So existieren nur Bewegung und das Ich. Es sind die Ichs, die Bewegung verursachen. Jede Bewegung strebt einen Zustand des Gleichgewichts an. Die Wasser fließen bis in einen See oder bis sie sich ins Meer ergießen, wo sie das Gleichgewicht finden. Jede Bewegung geschieht in dieser Intention, sie will ins Gleichgewicht kommen. Die Struktur der Kugel ist die Basis des Gleichgewichts in allen Sonnenenergien, in allen Planeten etc. Im absoluten Sinne existiert daher keine gerade Linie. Alles tendiert zu einer runden Figur, alles tendiert zur Rundung. Wir können das sehr deutlich am Meer beobachten, wenn ein Schiff hinter dem Horizont verschwindet. Es ist der Beweis, dass die Erde eine Kugel ist. So werden alle geraden Linien, die man auf der Erdoberfläche eintragen mag, immer einen Kreis bilden. So wie die gerade Linie nicht existiert, so existiert auch nicht eine gerade Bewegung. Jede Bewegung ist kreisförmig, sie kehrt zurück zum Verursacher, eben zum Ich. Dass alle Bewegungen dem Prinzip des Kreislaufs unterworfen sind, leitet sich ab von der siebenten Grundenergie, der Mutterenergie. Hier zeigt sich das Schicksalsgesetz, wo es heißt: „Was der Mensch sät, das wird er ernten!“

Die obere runde Figur im Symbol bezeichnet die kosmische Basis alles Strebens nach Gleichgewicht. Die „gerade“ Linie wurde aus einem Kreis mit 40 Meter Durchmesser geschnitten. Die weiteren Linien sind kleineren Kreisen entnommen bis hin zu dem kleinen ganz geschlossenen Kreis unten. Wenn in absolutem Sinne keine gerade Linie existieren kann, dann kann es auch kein wirkliches Rechteck geben. Immer ist es ein Feld mit gebogenen Seitenlinien. Es wird im Symbol dargestellt. Die dünnen Kreislinien sollen symbolisieren, dass sich im Kosmos alles auf Kreisbahnen bewegt. Auf diesem Prinzip gründen sich die ständige Wiederkehr von Tag und Nacht, von Sommer und Winter, von Jugend und Alter. Wenn es nicht so wäre, gäbe es kein Erleben, kein Schicksal, keine Kontinente, keine Meere. In allem ist Bewegung und in allem ist Bewegung als Kreislauf und in allem ist darum Wiederkehr.

Symbol 15 offenbart uns also das kosmische Gesetz der Bewegung, es ist also Geist, der bewegt, oder Energie, die bewegt. Vom Magen ausgehend, ist das gesamte Darmsystem für unsere Verdauung bestimmt. Durch die von der Leber täglich produzierte Menge von 550 bis 850 Gramm Gallenflüssigkeit wird das Darmsystem in Bewegung gehalten. Wie oft fühlen wir, dass etwas im Prozess der Verdauung stört oder wie Gallensteine schmerzen. Deutlich erkennen wir die Logik der Heilwirkung des Symbols 15 bei Disharmonien im Bereich der Gallentätigkeit.

Die Erklärung zu Symbol Nr. 16 finden sie auf Seite 139

Symbol Nr. 17 – Reinkarnation, Kreislauf und Jahreszeiten

– Menopause – Lebenszyklen – Jugendalter – Wachstumskrisen

Wie zuvor schon beschrieben, ist das jetzige physische Leben eines Wesens nicht sein einziges Erdenleben. Ohne den Blick auf kommende Lebensstadien, in denen das Wesen mit seinen eigenen Sinnen seine Unsterblichkeit als reales Faktum wahrnehmen wird, können wir durch einfache Beobachtung des Bewusstseins und der Fähigkeiten des Erdenmenschen sagen, dass seine Manifestationen etwas noch nicht Abgeschlossenes, etwas Unvollendetes sind. Aber um genauer zu wissen, was noch nicht abgeschlossen ist, ist es nötig, auf den Zustand der Vollendung zu schauen. Dieser ist uns mitgeteilt worden in den Worten Gottes in der Bibel „Lasset uns Menschen schaffen nach unserem Bild und Gleichnis!" Die Verwirklichung dieses Planes offenbart sich in jenem physischen Prozess, den wir Entwicklung nennen. In seinem alltäglichen Leben gibt es niemanden, der nicht seine Erfahrungen macht. Erfahrungen sind Wissen. Ein ständiges Wachsen an Erfahrungen bewirkt ein Wachsen an Bewusstsein. Das ist es, was wir Entwicklung nennen. Neues Wissen ruft neue Interessen hervor, neue Interessen führen zu neuen Schöpfungen, neue Schöpfungen entwickeln die Schöpfungsfähigkeit und die Fähigkeit, Leben zu erleben. Dadurch wird das Lebewesen zu immer höheren Formen des Lebenserlebens geführt.

So wurde der Erdenmensch von primitiven Stadien der Wildnis zu den gehobenen Stadien des Kulturmenschen der Jetztzeit geführt. Niemals befinden sich die Wesen in völlig gleichen Stadien der

Entwicklung. So sind einige dem Ziel der Entwicklung bereits näher. Die Menschen, die liebevoller sind, sind diesem Ziel am nächsten, und die in ihrem Entwicklungsstand weiter zurück sind, sind die, die weniger liebevoll sind, die noch Kriege führen, Zerstörungen und Grausamkeit verbreiten.

Zwischen diesen beiden Extremen gibt es viele Zwischenstadien. Wenn all diese Stadien nicht das Ergebnis von Entwicklung wären, gäbe es überhaupt keinen Grund für ihr Vorhandensein. Und wenn es nicht auch dieselben Wesen wären, die von einem primitiven Entwicklungsstadium aufsteigen zu einem höheren und schließlich zum Stadium der Vollkommenheit, warum dann überhaupt Entwicklung? Einige werden hineingeboren in äußerst primitive Umstände, andere in ein helles, glückliches und menschenwürdiges Leben. Warum werden nicht alle unter gleichen Bedingungen geboren, wenn wir doch nur ein einziges Erdenleben haben sollen? Wo bleibt die göttliche Gerechtigkeit, wenn ein Wesen, das nie vorher gelebt hat, hineingeboren wird in Elend, Schmerzen und ein grausiges Schicksal, und ein anderes, das auch nie vorher gelebt hat, in Reichtum und Überfluss geboren wird? Das entbehrt jeder Logik und nirgends in den Prozessen der Natur findet sich Ähnliches. Die Naturprozesse sind hundertprozentig logisch in ihren Endresultaten. Wie sollten die Wesen denn unterschiedliche Grade der Entwicklung manifestieren, wenn sie niemals zuvor gelebt haben sollen? Und was ist es dann, das die Wesen in so unterschiedlichen Bedingungen leben lässt? Dass es ein Elternerbe sei, kann nicht die ganze Erklärung sein. Gibt es doch Kinder mit weit höheren und anderen Talenten als die der Eltern, ja manchmal sind sie wahre Genies, was die Eltern absolut nicht sind, woher dann dieses Talent? Es kann nur das eigene Talent des Kindes sein, das es in früheren Leben erworben hat und das bewahrt wurde im Überbewusstsein des ewigen Ichs.

Die Qualitäten und erworbenen Begabungen der Lebewesen werden mithilfe der Talentkerne auf den neuen physischen Organismus überführt. Dieser Prozess wird Reinkarnation genannt. Diese Talentkerne sind geistiger Natur und können den Verfall des physischen Körpers überleben.

Alle Formen von Energie und Bewegung ereignen sich in Kreisläufen. Wir sind den Kreisläufen von Tag und Nacht, von Vollmond und Neumond, von Sommer und Winter unterworfen und so auch dem Kreislauf von Erdenleben zu Erdenleben, und wir gehören auch in einen kosmischen Spiralkreislauf. Alle diese Formen von Manifestation bilden eine Kette, wo ein Glied ans andere gebunden ist. Wie sollte es wohl mit dem physischen Leben anders sein? Ohne die Reinkarnation wäre unser Leben Zufall und Chaos. Aber wie eben alle Prozesse der Natur in ihrem Endzustand zum Wohl und zur Freude der Lebewesen sind, so kommt auch der Mensch durch die Kette von Reinkarnationen zu seinem Endzustand, zum vollkommenen Menschen, zum Ebenbild Gottes.

Alle Kreisläufe haben vier Stadien. Der Jahreskreislauf bewegt sich durch Winter, Frühling, Sommer und Herbst. Die vier Stadien des Tages heißen Mitternacht, Morgen, Mittag und Abend. Wir kennen den Vollmond, den abnehmenden Mond, den Neumond und den zunehmenden Mond. Auch das Menschenleben gehorcht den vier Stadien: Kindheit, Jugend, Erwachsenenalter und Greisenalter. Innerhalb dieser vier Stadien finden wir die beiden Kontraste Licht und Finsternis, Winter und Sommer, Mittag und Mitternacht, Kindheit und Alter. In Parallele zum Jahr entspricht die Kindheit dem Winter, die Jugend dem Frühling, das Erwachsenenalter dem Sommer und das Alter dem Herbst.

Mit seinen Sinnen kann der Erdenmensch nicht wahrnehmen, was jenseits der physischen Welt liegt. Er meint, sein jetziges Leben sei sein einziges Leben. Er weiß nichts von seinen vergangenen Leben. Aus dieser Unwissenheit kommt die Unkenntnis über den Sinn von Gut und Böse, über den Grundton Liebe im Universum, über die unerlässliche Bedingung der Leiden für die Entwicklung der Liebesfähigkeit, und so weiß er nicht, dass das Böse ein unangenehmes Gutes ist. Er meint, es gäbe den Zorn Gottes und die Strafe für seine Sünden.

So wie die Kreisläufe des Tages, des Jahres, des physischen Lebens ihre vier Stadien haben, so haben auch die kosmischen Spiralkreisläufe ihre vier Stadien. Sie haben das Stadium des Lichtes, den Sommer, und das Stadium der Finsternis, den Winter.

Was ist nun das bestimmende Prinzip für das Verhalten des Erdenmenschen? Ist es nicht das Prinzip des Tötens? Der Erdenmensch tötet Hunderttausende von Tieren in dem Aberglauben, dass er für seine Ernährung des Fleisches bedarf. Er tötet seinesgleichen in Streitereien und in Kriegen. Wirklich, das bestimmende Prinzip im Leben dieses Wesens ist das Prinzip des Tötens. Wenn wir den Erdenmenschen so viele Male töten sehen, dann können wir nur sagen, dass er in der Finsternis lebt, im Winter des Spiralkreislaufes. Aber auf einen Winter folgt ohne Zweifel ein Frühling, und wir sehen ja auch vieles in Bewegung gegen das Prinzip des Tötens. Eine große Sehnsucht nach Frieden ist sehr verbreitet. Es gibt große Anstrengungen, den Kranken Hilfe zu leisten. Es gibt Hilfsorganisationen für jede Form von Bedürftigkeit. Ein neues Umweltbewusstsein mobilisiert viele. Der Frühling kündigt sich mit großer Macht an und die Entwicklung wird den Erdenmenschen hinführen zum wahren Menschen. Die Bewegung in diese Richtung lässt sich nicht übersehen, aber man kann auch nicht erwarten, dass dies in einem einzigen Erdenleben verwirklicht werden kann. Die Reinkarnation ist ein unerlässliches Glied im Entwicklungsprozess zum wahren Menschen, zum Abbild Gottes. Sie ist ein Prinzip göttlicher Liebe und Planung.

Wir sehen auf dem Symbol in der linken Ecke oben einen kleinen schwarzen Kreis. Er bezeichnet die Wintersonnenwende. Von dem schwarzen Kreis führt eine teils schwarze, teils weiße Linie nach unten bis zum Punkt der größten Ausdehnung des großen schwarzen Feldes. Diese Linie bezeichnet den Beginn des Winters. Weiter nach rechts sehen wir oben eine Kreisfigur halb schwarz und halb weiß. Sie bezeichnet den Frühlingsanfang. Danach kommt die völlig weiße Figur für den Sommer und die letzte weiß-schwarze Figur für den Herbst.

Das große schwarze Feld auf der linken Seite kommt zu seiner größten Weite in der Mitte des orangen Feldes, es ist dort, wo im Tierreich die Entwicklung des Erdenmenschen beginnt. Von hier aus beginnt das erneute Wachstum des lichten Feldes, bis es am Ende des wahren Menschenreiches gleich stark ist wie das schwarze Feld. Licht und Finsternis sind gleich und hier beginnt mit der

Tag- und Nachtgleiche der Frühling. Danach steigt das Weiß an bis zu seinem Höhepunkt in der göttlichen Welt, bis zum Sommer, und wieder beginnt das Wachstum des schwarzen Feldes bis zu erneuter Gleiche mit dem Weiß, dem Herbst am Ende des Seligkeitsreiches, um in einer neuen Spirale seinen Höhepunkt im Tierreich zu finden.

Die vier Jahreszeiten des Spiralkreislaufes sind eingetragen im unteren Feld mit den schrägen Strichen. Das graue Feld steht für den kosmischen Winter, das grüne für den Frühling, das vielfarbige für den Sommer und das rote für den Herbst.

Der Winter ist die kalte Jahreszeit, in der das Leben fast keine Chance hat. Die Bäume sind nackt, ohne Blätter, Wiesen und Felder ohne Grün sind wirklich dem Tode ähnlicher als dem Leben. Der kosmische Winter beginnt, wo das schwarze Feld am breitesten ist, im Tierreich, wo das Prinzip des Tötens waltet. Das ist die Zone der kosmischen Unbewusstheit. Der noch unfertige Erdenmensch, in dieser Zone das meist entwickelte Wesen, hat höchstens durch seinen Instinkt eine schwache Ahnung seiner Unsterblichkeit. Er kennt Gott und sein ewiges Leben nicht. Er ist wie ein blattloser Baum im Winter. Aber der kosmische Winter hat nicht nur die Zonen des Todes, des Schlafes und der Kälte. Er hat auch seine großen Freuden. Die Gottheit und das Licht existieren auch in der Winterzone. Das wahre Menschenreich gehört auch in die Winterzone, denn in ihrem ersten Teil sind die Wesen immer noch abhängig von der Reinkarnation, während sie im zweiten Teil davon befreit sind, in physischer Materie zu leben. Sogar das wunderbare Leben im wahren Menschenreich gehört immer noch zur Winterzone. Wie unfassbar schön wird dann der Frühling sein, wenn wir ihn im Weisheitsreich erleben! Intellektualisiertes Gefühl macht das Besondere im wahren Menschenreich aus, die wirkliche Nächstenliebe. Dieses intellektualisierte Gefühl ist der Grundton des Universums. Der Bereich für das Zusammenwachsen dieser beiden Energien ist markiert durch die beiden Kegelfiguren in Gelb und Grün. Das Zusammenwachsen beginnt bereits im Tierreich und bewirkt die Entwicklung zum wahren Menschen. Es sind diese wahren Menschen, die die kosmische Winterzone über das tötende

Prinzip und die Leiden hinaus erheben. Aber wir sehen, dass der Jetztmensch noch nicht zu diesem vollkommenen Stadium gekommen ist. Er lebt in eiskalten, todbringenden Gedanken, es ist um ihn eine Sphäre von Rache, Hass, Kriegen und Leiden, von Sorgen und Depressionen, von Lebensüberdruss und Selbstmord. Er ist noch nicht so weit, das Winterstadium wirklich zu besänftigen durch die Weihnachtsbotschaft vom Frieden auf Erden. Die Menschheit befindet sich noch mitten im kosmischen Winter, wo sie zur Vollkommenheit verwandelt werden soll, damit sie fähig sei, in dieser Finsterniszone den göttlichen Strahlenglanz zu leben und diese Zone in eine lichtvolle Sphäre zu verwandeln, die zu Recht das wahre Menschenreich genannt werden darf, obwohl dieses noch in der kosmischen Winterzone liegt.

Danach bricht der kosmische Frühling an. Er umfasst das Weisheitsreich und die erste Hälfte der göttlichen Welt. Das Weisheitsreich führt diese Bezeichnung, weil hier alle Weisheit, alle Intellektualität, alle Wissenschaft ihre Höhepunkte erreichen. Alle Ideen, alle Pläne werden hier in Gedankenmaterie kreiert, die sich später in physischer Natur auf unterschiedlichen Planeten manifestieren. Friedrich Weinreb hat eine direkte Antenne in dieses Weisheitsreich offen gelegt, indem er die Thora als den göttlichen Bauplan der Welt aufschlüsselte. Hier finden alle Wissenschaftler, Künstler, Schriftsteller und Forscher ihre „vielen Wohnungen“, von denen Christus im Johannesevangelium spricht. Diese Wohnungen sind dasselbe wie viele Paradiese, die wiederum dasselbe sind wie viele Sphären hundertprozentigen Wohlseins, wo die diskarnierten Wesen allerhöchstes Glück erleben. Wenn so unendlich viele Sphären des Wohlbefindens existieren, so unendlich viele Paradiese, dann deshalb, weil nur so die Möglichkeit besteht, dass jeder genau das Erlebnisstadium vorfindet, das seinem Entwicklungsgrad und seiner Fähigkeit wahrzunehmen entspricht. Für jeden Wahrnehmungsgrad gibt es das entsprechende Paradies. Es ist völlig gleich, ob das Wesen Heide, Christ oder Materialist ist, gottlos oder sehr religiös. Es wird höchstes Glück und Freude am Sein erleben in der Epoche nach dem Tode bis zur neuen Reinkarnation in der physischen Welt. Die geistigen Welten sind Wohnungen in Licht,

Licht und nochmals Licht. Nur in der physischen Sphäre leben die Wesen ihr Leidenskarma, ihr Schicksal. Der Übergang von der physischen zur spirituellen Welt kann mehr oder weniger unangenehm sein, eben der Prozess, der mit dem Fegefeuer bezeichnet wird. Dies ergibt sich nach dem Grad an Disharmonie zum Geschehen in der Stunde des physischen Todes. (Vgl., was hierzu bereits bei den 112 Fällen von V.E. gesagt wurde.)

Nach dem kosmischen Frühling kommt der Sommer, der auf dem Symbol mit vielfarbigen Querstrichen gekennzeichnet wird. Diese Epoche umfasst die zweite Hälfte der göttlichen Welt und das ganze Seligkeitsreich. Hier leben die Wesen in der allerhöchsten Ideenwelt. Hier finden sich alle Ideen oder Schlussfazite des Lebens. Hier können die Wesen die Schlussfazite des ganzen Universums wahrnehmen; von unbekannten bewohnten Planeten, von Himmelskörpern, von Sonnen und Milchstraßensystemen mit ihrer Pracht und Schönheit. Wahrhaftig, hier brillieren der ganze Glanz des Angesichtes Gottes und die Wärme seiner Liebe. Die Gottessöhne haben freien Zugang zum Lichtozean dieses Lebens oder dieser höchsten kosmischen Sphäre des Zusammenlebens mit Gott. Hier werden die Ideen geboren für die Strukturen im Makro- und Mikrokosmos. Von hier gehen alle Ideen zum Weisheitsreich, wo sie ihre Ausgestaltung in Gedankenmaterie finden, und weiter hinein in die physischen Welten im Makro-, Zwischen- und Mikrokosmos. Und von hier aus kommt kosmisches Bewusstsein zu entsprechend entwickelten Menschen in der physischen Welt und gibt ihnen Erleuchtungsblitze oder im besten Fall permanentes kosmisches Bewusstsein.

Gleichzeitig mit dem Erleben der Schlussfazite des Lebens können die Wesen auch anfangen, das Seligkeitsreich zu erleben, das heißt die Erinnerungen vergangener physischer Leben. Weil diese erinnerten Erfahrungen nur in höchstem Glanz wieder erlebt werden, erzeugen sie Seligkeit. Martinus nennt sie in seinem Hauptwerk „Livets Bog“ Goldkopien. Das Wesen beschäftigt sich immer mehr mit seinem eigenen „Wiedererleben“, bis es schließlich im Seligkeitsreich nur noch ganz in seiner eigenen inneren Welt lebt und seine Außenwelt überhaupt nicht mehr wahrnimmt. Hier können die Gottessöhne, wahre Menschen nach Gottes Bild und Gleichnis, ihre Erfahrungen aus der ganzen durchlebten Spirale nachleben, angefangen von ihren Ahnungen im Pflanzenstadium bis hin zu den allerhöchsten Erfahrungen im Weisheitsreich und in der göttlichen Welt. Alle diese Erinnerungen werden völlig nach Wunsch und in wachem Tagesbewusstsein nacherlebt. Dieser Ozean von Erinnerungen aus der ganzen durchlebten kosmischen Kreislaufspirale bildet für das Wesen eine Kopie des ganzen Universums, wie es erlebt wurde mit physischen und auch kosmischen Sinnen. So wie das Wesen im Seligkeitsreich kein Erleben in seiner Außenwelt hat, so hat es auch keine Kontakte zu anderen Wesen in seiner Außenwelt. Es erlebt sich völlig allein in seinem eigenen Universum der Erinnerungen. In diesem Universum ist es der alleinige Autor von allem. Es befindet sich völlig wie Gott in seinem Universum der Erinnerungen. Es selbst hat durch seine eigenen Sinne dieses Universum geschaffen. In seinen Welten kann das Wesen völlig nach Wunsch wieder erleben, was es erlebt hat als Pflanze, Tier und Mensch, und auch alles, was es in den höchsten Welten durchlebt hat. Kraft der Gedächtnisenergie, die im Seligkeitsreich ihre Höchstentfaltung hat, im Jetztleben des Erdenmenschen aber in latentem Stadium ist, kann es durch alle Zeiträume hin und her wandern, durch alle Einzelheiten seiner Kreislaufspirale.

Obwohl die Wesen im Seligkeitsreich kein Tagesbewusstsein in der Außenwelt haben, tragen sie zur Bildung der „leblosen“ Materie bei. Wir kennen diese Materie als Mineralmaterie. Wenn wir diese Materie als „leblos“ bezeichnen, dann einzig durch den Umstand, dass sie organisiert ist im spirituellen Bereich ohne jegliche Einwirkung auf den physischen Bereich. Die Mineralmaterien sind Ausgüsse von Energien aus dem Seligkeitsreich. Sie sind mentale Impulse der überstarken Ekstaseenergien im Seligkeitsreich, die hier inkarnieren oder sich verbinden mit Materie in der physischen Welt, und so beginnt die Inkarnation des Geistes in dieser Welt. Und nachdem sich diese Materie langsam weiter entwickelt hat und brauchbar geworden ist für die Ichs hinter diesem Geist, verlassen diese das Seligkeitsreich und beginnen, sichtbare Manifestationen in physischer Materie zu erschaffen. Unter anderem sind die Eisblumen an den Fenstern automatisierte Impulse aus dem Seligkeitsreich.

Martinus spricht in diesem Zusammenhang auch von den Blütenkreationen vieler Pflanzen, die ebenfalls aus Impulsen aus dem Seligkeitsreich gestaltet sind. Ich sehe hier die Ursache für die starke und sehr definierte Wirkkraft der Bachblütenmedizin. Wenn das Wesen aus dem Seligkeitsreich ins Pflanzenreich hinübergleitet, dann hat es in der vergangenen Spirale zum Beispiel Angst, Einsamkeit, Schuldgefühle, Machtstreben, Besitzergreifen, Verzweiflung, Verbitterung, Eifersucht, kurz alles das durchlebt, was krank machend für den Erdenmenschen ist, trägt aber jetzt den positiven Aspekt dieser Erfahrungen mit sich, der besonders in der Blüte vibriert und jetzt diese wunderbare Medizin sein kann.

Wenn sich die Wesen aus dem Seligkeitsreich in einen neuen Spiralkreislauf begeben, beginnen sie mit der Instinktenergie. Sie werden Pflanzen in Strukturen, geschaffen von Impulsen aus dem Seligkeitserleben und getragen durch die Instinktenergie, bekommen sie im Ahnungsvermögen die erste Form von Wahrnehmung der Außenwelt. Wir sehen auf dem Symbol, dass das Pflanzenreich bis zur ersten Hälfte des Tierreiches den kosmischen Herbst ausmacht. Danach wird das Wesen durch den kosmischen Winter usw. bis zum Seligkeitsreich der neuen kosmischen Spirale geführt. Und so geht es von Spirale zu Spirale durch alle Ewigkeit.

Die Lebewesen entwickeln sich in den kosmischen Spiralkreisläufen durch das Prinzip von Hunger und Sättigung. Alles, was die Wesen erfahren, kommt an den Punkt einer Sättigung, wo es einfach keine Anziehung mehr hat, und das Wesen gleitet durch seinen Hunger nach neuen Erfahrungen in neue Reiche. Sogar die göttliche Welt und das Seligkeitsreich machen einmal das Wesen so satt, dass es einfach hinaus will in neue Erfahrungen. Der Jetztmensch lebt unter dem Gesetz des Tötens, aber es ist überall deutlich zu spüren, dass er es einfach leid ist zu töten und zu kämpfen. Der Hunger nach dem Frieden wächst und wächst und wird den Erdenmenschen zum wahren Menschenreich führen. Das Licht bewirkt Sättigung und es gebiert den Hunger nach der

Finsternis. Die Finsternis kommt ebenfalls an den Punkt der Sättigung und sie gebiert so den Hunger nach dem Licht. Auf diese Weise sind Hunger und Sättigung der Motor für die Wanderung des Wesens durch den Spiralkreislauf. Ohne dieses Prinzip des Wechsels von einem Zustand zum nächsten wäre ein ewiges Erleben nicht möglich.

In der Analyse des Kreislaufprinzips werden die Realität und auch die Notwendigkeit der Reinkarnation sehr deutlich. Wir können verstehen, warum Jesus zu Nikodemos sagt: „Wahrlich ich sage dir, wenn jemand nicht wiedergeboren wird aus dem Wasser und dem Geist, kann er nicht in das Reich Gottes eintreten!" Damals konnte Jesus keine logische Analyse für diesen Vorgang geben, da die Menschen diese damals noch nicht verstehen konnten. Der „Geist" ist das ewige Ich mit seinem spirituellen Körper und das „Wasser" ist die Materie für den neuen physischen Organismus. Das dogmatische Christentum, das die Reinkarnation ablehnt und die Erlösung durch Christus während eines einzigen Erdenlebens lehrt, interpretiert diese Jesusworte mit der Heilsnotwendigkeit des Sakramentes der Taufe.

Wir haben gesehen, wie das Prinzip der kosmischen Spiralkreisläufe die Garantie für eine ewige Manifestation des Lebens ist und dass es keinen Platz für eine ewige Hölle gibt. Absolut alle Wesen kommen in die Epoche direkter Anteilnahme am wundervollen Leben Gottes, und in den Zwischenzeiten von einem Erdenleben zum nächsten haben alle Anteil an der geistigen Welt nach dem Grad ihres jeweiligen Entwicklungstandes. Dann sind sie Gäste, und wenn ihre Entwicklung zum Bilde Gottes abgeschlossen ist, werden sie Bürger dieser hohen Welten sein.

Es bleibt noch zu erwähnen, dass die beiden dünnen schwarzen Striche im Jahreszeitenfeld Trennlinien sein sollen zwischen den drei Kosmen, dem Makrokosmos, dem Zwischenkosmos und dem Mikrokosmos. Das unterste Feld in den Farben der Grundenergien soll zwei Bewusstseinszustände der Gottheit bezeichnen. Das sekundäre Bewusstsein Gottes ist im Tierreich, wo die Energie im Latenzzustand eingetragen ist. Wo sich das Energiefeld ausweitet, ist das primäre Bewusstsein der Gottheit bezeichnet.

Menopause, Jugendalter, Lebenszyklen, kurz Wachstumskrisen können Disharmonien in der Wanderung des Wesens von einem Erlebenszustand zum nächsten bewirken. Es ist völlig einsichtig, dass der Geist dieses Symbols Heilwirkungen für diese Jahreszeiten vermittelt.

Symbol Nr. 18 – Die Schicksalsbogen des Lebewesens

– Karma aus früheren Inkarnationen – Atmungssystem
– Blutsystem – Kinesiologisches System – Die 12 Nervenstränge

Im Zentrum der unteren Hälfte des Symbols sehen wir ein kleines Dreieck in einem Strahlenkreuz. Das Dreieck symbolisiert das Lebewesen. Rechts und links vom Dreieck befinden sich zwei senkrechte weiße Striche und wo sie sich mit den beiden waagerechten weißen Strichen treffen, markieren sie ein oranges Feld mit schwarzen Schrägstrichen, das das jetzige physische Leben des Wesens kennzeichnet. Vom Dreieck gehen nach rechts und links je vier orange Felder aus, die das Dreieck mit je vier orangen Rechtecken verbinden. Sie bezeichnen die Reinkarnationen des Wesens, während die weißen Rechtecke die Zwischenzeiten in der geistigen Welt bedeuten. Das Gelb im unteren Feld bedeutet die Vergangenheit des Wesens und das Grün bedeutet seine Zukunft. Oberhalb der beiden Horizontalstriche sehen wir viele größere und kleinere violette Bogen. Sie stehen für die Schicksalsbogen des Lebewesens. So gibt es Bogen, die noch in derselben Inkarnation zurückkehren, andere gehen bis zur nächsten und andere bis zur vierten Reinkarnation. Aus diesen Bogen bildet sich das gesamte Schicksal des Lebewesens. Sie bilden sich ja aus allem, was das Wesen denkt, spricht, tut. Es sind endlos viele Einzelheiten, die vom Lebewesen ausgehen und zu ihm als sein Schicksal zurückkehren. Das Gute, das es seinen Mitwesen getan hat, kommt als gutes Schicksal und das Böse kommt als böses Schicksal zurück in Bogen von unterschiedlicher Größe und unterschiedlicher Dauer. Es gibt Bogen, die sofort und noch in diesem Erdenleben zurückkehren, und es gibt solche, die erst nach einem oder mehreren Erdenleben das Schicksal formen. Darum ist es so, dass die Lebewesen durch ihr gesamtes Verhalten in diesem Leben ihr zukünftiges Schicksal formen.

Ebenso wie das Symbol 16 wirkt auch Symbol 18 bei negativem Karma. Nach meiner Erfahrung arbeitet Symbol 16 mit Karma, das aus boshaften Handlungen erwachsen ist, während Symbol 18 mit Karma aus nicht boshaften Handlungen arbeitet, wie es zum Beispiel bei Fleischessern der Fall ist, die ja am der Töten der Tiere Anteil haben, aber eben nicht in boshafter Absicht, oder bei Verletzungen seines Nächsten aus Versehen oder auch Gleichgültigkeit. Hier zeigt sich auch eine Logik, dass das Symbol 16 für das Lymphsystem, das der Entgiftung gilt, diagnostiziert wurde, während Symbol 18 für das Atmungssystem Heilwirkungen hat.

So wie die Schicksalsbogen mit gutem und bösem Schicksal das Lebewesen versorgen können, so ist das Atmungssystem da für die Versorgung mit „gutem“ Sauerstoff und die Entsorgung von „schlechtem“ Stickstoff, das Blutsystem ist ja ebenfalls für beide Aspekte tätig, es versorgt und entsorgt den Organismus und die zwölf Nervenstränge sind ja die Organisationsbahnen des ganzen Organismus. Das kinesiologische System würde ich als ein Warnsystem und Ordnungssystem des Organismus bezeichnen, das auch für das Ganze mitbestimmend ist. Die Heilwirkung des Symbols für diese Körpersysteme erscheint mir nach den bisherigen Erklärungen zum Symbol völlig einleuchtend.

Wenn der Therapeut die Wirkweise des Symbols versteht, wird es ihm nicht schwer fallen, seinen Patienten dahin zu führen, dass er Autor seiner Heilung wird. Wenn er etwa an Asthma leidet, gefährliche Blockierungen in seinem Atmungssystem wahrnimmt, kann ich ihm erklären, dass sein Foto auf dem Symbol der Schicksalsbogen – die sich ja zum Besten für den Menschen bewegen – nach dem Gesetz der Resonanz das Atmungssystem in Bewegung versetzt und die Blockaden des Asthmas auflösen hilft. Und aus dem Gesetz von Saat und Ernte ist jedes Asthma auch ein

Karma, das früher ausgelöst wurde und jetzt aufgelöst werden kann, wenn es bewusst angenommen wird und mithilft, die große Barmherzigkeit zu seinem Nächsten zu entwickeln. Das, was ich jetzt leide, wünsche ich keinem meiner Mitmenschen. Je mehr der Patient beginnt, seine Situation und den Heilungsweg zu verstehen, umso leichter kann er auch die Angst überwinden, die ja ein großer Faktor beim Asthma ist.

Symbol Nr. 19 – Durch die Finsternis der Einweihung (Die Hölle oder Götterdämmerung)

– Dämonische Wesenheit – In der letzten oder in mehreren Reinkarnationen abgetriebene Kinder

Eine Lehrerin bringt ihre Schülerin, fünf Jahre alt. Das Kind hört nicht auf zu reden, zu laufen oder sich zu bewegen. Es bringt die ganze Klasse in Unordnung. Es trat ein, geführt an der Hand seiner Lehrerin, setzte sich und sofort erhob es sich wieder, setzte sich nochmals. Inzwischen diagnostiziere ich eine dämonische Besetzung, eine ganze Legion von Wesen. Es kommt mir ein Gedanke und ich frage zum ersten Mal: Ist es ein abgetriebenes Kind? Die Rute bestätigt. Ich denke an Symbol 19 und frage, ob es indiziert sei für dieses Kind. Die Rute bestätigt. Ich frage das Kind nach seinem Namen. „Besteirinha", – man müsste diesen Ausdruck mit „Scheißdreckchen" übersetzen. „Besteirinha, Besteirinha" wiederholt das Kind, der Ungeist in ihm! Und dann: „Ich bin ein Nichts! Ein Nichts!" Ich beginne mit dem Exorzismus. Es dauert nicht lange und das Kind erregt sich mächtig, springt auf, rennt zur Tür und raus auf die Straße. Die Lehrerin schaffte es nicht, es festzuhalten, sie läuft dem Mädchen nach bis zur nahen Schule. Ich bete den Exorzismus weiter, bis die Rute die Befreiung des Kindes signalisiert. Am Tag drauf bestätigt die Lehrerin, dass das Kind sich sehr beruhigt habe. Sofort begann auch die Behandlung durch die

Energien des Symbols 19, um die Schäden aus der erlittenen Abtreibung zu heilen. Das positive Verhalten des Kindes nahm zu. Eine weitere Behandlung war nicht mehr nötig.

Am 15. November 2003 kommt eine junge Mutter mit ihrem Sohn Marcos, geboren am 27. März 2003. Das Kind weint seit seiner Geburt ohne Unterlass, im Wechsel stößt es die Hände in den Mund bis tief in den Rachen. Der Körper besteht buchstäblich nur aus Haut und Knochen. Der superdünne Hals kann den Kopf nicht tragen. Die Mutter sagt, das Kind sei mit dieser richtigen Todesagonie geboren worden. Sie hat es zu allen erreichbaren Ärzten getragen, auch in eine größere Nachbarstadt zu Spezialisten, sie fuhr in die Landeshauptstadt zu einer bestens ausgestatteten Kinderklinik. Sie hat über ein Dutzend Ärzte konsultiert. Keiner konnte etwas finden, obwohl das Kind nicht schläft, Tag und Nacht schreit und gewiss unerträgliche Schmerzen erleidet, eben wirkliche Todesagonie. Die Mutter legte zehn verordnete Medikamente vor. Keines hatte je Erleichterung gebracht. Das aktuelle Gewicht: 4,5 kg mit fast acht Monaten.

Meine Diagnose:

1.000-mal Umbanda-Magie,
Zustand des Immunsystems: 10 Stufen der Abwehr durchbrochen,
Torroidringe: 10 Meter
Vibrationen in Ångström:
Physisch: 4.300 Å, emotional: 4.200 Å, mental: 4.300 Å, spiritual: 3.600 Å.

Ich habe der Mutter nach dieser Diagnose gesagt, dass Marcos einen ganz starken Lebenswillen hat und ihr bestimmt noch sehr viel Freude bereiten wird.

Maßnahmen:

Exorzismus, Schutzgrafik: Keltisches Kreuz, Handauflegung, Chomotherapie,
Foto auf das Zwölftrapez der Martinus-Symbole einschließlich Symbol 19, Medikament mit dem Mineralstoff Phosphor, Bachblüten: White Chestnut für Besessenheit.

Am 17. November geht es dem Kind sehr viel besser, lange Zeiten ohne Weinen, die Haut war deutlich weniger trocken. Noch gab es eine nicht starke Besessenheit. Um neue Besetzungen zu verhindern, wurden je nach Bedarf andere Schutzgrafiken eingesetzt, wie Luxor oder die sieben Kreise, wie auch immer noch das Keltische Kreuz. Zweimal in der Woche wurde das Kind vorgestellt.

Am 12. Dezember sind Gesicht und Augen sehr leuchtend, Marcos schläft gut, einige Male gelingt es ihm, den Kopf hoch zu halten. Man darf sagen: Marcos ist ein anderes Kind geworden.

Torroidringe: 800 m, spirituelle Vibration: 150.000 Å, Immunstufe 9.

Am 22. Dezember kommt die Mutter und sagt, das Kind sei jetzt geheilt. Marcos schläft immer die Nacht durch, hat 500 Gramm zugenommen.

Immunstufe: 8, Torroidringe: 1020 m.

Physisch: 6.990 Å, emotional: 6.940 Å, mental 6.995 Å, spirituell: 220.000 Å.

Diese ganz hervorragenden Werte nach sechs Wochen Behandlung bestätigen, was die Mutter sagt: ihr Kind sei jetzt geheilt.

Sie sprach auch mit dem Vater. Nie wollte er etwas vom Kind wissen – das Paar ist nicht verheiratet –, nicht während der Schwangerschaft, nicht in der Zeit der Krankheit und auch jetzt nicht, da es gesundet ist.

Am 24. März macht Marcos sichere Bewegungen mit seinem Kopf, nie mehr steckt er eine Hand in den Mund, schläft immer gut, der Körper hat sich völlig normalisiert, Marcos ergriff meine Hand bei der Handauflegung, lacht mich an und spielt mit einem Tuch der Mutter.

Immunstufe: 5, Torroidringe: 3.500 m, spirituelle Vibration: 350.000 Å.

Die Wiederherstellung der Stufen des Immunsystems von 10 auf 5 und die ebenso erstaunliche Steigerung der spirituellen Energie sind dem Zwölftrapez mit allen Martinus-Symbolen zuzuschreiben. Infolge der fast zahllosen Angriffe durch schwarze Magie war die spirituelle Energie bis auf 3.600 Å gesunken. Der Normalwert beträgt 6.500 Å. Wo ein Ångströmwert unter 4.000 Å absinkt, beginnt der Organismus abzusterben, und bei 2.000 Å ist der Sterbeprozess abgeschlossen. Ich bin davon überzeugt, dass dieser tödliche Tiefstand der spirituellen Energie aus den mentalen und schwarzmagischen Angriffen gegen den unerwünschten Embryo herstammt, wo sie sich als Samen in den Talentkernen eingenistet haben. So sind sie in die jetzige Reinkarnation gekommen und die Magie konnte nun den kleinen Marcos buchstäblich tausendfach schädigen. Der Leser beachte, dass die spirituelle Energie bei Marcos im Heilungsprozess von 3.600 Å auf 350.000 Å fast um das Hundertfache angestiegen ist. Sollte das nicht ein Hinweis sein, dass die Wurzel unserer Krankheiten nicht in der Untersuchung des physischen Körpers gefunden werden kann, wie so viele Ärzte mit Marcos taten?

Ich habe versucht, den Anteil der einzelnen Maßnahmen am Heilungsprozess bis zum 24. März radiästhetisch zu ermitteln. Ich habe folgende Werte gefunden:

Symbol 19	21,0 %
Zwölftrapez mit allen Martinus-Symbolen	10,5 %
Energien von Handauflegung und Gebet	37,8 %
Chromotherapie	8,4 %
Bachblütenessenzen	6,3 %
Homöopathie mit Arnika C 30	16,8 %

Noch ist das Foto von Marcos auf dem Symbol 19, seine Möglichkeiten sind also noch nicht ausgeschöpft, es arbeitet ja an dem innersten Kern der Störung, an den Talentkernen in der Mutterenergie, die ja die tausendfache schwarze Magie aus dem durch Abtreibung unterbrochenen Reinkarnationsprozess in das jetzige Erdenleben von Marcos getragen haben. Ich vermute sehr, dass die hohe Effizienz der anderen Maßnahmen nur möglich wurde auf der Basis der Wirkungen von Symbol 19. Der Rutentest zum Zeitpunkt dieser Prozentwerte über die noch offene Heilwirkung für Symbol 19 ergab 60 Prozent, also wird das Symbol noch große Wirkungen zeigen zur vielleicht völligen Ausheilung der Abtreibungsschäden.

Das Kind und auch die Mutter haben in den acht Monaten bei so vielen Arztbesuchen eine wahre Hölle durchlebt, ohne einen Lichtschimmer. Und für Marcos als unerwünschter Embryo hat die Höllensituation im Schoß seiner vorherigen Mutter angefangen, wo die Natur eigentlich für jedes inkarnierende Wesen ein wahres Paradies schafft. Vielleicht ist die Abtreibung wirklich heimlich durch viele, viele magische Rituale zustande gekommen, sodass die Rute zu einer so schockierenden Diagnose kam. Ich betrachte den ermittelten Wert nicht als ein Dogma, aber ich kann nicht umhin, festzustellen, dass alle Maßnahmen, die ja zum so erstaunlichen Heilungsprozess geführt haben, auf der Basis dieser Diagnose getroffen wurden.

Das Ergebnis darf darum ruhig als eine – gewisse oder totale? – Bestätigung der Diagnose betrachtet werden.

Das Symbol 19 wurde auch indiziert für die Heilung von Schäden durch dämonische Wesenheiten. Die Wirkweise des Symbols bei den beiden erwähnten Kindern ist schon eine volle Bestätigung für diese Form von Heilenergie durch Symbol 19. Dazu kommt der Einsatz zugunsten abgetriebener Kinder. Aus meiner Kenntnis des Dritten Testamentes möchte ich noch ein Wort zur Abtreibung sagen.

Wir sind ewig, wie alle Lebewesen ewig sind. Die Manifestation des Lebens vollzieht sich in Spiralkreisläufen mit den jeweils sechs Grundenergien. Der Erdenmensch befindet sich im Tierreich mit seiner Schwereenergie. Um im Tierreich leben zu können, bedarf es des physischen Körpers als Manifestationsinstrument. Dieses Instrument ist der Abnutzung unterworfen. Es bedarf stetiger Erneuerungen; das geschieht im Prozess der Diskarnationen und der Reinkarnationen. Stirbt ein Lebewesen mit 70 oder 80 Jahren, dann kehrt der physische Körper zurück zur Erde, von der er genommen ist; mit seinem psychischen Körper tritt das Wesen ein in die geistige Welt, wo es etwa die gleiche Zeit verbleibt, die es im physischen Körper gelebt hat. Nachdem es diese Zeit etwa als Gast in den geistigen Welten verbracht hat, wächst der Wunsch, seine Entwicklung zu Gottes Abbild, eben zu einem legitimen Bürger in den göttlichen Welten fortzusetzen, und das Wesen will wieder in die physische Welt inkarnieren, denn nur hier kann in der Konfrontation mit der Schwereenergie der Entwicklungsprozess weitergehen. Nachdem es also in den geistigen Welten seine allerschönsten Ferien verbracht hat und sich nun nach seiner Weiterentwicklung sehnt, ist es in einem fast automatischen Prozess auf ein Elternpaar orientiert, das sich in seinem Sexualakt in der gleichen Wellenlänge findet. Mit Hilfe dieses Elternpaares beginnt das Wesen nun, mit dem Embryostadium einen neuen physischen Körper zu bilden, als sein Instrument in einem neuen Erdenleben. Wer also 50 oder 80 Jahre bis zu seinem „Tode" gelebt hat, der kehrt nach etwa 50 oder 80 Jahren Erholung wieder zurück in ein neues Erdenleben. Wenn nun aber im Mutterleib ein gewaltsamer „Tod" das Wesen trifft, dann ist sein Wille, sich in einem physischen Körper weiterzuentwickeln, so stark, – siehe den Lebenswillen von Marcos! –, dass es trotz der tiefen Schäden durch die Abtreibung nicht zur Erholung in den geistigen Welten zurückkehren kann. Ziemlich schnell inkarniert es wieder und bringt die schweren Verletzungen, eine wahre Hölle, mit in das neue Erdenleben. Als Jesus von der Höllensituation der Menschheit zum Ende der Zeiten spricht, erwähnt er nicht von ungefähr sein tiefes Mitempfinden mit den schwangeren Frauen (Mt 24,19).

Das Symbol kennzeichnet die Höllensituation, das Ende der Welt. Wir sehen die Silhouette einer Stadt, sie symbolisiert die großen zivilen und technischen Eroberungen einer materialistischen Mentalität. Da sie aus Egoismus gewachsen sind, können sie dem Erdenmenschen keinen Frieden bringen. Der große Totenkopf, die Rauchwolken, der Feuer speiende Vulkan kennzeichnen das überall geltende Gesetz des Tötens. Es führt den Erdenmenschen besonders mit Hilfe der materialistischen Wissenschaft zu schier grenzenlosem Morden, zu einem wahren Teufelsbewusstsein.

Die weiße Herzfigur mit dem kleinen Dreieck darüber kennzeichnet das Lebewesen. Der große orange Bogen von links bedeutet, dass das Wesen ein schweres Schicksal von Mitwesen bekommt. Von links trifft ein Schwert sein Herz. Es antwortet aber mit einem Racheakt, den das rechte Schwert ausdrückt. In solcher

Rachegesinnung gehen die dunklen Schicksalsbogen von Erdenleben zu Erdenleben, wie im unteren, von lila Streifen umgebenen, orangegelben Feld signalisiert wird. Die Goldstrahlen um diese Hölle herum zeigen, dass all dieses Geschehen in Gottes Plan ist. In der Finsternis wächst die Sehnsucht nach Licht, Licht und nochmal Licht. Der verlorene Sohn kehrt heim zum Vater. Und es ist für Besessene und abgetriebene Kinder eine Notwendigkeit, mit der Wahrheit ihrer Hölle konfrontiert zu werden, damit Heilung geschehen kann. Hier zeigt sich die Logik der Wahl des Symbols 19. So geschieht Heilung an der Wurzel. Marcos und alle durch Abtreibung geschädigten Kinder sind nicht aus der liebevollen Hand des Vaters gefallen.

Ich arbeite mit den Symbolen für sehr viele Menschen. Fast täglich prüfe ich den weiteren Verbleib des Fotos auf dem Symbol. Seit langem habe ich festgestellt, dass es öfter Tage gab, an denen sich nichts oder nur sehr wenig in den Heilprozessen tat. Ich habe nach der Ursache gefragt und fand heraus, dass es an der Kriegsatmosphäre über dem Erdball lag. Manchmal war die Wirkung bis zu 90 Prozent blockiert und dann weniger oder auch gar nicht. Besonders der Irakkrieg hat sich da ausgewirkt. Wie es im Symbol 19 deutlich wird, kann die Finsternis über der Erde fast alle lichten Energien überdecken.

Symbol Nr. 20 – Die Vergebung der Sünden

– Verbitterung

Das tägliche Leben des Erdenmenschen zeigt sehr oft, dass es das Wesen nicht schafft, seinem Nächsten zu verzeihen. Viele drücken es so aus, dass sie ja verzeihen wollen, aber vergessen können sie nicht, was der Nächste ihnen angetan hat. Die Verbitterung kann so tief wurzeln, dass über ihr auch keine körperliche Gesundheit wachsen kann. Es kommen tief religiöse Menschen mit einem starken Willen zu verzeihen, und obwohl sie an den Heiligen Sakramenten teilnehmen, gelingt es ihnen nicht. Warum? Was ist denn die wirkliche Vergebung der Sünden?

Das Symbol 20 heilt Verbitterung. Wie lässt sich das verstehen? Das Symbol stellt die Entwicklung der humanen Fähigkeit dar und die Befreiung von negativem Karma durch eben diese Fähigkeit.

Das Feld zwischen den zwei senkrechten weißen Strichen stellt das jetzige physische Leben des Wesens dar. Das violette Feld steht für das Überbewusstsein und das ewige Ich des Wesens. Zwischen den beiden waagerechten weißen Strichen bezeichnen die orangen Felder das physische und die weißen Felder das geistige Leben des Wesens. Das Gelb links gibt die Vergangenheit an und das Grün rechts die Zukunft des Erdenmenschen. Die Treppenstufen im unteren orangen Feld wollen sagen, dass sich von Erdenleben zu Erdenleben eine Entwicklung zu immer besseren Zuständen vollzieht. Die wachsenden gelben Flammen längs den verschiedenen physischen und geistigen Leben stehen für die wachsende humane Fähigkeit des Lebewesens.

Wir sehen im oberen Feld Bogen in Orange und in Weiß. Sie bezeichnen die Schicksalsbogen, die vom Lebewesen ausgehen und zu ihm zurückkehren. Zu den weißen Bogen, die nur über geistigen Leben des Wesens stehen, hat Martinus hier auf spätere Erklärungen verwiesen. Die farbigen Bogen kommen aus bösen Taten des Wesens und kehren zu ihm zurück. Der kleine Bogen, der in der gleichen Inkarnation zurückkommt, trifft nicht auf gelbe Flammen, auf entwickelte humane Fähigkeit. Der im nächsten Erdenleben zurückkehrende Bogen trifft bereits auf eine humane Reaktion. Beispielsweise hat das Wesen getötet und wird getötet, hat aber schon angefangen, unter seinen tötenden Gedanken zu leiden, und diese humane Haltung wächst von Leben zu Leben, bis es den ins vierte Leben zurückkehrenden Aggressionen mit großem Frieden im Herzen begegnen kann und so einen Angriff unwirksam werden lässt und sich selbst von seinem Todeskarma befreit. Durch das aus seinem bösen Karma erlittene Leid wächst das Gefühl großer Barmherzigkeit von Leben zu Leben und wächst die Fähigkeit zu verzeihen und ganz zu vergessen, was ihm als Böses von seinem Nächsten angetan wurde. Dadurch wird es schließlich von allen seinen bösen Taten befreit. Das ist die Vergebung der Sünden. Das Heilige Abendmahl und das Bußsakrament sind wahre Himmelsgeschenke für den religiösen Menschen, aber sie verändern nicht den Entwicklungsstand des Wesens. Religiöser Glaube beruht auf dem Instinkt des noch infantilen Erdenmenschen. Das Sakrament bewirkt eine für dieses Wesen hilfreiche, ja notwendige Suggestion, um weiter leben zu können nach einer bösen Tat, befreit aber nicht von der Verbitterung.

Symbol Nr. 21 – Die ewige kosmische organische Verbindung zwischen Gott und dem Gottessohn I

– Schizophrenie – Atmungssystem – Die fünf Organe

Das Symbol 21 zeigt einen großen weißen Kreis, der alles umgreift, was in ihm ist. Der weiße Kreis ist nicht etwa mit einem dünnen Strich gezeichnet. Er belegt ein richtig breites Feld, das den Eindruck von einer wirklich großen Kraft vermittelt. Nichts, was sich im Kreisfeld befindet, kann herausfallen, ebenso kann auch nichts irgendwie herausgerissen werden. Diese starke Energie fließt dem Menschen zu, dessen Foto auf dieses Symbol gelegt wird. Meine Rute hat diesem Symbol Heilkraft bei Schizophrenie, Störungen im Atmungssystem und den fünf Organen zugesprochen.

Erstens bei Schizophrenie:

Martinus hat diesem Symbol den Titel gegeben „Die ewige kosmische Verbindung zwischen Gott und dem Gottessohn". Warum? Der kleine weiße Kreis in der Mitte bezeichnet den Gottessohn, sein ewiges Ich, das X1, das violette Feld bezeichnet die Mutterenergie, das X2, die farbigen Felder um es herum bezeichnen die sechs Grundenergien für die Manifestation des Lebens, das X3. Dieser Gottessohn ist umgeben vom Universum mit seinen unzähligen Lebewesen, angedeutet durch die Pfeile in den sechs Farben der Grundenergien, die umfangen sind vom Violett der Mutterenergie X2 der Gottheit und dem weißen Feld des X1, des ewigen Ichs Gottes.

Wie sollte sich der Gottessohn von der Gottheit trennen können? Wie sollte die Gottheit sich vom Gottessohn trennen können? Das Symbol ist sehr überzeugend. Diese Wahrheit unlöslicher Verbindung trifft einfach für alle Lebewesen zu, für Menschen, Tiere, Pflanzen, Minerale, für den Makro- und den Mikrokosmos, für das ganze Universum. Gott ist in allen und alle sind in Gott. Die Schizophrenie ist ein mentales Bild, das einfach völlig gegen die Realität gebildet ist. So kann also eine Schizophrenie eines Menschen im energetischen Fluss dieses Symbols geheilt werden.

Zweitens bei Störungen des Atmungssystems:

Wir können es einfach nicht lassen, ständig zu atmen. Es ist unserem Willen entzogen. Ebenso können wir es nicht unterlassen, ständig in Gott zu sein, wir können es nicht unterlassen, immer wieder zu beten. Wir haben das Organ des Gebetes, des spirituellen Atmens, wie das Symbol uns lehrt. Kann darum etwas logischer sein, als dass die Energie des Symbols auch Störungen im physischen Atmungssystem heilt?

Drittens bei Störungen der fünf Organe:

Die farbigen Pfeile, die den Gottessohn umgeben, bezeichnen alle Lebewesen des Universums. In allen sechs Reichen und in allen Situationen ist der Gottessohn von Lebewesen umgeben. Sie sind die Organe Gottes, mit deren Hilfe er immer und überall sich seines Sohnes annehmen kann. Durch diese Organe vollzieht sich die ständige und immer vollkommene göttliche Vorsehung. Bedarf es jetzt wohl noch einer Erklärung, warum die Energie dieses Symbols Störungen in unseren Organen heilen kann?

Da Gott immer die Freiheit seines Sohnes respektiert, vollzieht sich die göttliche Hilfestellung vor allem auf Wunsch und Bitten des Gottessohnes und das nennen wir Gebet. Martinus erklärt, dass in allen Lebewesen ein angeborenes Organ des Gebetes existiert. Es zeigt sich schon im Schrei des Tieres, wenn es einem Raubtier zum Opfer fällt. Und jedes Gebet wird erhört! Darum kann ich es als Therapeut nicht unterlassen, zum Gebet anzuleiten und zu motivieren. Wie ich mit Effizienz beten kann, das ist gut erkennbar in den Zeichnungen auf der linken Seite des Symbols und in den Erklärungen des Martinus in DAS EWIGE WELTBILD 2. Ich empfehle sehr, dort nachzulesen. Hier fehlt der Raum dazu. Nur so viel sei gesagt: In den kleinen Dreiecken sind Wesen der physischen und spirituellen Welt dargestellt und die Verbindungslinien zeigen, wie Gebet und Gebetserhörungen funktionieren, wie der Vater mit seinen ausführenden Organen in der geistigen Welt auf die Bitten seines in der physischen Welt bedrängten Sohnes reagiert.

Aus meinen Alltagserfahrungen mit den Kranken und mit mir selber möchte ich vier Aspekte zum Beten hier noch einmal zusammenstellen:

1. Ich definiere klar und eindeutig mein Bedürfnis, mein Problem. Zum Beispiel meine Kopfschmerzen, meine Angstgefühle, meine Sorge um einen Freund. Es können auch etliche Einzelprobleme summiert werden. Ich sage etwa: „Mein Gott, nimm diese unerträglichen Kopfschmerzen von mir."
2. Ich wende mich direkt an das Herz meines göttlichen Vaters, mentalisiere meine Intention/Intentionen und spreche in Worten oder nur in Gedanken: „Lieber Vater, lieber Vater …"
3. Ich wiederhole: „Lieber Vater, lieber Vater, lieber Vater …", bis ich den heilenden Energiestrom vernehme, d.h., bis die Kopfschmerzen aufhören, bis die Angstgefühle sich lösen, bis die Sorge um den Freund einer großen Gelassenheit weicht usw. Es kann Minuten, Stunden, Tage, ja Wochen dauern, dass ich ständig wiederhole „Lieber Vater …", denn es heißt ja: „Betet, betet ohne Unterlass." (1 Tess 5,17).
4. Wenn ich durch Erhörung beschenkt wurde, dann ist noch ein sehr, sehr wichtiger Lernprozess dran. Ich meine das, was Jesus nennt „Wachet und betet!". Was bedeutet das im praktischen Lebensvollzug? Wachsam sein heißt meines Erachtens, immer zuerst auf seinen eigenen Organismus zu achten. Ich spüre zum Beispiel eine Ermüdung. Sie kann wirklich aus einer sehr großen körperlichen Anstrengung herrühren. Sie kann durch Nervenstress verursacht sein, weil mir das Mineral Phosphor fehlt. Sie kann aber auch aus negativen spirituellen Kräften kommen wie Verstorbenen-

energien, geschaffenen Wesenheiten oder auch aus regelrechter Besessenheit usw. Kommt die Ermüdung aus zu großer Anstrengung, dann ist eine Ruhepause dran. Kommt sie aus dem fehlenden Mineral, dann kann diesem Mangel nur die entsprechende Gabe abhelfen. Kommt sie aus spirituellen Quellen, dann ist das befreiende Beten dran. Das „Wachet!“ fordert die Unterscheidung der Ursachen, die immer ihre eigene Note haben, und ganz besonders fordert das „Wachet!“ das Wahrnehmen und sofortige Handeln. Viele haben hier großen Lernbedarf.

Symbol Nr. 22 – Die ewige kosmische organische Verbindung zwischen Gott und dem Gottessohn II

– Dämonische Wesenheit – Verdauungssystem

Es kommt eine 52-jährige Frau und sagt, sie habe Durchfall und leide an Kopfschmerzen und sagt: „Padre, ein Bemtivi – ein schwarzweißer Vogel in Starengröße – ist mir von hinten an den Kopf geflogen. Es war ein kräftiger Schlag und ich bin richtig erschrocken. Sofort dachte ich, irgendjemand führt Böses im Schilde. Ich werde den Padre fragen, was das zu bedeuten hat.“

Meine Diagnose: Dämonische Besessenheit als einzige Ursache sowohl für die Kopfschmerzen als auch den Durchfall. Eine ganze Legion negativer Wesen hatte sich eingenistet.

Ich habe mancherlei Symbole für dämonische Wesen kennen gelernt. Sie sind alle tierisch. Dämonische Besessenheit zeigt sich anders als Verstorbenenenergie. Letztere gehört zu diskarnierten Erdenmenschen. Sie sind Wesen, die zum Tierreich gehören, aber schon weit sind auf dem Weg zum wahren Menschen. Sie sind nicht mehr nur durch das Gesetz des Tötens bestimmt. Sie sind im Prozess der Humanisation, sind dabei, den Egoismus durch Entwicklung wahrer Nächstenliebe zu überwinden. Trotz gewisser Anteile negativer Gedanken lebt in ihnen eine große Sehnsucht nach Frieden und wahrer Menschlichkeit. Anders verhält es sich bei diskarnierten

Wesen aus dem tierischen Bereich des Tierreiches. Sie kommen in den Vorhof der geistigen Welt mit noch starker Dominanz des Gesetzes des Tötens. Es sind die dämonischen Wesen, die eben nur einen Gedanken kennen: dem Nächsten Böses anzutun.

Eine Legion solcher Geistwesen hatte sich bei der Frau eingenistet. Der Vogel, der an den Kopf der Frau schlug, befand sich also, da er ja selber ein Tier ist, in Syntonie mit diesen Geistwesen. Vgl. dazu die Bitte der bösen Geister an Jesus, sie doch wenigstens in die Schweineherde fahren zu lassen (Mt 8,28 f.).

Als ich ihr erkläre, dass sie sich vor solchen Besetzungen durch Übung von Toleranz und Nächstenliebe schützen könne, da beteuert sie mit Nachdruck, dass sie ein Mensch mit großer Nächstenliebe sei. Aber es gebe eben so viele Personen, die ihr nicht gut wollten. Und als der Vogel sie anflog, da dachte sie eben sofort an solche Menschen, die ihr Böses wollten.

Da sie so spricht, kann sie einen Anflug von Stolz und Eitelkeit nicht verbergen. Die Menschen sagen von ihr, sie sei gerissen. Und tatsächlich hat sie es immer verstanden, ihren Vorteil zu sichern. Sie ist aus armer Familie, begann mit einem uralten Jeep Fuhrdienste zu leisten und jetzt hat sie es schon bis zu einem ansehnlichen Kleinbus gebracht. Sie ist nicht zugänglich für den Hinweis, dass zwischen ihrem Denken und der Besessenheit ein Zusammenhang besteht.

Wir alle kennen das Wort vom Katz-und-Maus-Spiel. Martinus spricht davon, dass die Tiere beide Ernährungsweisen praktizieren. Sie sind zur Hälfte ihres Tierlebens Fleischfresser und zur Hälfte Pflanzenfresser. Das heißt also, sie stehen unter dem Gesetz des Tötens entweder als Täter oder als Opfer, als „Katze“ oder als „Maus“. Im diskarnierten Zustand dürfte also die „Katze“ ein solches dämonisches Wesen sein. Das ist jetzt meine Überlegung für das Verständnis der dämonischen Wesen. Ich weiß nicht, ob Martinus sich dazu geäußert hat. Auf ihn geht zurück, dass alle Lebewesen sich im Spiralkreislauf befinden und sicher einmal Bürger in den geistigen Welten werden, und darum kann es keinen ewigen Satanszustand geben, wie ja der „Teufel“ landläufig verstanden wird. Für den Therapeuten aber ist es notwendig zu wissen, dass es boshafte Geistwesen gibt, und auch das Katz-und-Maus-Spiel ist bei ihnen beliebt. Oft genug habe ich solch mehr oder weniger boshaftes Necken erlebt. Und es täusche sich niemand, der zum Glück in einem europäischen Land leben darf, wo die Säkularisationsepoche gründlich mit dem Teufelsglauben aufgeräumt hat und kaum noch eine alte Teufelsvorstellung lebt, dass es auch dort vielfache Besessenheit mit dämonischen Wesen gibt, und in der Psychiatrie leiden viele, die durch befreiendes Beten und nicht durch Psychopharmaka erlöst werden könnten.

Zurück zum „Katz-und-Maus-Spiel“, möchte ich von Antonio, einem 20-jährigen jungen Mann berichten. Etwa ein halbes Jahr hindurch saß er fast täglich in der Warteschlange vor meinem Sprechzimmer. Er ließ aber immer die anderen vortreten und wenn er eintrat, fragte er nach Vitaminen oder ob ein von einem Arzt verordnetes Medikament für ihn richtig sei, ob er sich durch Massagen heilen lassen solle, ob er nach Teresina zu Spezialisten gehen solle. Wenn er bereit war, die Handauflegung zu bekommen, dann stand er auf, nahm die genommene Haarprobe wieder an sich, sagte, er wolle keine Chromotherapie und täglich schellte er mich außerhalb der Sprechzeiten heraus. Als er in Teresina durch viele Kliniken wanderte, rief er fast täglich mit den gleichen Fragen an. Ich erklärte ihm sehr deutlich, dass ich nur etwas tun könne, wenn er geheilt werden wolle, und dass sein Zustand eine Besessenheit ist, worauf er ein Grinsen nicht unterdrücken konnte. Obwohl er sich täglich um mich herum bewegte, hatte sich ein praktischer Arzt ziemlich eingehend mit ihm befasst. Es gab ihm gewisse Erleichterungen. Als dieser Arzt einige Tage nicht anwesend war, geriet er in Panik. Ich sagte ihm, ich sei bereit, alles für ihn zu tun, wenn er geheilt werden wolle und aufhöre, mir Vorschriften zu machen. Er war nicht bereit. Am Abend rief ein Apotheker bei mir an, der junge Mann sei bei ihm. Er verblieb mit mir so, dass Antonio – falls er sich motivieren lasse – am anderen Tag außerhalb der Sprechstunde kommen könne. Er kam und ergab sich zum ersten Male nicht ins böse Spiel.

Diagnose: 20 dämonische Wesenheiten. Spirituelle Energien: 2.400 Å, mental: 2.500 Å, physisch: 4.300 Å, emotional: 3.400 Å, Torroidringe: 18 m, Immunitätsstufe 9.

Bei 4.000 Å beginnt der Sterbeprozess, man stelle sich vor, wie er mit hochrotem Kopf und großer Agitation umherging mit emotionaler Vibration von 3.400 Å. Seine Gedanken und Worte waren hartnäckig und verstockt, bestimmt durch die mentale Vibration von 2.500 Å. Sein physischer Organismus mit 4.300 Å war mitgenommen, aber durchaus nicht am Absterben. Darum fanden Mediziner nie etwas bei ihren vielen Untersuchungen. Der Kern seiner Störungen ist im spirituellen Angriff zu sehen. 20 dämonische Wesenheiten, deren Vibration ich mit 1.500 Å gemessen habe, drängten seine spirituelle Energie bis auf 2.400 Å zurück. Vergleichen Sie den Gesundheitsstand bei spiritueller Vibration von 360.000 Å nach einer Behandlung mit den Symbolen.

Der Homöopath Georgos Vithoulkas sagt dazu in „Die neue Dimension der Medizin", Georg Wenderoth Verlag Kassel 1998 Seite 125: „Unserem Abwehrgefüge ist eine zentrifugale Strömung eigen, jede Störung an der physischen Oberfläche zu halten. Negative Belastungen haben eine entgegengesetzte, zentripetale Tendenz und drängen die Störung zum Zentrum des Organismus hin. Die Tendenz unseres Abwehrgefüges ist für den Organismus überaus wichtig, weil es den qualitativen Wert der Ebenen, Schichten und Organsysteme abtastet, einschätzt und gesetzmäßig danach strebt, uns bedrängende Reize oder Störungen in Ebenen, Schichten und Organsystemen zu halten, die mehr peripher liegen und folglich eine weniger wichtige Funktion für unser Überleben haben. Die Wertbestimmung der Struktur des Menschen durch sein Abwehrgefüge ist in seiner Funktion und Vollkommenheit eines der großen Schöpfungswunder … Bei der ersten Wertbestimmung hat der Weltenschöpfer im Organismus des Menschen der Geistesebene nun einmal den Primat verliehen."

Um zu Antonio zurückzukommend: Jetzt zeigte er sich bereit, zur Befreiung von seiner Besessenheit zu beten: „Jesus, befreie mich." Es war die ihm angemessene Form zu beten; vorher hatte er es einfach nicht praktiziert oder bewusst abgelehnt. Geradezu auffallend demütig verhielt er sich. Äußerlich gab es nichts Auffälliges während des Befreiungsprozesses. Fünfmal zeigte er tiefes, befreiendes Durchatmen. Ich habe bei der Handauflegung alle

Martinus-Symbole nacheinander mentalisiert, um ihre je besondere Energie zu übertragen. Über eine Stunde dauerte der Befreiungsprozess. Antonio zeigte große Erleichterung und nahm es sehr bereit an, dass ich ihn nach zwei Tagen wieder sehen wollte und er bis dahin ununterbrochen das befreiende Gebet zu sprechen habe.

Es gab auch keinen Widerstand, als ich die Haarprobe nahm, um sie auf das Zwölftrapez mit allen Martinus-Symbolen zu legen. Sofort nach der Behandlung habe ich folgende Werte messen können: Spirituell: 150.000 Å (!), physisch: 6.540 Å, emotional: 6.730 Å, mental: 6.900 Å, Torroidringe: 880 m, Immunstufe: 7.

Zwei Tage später war Antonio, so wie ihm aufgetragen worden war, pünktlich in meinem Wartezimmer. Er hat mich erstmals nicht ein einziges Mal zwischendurch herausgeschellt. Er hat keine anderen „Helfer" aufgesucht. Er kam ganz ruhig, mit sehr friedvollem Gesicht.

Werte: Spirituell: 260.000 Å, physisch: 6.970 Å, emotional: 6.950 Å, mental: 6.990 Å, Torroidringe: 900 m, Immunstufe: 6.

Er hat ununterbrochen gebetet: „Jesus, befreie mich!" Das Zwölftrapez aller Symbole hat gewirkt.

Er war sich jetzt bewusst, welches Spiel er gespielt hatte und was Besessenheit ist.

Noch einmal habe ich die Handauflegung mit den Energien der einzelnen Symbole verbunden. Werte danach: spirituell: 320.000 Å, physisch: 6.973 Å, emotional: 6.958 Å, mental: 6.993 Å, Torroidringe: 1.500 m, Immunstufe: 6. Er bekam Arnica C 30.

Weitere zwei Tage später kam er mit einem geringen Rückfall. Es hatten sich wieder Obsessoren eingenistet, ließen sich aber sehr schnell entfernen. Er hatte nachgelassen, ständig zu beten. Weitere 2 Tage stellte er sich völlig frei von Obsessoren vor. Er bekam noch einmal die Handauflegung, mentalisierend die Symbole. Seine Werte danach: Spirituell: 360.000 Å, physisch: 6.996 Å, emotional: 6.997 Å, mental: 6.999 Å, Torroidringe 3.500 m, Immunstufe 3. Der Leser möge diese Endwerte vergleichen mit den Ausgangswerten. Innerhalb von acht Tagen konnte Antonio wieder an seine Arbeit gehen. Das Katz-und-Maus-Spiel der Obsessoren wurde aufgedeckt und sachgemäß behandelt, vor allem mithilfe des Symbols 22 und der anderen Symbole, die neben der Handauflegung dazu beigetragen haben, die Schädigungen im Organismus, besonders im Immunsystem anzugehen.

Der Titel dieses Buches, „Antenne zur spirituellen Dimension", wird hier im Fall des Antonio besonders eindringlich belegt. Antonio hat ein halbes Jahr nicht studiert, nicht gearbeitet, seiner wunderbaren Mutter und seinen sechs prachtvollen Geschwistern sehr viele Sorgen bereitet, hat an die 20 Ärzte und Therapeuten beschäftigt, ja er hat sie alle genarrt, weil er selbst genarrt wurde/werden wollte durch das böse Spiel der Obsessoren. Es war die Antenne zur spirituellen Dimension, die Antenne zu diesen negativen spirituellen Energien, und wie schnell hat sich alles verändert durch die Antenne zur positiven spirituellen Dimension! Es kam die Heilung, die spirituelle Energie auf drei Wegen: 1. aus dem Gebet: Antonio hat gebetet, ich habe gebetet, 2. aus der Handauflegung, 3. aus der Energie der Martinus-Symbole.

Zum Abschluss dieses Fallbeispiels möchte ich sagen, dass ich es so erlebe, dass die Leiden durch dämonischen Wesenheiten fast ebenso häufig vorkommen wie die negativen Energien aus der geistigen Dimension durch Verstorbene. Aber täuschen wir uns nicht: Auch da, wo es sich bei der Erkrankung nicht um eine dieser beiden spirituellen Ursachen handelt, ist es, wie auch Vithoulkas betont, für den Heilungsprozess von unschätzbarem Wert, wenn sich der Therapeut der Bedeutung der spirituellen Energien bewusst ist.

In der Mitte des Symbols 22 sehen wir ein kleines weißes Dreieck, das ewige Ich des Erdenmenschen symbolisierend. Mit seinem Tagesbewusstsein lebt er in dem Bereich, der sich unterhalb der beiden schwarzen Linien befindet. Er kennt von links nach rechts gelesen: Mineralien, Pflanzen, Tiere, Menschen und ein wenig vom wahren Menschen. Über diesen zwei schwarzen Strichen sehen wir violette Strahlenfelder, die ausgehen von einem größeren Dreieck, das die Gottheit bezeichnet und den ganzen Bereich der physischen Welt bestrahlt. Es bedeutet, dass die göttliche Schöpfungsfähigkeit als die göttliche Vorsehung, die Energie der Geistesebene immer auf alle unfertigen Wesen gerichtet ist und sie hinführt zum fertigen

Menschen. Das Weiß, das vom göttlichen Ich zum Ich des Gottessohnes strahlt, zeigt die angeborene untrennbare Einheit zwischen Gott und dem Lebewesen, die angeborene Gabe des Gebetes. Aber der heutige materialistische Mensch kennt nichts von einer geistigen Welt, weiß nicht um seine Unsterblichkeit. So leugnet er Gott und sein eigenes ewiges Leben. In ihm aber brennt unauslöschbar die Frage: Wer bin ich? Das Feuer dieses Brennens kommt aus der Einstrahlung von Gottes Geist, wie das Symbol zeigt. Das Orange der Schwereenergie, eben das Tierreich, ist unveränderbar im Feld der violetten Strahlen. Durch diese ständige spirituelle Energie wird das Wesen sicher zum wahren Menschenreich geführt.

Von dieser göttlichen Energie werden Disharmonien immer wieder ins Gleichgewicht bewegt. Dies ist bei Antonio durch Exorzismus, Handauflegung, Gebet und Einsatz der Symbole geschehen. In besonderer Weise ist es das Symbol 22, das dämonische Besessenheit heilt. Diese Wesen kommen aus dem Tierreich und zwar aus einem ganz bestimmten Grad ihrer Entwicklungsstufe. Mit Sicherheit ist ihr Platz nicht dort, wo der Erdenmensch steht. Beide, Erdenmensch und dämonisches Wesen, gehören in den Bereich der Schwereenergie, die sich hier auf dem Symbol ganz unter den violetten Strahlen befindet. So wird hier sichtbar, dass das Symbol 22 beide Wesen mit seiner Energie hinführt zu ihrem rechtmäßigen Platz und rechtmäßigen Verhalten. Das dämonische Wesen gehört nicht auf den Platz eines Erdenmenschen, und der Erdenmensch ist in Disharmonie, wenn er sich mit seinen Gedanken in den Vibrationen dämonischer Wesen bewegt. Es wird also das dämonische Wesen an seinen Ort im Tierreich geführt, und der besessene Erdenmensch wird vom Symbol 22 von der Besessenheit befreit und er wird Heilung seiner spirituellen Schädigungen finden. Voraussetzung ist allerdings, dass er sich bewusst wird, was zur Besessenheit geführt hat, was sie an Leid verursacht hat und was im Befreiungsprozess geschehen ist und weiterhin geschieht.

Wie können wir die Heilwirkungen des Symbols 22 auf das Verdauungssystem verstehen?

Im Falle des Durchfalls der Frau ergab meine Diagnose eindeutig die Besessenheit als Ursache. Auch V.E. kann Durchfall verursachen. In aller Regel sind aber die Symptome durch Besessenheit schwerwiegender.

Unsere Organe sind Mikrowesen in unserem physischen Organismus, der ihr Universum, ihr Makrowesen ist. Wir sind für diese Mikrowesen die Vorsehung, von der sie abhängen. In allen Wesen, auch in unseren Organen sind alle Grundenergien wirksam. Und immer dominiert eine. In unseren Haaren, Knochen und Fingernägeln dominiert die Gedächtnisenergie, in den Muskeln die Instinktenergie, in Lunge und Herz die Gefühlsenergie, im Gehirn die Intelligenzenergie, im Genitalsystem die Intuitionsenergie und im Verdauungssystem die Schwereenergie. Letzteres gehört darum zum Tierreich und das steht besonders in der harmonisierenden Energie von Symbol 22, darum heilt es auch das Verdauungssystem. Wieder einmal wird die Logik klar, und wo Logik ist, da herrscht die Liebe. Wie göttlich!

Symbol Nr. 23 – Der wahre Mensch als Abbild Gottes, ihm gleichend

– Nervensystem – Allergien

Symbol 23 wurde indiziert für die Heilung des Nervensystems und von Allergien. Das Nervensystem des Erdenmenschen ist eine ganz besondere Errungenschaft in der Entwicklung zum wahren Menschen. Ausgehend vom Leben als Pflanze, Tier und primitiver Naturmensch, entwickelt sich der jetzige Erdenmensch immer weiter. Das zeigt sich in einem stets feineren und immer effizienteren Organismus als Instrument seiner Manifestationen. Deutliches Merkmal der Entwicklung des Erdenmenschen ist, dass seine Unternehmungen ständig umfassender und intensiver werden. Die frühere feste Bindung an schwere körperliche Arbeit hat der moderne Mensch weitgehend überwunden. Er hat Maschinen entwickelt, die für ihn arbeiten. Besonders im Bereich der Elektronik hat er sich geradezu fantastische Möglichkeiten weltweiter Kommunikation und Erweiterung seines Wissens erobert. Er reist zum Mond und vielleicht auch zu anderen Planeten. All dieser Fortschritt ist nur möglich aufgrund eines immer mehr entwickelten Nervensystems, das, je weiter es sich entwickelt, in immer feineren Vibrationen schwingt.

Bedenken wir, dass Entwicklung für den Erdenmenschen heißt, immer mehr sein tierisches Erbe zu verwandeln. Es ist dieses Erbe, das unter dem Gesetz des Tötens steht, und so heißt Entwicklung für den Erdenmenschen, dass er dieses tierische Erbe durch die Liebe zum Nächsten überwindet. Das Leben als Tier beschränkt das Wesen auf die Erhaltung des eigenen Lebens und des Lebens seiner Nachkommen. Dazu muss es töten, und in dieser so engen Begrenzung der Lebensinteressen ist es auch nur an ein begrenztes Terrain gebunden, an sein Revier. Für den entwickelten Menschen haben ungezählte Eroberungen seine Wahrnehmung und auch sein „Revier" erweitert. Er hat die ganze Erde zu seinem „Revier" gemacht. Er lebt zusammen mit fast allen Ereignissen und Bewohnern dieses Planeten. So hat das Nervensystem dieses modernen Wesens immer mehr Impulse zu verarbeiten und dazu müssen sie auch immer feiner werden. Der Erdenmensch lebt in tierischen und menschlichen Verhaltensweisen. Er gebraucht sein Nervensystem für Vibrationen der groben tierischen Schwereenergie und der viel feineren Vibrationen seines immer stärker humanen Verhaltens. Dieser Konflikt zwischen der tierischen und der bereits vermenschlichten Natur kann sehr leicht zu Störungen seines Nervensystems führen, wenn die groben tierischen Vibrationen zu viel Raum beanspruchen.

Symbol 23 verdeutlicht den Entwicklungsweg vom tierischen zum humanen Verhalten. Wo der Egoismus mit seinem aggressiven, streitsuchenden Verhalten dominiert – eine Last für die Nerven eines Wesens auf dem Wege zum wahren Menschen –, da muss mehr und mehr das Gesetz der Nächstenliebe geboren werden und wachsen, das Gesetz des wahren Menschen.

Symbol 23 zeigt den Weg der Auflösung von Karma aus dem tierischen Gesetz des Tötens. Auf der linken Seite sehen wir einen orangen Bogen auf das Lebewesen treffen. Es ist mit dem kleinen weißen Dreieck und dem Herzen symbolisiert, in dem sich zwei Hände zum Frieden reichen. Das Wesen begegnet der gegen es gerichteten bösen Tat mit Verzeihung und Versöhnungsbereitschaft. Aus dieser Haltung erwächst die humane Energie, gezeigt im gelben Schicksalsbogen. Hinter den Bogen sehen wir einen großen fünfstrahligen Stern. Er steht für die Gottheit und trägt die Figur Christi, der am Kreuz seinen Peinigern vergeben hat und es nicht übers Herz bringen konnte zu sehen, welch schweres Karma ihr Tun auslöst, und darum betete er: „Vater, vergib ihnen, denn sie wissen nicht, was sie tun!“ So erhebt sich die Erde aus den dunklen Wolken und das Wesen wird von Inkarnation zu Inkarnation menschlicher, wie die kleinen Bogen und Felder anzeigen.

In der Energie dieses Symbols kann das Nervensystem nach Schäden durch grobe egoistische Vibrationen heilen. Ebenso können auch sehr aggressive Allergien Heilung finden.

Symbol Nr. 24 – Das unfertige Menschenreich

– Übersäuerter Magen, Sodbrennen

Die gegenwärtig am wenigsten entwickelten Erdenmenschen finden wir unter den Naturmenschen. Sie wiederum sind schon sehr weit entwickelt im Vergleich zu den ersten Menschen. Diese noch ganz primitiven Erdenmenschen können auf unserem Planeten gar nicht mehr inkarnieren. Die jetzigen Naturmenschen werden sich aber zusammen mit den zivilisierten Menschen auf unserer Erde zum wahren Menschen hin entwickeln. Natürlich sind auch sie mit eingeschlossen für die Große Geburt aller jetzt diskarnierten Erdenmenschen. Für die Naturmenschen unserer Tage bedarf es noch vieler Reinkarnationen und auch vieler Wanderungen durch

Kriege und andere Leidsituationen, um so die höchste Weisheit als Voraussetzung für die Große Geburt zu entwickeln.

Die am weitesten Entwickelten der Erdenmenschheit werden den Frieden auf der Erde schaffen und alle Kriege überwinden. Alle Völker werden in einem Weltstaat vereint sein und von einer einzigen Religion orientiert sein durch die Geisteswissenschaft. Alle jetzt noch unfertigen Menschen werden zur Vollkommenheit kommen und der Weltstaat wird gegründet sein auf Gerechtigkeit und Nächstenliebe. Seine Kultur wird über allem stehen, was wir heute als Kultur bezeichnen. Die jetzigen Kulturen verdienen diesen Namen nicht, denn sie sind ausschließlich durch bewaffnete Staaten aufrecht erhalten, um Tod und Zerstörung jedwedem anderen Staat zuzufügen, der als „Feind" betrachtet wird. Ein durch Drohung aufrecht erhaltener Friede verdient diesen Namen nicht, er ist eine Fesselung des Schwächeren durch den Stärkeren. Die jetzigen Staaten sind die Summe unfertiger Mentalität ihrer Bevölkerung, und einzig die entwickelte Mentalität jedes Einzelnen kann den Frieden schaffen.

Die einzelnen Völker dieser Erde können als Individuen angesehen werden. Zum Schutz ihrer Bürger vor Diebstahl und Überfall haben die Staaten ihre Polizei. Das Verhalten der Nationen untereinander basiert aber auf Egoismus und Anarchie. Es gibt bereits die UNO, aber noch ist sie ohne Macht. In ihr bestimmen die starken Nationen. Aber das wird sich ändern, denn die Entwicklung zu einer vollkommenen Mentalität bleibt nicht stehen. Die Menschen werden eine Weltpolizei als einzige Waffenträgerin schaffen und sie wird den nötigen Schutz bieten gegen jüngere Brüder, die in ihrer Entwicklung noch nicht genug vermenschlicht sind.

Das Symbol bezeichnet in seinem großen Kreisfeld alle Nationen der Erde. Alle bilden einzelne voneinander abgegrenzte Staaten, deren Regierung durch den weißen Kreis im Staatsgebiet dargestellt ist. Außerhalb des großen Kreisfeldes sehen wir drei Sterne, zwei orange und einer weiß. Sie schicken Strahlen aus; ein jeder Stern bestrahlt je ein Drittel der Nationen, markiert durch drei schwarze Striche. Die beiden unteren Drittel sind von einem orangen Rand umgeben, der bestrahlt wird von einem der beiden orangen

Sterne, was bedeutet, dass diese Staaten beherrscht sind von der Schwereenergie, dem Gesetz des Tötens folgend. So sind auch die Pfeile, die die Regierungen darstellen, auf die beiden Sterne ausgerichtet. Das obere Drittel ist eingerahmt von der gelben Farbe der Gefühlsenergie. Es strahlt hinein das weiße Licht aus dem weißen Stern, der den neuen göttlichen Weltimpuls symbolisiert, aber noch gibt es einen großen Einfluss des alten Weltimpulses der drei großen Weltreligionen, mit der gelben Farbe gekennzeichnet, und auch die heidnischen Religionen, die die äußeren orangen Strahlen markieren. Wir sehen, dass die Pfeile, eben die Regierungen der Staaten, sich ausrichten auf den weißen Stern, das heißt, sie bemühen sich mehr und mehr um wahre Menschlichkeit.

In seiner Ganzheit dominiert auf diesem Symbol die Schwereenergie, aber eindeutig ist die Richtung der Entwicklung zum vollkommenen Menschenreich. Wie wir schon vorher erfahren haben, gehört der Magen in den Bereich der Schwereenergie. Zu viel Magensäure ist Dominanz der Schwereenergie. In diesem Symbol ist die energetische Tendenz auf eine Verringerung der Schwereenergie aus, also wird die Logik deutlich: Energien gegen zu viel Magensäure. Ich habe bei Sodbrennen öfter ein Medikament gebraucht. Als mir die Wirkung des Symbols 24 wirklich aufging, habe ich bei Sodbrennen anstelle des Medikamentes meine rechte Hand auf den Magen gelegt und die Energie dieses Symbols mentalisiert und siehe, ich bekam die gewünschte Erleichterung.

Symbol Nr. 25 – Das Karma der Menschheit

– Virusinfektion

Die Erdenmenschheit hat den Entwicklungsprozess zum wahren Menschen noch nicht abgeschlossen. Die menschlichen Anlagen sind noch sehr schwach im Vergleich mit den Anlagen der vieltausendjährigen Geschichte ihres Tierlebens. Die Welterlöser haben die menschliche Lebensweise gelehrt, aber allein durch die Lehre sind die Wesen noch nicht in der Lage, praktisch danach zu leben. Die wunderbaren Worte sind für die Wesen reine Theorie: „Stecke dein Schwert in die Scheide, denn wer das Schwert ergreift, kommt durch das Schwert um!“ (Mt 5,44) oder das Wort vom Verzeihen „siebzigmal siebenmal täglich“ (Mt 18,22). Die christlichen Nationen des Abendlandes sind am meisten verwickelt in Kriege und große Zerstörungen. So machen sie Gesetze, die eine Mischung sind von Christentum mit Heidentum. Und aufgrund dieser tierischen Mentalität hat die Menschheit ein schweres Karma aufgehäuft durch das tausendfache Töten ihrer Brüder.

Und keineswegs geringer ist das Karma infolge des Aberglaubens von der Notwendigkeit der Fleischernährung. Trotz des großen Gebotes „Du sollst nicht töten!“ werden unendlich viele Tiere getötet, und wer Fleisch isst, hat Anteil an diesen Tiermorden. Das Karmagesetz bedingt, dass alles zum Wesen zurückkommt, was es seinem Nächsten antut, und das Tier ist unser Nächster. Täuschen wir uns nicht über die Schrecken des Jüngsten Gerichtes, die der Menschheit bevorstehen, allein schon wegen der Morde an den Tieren. Martinus sagt, dass dieses Karma aus dem Töten zwei Formen von Schicksalsbogen hat, kurze und lange. Die kurzen verursachen Krankheiten; besonders chronische Krankheiten sind durch Fleischessen verursacht. Die langen Schicksalsbogen kommen nach mehreren Reinkarnationen zurück. Sie bündeln sich, um den Menschen auch Zeiten von Freude und Glück zu ermöglichen. Sogar eine ganze Reinkarnation kann so frei sein von diesem Karma. Dann brechen sie herein und bewirken Kriege, Naturkatastrophen und Unglücksfälle.

Der Stern oben im Symbol symbolisiert das Welterlösungsprinzip. Die äußeren orangen Strahlen stehen für die heidnischen Religionen. Die gelben Strahlen bezeichnen die menschlichen Weltreligionen, und der weiße Strahl in der Mitte bedeutet die Lösung des Lebensmysteriums durch kosmische Analysen und die Geisteswissenschaft. Diese Wissenschaft in Verbindung mit der materialistischen Wissenschaft wird das unangreifbare Fundament für die Entwicklung zum wahren Menschen sein, dem Menschen als Abbild Gottes.

Die oberen gelben Felder kennzeichnen die Auswirkungen der christlichen und anderen menschlichen Religionen auf die Entwicklung der Menschheit. Das etwas tiefere blaue Feld markiert die kulturellen Schöpfungen der Menschheit durch die menschlichen Religionen. Eingeschlossen sind alle Werke der Kunst, Literatur, Technik und Wissenschaft sowie anderer wertvoller Schöpfungen menschlicher Talente. Diese menschlichen Talente werden sich mehr und mehr entfalten und alle tierischen Tendenzen überwinden.

Auf der rechten wie auf der linken Seite sehen wir Flammenbogen, die sich auf die Menschheit zu bewegen. Sie stellen zurückkommendes Karma dar. Von rechts kommt ein Karma von Krieg und Zerstörung, das viele Verletzungen bewirkt und die Menschen für den Rest ihres Lebens leiden lässt. Von links kommt ein Kriegskarma mit schnellem Tod, ohne längeres Leiden zu hinterlassen. Das Karma der Menschheit unserer Zeit ist noch sehr groß. Das ist angedeutet durch die orangen Felder am Rande.

Unsere ganze Umgebung, in der wir leben, ist nie ohne Viren. Warum erfolgt nun plötzlich eine Virusinfektion? Guy Claude, der Begründer der Instinkttherapie, einer Form der Rohkosternährung, sagt, dass ein Virus nur dann eine Infektion bewirke, wenn er vom Organismus für eine bestimmte Aktion gerufen werde. Hier sehe ich eine Parallele zum Karma, wie es von Symbol 25 verdeutlicht wird. Der Karmabogen ist außerhalb des Wesens und tritt dann in Aktion, wenn er „gerufen" wird. Er hat ja eine sehr wichtige Mission zu erfüllen für das Wesen, nämlich die Verwandlung der tierischen Haltung in wahre Menschlichkeit. Und wie ein Karma durch zuvorkommende Menschlichkeit aufgelöst werden kann, kann eine Virusinfektion auch überflüssig, das heißt geheilt werden. Nach dem homöopathischen Grundsatz „Ähnliches heilt Ähnliches" wäre die Logik der Heilwirkung durch Symbol 25 bei Virusinfektion nachgewiesen.

Einen weiteren Aspekt der Logik für die Heilwirkung des Symbols vom Karma der Menschheit sehe ich auch in dem Umstand, dass der Virus ja ein Tierwesen ist, und wenn durch ein zurückkommendes Karma Tiermentalität zu wahrer Menschlichkeit verwandelt wird, dann ist kein Klima mehr für einen Virus gegeben.

Symbol Nr. 26 – Das zukünftige vollkommene Menschenreich

– Verwünschung – Negatives Gedankenklima – Urinsystem
– Ort eines Satanskultes – Drückende Wohnatmosphäre
– Allgemeines Schutzsymbol

Das Symbol zeigt das zukünftige Menschenreich im physischen Endzustand seiner Entwicklung. Die gelbe Sonne in der Mitte symbolisiert die allgemeine Regierung der gesamten Menschheit. Die weißen Felder mit den schwarzen Pfeilen sind die verschiedenen Nationen und Staaten der Erde. Sie alle sonnen sich in den gelben Strahlen der einen Zentralregierung, der sie sich unterstellt haben. Die Strahlen sind in den Farben Grün und Gelb, was sagen will, dass hier mit den beiden Grundenergien regiert wird, mit Intelligenz und Gefühl, also mit intellektualisiertem Gefühl, mit Liebe zum Nächsten. Darum kann es hier keine Form von Krieg oder dunklem Karma mehr geben. Hunger, Elend und Armut existieren nicht mehr. Niemand kann auf Kosten anderer leben, weil die einzige Form, sein Leben zu unterhalten, Quittungen für geleistete Arbeit sind. Der blaue Stern im Zentrum der Sonne sagt, dass die Weltregierung aus Menschen mit kosmischem Bewusstsein besteht, und für alle steht die Gottheit in der Mitte, wie das kleine weiße Dreieck anzeigt. Die äußeren beiden orangen Strahlen bedeuten die heidnischen Religionen. Sie haben keinen Einfluss mehr auf die Menschheit, und auch der Einfluss der Weltreligionen ist fast zu Ende, wie die gelben Strahlen zeigen. Ganz stark aber ist der Einfluss des großen weißen Strahls geworden, der die ewige Wahrheit, die Lösung des Lebensmysteriums symbolisiert.

Wenn es um den wahren Menschen geht, ist es notwendig zu wissen, dass er ein Wesen ist, in dem beide sexuellen Pole entwickelt sind; männlicher und weiblicher Pol sind völlig ebenbürtig. Als das Wesen in das Pflanzenreich eintrat, war es doppelpolig und der Eintritt in das Tierreich geschah, als ein Pol latent wurde. Aus der Pflanze wurde ein Tier. Es begann damit, Insekten einzufangen und sich damit zu ernähren. Das Wesen folgte dem Gesetz des Tötens, um sich zu erhalten. Es war entweder männlichen oder weiblichen Geschlechtes. Und vom einpoligen Tier entwickelte sich der Erdenmensch, und aus der Einpoligkeit erwuchs alles Leid, aller Egoismus, alle Finsternis, die Voraussetzung dafür war, dass das Wesen zum Licht wollen konnte.

Nur da, wo sich das Lebewesen mit einem anders gepolten Wesen im Geschlechtsakt traf, wurde ein Strahl des göttlichen Feuers erlebt und aus diesem göttlichen Funken entwickelte sich die Liebe zur Nachkommenschaft. Das Paar sorgte für sie bis zur Entwicklung der Fähigkeit, sich selbst am Leben zu erhalten. So wie aus diesem Strahl des göttlichen Feuers die Liebe zur Nachkommenschaft erwächst, so wird auch aus dem göttlichen Feuer die Liebe zu allen Wesen erwachsen, zu Pflanzen, Tieren, Menschen, denn sie alle sind ja Gottessöhne. Wenn beide Pole im Wesen gleich stark geworden sind, dann erlebt es das göttliche Feuer als ständige Erfahrung. Das Wesen hat nun das Organ der Nächstenliebe entwickelt. Auf diesem Weg ist es nötig, dass der Erdenmensch in sich alle jene Verhaltensweisen überwindet, die aus dem tierischen Erbe kommen wie Eifersucht, Hass, Neid, Zorn, Intoleranz, Antipathie, kurz alle Formen des Egoismus. Im Laufe dieses Entwicklungsprozesses beginnt der Mensch, Sympathie zu fühlen für Wesen des gleichen Geschlechtes. Männer beginnen, Männer zu lieben, Frauen fühlen Sympathie für andere Frauen. Es ist völlig klar, dass so die Ehen großen Spannungen ausgesetzt werden können, denn das anders geschlechtliche Wesen ist nicht mehr das einzig begehrte. Menschen des gleichen Geschlechtes zu lieben wie Menschen des anderen Geschlechtes, ist eine sehr befremdliche Erfahrung und ein Weg voller Schwierigkeiten. In diesem dem Wesen und seiner Umgebung so befremdlichen Prozess zum vollkommenen Menschen entwickelt das Wesen leicht ein negatives Gedankenklima und begegnet ebenso leicht mentalen Angriffen von Seiten seiner Mitwesen. Wie einsichtig, dass das Symbol vom vollkommenen Menschenreich auf Erden Heilwirkungen in diesen Entwicklungsschwierigkeiten vermittelt.

Jesus nennt das Geld ungerecht (Lk 16,9), und im zukünftigen Menschenreich wird es kein Geld mehr geben, Quelle so vieler

Ungerechtigkeiten. Jedes Wesen bekommt Arbeitsquittungen und für den Wert dieser Quittungen erwirbt es sich, was es zum Leben braucht. Jeder wird selbst arbeiten. Jeder nach seinen Gaben und Fähigkeiten und jeder zu seiner vollsten Zufriedenheit. Für Kranke, Alte und Kinder wird die Regierung einen kleinen Anteil der Arbeitsquittungen einbehalten und diesen Gruppen wird es an nichts mangeln. Wilde Tiere werden nicht mehr auf unserem Planeten inkarnieren und es wird keine Bedrohung mehr von ihnen für den Erdenbürger ausgehen. Alle werden in absoluter Sicherheit leben, ohne dass sie eines Wächters, Polizisten oder Soldaten bedürfen. Es ist klar, dass mit diesen so positiven Energien das Symbol 26 bei Disharmonien in Häusern wirkt, die auf Orten von früheren Satanskulten gebaut sind, wie es überhaupt alle die Wohnatmosphäre belastenden Vibrationen auflöst. Natürlich dient es so auch als allgemeines Schutzsymbol gegen dämonische Kräfte. Und unser Urinsystem findet Heilung, ist es doch ein Entsorgungssystem von Schadstoffen in unserem Organismus.

Im Dritten Testament gibt Martinus eine Zusammenfassung der Bedingungen für das zukünftige vollkommene Menschenreich. Er gibt zwölf Hauptpunkte, damit der Erdenmensch in Kontakt mit dem Grundton des Universums kommt, der Liebe ist.

1. Alle Formen des Sieges des Altruismus über den Egoismus
2. Eine demokratische Weltregierung schaffen
3. Entwaffnung aller Länder zugunsten einer einzigen Weltpolizei
4. Entwicklung eines internationalen Gerichtshofes als Garantie für Gerechtigkeit und Rechte für alles und alle
5. Aufhebung aller privaten Besitzansprüche über Werte zugunsten ihrer Aneignung durch den Weltstaat
6. Abschaffung des Geldes zugunsten der Einführung persönlich geleisteter Arbeit eines jeden Wesens als einzigen Zahlungswert und Quittungen hierfür als einziges Zahlungsmittel dieser Person
7. Errichtung einer für den gesamten Weltstaat gemeinschaftlichen Kinder-, Alters- und Krankenfürsorge auf Basis des Abzugs von den Arbeitsquittungen

8. Ausnutzung der Maschinen zur Verkürzung der materiellen Arbeitszeit zugunsten von Studientagen und Geistesforschung
9. Abschaffung aller Gewaltpolitik und allen Blutvergießens
10. Abschaffung von Folter, Prügel- und Todesstrafe zugunsten qualifizierter Internierungs- und Erziehungseinrichtungen
11. Entwicklung vegetarischer Nahrungsmittel, von Gesundheits- und Körperpflege sowie von gesunden und hellen Wohnverhältnissen
12. Entwicklung von Geistesfreiheit, Toleranz, Humanität und Liebe zu allen Lebewesen, zu Menschen und Tieren, zu Pflanzen und Mineralien

Nach Martinus sind dies die Realitäten, auf die sich die gesamte menschliche Entwicklungsenergie konzentriert und unter welchen jetzt die Erfüllung des höchsten Liebesgebots „Liebet einander" im täglichen Dasein des Erdenmenschen aufgrund des neuen kosmischen Weltimpulses ihrer vollkommenen Entfaltung entgegengeht. Diese Punkte sind keine Hirngespinste, sie sind die Analyse von realen Tatsachen, betont Martinus. Der Erdenmensch im Kontakt mit diesen zwölf Punkten kommt zur Großen Geburt.

Symbol Nr. 27 – Der kosmische Strahlenglanz der Erde

– Weibliches Genitalsystem – Krebs – Astrallarven
– Universalfamilie – Magie

Unser Planet Erde befindet sich in seiner Entwicklung auf einer höheren kosmischen Spirale als wir Erdenmenschen und in dieser seiner Inkarnation kommt er zur Großen Geburt, zum wahren Menschen, Abbild des Vaters. Martinus sagt, dass es etwa 3.000 Jahre für diesen großen Fortschritt bedarf. Die äußeren astronomischen Bedingungen sind nicht mehr durch Katastrophen bestimmt. Es existiert nicht mehr die Möglichkeit irgendeiner Kollision mit einem anderen Himmelskörper oder dass ein anderes Karma aus dem Weltraum ihn treffen könnte. Unser Planet geht also viel lichteren und helleren astronomischen Zeiten entgegen, trotz des dunklen Karmas, das die Erdenmenschheit noch durchzustehen hat bis zu ihrer Vollkommenheit. Der Erdplanet wird Schritt für Schritt angenehmer für die Menschheit. Alle primitiven Tierarten, besonders alle Raubtiere und andere fleischfressende Tiere werden verschwinden. Auch giftige Insekten, Verursacher vieler Krankheiten. Urwaldgebiete werden durch den Menschen auf der Suche nach einem mehr humanisierten Leben verschwinden. Alle jetzigen Naturvölker werden in die Zivilisation integriert werden. Durch das dunkle Schicksal, das ihre noch primitiven und tierischen Instinkte verursachen, werden auch sie zur Vollkommenheit geführt werden.

Das Symbol 27 markiert diesen Veränderungs- und Umwandlungsprozess des Erdplaneten. So ist der Geist dieses Symbols ausgerichtet auf Energie für Veränderung zum Besseren. Schwarze Magie, ein Ritual des primitiven Naturmenschen, kann dieser Energie nicht widerstehen. Ebenso bekommt der nach rückwärts gerichtete Prozess eines Krebses seine Gegenenergie, das gleiche dürfte bei Astrallarven heilsam sein.

Alle wissen um die leichte Verletzbarkeit des weiblichen Genitalsystems. Kinder zu gebären, ist ein eindeutiges Erbe aus dem Tierreich und wird im wahren Menschenreich von der Entwicklung zurückgelassen werden. Die Notwendigkeit der wiederholten Reinkarnationen wird aufhören. Der Energiestrom des Symbols 27 geht in diese Entwicklungsrichtung, und so ist es sehr einsichtig, dass Beschwerden im weiblichen Genitalsystem Heilkräfte finden.

Aus der Theosophie kommt die Erfahrung einer Universalfamilie in dem Sinne, dass, wenn keine belastenden Disharmonien innerhalb der Glieder der Universalfamilie auftreten, jedem Erdenmenschen alle zehn Jahre ein neues Mitglied in diese Universalfamilie hinein geboren werden kann Das Symbol harmonisiert solche belastenden Disharmonien. Aus dem Tiererbe kommt die Eltern- und Kinder-Familie. Die Universalfamilie dürfte aus dem Umstand erwachsen, dass die Erde bereits ein doppelpoliges Wesen ist, wie Martinus sagte, als er gefragt wurde, ob die Erde ein weibliches oder männliches Wesen sei. Wie wunderbar, dass wir auch dann noch eine Familie haben, wenn die Geburt aus einer Frau nicht mehr nötig ist.

Öfter diagnostiziere ich Störungen in der Universalfamilie, die sich für den Kranken als belastend erweisen. Ich erkläre mir das so, dass alles, was einmal so wunderbar sein wird wie die Verwandtschaft ohne Schwangerschaft und Geburtswehen, auch seinen Preis hat, eben seinen noch nicht perfekten Entwicklungsprozess. Wenn Symbol 27 die Erde auf ihrem Weg zur Großen Geburt symbolisiert, dann ist die Logik offenkundig, dass dieses Symbol auch Störungen innerhalb der Wechselbeziehungen der Universalfamilie heilt.

Das Symbol stellt den Erdplaneten und sein Bewusstsein dar. Nichts im Leben ist zufällig. Alles hat seine Ursache. Auch das, was ein Mensch tut und wie er es tut. Das gilt natürlich erst recht von einem kosmisch bewussten Menschen wie Martinus. Warum hat er den Erdplaneten mit Lateinamerika und nicht mit Europa in der Mitte dargestellt, wie es sonst üblich ist? Wir finden Europa bei Symbol 23, Afrika und Indien bei Symbol 3 im Vordergrund und Brasilien bei den Symbolen 4 und 11. Warum ist Brasilien in der Mitte bei diesem Symbol, wo die Rede ist von der zukünftigen Weltregierung, und warum ist Lateinamerika als einziger Erdteil gleich dreimal auf den Martinus-Symbolen in dieser Mittelpunktstellung? Für mich ist das eindeutig. Martinus möchte sagen, dass die zukünftige Weltregierung in Brasilia sein wird. Es ist ja auch nicht von ungefähr, dass Brasilien mit dem Amazonasgrün die Lunge des Planeten ist und die Bevölkerung mit ihrer so herzbetonten Lebensweise als das Herz der Erde gilt. Brasilien ist ja auch das einzige Land der Erde mit einer Bevölkerung zusammengesetzt aus allen Rassen und Nationen unseres Planeten. Und ist es von ungefähr, dass die Hauptstadt Brasilia durch die Intervention des Heiligen Johannes Bosco an ihrem Ort gegründet wurde, mit der Vision von einer Stadt einer neuen Mentalität? Brasilia vereint in seinem Gebiet heute 800 Religionen, wo sie einander begegnen können, miteinander wachsen können, bis sie wirklich die eine Herde mit dem einen Hirten sind.

Kehren wir nun zurück zur Symbolerklärung. Der Erdplanet ist dargestellt mit einer dreistufigen Aura. Die Kreuzfigur in der Mitte symbolisiert den bereits vollkommenen Teil in der Ausgestaltung des Bewusstseins des Planeten. Sie bezeichnet den Anfang kosmischen Bewusstseins sowohl des Planeten als auch des Erdenmenschen. Alles, was Erfüllung des Gesetzes der Nächstenliebe ausmacht, gehört in diese Strahlenaura. Alles, was zum Begriff des Friedens gehört, alle Manifestation von absichtsloser Liebe, von Barmherzigkeit, Gerechtigkeit, Vergebung allen Unrechts, Sympathie und Liebe auch zu denen mit feindlicher Gesinnung gegen uns, alle Friedensbewegungen, Organisationen des Antimilitarismus und der Abschaffung jeglichen Waffenbesitzes sowie aller Kriege. In dieser Aura strahlen alle Träume nach einer gerechten Weltregierung zur Freude und zum Wohl aller Erdenbewohner. Dieses Weltreich, geschaffen aus Sympathie und Liebe, wird der Anfang sein von dem, was Jesus als das Himmelreich auf Erden angekündigt hat

Das dunkle Feld um die helle Aura herum kennzeichnet alle Brutalität in den noch unfertigen Erdenmenschen. Es symbolisiert Hass, Bitternis, Zorn, Egoismus, Verfolgung, kurz alles, was bekannt ist als Bosheit zu Menschen und Tieren, alles Fleischessen, Alkohol- und Drogenabhängigkeit, unglückliche Eheverhältnisse und natürlich auch alles, was Krieg, Streik und Ausbeutung heißt usw. Diese schwarze Aura bedeutet die Götterdämmerung oder die Hölle, die das Jüngste Gericht herbeiführen wird.

Die etwas hellere Aura steht für die Mischung im Bewusstsein der Jetztmenschen mit Materialismus, Atheismus und liebevoller Mentalität der verschiedenen Religionen. Die dunkle Aura ist im Verschwinden zugunsten einer humanen Mentalität, die letztlich die weiße Aura verstärkt, bis sie alles durchstrahlt. Die Erde wird glänzen als Wohnstätte der Lebewesen mit Gottähnlichkeit.

Im unteren Feld des Symbols sehen wir eine graue Fläche mit Stufenformation. Sie zeigt an, dass auch die Erde ein Lebewesen in Entwicklung ist. Sie befindet sich im Übergang vom Tierreich, mit 2 gekennzeichnet, zum wahren Menschenreich. Innerhalb der beiden vertikalen violetten Striche sehen wir die Erde in ihrem Verhältnis zu Licht und Finsternis ihrer kosmischen Spirale. Die Erde bewegt sich bereits aus der Kulmination der Finsternis und tritt ein in Licht und immer mehr Licht.

Das weiße Feld über den beiden violetten Strichen zeigt das begrenzte Bewusstsein des Erdenmenschen, es erreicht das Mineralreich, Pflanzenreich und Tierreich. Des wahren Menschenreichs, des Weisheitsreichs, der göttlichen Welt und des Seligkeitsreiches ist sich der Jetztmensch nicht bewusst. Er kennt nur Mineralmaterie, Pflanzen und Tiere. Vom Lebewesen und seiner kosmischen Struktur, die das Physische erschafft und beherrscht, hat er absolut kein realistisches Wissen. Er weiß nicht, was das „Leben" in den Lebewesen ist. Er kennt höchstens den Organismus und seine materiellen Kombinationen. Dieses „Leben" ist das Ich und sein Überbewusstsein oder das absolut „Ewige Etwas" hinter allem Sichtbaren und hinter aller Schöpfung. Wenn Gott der Menschheit durch die Welterlöser nicht das kosmische Wissen über das wirkliche Leben hinter allen physischen Manifestationen gegeben hätte und die Menschheit nicht auf diese Weise geführt hätte, hätte sie nie aus dem Tierreich hinausgefunden. Durch die Entwicklung von Humanität und Liebe wird der ganzen Menschheit die kosmische Schau gegeben werden, die Gabe der Intuition. Mit dieser Fähigkeit bekommt der Mensch Orientierung und Lebensfähigkeit in der geistigen kosmischen Welt, die das ewige Fundament allen Lebens ist, während die physische Seite nur eine Illusion ist. Dazu hat Martinus in seinen Analysen im Ditten Testament zahllose wunderbare Einzelheiten mitgeteilt.

Symbol Nr. 28 – Das ewige Leben oder die Lebensleiter

– Aktiviert die Archetypen – Alzheimer

Die Lebewesen sind ewige Wesen und das Erleben des Lebens ist eine ewige Realität. Alle bis jetzt erwähnten Symbole sind eine Verdeutlichung des ewigen Erlebens der Lebewesen. Sie wandern durch die Kreislaufspiralen in Prozessen von Einwicklung und Entwicklung durch die Kulmination der Finsternis oder die

Kulmination des Lichtes. Das Erleben des Lebens geht immer weiter in immer höheren Spiralen bis in alle Ewigkeit. In diesem Prozess ist jedes Lebewesen sowohl Mikrowesen, Makrowesen und zwischenkosmisches Wesen für andere Lebewesen. So schenken sie einander die Möglichkeit, zu existieren und das Leben zu erleben. Dieser ganze Weg ist immer ein Weg zu höheren Formen der Existenz und des Erlebens. Diesen ewigen Weg, das Leben zu erleben, können wir als eine geistige, stets aufsteigende Leiter bezeichnen, die durch unendliche Himmel führt und zahllose Paradiese ohne Begrenzung und ohne Ende. Die Wesen zeigen sich aufgrund ihrer Ewigkeit und ihrer ewigen Schöpfungsfähigkeit als identisch mit der unendlichen Zeit und dem unendlichen Raum, identisch mit der Unendlichkeit. So sehen wir, dass sich die Gottähnlichkeit auf jede Weise realisiert. Lässt sich das Ebenbild Gottes in irgendeiner anderen Weise offenbaren?, fragt Martinus.

Der Psychoanalytiker C. G. Jung spricht von den Archetypen im Unbewussten des Menschen. Es sind Urbilder der Seele hinter der individuellen Persönlichkeit. So spricht er vom Animus in der Frau und von der Anima im Manne, vom Kind als Urbild des ewigen Selbst, vom alten Weisen und der alten Weisen und anderen. Wenn dem Träumer vielleicht in einer sehr kritischen Lebenssituation ein Archetyp begegnet, heißt das eine große Ermutigung, weil sich im Archetyp ein bestimmter Aspekt von der unerschöpflichen Lebenskraft der Seele zeigt, eben von der ewigen Lebensleiter zu stets größerem Lebenserleben. Aus den obigen Erklärungen wird es sehr einleuchtend, dass dieses Symbol die Archetypen aktiviert.

Das Symbol kennzeichnet das ewige Leben des Wesens als eine kontinuierliche Leiter nach oben, wo es in alle Ewigkeit von Finsternis zu Licht, von unangenehmem Gutem zu angenehmem Gutem wandert. Auf dem Symbol 28 sehen wir nur einen kleinen Ausschnitt dieses Weges. Jede der großen violetten Stufen symbolisiert eine Entwicklungsspirale, in der die Wesen von der Kulmination der Finsternis zur Kulmination des Lichtes wandern. Die Stufen in der Mitte sind jeweils sechs im Raum einer großen Spiralstufe. Das Wesen steigt auf von der roten Stufe des Instinktreiches, wo es eine Pflanze ist, zur orangen Stufe des Tierreiches mit seiner Schwereenergie, zur gelben Stufe der Gefühlsenergie mit dem wahren Menschenreich, weiter zur grünen Stufe der Intelligenzenergie des Weisheitsreichs, dann zur blauen Stufe der Intuitionsenergie der göttlichen Welt und schließlich zur Indigostufe mit dem Seligkeitsreich. Diese letzten vier Stufen sind das Reich des Lichtes. Das Reich der Finsternis bringt die Schwereenergie im Tierreich mit ersten Anfängen bereits im Ausgang des Pflanzenreiches. Jede Spirale hat die gleiche Grundstruktur und Existenzebene, aber von einer Spirale zur anderen in neuer Varietät. In aller Wahrheit ist das Leben ein ewiger Weg zum Licht, denn die Finsternis existiert ja nur als der nötige Kontrast zu neuem Licht. Ohne diesen Kontrast wäre das Leben nicht möglich. Jede Existenzebene hat viele kleine Kreisläufe, zum Beispiel die einzelnen Inkarnationen, was durch die kleinen Stufen auf der rechten Seite symbolisiert wird. Die weiße Farbe bedeutet das Ich des Universums.

Mit diesem Symbol zeigt uns Martinus auf sehr einfache Weise, dass das Leben ewig ist und zwar ein ewiger Weg zum Licht, zu kosmischem Licht, und das heißt, es ist ein Weg in ewiger Liebe. Alzheimer, die Alterskrankheit des fast völligen Vergessens, könnte in diesem Zusammenhang als Verlust des Bewusstseins bezeichnet werden, dass das Leben eben ein ewiger Weg zum Licht ist. Auch wenn ich noch wenig Erfahrung mit Heilung von Alzheimer durch das Symbol habe, überzeugt mich dieser Heileffekt.

Symbol Nr. 29 – Kosmische Entwicklungsbahnen

– Dämonische Wesenheit – Harmonie und Syntonie mit der Natur

Während das Symbol 28 die Stufenstruktur der Entwicklungsbahnen von der Seitenansicht zeigt, bringt Symbol 29 die Frontalsicht. Beide Symbole zeigen das ewige Leben als einen ewig wechselnden direkten oder indirekten Weg zum Licht.

Das Stufenfeld ist umgeben von einem weißen Nebelfeld, das das Ich, das X1 der Gottheit darstellt, und der violette Rand direkt an den Stufen bezeichnet die Mutterenergie der Gottheit, ihr X2. Die anderen farbigen Felder symbolisieren die Organismen aller existierenden Lebewesen und so sind sie das X3 der Gottheit. Diese Organismen in ihrer Gesamtheit bilden den Organismus der Gottheit, der in seiner Art das ganze Universum umfasst und so die Gottheit als ein Lebewesen offenbart. Alle Lebewesen befinden sich darum in der Gottheit und die Gottheit befindet sich in ihnen. Und wie die Lebewesen die Instrumente des Bewusstseins und der Lebensmanifestation der Gottheit sind, lässt sich verstehen, dass die Gottheit allwissend und allmächtig und allliebend und auch allgegenwärtig ist.

In den letzten sieben Jahren hatte ich die Gelegenheit, einen großen Teil der Geisteswissenschaft des Martinus zu studieren. Es fiel mir nicht schwer, die letzte Analyse eines jeden Lebewesens zu verstehen, dass jedes ein X1, X2 und X3 ist, aber dass auch jedes von ihnen sich zum Menschen nach Gottes Abbild entwickelt, habe ich nicht so schnell realisiert. Das ist es, was das Symbol 29 ausdrücken will.

Alle unsere Tiere, Kühe, Pferde, Ameisen, Fliegen, Tauben, Bienen, alle Mikroben und alle Pflanzen, Bäume, Blumen, Gräser, alle Mineralien, alle Sterne und Planeten, kurz alles, was lebt, ist auf einer eigenen Entwicklungsbahn zum Menschen nach Gottes Abbild. „Lasset uns Menschen machen nach unserem Abbild!" (Genesis 1.26-27). Während ihres Stadiums als Mineral, Pflanze, Tier sind sie alle unfertige Menschen. Alle Wesen in unserer Umwelt sind dabei, sich durch das Pflanzenreich hindurch zum Tierreich zu entwickeln und dann zum wahren Menschenreich. So sind die Wesen alle in ihrem Mineralstadium, Pflanzenstadium oder Tierstadium unfertige Menschen. Aber der vollendete menschliche Organismus der Wesen ist nicht gleich bei allen. Es existieren zahllose menschliche Organismen von unendlicher Schönheit, erklärt Martinus. Und wenn sie so weit entwickelt sind, dass sie wahre Menschen geworden sind, dann sind sie nicht mehr an ihren unvollendeten menschlichen Organismus gebunden. In den höheren Welten können die Wesen sich ganz nach Wunsch in einem anderen Organismus materialisieren, und dort kennen alle einander und alle lieben sich, denn alle sind ja eins mit Gott. Wer sich dieser Bestimmung aller unserer Tiere bewusst ist, der kann gut verstehen, dass es heißt „Du sollst nicht töten!“. Fleischessen kann wirklich nur möglich sein aus Unwissenheit über die wahre Bestimmung jedes Tieres, denn Fleischessen heißt, Anteil haben am Töten.

Das Symbol bewirkt Harmonie mit der gesamten Natur. Die ganze bisherige Erklärung des Symbols 29 ist eine Begründung für diese Heilwirkung, und da, wo dämonische Wesenheiten einbrechen, wird ja auch gerade diese Harmonie belastet, so versteht sich auch die heilende Kraft gegen Schäden aus solcher Besetzung. Die Diagnose der Rute ist wieder einmal bestätigt worden. Bei der therapeutischen Verwendung des Symbols habe ich festgestellt, dass, wenn Symbol 29 angezeigt war, es gewöhnlich sehr lange brauchte, bis das Foto vom Symbol zu nehmen war. Ich glaube, es gibt bei unseren Kranken und beim Erdenmenschen überhaupt noch sehr viel Disharmonie mit der Natur.

Wir sehen auf diesem Symbol 25 Entwicklungsbahnen, die fünfte ist die des Menschen. Die Zahl 25 will nur symbolisieren, dass es unendlich viele Entwicklungsbahnen zum wahren Menschen gibt. Auf dem Symbol gehen die Bahnen aus vom Pflanzenreich, steigen auf zum Tierreich und schließlich zum wahren Menschenreich mit der gelben Farbe der Gefühlsenergie, die auf diesem Symbol bereits in das Feld des weißen Nebels geht, der die Anteilnahme am kosmischen Bewusstsein kennzeichnet. Martinus sagt, dass einige Insektenarten in ihrem sozialen Leben schon weiter entwickelt sind als der Erdenmensch und dass es Meerestiere gibt, die dem Stadium des Erdenmenschen schon sehr nahe sind.

Symbol Nr. 30 – Die ewige Gottheit und die Wahrnehmungsbegabung der Wesen

– Manisch-depressive Psychose

Das weiße Feld rechts bedeutet das Ich der Gottheit. Die von diesem Feld ausgehenden Strahlen stellen die vielen kleinen Ichs dar, aus denen die Gottheit besteht. Nach den weißen Strahlen erscheinen violette Figuren. Sie bedeuten die Mutterenergie der Lebewesen, die in ihrer Gesamtheit die Schöpfungsfähigkeit der Gottheit ausmachen. Ausgehend von hier bis zu den kleinen weißen Flammen ist das X3 aller Lebewesen, das bedeutet, dass alle Organismen zusammen mit allem, was erschaffen ist, den Organismus der Gottheit bilden oder eben das Universum.

Links auf dem Symbol sehen wir eine Treppenfigur. Sie stellt die ewige Entwicklungsleiter dar. Jede Stufe steht für eine Existenzsphäre, die aus Lebewesen besteht, was durch die kleinen weißen Dreiecke ausgedrückt ist, die die Ichs der Lebewesen bedeuten. Die Farben geben an, zu welchem Existenzreich die jeweilige Stufe gehört. Ausgehend vom unteren Rot bis hinauf zum Indigo haben wir eine Entwicklungsspirale. Wir sehen, dass von jeder Stufe Strahlen in Richtung auf die rechte Figur ausgehen, die das Universum darstellt. Diese Strahlen bedeuten die Manifestations- und Erlebensenergien der Lebewesen. Und durch diese Energien wirkt das Wesen auf die Energien des Universums ein, das heißt, es beeinflusst die Entfaltung seiner Umwelt: der Pflanzen, Tiere und Menschen. Die Reaktion auf diese Einwirkung ist das Erleben des Lebens oder das Schicksal des Lebewesens. Das Bewusstsein der Wesen auf jeder Stufe ist im Besonderen geprägt von der auf der Stufe dominierenden Grundenergie. Die Lebensverbindung zwischen dem Ich des Lebewesens und dem Weltall oder der Gottheit wird also von der Grundenergie bedingt, die auf der Daseinsebene, auf der sich das Wesen vorübergehend befindet, die vorherrschende ist.

Die Strahlen, die von jeder Stufe der Treppenfigur ausgehen, symbolisieren die Energien in der Wahrnehmungsbegabung der Wesen. Diese Energien sind wiederum dasselbe wie die sechs

Grundenergien. Wir sehen rote Strahlen ausgehend von der roten Stufe, die das Pflanzenreich darstellt. Sie kennzeichnen die in diesem Reich dominante Energie, die Instinktenergie. In seinem durch den Instinkt dominierten Dasein, kann das Pflanzenwesen Behagen und Unbehagen fühlen, ohne jedoch zu verstehen, was es bedeutet. Es kann sich dem Sonnenlicht öffnen und des Nachts verschließen. Es vernimmt die Richtung zum Wasser, spürt Kälte oder Wärme und sein Organismus und das Erhalten des Organismus gestalten sich völlig automatisch durch seinen Instinkt. Durch die Einwirkung des Menschen und der Tiere werden allmählich Talentkerne aus der früheren Spirale geweckt, und nach vielen Jahrtausenden entwickelt sich die Pflanze zum Tier. Das Wesen befindet sich nun auf der nächsten Stufe in Orange, die Schwereenergie bezeichnend. Das Wesen steigt dann auf zum wahren Menschenreich, zum Weisheitsreich, zur göttlichen Welt und zum Seligkeitsreich.

Wir haben bereits von der Wahrnehmung des Pflanzenwesens gesprochen. Die orangefarbigen Strahlen zeigen die Wahrnehmungsbegabung des Tieres, die es durch die Schwereenergie entwickelt hat, die Gefühlsenergie und ein wenig Intelligenzenergie. Seine Wahrnehmung umfasst Pflanzen und Tiere. Danach – im wahren Menschenreich – wird die Wahrnehmung das Mineral-, Pflanzen-, Tier-, Menschenreich und bereits einen Anfang im Weisheitsreich umfassen. Schließlich umfasst sie im Reich der Intuitionsenergie alle sechs Grundenergiereiche, wie auch im Seligkeitsreich. Die blauen und die Indigostrahlen zeigen diesen Bereich auf dem Symbol an.

Die therapeutische Wirkung des Symbols wurde diagnostiziert für manisch-depressive Psychosen. Der Kranke schwankt zwischen beiden Haltungen. In der manischen Phase will er über seinen realen Wahrnehmungshorizont hinaus, in der depressiven Phase verschließt er sich für die ganze reale Breite seines Wahrnehmungshorizontes. Vom Geist dieses Symbols geht eine harmonisierende Wirkung aus für eine Wahrnehmung kraft der wirklichen Wahrnehmungsfähigkeit, also Heilkräfte für die Entgleisungen des Manisch-Depressiven.

Symbol Nr. 31 – Die Wahrnehmungsfähigkeit und die Entwicklungsstufen des Lebewesens

– Magenschleimhautentzündung – Magengeschwüre – Dünndarm

Der Mensch des brasilianischen Nordostens gebraucht den Ausdruck „Meine Natur ist dafür" oder „Meine Natur ist dagegen", wenn es um wichtige Entscheidungen geht. Aus meiner Arbeit mit Psychologen in der Psychiatrie kenne ich deren Ausdruck „Ich muss erst meinen Bauch fragen!" Und es ist in der Bauchgegend, dass sich ein Reflex aus dem Ahnungsvermögen des Instinktes bemerkbar macht, der für den Erdenmenschen eine durchaus noch bedeutende Wahrnehmungsfähigkeit ist. Das soziale Miteinander des Erdenmenschen ist getragen von tierischen und humanen Bewusstseinsanteilen, darum gibt es auch tierische und somit schwer verdauliche Anteile. Wen wundert es, dass sich Magenkrankheiten bilden und Verdauungsprobleme im Darm? Symbol 31 wurde diagnostiziert für solche Erkrankungen. Die weiteren Symbolerklärungen erhellen das Warum.

In kosmischer Sicht sind alle Lebewesen dasselbe Sein. Aber ist es denn nicht etwa so, dass sich alle als sehr verschieden repräsentieren? Es gibt Tausende von Rassen und Arten, aber nur aufgrund des physischen Organismus. So wie aber nun dieser physische Organismus in kosmischer Sicht absolut nur ein Instrument ist für das Erleben und Manifestieren des Lebens, so ist es völlig verfehlt, das Wesen aufgrund seines Organismus einzuschätzen, der doch eben nur ein zeitweiliges Instrument ist und wieder vergeht. Das Wesen muss beurteilt werden aufgrund seiner ewigen und wahren Identität. Diese Einschätzung ist die höchste und allein gerechtfertigte Einschätzung. Gemäß dieser Einschätzung ist das Wesen mit dem Begriff „Mensch" benannt. Hinter dem Begriff „Mensch" existiert in aller Wahrheit eine ewige und unsterbliche Realität. Wie nun jedes Wesen im ganzen Weltall sowohl im Mikrokosmos wie im Makrokosmos und im Zwischenkosmos diese Analyse hat, so kann der intuitive Beobachter es auch als Tatsache sehen, dass alle Wesen nach ihrer kosmischen Analyse von gleichem

Sein sind. Alle sind Menschen. Wenn wir in unserem Alltag nicht gewohnt sind, sie Mensch zu nennen, dann liegt der Grund ausschließlich in der Tatsache, dass sie in unterschiedlichen Organismen und unterschiedlichen Weisen auftreten. Wenn wir eine Katze, einen Hund, ein Pferd, einen Fisch oder Elefanten nicht als Mensch bezeichnen, dann liegt es eben an den unterschiedlichen Organismen, mit denen diese ewigen Wesen sich manifestieren. Die Organismen sind vergängliche Erscheinungen und können nicht identisch sein mit den ewigen Wesen. Die Organismen sind geschaffen von den Lebewesen und hinter dieser Schöpfung existiert das wahre und ewige Wesen als ein ewiges Ich mit seinem ewigen Überbewusstsein. Dieses Ich und sein Überbewusstsein sind das wahre Wesen hinter dem geschaffenen Organismus, der als Instrument für seine Manifestation dient und verlassen werden kann, wenn er sich abgenutzt hat. Dieser Vorgang wird Tod genannt. Danach, wie wir ja schon wissen, wird er wiedergeboren und dies nennen wir Geburt. Tod und Geburt sind zusammen das Geschehen, das wir mit Reinkarnation bezeichnen.

Von Reinkarnation zu Reinkarnation werden stets neue Organismen gebildet und ständig verfeinert und schöner, bis sich die Doppelpoligkeit vollendet und dadurch die Verwandlung der Tiermentalität in die Menschenmentalität abgeschlossen ist. Das Wesen ist ein vollkommener Mensch geworden, das Abbild Gottes.

Die Entwicklung des Wesens vollzieht sich in Stufen auf einer Treppenformation. Das Symbol 31 zeigt ein kleines Dreieck, ein Lebewesen, auf einer Treppenformation mit seiner speziellen Wahrnehmung des Weltalls, die symbolisiert ist durch die Strahlen, die vom Dreieck ausgehen auf eine große Kegelfigur. Die Wahrnehmung jedes Wesens geht von einer individuellen Entwicklungsstufe aus und unterscheidet sich von der Wahrnehmung aller anderen Wesen, wie auch die Manifestation eines jeden Wesens auf der ihm eigenen Entwicklungsstufe beruht und darum sich von allen anderen Manifestationen unterscheidet. Es ist die Unwissenheit über den jeweils anderen Entwicklungsgrad jedes Mitwesens, die zu Intoleranz, Rechthaberei und Streit führt und so das Miteinander „schwer verdaulich" macht. Der nicht wissende Erdenmensch, und weithin auch die Rechtsprechung, geht einfach davon aus, dass die Wahrnehmung der Wirklichkeit für alle gleich sei und dass abweichendes Verhalten böser Wille sei. Wieder einmal erklärt sich die Heilwirkung des Symbols zufrieden stellend.

Symbol Nr. 32 – Die zwölf Grundfazite oder die Lösung des Lebensmysteriums

– Zentrales Nervensystem – Lebenszyklen
– Umbanda-Magie

Unwissenheit ist die Ursache aller Krankheiten. Der heutige Mensch lebt, ohne eine Antwort auf die existenziellen Fragen zu haben: Wer bin ich? Woher komme ich? Wohin gehe ich? Wer keine zufrieden stellende Antwort auf diese Fragen findet, der lebt ohne Orientierung, bringt mit dieser Orientierungslosigkeit notwendigerweise sein Nervensystem in Unordnung, macht sich krank durch ein unvermeidliches mentales Klima der Unsicherheit. Er versucht eine Weise der Lebensgestaltung und gibt sie wieder auf, um andere Formen zu probieren. So gibt es Zyklen in seinem Leben, die sehr belastend sein können, und wer so hin und her schwankt, wie ein Schilfrohr im Winde, der hat auch keinen Schutz gegen Magie. Symbol 32 bringt 12 Grundfazite zur Lösung des Lebensmysteriums und bewirkt Ruhe und Gelassenheit in der nervösen Orientierungslosigkeit. So heilt das Symbol das Nervensystem, harmonisiert zerstörerisch wirkende Lebenszyklen und befreit von negativen Folgen schwarzmagischer Energien. Der Geist dieses Symbols, das heißt seine Energie, lässt das Wesen spüren, dass das Weltall ein Wesen voller Licht ist, in dem alle Lebewesen leben und sich bewegen.

Und jetzt möchte ich eine sehr gestraffte Zusammenfassung von dem geben, was Martinus uns im „Ewigen Weltbild" zu Symbol 32 erklärt. Die Grundstruktur eines Sternes will sagen, dass die Lösung des Lebensmysteriums ein göttliches Licht ist auf unserer Erdenwanderung, das herausleuchtet aus höchster Harmonie, Weisheit und Liebe. Die Lösung des Lebensmysteriums gebiert im Denken und Bewusstsein eines jeden noch unfertigen Menschen eine wärmende Sonne, eine Inspiration, Gottes Gegenwart zu spüren, um aufzuerstehen aus dem Reich des Todes und der Finsternis.

Das orangefarbene Kreisfeld um den Stern herum symbolisiert das Tierreich, das Reich der Finsternis, in dem sich der Jetztmensch befindet, aber es wächst das gelb-grüne Feld der Gefühlsenergie und der Intelligenzenergie, eben des intellektualisierten Gefühls, was Liebe ist. Und zwischen dem gelben und dem orangefarbenen Feld sehen wir die Flammen des göttlichen Feuers, das alles beherrscht und das das Reich der Finsternis verwandeln wird in Licht, Licht und nochmal Licht.

Die zwölf Felder des Sternes sind nummeriert. Feld 1 bezeichnet das Weltall mit den sieben Grundenergien und dem Ich, das alles erhält. Das Weltall zeigt sich als ein Lebewesen. Niemand kann leugnen, dass er im Weltall lebt. Jedes Wesen befindet sich dem Weltall gegenüber und wechselt Erfahrungen mit ihm. Jedes Lebewesen manifestiert sich in den sieben Grundenergien, die das Symbol darstellt und das Ich repräsentiert das Ich aller Lebewesen. Das Weltall existiert. Niemand wird es leugnen, es ist ein „Etwas, das ist". Diese Realität zu leugnen hieße, seine eigene Existenz leugnen. Diese Analyse ist also unanfechtbar.

Feld 2 zeigt eine weiße Figur, sich ausweitend und verengend. Sie symbolisiert das Gesetz von Ursache und Wirkung. Alles hat eine Ursache, und deren Wirkung wird wiederum Ursache für neue Wirkungen. Der Beobachter der Wirklichkeit, in der wir leben, nimmt wahr, dass wir in einem Ozean aus Verkettungen von Ursachen und Wirkungen leben. Die Existenz von Ursache und Wirkung ist unbestreitbar.

Im dritten Feld sehen wir ein Kreuz innerhalb eines Lichtfeldes. Niemand wird leugnen, dass im Leben vieles zur Freude und zum Segen der Lebewesen ist. Unsere Sonne gibt die Grundbedingungen für pflanzliches und tierisches Leben. Alles, was existiert, ist ein Segen für andere Wesen. Wenn wir die Prozesse der Natur beobachten, sehen wir zum Beispiel, dass am Ende des Wachstums einer Pflanze sie mit ihren Samenkörnern und Früchten ein Segen für andere Lebewesen ist, nicht die grüne Frucht, wohl aber die reife Frucht. Ist sie nicht ein gesundes und schmackhaftes Lebensmittel? Alle abgeschlossenen Naturprozesse sind ein Segen für andere Wesen. Sind die Organe unseres Körpers nicht wirklich perfekt? Aber es gibt nicht abgeschlossene Prozesse, wie es auch beim Erdenmenschen der Fall ist. Für ihn zeigte Jesus am Kreuz, wie unvollkommene Akte sich in vollkommene verwandeln, als er betete „Vater, vergib ihnen, denn sie wissen nicht, was sie tun". Darum hat Martinus das Zeichen des Kreuzes in ein Lichtfeld gezeichnet, um auszudrücken, dass alles im Leben zur Freude und zum Segen der Lebewesen bestimmt ist. Das Böse existiert höchstens im Erdenmenschen, aber er ist eine Schöpfung in der Hand des Vaters, die noch nicht zu Ende geführt ist.

Das Feld 4 zeigt unser Sonnensystem als einen Naturprozess innerhalb des großen Weltalls, der völlig logisch und geplant ist. Ist es nicht zu unserer Sicherheit, dass in Tausenden und Abertausenden von Jahren kein einziger Augenblick ein fehlerhaftes Verhalten gezeigt hat? Und wo es Planung gibt, dort gibt es Bewusstsein. Hinter allen Naturprozessen existiert Bewusstsein. Niemand kann es abstreiten. Es ist das vierte Grundfazit zur Lösung des Lebensmysteriums.

Feld 5 zeigt das Symbol des Lebewesens, denn wenn es Bewusstsein hinter allen Bewegungen und Prozessen der Natur mit Planung und Logik gibt, dann kann das nur durch ein Lebewesen verursacht sein. Das Dreieck symbolisiert das ewige Ich des Lebewesens, der weiße Kreis die Schöpfungsfähigkeit, und die Strahlen symbolisieren seinen Organismus und seine weiteren Manifestationen. Dass dieses Lebewesen existiert, sowohl als physische wie auch als geistige Realität, ist eine unumstößliche Realität.

Mit diesem Wissen, dass das Lebewesen eine erwiesene Realität ist, gehen wir weiter zum Symbol im sechsten Feld. Dieses Lebewesen hat die Fähigkeit, sein Leben zu erleben. Die Basis seiner Erlebensfähigkeit ist sein Ich-Bewusstsein. Als Pflanze beginnend, hat es kein Bewusstsein seines Ichs. Es tritt ins Tierreich ein und entwickelt allmählich die Fähigkeit, sich seiner eigenen Existenz bewusst zu werden. Das Lebewesen sagt „Ich“ und somit ist es ein Erdenmensch geworden. Verbunden mit dem Ich-Bewusstsein ist auch das Sich-bewusst-Werden seiner Umwelt das Bewusstsein von „Das“. Somit ist die Realität von „Ich“ und „Das“ unbestritten. Das weiße Dreieck in der Zeichnung steht für das „Ich“ und das Dreieck in den Farben der Grundenergien für das „Das“.

Dieses Ich, das sich des Das bewusst ist, weiß auch, dass hinter den vielfältigen Manifestationen unzählige Ichs stehen, die diesen Ozean von Bewegungen erschaffen und manifestieren. Wie nun alles durch ein Ich erschaffen ist, so kann der Schöpfer dieser Gesamtheit nur die Summe dieser unzähligen Ichs sein. So ist die Existenz der Gottheit eine erwiesene Realität. In der Zeichnung Nummer 7 sehen wir das Dreieck der Gottheit und die Kette von Ursache und Wirkung innerhalb der beiden Streifen mit den Farben der Grundenergien, was symbolisiert, dass die Wesen sich durch ihre Organismen mittels Ursache und Wirkung manifestieren. Die violetten Strahlen stehen für die Mutterenergie des namenlosen Etwas, des Ichs der Gottheit.

Sternfeld Nummer 8: In unseren Analysen sind wir nun bis zur ursachenlosen Ursache gekommen. Wir sind zur Grundlösung des Lebensmysteriums gekommen. Wir haben die Ursache des Ozeans von Bewegung gefunden, den Ursprung dafür, dass das Weltall sich als eine logische und geplante Schöpfung manifestiert, den Grund dafür, dass das Weltall eine Manifestation von Leben und Leben Erlebens ist. Wir sind zu dem „Etwas“ gekommen, das sich von allem im Universum dadurch unterscheidet, dass es nicht geschaffen ist, dass es aber eine ewige und unveränderliche Existenz hat. Es ist keine Bewegung, ganz im Gegenteil, wie bereits gesagt wurde, ist es die Ursache, der Schöpfer von allem und von jeder Bewegung. Der Umstand, dass es Schöpfer von allem ist, lässt es ohne jede Analyse sein. Und ganz gleich, welche Analyse es nach unserer Meinung haben sollte, diese Analyse kann nur etwas von ihm Geschaffenes sein. Wenn wir sagen würden, dass dieses „Etwas“ liebevoll ist, so kann diese Analyse nur etwas sein, was es erschaffen hat, was es hervorgebracht hat. Aber die Analyse von etwas Hervorgebrachtem kann nicht die Analyse des Autors, des Schöpfers sein. Der wirkliche und absolut einzige Schöpfer, das Ich im Lebewesen, kann nur eine einzige Analyse haben: „Etwas, das ist."

Wir sehen aber dieses Prinzip gebunden an zwei weitere Prinzipien. Diese drei Prinzipien sind aneinander gebunden, sodass sie nicht voneinander getrennt werden können. Sie bilden eine unauflösliche Einheit. Diese Einheit kennen wir als das Lebewesen. Sie besteht aus dem Ich, aus der Schöpfungsfähigkeit und aus dem Geschaffenen. So wie diese drei Prinzipien nicht voneinander getrennt werden können, so zeigt sich das Lebewesen als eine ewige und unsterbliche Realität. Ohne das Ich könnte das Lebewesen nicht existieren. Ebenso kann es nicht existieren ohne seine Schöpfungsfähigkeit, sie ist das Überbewusstsein oder der psychische Aspekt des Lebewesens. Und das Lebewesen wäre auch nicht existent ohne den Teil seiner Existenz, der seinen Organismus oder Körper ausmacht. Mithin ist das Lebewesen ein dreieiniges Prinzip oder ein Sein mit drei Analysen, dem „Ich" X1, der Schöpfungsfähigkeit X2 und dem Geschaffenen X3. Auf dem Bild ist es das Dreieck, das das Lebewesen symbolisiert.

Das Feld Nummer 9 präsentiert Dreiecke in Dreiecken in unendlicher Folge nach innen und nach außen. Wir wissen schon, dass unser Organismus ein Makrokosmos ist für viele Millionen von Mikrokosmen, damit wir durch das Instrument unseres Körpers unser Leben verwirklichen können. Für den Erdplaneten sind wir Mikrowesen und die Erde ist ein Mikrowesen für die Sonne, die wiederum Mikrowesen in der Milchstraße ist. So geht es weiter ins Unendliche. Alle Wesen sind zugleich Makrowesen und Mikrowesen, nur Gott ist das Makrowesen, in dem alle anderen Mikrowesen sind. In ihm leben, weben und sind wir (Apg 17,28). Wenn wir hinschauen auf die Millionen von Mikrowesen in unserem Körper und auf die Millionen von Makrowesen am Sternenhimmel, dann können wir nicht umhin, zu erkennen, dass das Leben sich immer als ein Leben in Leben manifestiert. So lässt sich verstehen, dass die Gottheit allgegenwärtig, allwissend und allmächtig ist. Wir haben das neunte Grundfazit des Lebensmysteriums gefunden.

Feld Nummer 10: Alle Lebewesen haben ein ewiges Leben. Um das Leben zu erleben, bedarf es der Fähigkeit der Wahrnehmung. Für die Wahrnehmung ist es notwendig, dass alles sich in Kontrasten manifestiert. Um etwas zu sehen, bedarf es des Lichtes und des Dunkels; wenn eins der beiden zu stark oder zu schwach wird, dann verliert das Bild an Schärfe. Jeder Fotograf kennt dieses Gesetz. So bedarf es ebenfalls des Kontrastes, um das große Licht der Gottheit erfahren zu können. Darum durchlebt das Wesen in jedem Spiralkreislauf die Finsternis als Kontrast zum Leben im Lichte Gottes. Das Tierreich ist der Kontrast, in dem im Wesen der Wille erwacht, in den Reichen des Lichtes zu leben, im wahren Menschenreich, im Weisheitsreich, in der göttlichen Welt, im Seligkeitsreich und im immer noch paradiesischen Pflanzenreich, wo es in seinem Tagesbewusstsein in der geistigen Welt lebt. Dies alles bedeutet, unendliche Räume und Zeiten voller Licht zu erleben, um dann von neuem in die Erfahrung der Finsternis zu gleiten. Und so geht es in alle Ewigkeit. Wenn das Wesen das Licht bis zum Schluss ausgekostet hat, wo es keinen Willen mehr für das Gute hat, dann geht es nach dem Gesetz von Hunger und Sättigung von neuem in die Erfahrung der Finsternis. So ist das Gesetz des Kontrastes eine unerlässliche Bedingung für die Wahrnehmung. Damit offenbart sich das Böse als ein Gutes, wenn auch ein unangenehmes Gutes für die ewige Fortdauer des Lebens. In jeder Entwicklungsspirale bedarf es für das Lebewesen der Kontraste. Darum sehen wir in der Zeichnung das Dreieck des Lebewesens in einer doppelten Spirale.

Feld Nummer 11: Zur Lösung des Lebensmysteriums gehört auch eine Erkenntnis über die Schicksalsbildung. Jedes Wesen erntet, was es selbst gepflanzt hat. Alle Gedanken, Worte und Werke erzeugen ihre eigene Rückwirkung. Und wenn unser Nächster uns ein Leid antut, dann ist er höchstens unser Instrument für das von uns selbst verursachte Schicksal. So kann es keine Ungerechtigkeit geben. Wenn dem nicht so wäre, würde das Weltall ins Chaos fallen und Gott wäre nicht allwissend, allmächtig und allgegenwärtig. In der Zeichnung steht das Dreieck für ein Lebewesen und der Kreis für das, was ausgesandt wurde und wieder zurückkehrt.

Sternenfeld Nummer 12 stellt eine leuchtende Sonne dar. Es will sagen, dass der Mensch, der die Lösung des Lebensmysteriums kennt, nicht mehr auf den Wegen der Unwissenheit geht, sondern Schritt für Schritt gewinnt er immer mehr Bewusstsein, wird er immer mehr eine Sonne der Freude und des Segens für seinen Nächsten. Er manifestiert sich als Gottes Ebenbild und Gleichnis mit der Unsterblichkeit, Ewigkeit und Unendlichkeit.

Symbol Nr. 33 – Die tierischen und menschlichen Gedankenklimate

– Männliche und weibliche Sexualität – Anormale Sexualität

HAUPTABSCHNITT 1

Das Symbol ist unterteilt in drei Hauptabschnitte, die durch die beiden stärkeren Horizontallinien markiert sind. Das untere Feld bezeichnet das Tierreich in Reinkultur mit den Feldern 21 bis 24. Diese horizontalen Felder sind Entwicklungsstufen. Die senkrechten Symbole kennzeichnen die mentalen Impulse, Gedankenklimate oder Gedankenarten der Wesen dieser Stufe.

Figur Nr. 1 bezeichnet das Prinzip der Reinkarnation durch die kleinen violetten Abschnitte.

Nr. 3 stellt ein männliches Wesen dar. Der männliche Pol, grün, dominiert über den weiblichen Pol, gelb.

Nr. 4 stellt ein weibliches Wesen dar. Es dominiert die gelbe Farbe über die grüne.

Nr. 10 symbolisiert das Gesetz des Tötens, das Reich der Finsternis, das Tierreich. Diese Figur kennzeichnet alle Formen eines gewaltsamen Todes, sei es durch Angriffe, Unglücksfälle oder Naturkatastrophen, sowie das rückkehrende Karma aus Tötungen.

Nr. 11 symbolisiert alle Gedankenklimate, die den gewaltsamen Tod oder lebensgefährliche Verstümmelungen fördern.

Nr. 17 symbolisiert die psychische Wahrnehmungsfähigkeit. Viele Tiere sind hellsichtig. Sie können Dinge wahrnehmen, die dem

Menschen verborgen sind. Ein Großteil des täglichen Lebens des Tieres wird automatisch gesteuert durch seinen Instinkt, der beim Tier noch besonders intensiv ist.

HAUPTABSCHNITT 2

Dieser Abschnitt symbolisiert das Reich des unfertigen Menschen. Er umfasst die Querstreifen 25 bis 30.

Nr. 5 und 6 lassen erkennen, dass die Einpoligkeit des reinen Tierreiches sich allmählich verändert, um schließlich zur Doppelpoligkeit zu kommen. In diesem Entwicklungsabschnitt finden wir den Erdenmenschen.

Nr. 9 symbolisiert den Körper des Erdenmenschen, der in den Bereichen 25 und 26 ein Instrument zugunsten des Tötens ist. Danach verwandelt sich die rein physische Nutzung zu mehr und mehr intellektueller Funktion. Der Körper verfeinert sich in Muskulatur, Knochen und Nervensystem. Dieser Prozess ist dargestellt durch die Verengung der Figur, bis sie im Feld 30 verschwindet, wo sie ersetzt wird durch den Körper des wahren Menschen, Nr. 20.

Nr. 12 kennzeichnet ein mentales Klima von Stolz und Eitelkeit. Das sind Haltungen, die den Zutritt zum wahren Menschenreich unmöglich machen. Sie gehören zum Reich des unfertigen Menschen, sie verursachen die Hölle auf Erden, das Ende der Zeiten.

Nr. 13 markiert die Geburtswehen zum wahren Menschenreich. Der latente sexuelle Pol entwickelt sich bei Männern und Frauen – Figuren 5 und 6 –, und das führt zu großen Spannungen für die Ehen und zu Schwierigkeiten in einer Gesellschaft, die die Liebe eines Mannes zu einer Frau akzeptiert; aber dass ein Mann auch Männer lieben kann, ist unbekannt oder sehr verpönt, ebenso, wenn Frauen beginnen, auch Frauen zu lieben.

Nr.14 symbolisiert die Nächstenliebe. Sie beginnt auf Stufe 26 und wächst und wächst bis ins Unendliche. Im Wesen bildet sich ein natürliches Organ, das das Wesen zu jeglicher Form von Egoismus unfähig macht.

Nr. 15 steht für alle Arten von Kunst im Tierreich. Sie beginnt bereits bei den ganz primitiven Menschen, wo Kämpfer und Helden glorifiziert werden. Diese Kunst steht im Dienste des Prinzips des Tötens. Der Bandit wird bestraft, der Held wird gefeiert. So ist es auch mit Romanen und Filmen. Und wenn die Liebe verherrlicht wird, dann ist es nicht die Liebe zum Nächsten, sondern die Verliebtheit zwischen Mann und Frau. Auf diese Weise vermittelt die Kunst ein unwirkliches Bild in völliger Unkenntnis der Entwicklung des Menschen, die zum Beispiel über unglückliche Ehen und das Erscheinen der Homosexualität vor sich geht.

Nr. 16 ist das Symbol des religiösen Prinzips in seinem Anfang in heidnischen – in Orange gekennzeichneten – Religionen, und danach in der gelben Farbe gekennzeichnet die großen Weltreligionen, die bereits humane Verhaltensweisen entwickeln. Aber der Glaube im Erdenmenschen ist getragen vom Instinkt und verliert sich durch die Entwicklung der Intelligenz. Beim Eintritt ins wahre Menschenreich gibt es keine Religionen mehr.

Nr. 17: Hochpsychische Magie. Zu dieser Figur möchte ich einiges aus meiner täglichen Erfahrung sagen. Ich habe meine Heilarbeit angefangen, als eine Frau meine Hand nahm, auf ihren Kopf legte und sagte: „Padre, leg deine Hand auf meinen Kopf, bete und heile mich." Schon zuvor war ich ein Suchender nach einer den Menschen besser dienenden Form meines pastoralen Dienstes. Ich hatte schon öfter nachgelesen, dass Jesus fast jedes Mal, wenn er seine Apostel zu den Menschen sandte, zuerst von Handauflegung, Gebet und Heilung sprach, und es gibt ja so viel Krankheit unter den heutigen Menschen. Ich praktizierte und ging einen Weg ständigen Lernens. Ich begegnete einer englischen Geistheilerin. Ich studierte Naturmedizin mit dem Schwerpunkt radiästhetischer Methoden, ich erlernte die Arbeit mit Grafiken und schließlich mit den Symbolen des Dritten Testamentes. Ich lernte aus dem Studium dieses Martinus-Werkes die energetische Wirkung des Gebetes kennen. Drei Aspekte wurden für mich dabei wichtig:

1. Das Gebet ist an den Vater zu richten. Ich tue es so, dass ich spreche: „Lieber Vater!"
2. Ich muss in einer klar definierten Intention beten, beispielsweise bitte ich für einen Kranken in der Intention,

dass sich sein Aurafeld für das ständige Einfließen von Verstorbenenenergien schließe.

3. Ich muss beharrlich beten, das heißt, ich wiederhole mein „Lieber Vater!“, bis der Kranke sich befreit fühlt. Für mich gilt auch, dass ich so lange bete, bis meine Rute mir das Signal gibt, dass sich das Aurafeld geschlossen hat und keine Verstorbenen mehr eindringen. Wunder gibt es ja nicht. Alles hat seine Ursache. Wie geschieht so „Wunderbares“, dass ein 53-Jähriger nach 4½ Stunden Gebet von seinem schweren Leiden der 53-jährigen Verstorbenenenergien befreit wurde? In den Erklärungen zu Nr. 17 gibt Martinus uns Einblick in diese „Wunder“. Ich bringe diesen Abschnitt wörtlich aus dem „Ewigen Weltbild 3“, weil er für die Heilarbeit fast unerschöpflich hilfreich ist, und für uns hier in Brasilien ist es sehr wichtig zu verstehen, warum es die so massiv krank machenden Formen von Magie gibt und wie sie zu überwinden sind.

„Diese Figur symbolisiert alle hochpsychischen Kräfte und kulminiert im Entwicklungsabschnitt Nr. 30.

Während die orangeroten Farben unten auf der Figur das tötende Prinzip bezeichnen, das heißt hier „schwarze Magie“, bezeichnen die gelbe und die grüne Farbe oben das Liebesprinzip, in dessen Dienst die psychische Kraft zu weißer Magie wird. Mittels dieser geistigen oder psychischen Kraft ereignen sich die wunderbaren Manifestationen, die wir ‚Wunderheilung‘, ‚Materialisation‘ und ‚Dematerialisation‘, ‚Telepathie‘, ‚organisches Hellsehen‘ und ‚organisches Hellhören‘ usw. nennen. Diese Fähigkeiten ermöglichen es dem fertigen Menschen, als Abbild Gottes mit den hohen kosmischen Wesen auf der geistigen Ebene organisch in Verbindung zu treten, die zusammen die Werkzeuge Gottes sind, um die Menschheit zu leiten und zu führen, damit sie das Abbild Gottes, ihm gleichend, wird. Diese wunderbaren Manifestationswerkzeuge der Gottheit für die Menschheit nennen wir die ‚Vorsehung‘. Diese Wesen sind also das Organ der Gottheit für die Wechselwirkung mit jedem einzelnen Erdenmenschen. Durch diese erhabenen kosmischen Wesen hört die Gottheit die Gebete der Wesen und nimmt dazu Stellung. Diese Vorsehung ist auch die Welterlösung. Durch diese Vorsehung steuert und leitet die Gottheit, wie erwähnt, die Entwicklung der ganzen Menschheit, ihre ganze Verwandlung von Tier zu Mensch. Die kosmischen oder geistigen Mitarbeiter dieser Wesen nennt man ‚Engel'. Die höchsten dieser Wesen sind geistig hervorragend entwickelt, jedoch ohne das fertige Stadium des Menschen als Abbild Gottes, ihm gleichend, erreicht zu haben, doch sind sie stark auf dem Weg dazu. Dann gibt es alle die übrigen unfertigen Wesen. Sie sind auch Engel in dem Ausmaß, wie ihre Entwicklung in der Nächstenliebe es ermöglicht. Sie sind alle, wie die Bibel es ausdrückt, dienende Geister, ausgesandt, um denen zu helfen, die das Heil erben sollen. (Heb 1,14) Kraft ihrer großen psychischen Begabung können sie die Gebete physischer Menschen auffangen. Sie können die Menschen nicht von ihrem Karma befreien, aber sie können dem ernsthaft Betenden in großem Ausmaß in der Stunde der Not helfen, können ihm Mut, Kraft und Ermunterung geben, seine Leiden zu ertragen. Sie sind überall unsichtbar anwesend. Kein Mensch befindet sich jemals außerhalb ihrer Reichweite. Sie folgen uns allen auf unseren Wegen und sind dazu bereit, uns in den Situationen zu schützen, in denen wir beschützt werden können, und uns in den Situationen zu helfen, in denen wir notwendigerweise unser dunkles Karma auf uns nehmen müssen. Es ist deshalb in solchen Situationen sehr nützlich und klug, unsere Lage in einem Gebet zu beschreiben. Das Gebet soll nicht an diese Wesen gerichtet werden, sondern ausschließlich direkt an Gott unter dem Begriff ‚Vater unser, der du bist im Himmel'. Man kann auf diese Weise auch seine Dankbarkeit und Freude zu existieren ausdrücken, wenn man es so empfindet. Selbst wenn man nicht die Fähigkeit hat, an das Gebet glauben zu können, sollte man trotzdem beten. Gott ist nicht so kleinlich, dass er nicht bedingungslos das Gebet eines unglücklichen Wesens hört."

HAUPTABSCHNITT 3

Nr. 18 zeigt die Höhe der Entwicklung, wo das Wesen im Grunde seines Seins so von Demut und Liebe bestimmt ist, dass es völlig vom Heiligen Geist durchdrungen ist, was dasselbe ist wie das Bewusstsein Gottes. Dieses Erfasstwerden durch den Geist Gottes erfährt das Wesen in einem sehr starken weißen Licht, das in es eintritt und dann in seinem Bewusstsein und in seiner Gedankenwelt permanent gegenwärtig ist. Und wie das Bewusstsein Gottes oder die Gedankenwelt Gottes durch die absolute Allliebe ausgelöst ist, durch Allweisheit und Allmacht, so werden Bewusstsein und Wesensart des Wesens zum Wiederschein dieses alles überstrahlenden Bewusstseins Gottes. Das Wesen ist nun buchstäblich eins mit Gott geworden. Es ist ein Christuswesen geworden. Es ist eins mit „dem Weg, der Wahrheit und dem Leben". Es ist eins mit der Unendlichkeit und Ewigkeit. Jetzt ist es ein wahrer Mensch, Bild Gottes, ihm ähnlich. Jetzt hat es Zutritt zu allen geistigen Welten, darum erscheinen im Symbol alle Farben der Grundenergien um das Dreieck des Ichs und der Strahlenstern als Zeichen der höchsten Selbstverwirklichung.

Nr. 19 symbolisiert das allerhöchste Gedankenklima des Lebens, den Geist Gottes in Reinkultur. Wir sehen, dass die Figur eine Kombination von überwiegend gelber und grüner Farbe zeigt, intellektualisiertes Gefühl, was dasselbe wie Allliebe ist. Wir können auch etwas von der blauen Farbe erkennen, die Intuition ausdrückt. Das große Kreuzzeichen ist der Ausdruck allerhöchster Vollkommenheit. Die kleine Sternfigur unten auf dem Kreuz zeigt, dass das Wesen der Reinkarnation total entwachsen ist. Der kleine Kreis oben auf dem Kreuz soll anzeigen, dass das Wesen kosmisch völlig souverän ist. Es kann sich völlig im wahren Menschenreich bewegen, aber auch im Weisheitsreich und in der göttlichen Welt, während das unfertige Wesen diese Reiche nur latent im diskarnierten Zustand und im Schlaf erleben kann.

Solche hochkosmischen Wesen leiten von der geistigen Welt aus die Menschheit durch die ganze Zone der Finsternis, sie sind die göttliche Vorsehung, die jedes Wesen mit unfehlbarer Liebe zur Vollkommenheit führt.

Nr. 20 ist nur ein gelbes Farbfeld ohne Einzelheiten, so wie Nr. 9 ein oranges Feld ist ohne Einzelheiten, das letztere bezeichnet den Erdenmenschen und das erste den vollkommenen Menschen. In diesem Zustand ist das Wesen frei von der Notwendigkeit der Reinkarnationen. Um sich aber als Lebewesen manifestieren zu können, bedarf es auch eines Instrumentes, eines Organismus. Erinnern wir uns, das Ich des Lebewesens ist in sich ohne Manifestation, aber es hat die Schöpfungsfähigkeit und die Grundenergien für seine Manifestationen zur Verfügung. Jeder Kontakt, jede Kommunikation, jede Kollaboration mit anderen Wesen aus diesen höchsten Welten geht auch über Körper, aber hier sind die Körper geistiger Art, sind aus Strahlenenergie. Diese Materie gehorcht unmittelbar dem Gedanken. So kann das Wesen einen Körper nach seiner Wahl materialisieren, um mit anderen Wesen Kontakt aufzunehmen, und kann ganz nach Wunsch den Körper wieder dematerialisieren. Das ganze mentale und psychische Leben basiert auf Materialisation und Dematerialisation. Physische Materialisation, die wir Schöpfung nennen, ist von grober und mühevoller Natur. Aber bevor Schöpfung in physischer Materie mithilfe des physischen Körpers möglich ist, ist sie bereits im Bewusstsein durch Gedanken materialisiert. Alle physischen Hervorbringungen eines Lebewesens sind Kopien vorheriger Gedankenmodelle, die automatisch in geistiger Materie entstehen. Das ist es, was wir denken nennen. Aufgrund dieser höchsten Funktion unseres Denkens können wir das physische Leben eine Schule des Denkens nennen. Man stelle sich ein Lebewesen in dieser Welt vor mit Gedanken des Zornes, der Eifersucht, des Tötens etc., und die Finsternis würde Besitz ergreifen von der göttlichen Welt. Denken lernen heißt, in Harmonie mit dem Weltall denken, mit der Natur, was dasselbe ist wie in Harmonie mit den Gedanken Gottes zu denken. In dieser spirituellen Welt sind die Gedanken etwas Äußeres und darum sind die Gedanken für andere Wesen sichtbar. Die Wesen können ihre Gedanken nicht hinter physischen Manifestationen verbergen.

Wir sehen hier das Wesen in seiner allerhöchsten Souveränität, Freiheit und Schönheit. Als es eine Pflanze war, war es durch seine Wurzeln an einen festen Platz gebunden, als Tier entwickelte es Beine, um sich innerhalb seines Reviers zu bewegen. Und jetzt in der geistigen Welt hat es totale Bewegungsfreiheit und kann seinen

Körper nach seiner Wahl gestalten. Welch gigantische Entwicklung hat es genommen von einer fast unbewussten Pflanze zum kosmischen Bewusstsein des wahren Menschen. Ohne Zweifel kann nur höchste Liebe solches ermöglichen.

Das Symbol wurde diagnostiziert für Heilwirkungen im Bereich der Sexualität. Alle Figuren stellen Gedankenarten dar und sie sind jeweils auf bestimmte Entwicklungsabschnitte begrenzt. Alle Gedankenfiguren befinden sich aber im Bereich der sexuellen Entwicklung des Wesens, gekennzeichnet mit den Figuren von Nr. 3 bis Nr. 8. Es wird hier also verdeutlicht, dass sich alles Denken von der sexuellen Entwicklung herleitet, oder anders gesagt, dass das Ziel der ganzen Entwicklung Sexualität, Liebe ist. Auf ihrem Höhepunkt ist sie das göttliche Feuer innerhalb der beiden vollentwickelten sexuellen Pole eines jeden männlichen und weiblichen Wesens. Damit ist die Logik der Wahl des Symbols für seine Heilwirkung verdeutlicht.

Symbol Nr. 34 – Der Paarungsakt oder Gottes Geist in der Finsternis

– Entwicklung der sexuellen Doppelpoligkeit

Das Symbol symbolisiert die großen Prinzipien, die beim Paarungsakt zusammenwirken. Die beiden runden Felder bezeichnen links ein männliches Wesen und rechts ein weibliches. Das orangefarbene Feld bei beiden zeigt den einpoligen und unfertigen Zustand an, die Zugehörigkeit zum Tierreich, hier jedoch sind auch die anderen Grundenergien schon in einem Entwicklungszustand; es ist der Zustand des Erdenmenschen. Er hat mehr Gefühl und Intelligenz, gekennzeichnet durch die Farben Gelb und Grün. Das Gelb ist bedeutend breiter, denn die beiden Wesen befinden sich in einem gefühlsbetonten Akt, in Verliebtheit. Die obere Kreisfigur symbolisiert ein diskarniertes Wesen, das in der Gedächtnisenergie lebt, im Reich der Seligkeit, markiert durch die Farbe Indigo. Das weiße Dreieck und das violette Feld symbolisieren das Überbewusstsein dieses Wesens. Die rote Farbe ist hier eingezeichnet, um anzudeuten, dass die Instinktenergie bereits für den Reinkarnationsprozess in der physischen Welt aktiviert ist. Diese Energie des Instinktes ist das Fundament für den automatischen Prozess, der die Talentkerne erweckt, die die körperlichen Funktionen des Embryos organisieren. Das graugelbe Feld um das Seligkeitswesen symbolisiert die Atmosphäre des Seligkeitswesens in diesem Prozess, die eine Mischung ist aus der Aura des Seligkeitswesens mit der Paarungsaura der Partner. Diese gemischte Atmosphäre fördert die Verbindung des Seligkeitswesens mit der Embryobildung.

Zwischen den beiden Wesen im Paarungsakt steht eine kreuzförmige Figur. Sie symbolisiert den Höhepunkt dieses Aktes. Von der Figur der Vibration geht eine fadenförmige Figur aus, steigt auf zum Seligkeitswesen und verbindet es mit dem weiblichen Paarungswesen und stimuliert und besetzt das embryonale Material im Körper der Mutter. Wenn sich eine männliche Samenzelle mit der mütterlichen Eizelle verbindet, geschieht die Einbindung des Seligkeitswesens. Anfangs wirken die Talente des Vaters und der Mutter zusammen mit den Talenten des Seligkeitswesens, aber es dauert nicht lange und die Organisation des neuen Organismus geschieht ausschließlich durch die Talentkerne des neuen Wesens, aus diesem Grunde erbt das Kind fast nichts von seinen Eltern. Es lebt die Fortsetzung seiner eigenen Entwicklung, ausgehend von dem Stand, den es bei seiner letzten Diskarnation hatte.

Wir sehen, wie göttlich die Prinzipien der Reinkarnation sind. Hier sehen wir auch, dass das Prinzip der Liebe der Grundton des Universums ist. Sogar inmitten des Tierreichs, wo das Gesetz des Tötens eine Lebensbedingung ist und wo absolut keine Nächstenliebe existiert, geschieht die Reinkarnation durch einen künstlichen liebevollen Akt und das Elternpaar übernimmt die Schutzengelfunktion für das neue Leben, das eins wurde mit seinem Fleisch. Dieses liebevolle Reinkarnationsprinzip gilt ebenso für Löwen, Tiger und andere Bestien, wie es auch für den Erdenmenschen im Zustand eines Satansbewusstseins gilt. Der Geist der Liebe Gottes bereitet den Weg. Höchstens der unvollkommene Zustand des Erdenmenschen kann manchmal diesen göttlichen Prozess blockieren. Aber die göttliche Allmacht wird siegreich bleiben. Wir sehen es eindrucksvoll in der Heilwirkung des Symbols 19 am Beispiel des abgetriebenen Kindes. Und wäre es nicht auf diese Weise befreit worden, die göttliche Vorsehung hätte einen anderen Weg bereitet. Ohne eine einzige Ausnahme werden alle Wesen wahre Menschen, Gottes Ebenbild und so ein Wesen zur Ehre des ewigen Vaters.

Die Energie dieses Symbols ist Sexualenergie in Aktivität und wir wissen bereits, dass alle Sexualmanifestation zur Entwicklung der Doppelpoligkeit führt, die das göttliche Feuer aktiv sein lässt ohne Paarungsakt und damit völlig frei ist von jeglichem Egoismus. Das göttliche Feuer zwischen den beiden sexuellen Polen des Wesens ist das Organ der Liebe, das das Wesen vibrieren macht in jeglichem Kontakt mit einem anderen Wesen. Zur Doppelpoligkeit zu kommen, bedeutet für das Wesen, von allem Bösen befreit zu werden. Hier leuchtet die Logik der Heilwirkung des Symbols ein.

Symbol Nr. 35 – Der kosmische Kreislauf des Polprinzips

– Entwicklung der Liebe zu Gott – Entwicklung zum Menschen als Gottes Ebenbild

In Hinsicht auf die männliche oder weibliche Sexualität ist es nicht so, dass ein Wesen in alle Ewigkeit männlich oder in alle Ewigkeit weiblich ist. Nach seinem innersten Sein ist jedes Wesen doppelpolig. Das ist der ursprüngliche kosmische Zustand des Lebewesens. Das Wesen wird nicht einpolig genannt, weil es nicht doppelpolig ist, sondern weil es in einem Entwicklungszustand ist, wo ein Pol dominiert, während der andere latent ist. Wie es bereits gesagt wurde, tritt ein Pol in den Wesen in einen Zustand der Stagnation und das Wesen erscheint als ein weibliches Wesen, wenn der männliche Pol stagniert, und als ein männliches Wesen, wenn der weibliche Pol stagniert. Diese beiden Prinzipien im Lebewesen sind einer organischen Funktion unterworfen, die einen Wechsel zwischen Mannsein und Frausein für das Wesen bewirkt. Zwischen diesen beiden Stadien lebt das Wesen seinen Originalstatus der Doppelpoligkeit in den geistigen Welten und nach diesem Status der Doppelpoligkeit tritt es wiederum in einen einpoligen Zustand ein, sodass es sich, wenn es im durchlebten Spiralkreislauf männlich war, nun im kommenden Spiralkreislauf als weiblich manifestiert. Durch den Wechsel der Polarität werden Licht und Finsternis erschaffen.

Dieses Wechseln der Polarität ist die Voraussetzung für die Erneuerung des kosmischen Bewusstseins, das sich in den geistigen Welten verausgabt hat. So tritt das Wesen aus dem Seligkeitsreich wiederum ein ins Pflanzenreich und hier beginnt die Einpoligkeit, um so ins Tierreich eintreten zu können. Dieser einpolige Zustand erzeugt im Wesen automatisch die Sehnsucht nach dem Licht. Die Wesen erleben diese Sehnsucht nach dem Licht als einen Hunger, der unbedingt nach Sättigung verlangt, um zu überleben. Die Wesen entwickeln die Fähigkeit, diese Sättigung zu bekommen. Im einpoligen Wesen ist dieser Hunger bekannt als Anziehungskraft eines Wesens des anderen Geschlechts. Diese beiden Wesen verschiedenen Geschlechts suchen eines das andere, denn der sexuelle Hunger kann nur im Paarungsakt Sättigung finden. In diesem Hunger und in dieser Sättigung begegnen wir der Grundstruktur, die das Wesen durch das Tierreich bis zum vollkommenen Menschen führt. Wie sollte das wohl geschehen, wenn die Wesen nicht einpolig wären?

Das Erlebnis dieses großen Gefühls von Wohlbehagen oder Wollust ist ja nichts anderes als das Licht des Geistes Gottes in einer den physischen Wesen angepassten Form. Dieser Geist Gottes erzeugte durch einen organischen Prozess eine künstliche Erfahrung von Liebe, die Verliebtheit genannt wird. Diese Verliebtheit schafft eine gegenseitige Sympathie in den Partnern und auch die Liebe zu den Nachkommen. Dieser Paarungsakt ist das einzige Licht, die einzige Erfahrung von Sympathie zu anderen Wesen im Tierreich, wo alle mit allen im Kriegszustand leben. Hier ist es eine

Lebensbedingung, andere zu töten, um sein Leben zu erhalten. Inmitten dieser Welt der Kriege und des Tötens ist die Manifestation des Geistes Gottes in Form der ehelichen Liebe ein Heiligtum des Friedens für das Paar und seine Nachkommenschaft. Dieser Hunger, diese Sehnsucht nach Licht in Gestalt des Paarungsaktes wird zum Lebensfundament in der Führung des Wesens durch das Tierreich mit seiner brutalen Kulmination oder dem satanischen Bewusstsein des unfertigen Erdenmenschen für das Wachstum des vollkommenen Menschen. Dann wird der Geist Gottes erlebt als Leben spendender Strahlenglanz, als beglückendes Licht ohne jeden Vergleich mit dem Lichtschimmer des Paarungsaktes.

Die Treppenfigur mit den verschiedenen Farben zeigt den Lauf des Wesens aufsteigend vom Pflanzenreich, in roter Farbe, bis zum Seligkeitsreich, in der Farbe Indigo. Von dort geht es weiter in einer höheren Spirale und so von Spirale zu Spirale bis in alle Ewigkeit.

Auf der linken Seite sehen wir eine runde Figur, die ein gelbes und ein grünes Feld zeigt. Beide Felder sind mit einem Dreieck versehen, was bedeutet, dass jedes dieser beiden Felder ein Lebewesen darstellt. Das gelbe Feld stellt ein weibliches Wesen dar und das grüne ein männliches. Die beiden sind einpolig, die beiden Kreuze bedeuten, dass die beiden verliebt sind und sich in einem Paarungsakt befinden. Der orangefarbene Umkreis sagt, dass sie beide ins Tierreich gehören. Die orangefarbene Figur unter dem Kreisfeld steht dafür, dass die Einpoligkeit das Tierreich und das Reich der Kriege erzeugt, aber der Paarungsakt ist das Einbringen des Lichts vom Geiste Gottes in den Herrschaftsbereich der Finsternis.

Oberhalb der Paarungsfigur sehen wir ein grünes und ein gelbes Streifenfeld innerhalb der beiden senkrechten punktierten Linien. Diese beiden Felder zeigen die Entwicklungsfähigkeit der beiden Pole in einem weiblichen Wesen im Tierreich, zu dem der Erdenmensch gehört. Wir sehen, wie das männliche Prinzip, grüne Farbe, bis zu einem Mindeststadium degeneriert, während das weibliche Prinzip, gelbe Farbe, dominiert. Der gleiche Prozess wird im darüber liegenden Streifenfeld für das männliche Wesen gezeigt. Aufgrund dieser Polstruktur sind die Wesen männlich oder weiblich.

Und das oberste Feld mit den schwarzen Horizontalstrichen zeigt den Höhepunkt der Finsternis im Tierreich an – mit dem Licht im Mindeststadium, das dann wieder anwächst bis zu seinem Höhepunkt in der göttlichen Welt, markiert mit der blauen Stufe.

Über dieser blauen Stufe sehen wir eine Kreisfigur von einer blauen Aura umgeben. Sie bezeichnet das völlig vollkommene Wesen. Das gelbe Feld ist sein weibliches Prinzip, das grüne sein männliches Prinzip. Dass eins größer gezeichnet ist, bedeutet nicht, dass es in der Realität so ist. Beide Prinzipien sind völlig ebenbürtig in ihrer energetischen Ausstrahlung. Es ist der wahre Mensch. Er bedarf nicht mehr des Tötens, um sich zu ernähren, nicht des Paarungsaktes, um einen Strahl göttlichen Lichts zu erhaschen. Jetzt verursacht schon der geringste Kontakt mit einem anderen Wesen die allerhöchste Erfüllung und Freude. Alle leben in Liebe miteinander und nicht mehr in gegenseitigem Kriegszustand, wie im Tierreich. Das Wesen wurde ein Werkzeug Gottes für seine Manifestation größtmöglichen Lichtes.

Der einpolige Zustand existiert ausschließlich, um die Finsternis erschaffen zu können. Er ist nicht da, um ein Endzustand des Bewusstseins zu bleiben, sondern nur, um das Bewusstsein durch die Erfahrung des Guten und des Bösen zu erneuern. Der einpolige Zustand ist nur ein kurzer Erneuerungsprozess und umfasst nur ein Sechstel einer Spirale, in der die anderen fünf Sechstel Zustände von Licht und Freude sind. Der Zustand kosmischen Bewusstseins ist etwas Erschaffenes und darum der Zeit unterworfen, weil jede Wahrnehmung ein Bewegungsprozess ist und darum kann sie nicht etwas Ewiges sein, so muss auch ein so hoher Zustand wie das kosmische Bewusstsein erneuert werden.

Das kosmische Bewusstsein degeneriert in den geistigen Welten, weil der sexuelle Pol, der in der letzten Passage durch das Tierreich dominiert hat, in seinen latenten Zustand eintritt, und der gegensätzliche Pol übernimmt die Führung in der neuen kosmischen Spirale. So ist garantiert, dass die Wesen in jeder Spirale gegengeschlechtliche Wesen antreffen. Auf dem Symbol sehen wir in den gelben und grünen Streifenfeldern den gegensätzlichen Polwechsel über zwei Spiralen.

Energie zur Entwicklung der Liebe zu Gott wird durch die Rute diesem Symbol zugeschrieben. Wie die Erklärungen gezeigt haben, bewegen sich sämtliche Figuren des Symbols 35 in diese Richtung. Da ja auch die Liebe zu Gott eine geschaffene Realität ist, muss sie, um ewig im Wesen leben zu können, auch in alle Ewigkeit ihren Erneuerungsprozess garantiert bekommen.

Symbol Nr. 36 – Die Struktur des ewigen Lebens

– Blutsystem – Anämie – Leukämie

Jedes Lebewesen ist ewig. Niemals hat es angefangen zu existieren und niemals hört es auf zu existieren. Sein Ich und seine Grundprinzipien in seinem Überbewusstsein sind ewige Realitäten, wie auch der Manifestationsprozess durch diese beiden Realitäten zu erschaffen und zu erleben eine ewige Realität ist. Das Resultat dieses Schöpfungsprozesses sind die Schöpfung und das Erleben des Lebens an sich. Durch diesen Prozess entstehen die psychischen Organismen und die physischen Körper der Wesen. Durch diesen Schöpfungsprozess können unmöglich ewige Objekte erschaffen werden. Kein einziges erschaffenes Objekt kann entstehen, ohne dass es einem Anfang und einem Ende unterworfen ist. Ein geschaffenes Objekt kann seine Form und Struktur nicht erhalten, weil es immer dem Prinzip der Veränderung unterworfen ist, was dasselbe ist wie Bewegung. So wird sich jede Struktur wieder auflösen und das erschaffene Ding wird ein Ende finden, wie es ja auch einen Anfang hatte. In diesem Prozess erscheint das, was wir Zeit und Raum nennen.

Wenn ein Wesen Anfang und Ende hat, bildet es ein Stück der Ewigkeit, wir nennen es Alter, was dasselbe ist wie Zeit. Zeit ist also dasselbe wie eine begrenzte Ewigkeit. Wenn das Erschaffene Anfang und Ende hat, dann ist es auch ein Stück der Unendlichkeit. Es ist eine begrenzte Unendlichkeit, dasselbe wie das, was wir Raum nennen. So sind alle erschaffenen Erscheinungen begrenzte Ewigkeit in der Zeit und begrenzte Unendlichkeit im Raum, sie sind also zeit- und raumdimensional.

Selbst wenn ein erschaffenes Ding einen Zeitraum ausmacht, repräsentiert es, wie erwähnt, weiterhin die Ewigkeit. Selbst wenn beispielsweise eine Sekunde Ausdruck für einen bestimmten Zeitraum ist, zeigt eine kosmische Analyse, dass dieser kleine Zeitraum die Unendlichkeit in der Zeit in sich birgt, die ja dasselbe wie die Ewigkeit ist. Diese kleine Sekunde besteht ja aus zwei Hälften. Jede Hälfte besteht wieder aus zwei Hälften, die jede für sich wieder aus zwei Hälften besteht und so fort in alle Ewigkeit. Was ist dann das, was wir eine „Sekunde" nennen? – Das ist eine erschaffene Erscheinung, durch die Ewigkeit den Sinnen in Form von Zeit sichtbar werden kann. Genauso verhält es sich mit allen anderen existierenden erschaffenen Dingen. Sie sind ebenfalls alle ohne Ausnahme Erscheinungen, durch die die Ewigkeit in Form von Raum sichtbar werden kann, weil jeder beliebige Raum ebenso teilbar ist wie eine Sekunde. So werden die Ewigkeit und die Unendlichkeit durch das Erscheinen der erschaffenen Dinge in Form von Zeit und Raum zur Tatsache.

Wären die Ewigkeit und die Unendlichkeit also nicht auf göttliche Weise mit allen erschaffenen Dingen in Form von Zeit und Raum verbunden, wäre alle Wahrnehmung und damit alle Manifestation eine totale Unmöglichkeit. Ohne Wahrnehmung und Schöpfung existierte keinerlei Form von Leben, keinerlei Form von Lebewesen und damit auch kein manifestiertes Weltall. Ohne Manifestation und Erleben wären alle die ewigen Realitäten wie das Ich in den Lebewesen und der Gottheit mit den dazu gehörigen ewigen Organen in absoluter Stille. Alles wäre unmanifestiert. Der jetzt leuchtende und funkelnde manifestierte Körper der ewigen Gottheit, den wir als Weltall bezeichnen, wäre ein unmanifestiertes Etwas, und alles wäre also mit einem ewig leblosen Nichts zu vergleichen. Das Weltall ist jedoch kein lebloses Etwas. Eine der größten Tatsachen des Lebens ist die, dass das Weltall eine ewig existierende organische und körperliche Struktur ist und ein Werkzeug für die Liebesmanifestation und alles durchdringende

Lichtflut einer einzigen existierenden Gottheit und die Lebensbasis für alle existierenden Lebewesen.

So wie alle erschaffenen Erscheinungen in Raum und Zeit auf göttliche Weise mit der Ewigkeit und Unendlichkeit verbunden sind und dadurch keine leblose Masse sind, so wäre unser Körpersystem ohne Leben, wenn es nicht durch das Blutsystem durchpulst wäre. In dieser Parallele hat die Wahl des Symbols 36 zur Belebung und Heilung unseres Blutsystems wie auch bei Anämie und Leukämie ihre logische Begründung.

Zwischen den beiden stärkeren senkrechten Linien auf der linken und der rechten Seite erscheint eine Treppenfigur. Sie bezeichnet einen kosmischen Spiralkreislauf durch alle sechs Reiche, die in den sechs bereits bekannten Farben gekennzeichnet sind, und so wie diese Spirale aus dem indigofarbenen Seligkeitsreich der vorherigen Spirale kommt, so geht sie über in das Pflanzenreich der nächsten Spirale und so fort von Spirale zu Spirale bis in alle Ewigkeit. Das oberste Feld mit den Farben Weiß und Schwarz bezeichnet den unerlässlichen Kontrast zwischen Licht und Finsternis für die Manifestation des Lebens.

Die Kreisfelder auf diesem Feld symbolisieren die Wahrnehmungsfähigkeit des Wesens in seinem Aufstieg von einem Reich zum anderen. Das Dreieck bedeutet das ewige Ich. Das erste Kreisfeld links in der roten Farbe besagt, dass das Pflanzenwesen nur mit seinem Instinkt seine Umwelt ahnend wahrnehmen kann. Das nächste Kreisfeld ist gewachsen durch die orangefarbene Schwereenergie. Die Pflanze ist ein Tier geworden und hat seine Wahrnehmungsfähigkeit vergrößert. Der Wahrnehmungsbereich des Erdenmenschen mit dem höchsten Entwicklungsstand dieses Reiches ist dargestellt durch die weiße Figur über der Stufe des Tierreiches. Ausgehend vom Mineralreich berührt die begrenzte Wahrnehmungsfähigkeit des Erdenmenschen bereits ein wenig vom wahren Menschenreich, das er aber nur durch sein Karma erobern kann, das er durch die finsteren Taten seiner Satansmentalität in diesem Reich ausgelöst hat. Die Rückwirkung so vieler grausiger Taten gegen seinen Nächsten bringt ihm schweres Leid, und aus der Leidenserfahrung wächst die Barmherzigkeit und entwickelt zuletzt die Liebesfähigkeit. Kein Wesen kann schließlich für immer in Hass und Egoismus verbleiben, alle werden zum wahren Menschen verwandelt. Das nächste Kreisfeld ist angewachsen durch die gelbe Farbe und zeigt die Wahrnehmungsfähigkeit des wahren Menschen an, die das Mineralreich, Pflanzenreich, Tierreich und wahre Menschenreich umfasst. Es folgt die göttliche Welt, die durch die blaue Farbe der Intuition dargestellt ist. Die Wahrnehmung durchdringt jetzt alle Reiche des Spiralkreislaufes. Das letzte Kreisfeld des Seligkeitsreiches wurde durch die Farbe Indigo bereichert, die die Gedächtnisenergie kennzeichnet. Sie umgibt die anderen Energien, um zu sagen, dass sie gleichsam in einem Schlafzustand sind, und die gesamte Aktivität geht jetzt von der Gedächtnisenergie aus, die dem Wesen die Fähigkeit gibt, sich ganz nach Wunsch aller Einzelheiten dieser durchlebten Reiche zu erinnern und in diesem Universum wie die Gottheit zu agieren und unermessliche Freude zu erleben.

In der Mitte des Symbols befinden sich zwei farbige Streifenfelder. Die kleinen weißen und schwarzen Kreise im breiteren Feld geben in der jeweiligen Sphäre das primäre und sekundäre Stadium an. Der weiße Kreis für das primäre Stadium steht im zunehmenden Bereich und der schwarze Kreis steht im abnehmenden Bereich der jeweiligen Grundenergie. Der weiße Kreis in dem roten Feld der Instinktenergie kennzeichnet das Pflanzenreich in seinem Höchststadium. Das Material aus dem Mineralreich hat sich in das umgeformt, was wir Pflanze nennen. Die Pflanze ist von doppelter Polarität, und in der nächsten Hälfte des Instinktreiches wird sie umgeformt zur Einpoligkeit und ist dann ein Tier. Der weiße Kreis kennzeichnet das reine Tierreich. Danach degeneriert das Tier, um ein Erdenmensch zu werden im sekundären Stadium des Tierreichs mit dem kleinen schwarzen Kreis. Das Wesen tritt ein in das zunehmende Menschenreich durch Entwicklung von intellektualisiertem Gefühl und kommt ins primäre Stadium des wahren Menschenreiches, was der weiße Kreis anzeigt. So geht es weiter von einem Reich in das andere.

Alle diese Prozesse sind sehr langsam. Es gibt keinen abrupten Übergang von einem Reich zum anderen. Das ist symbolisiert im oberen schmalen Streifenfeld. Das rote Feld der Instinktenergie öffnet sich beispielsweise bereits auf dem Höhepunkt dieses Stadiums für die Entwicklung des Schwerenergie-Stadiums mit der Farbe Orange. So vollzieht es sich auch in den anderen Energiereichen. Jeweils auf deren Höhepunkt beginnt die Entfaltung der nächsten Grundenergie.

Symbol Nr. 37 – Die verschleierte und entschleierte ewige Wahrheit

– Vermehrt die spirituelle Vibration des Lebewesens

Nachdem wir von den kosmischen Analysen ein wenig mehr verstehen, begreifen wir auch, warum den Menschen vergangener Zeiten die ewige Wahrheit nur stückweise vermittelt werden konnte. Es war nötig, symbolische Ausdrücke zu gebrauchen, die dem Niveau des Verstehens der damaligen Menschen angepasst waren. Schritt für Schritt mussten die Ausdrucksformen im Laufe der Geschichte nach dem jeweiligen Entwicklungsstand geändert werden. So wurde von der ewigen Wahrheit ein Schleier nach dem anderen hinweggenommen, bis die Menschheit zu einem gewissen Reifestand kam und ihr die Geisteswissenschaft des Dritten Testaments gegeben wurde, damit sich kosmisches Bewusstsein entwickeln und das Lebensgeheimnis völlig entschleiert kann.

Anmerkung

In der Ausbildung zum Priester pflegte unser von mir sehr geschätzter Regens zu sagen: Da kommt die Kirche und sagt, das wird nicht gehen, wenn ein theologischer Denker über das für die Menschen Fassbare hinaus ginge. Nie sagte er, das stimmt nicht mit der Wahrheit überein. Wohl hieß es oft, die Kirche muss sich ständig aus dem Geist des Evangeliums reformieren. In diesem ständigen Veränderungsprozess in der Praxis meiner Seelsorge habe ich manchmal feststellen müssen, dass ich alles Erlernte hinter mir lassen musste, eben um der Wahrheit willen, auch wenn manche meinen, die Kirche widerspreche sich selbst in diesem Prozess. Ich habe mich jedenfalls immer in ihr wohl gefühlt, eben wegen ihrer Treue zum Evangelium, und auf diesem Boden bin ich bis zum Kontakt mit dem Dritten Testament gekommen. Ich meine, dass die Kirche als Institution ihrer Mission untreu würde an den vielen, die noch die durch Autoritäten verschleierte Wahrheit für ihren inneren Frieden brauchen, wenn sie plötzlich das Dritte Testament verkünden würde. Sie war für mich die Erste und sie hat sich meines Erachtens dem Jesuswort unterzuordnen, dass die Ersten die Letzten sein werden.

Die ersten Affenmenschen hatten nur eine Wahrnehmung aus dem Ahnungsvermögen des Instinktes. Der Instinkt ist die erste der sechs Grundenergien und ist die Energie, die alle Automatfunktionen in den Lebewesen regelt. Die primitiven Menschen hätten eine Erklärung des Lebensmysteriums in logischen Analysen nie verstehen können. Bei ihnen ist die Intelligenz in ihren ersten Anfängen entwickelt. Aber durch ihren Instinkt haben sie alle eine Ahnung von der Existenz eines höheren Wesens. Dieses Ahnungsvermögen ist ihnen angeboren wie Geruch, Geschmack usw. Dass es eine höhere Autorität über den Menschen gibt, ist nicht nur Einbildung oder etwas aus Zufall Erfundenes. Diese mentale Fähigkeit, sich an eine höhere Autorität zu wenden, ist tief eingewurzelt in den Lebewesen. Warum schreit das Tier, wenn sein Leben in Gefahr ist? An wen wendet es sich? Hilfe in der physischen Welt gibt es nicht, die anderen Glieder der Herde entfernen sich, wenn es von den Zähnen und Krallen des Raubtiers gerissen wird. Das Tier wendet sich bereits ohne jedes intellektuelle Begreifen an eine höhere Autorität. Dies offenbart die Gabe des Gebetes, die angeborene Einheit des Lebewesens mit Gott. Und wie ist es mit dem überzeugten Atheisten, wenn sein Leben in Gefahr gerät? Er betet! Überlebende aus Schlachtfeldern und Bombenhagel haben mir alle in ihren Berichten auch vom Gebet erzählt. Und warum? Gott kann einfach nicht völlig aus dem Bewusstsein ausgeschlossen werden. Darum schreit das Tier in der Gefahr und der Mensch betet.

Wenn das Wesen die Vorsehung nur durch sein Ahnungsvermögen erkennt, kann es kein klares Bild von ihr haben, es muss sie sich vorstellen nach seinem eigenen Bild, aber in idealisierter Form. Hier greift das Welterlösungsprinzip ein und lässt Wesen aus einer bereits weiter entwickelten Sphäre inkarnieren. Sie sind befähigt, Erklärungen über die Gottheit und ihre Vorsehung zu geben, die vom Instinkt dieser primitiven Menschen aufgenommen werden können. Weil sie in einem Entwicklungsstand leben, wo sie ihr Leben nur retten können, wenn sie ihre Angreifer töten. Ein Gott, der alle liebt, war für sie unfassbar. Er musste ein Krieger an ihrer Seite sein. Sterben auf dem Schlachtfeld der Ehre war die höchste Tugend und öffnete direkt den ewigen Himmel. Zu einem solchen Gott konnten sie aufschauen und um seine Hilfe in ihren Kämpfen bitten. Die primitiven Religionen bestärkten solche Mentalität, dass das Töten seiner Feinde die einzige Überlebenschance ist. Aber durch das Karma solch bösen Tuns führt Gott seinen Sohn zu einem höheren Stadium, zum wahren Menschen.

Auf diesem Stand der Entwicklung zog Gott einen weiteren Schleier vom Lebensmysterium. Moses kam und gab feste Lebensregeln für das Leben in dieser feindlichen Umwelt. Es ging nicht mehr einfach um möglichst vieles Töten, es zog ein Gerechtigkeitsgedanke ein: Auge um Auge, Zahn um Zahn, Fuß um Fuß, Verbrennung um Verbrennung usw. (Ex 21,24-25). An die Stelle der vielen Götter trat der eine Gott, der allmächtige und wahre Gott. Und Moses stand nicht allein dem Volke gegenüber, er hatte die in größeres Wissen um das göttliche Wirken Eingeweihten an seiner Seite. Siehe das anfangs zu den 72 Gottesnamen Gesagte.

Aber es war nicht der Wille der Gottheit, dass die Menschen in Rache, Hass und Kriegführen verbleiben sollten. Mit dem Welterlöser Jesus Christus wurde der dritte und letzte Schleier von der ewigen Wahrheit gezogen. Aber diese Entschleierung war von solchem Niveau, dass die damalige Menschheit unfähig blieb, sie zu verstehen. Es war nötig, dass Jesus sich mit der Ankündigung zufrieden gab, dass dieser letzte Schleier später weggezogen werde. „Der Erwecker, der Spender des Geistesmutes, der Heilige Geist, den der Vater in meinem Namen senden wird. Er wird euch alles lehren und in euch die Erinnerung beleben an alles, was ich euch gesagt habe!" (Joh 14,26 zitiert aus: Das Neue Testament von Emil Bock, Ursachhaus.)

Jesus zog den letzten Schleier vom Lebensmysterium und stellte die Menschheit zum ersten Mal dem Lichtozean Gottes gegenüber, indem er offenbarte, dass alle Lebewesen von diesem ewigen Vater geliebt sind, sei es im Makro-, im Zwischen- oder im Mikrokosmos. Die Allliebe ist verkündet als der Grundton des Weltalls. Das Lebensgesetz heißt ohne Verschleierung: „Liebe den Herrn deinen Gott von ganzem Herzen, mit ganzer Seele und mit deinem ganzen Verständnis!" Dieses ist das größte Gebot des Lebens und es kann nur in Einklang mit dem anderen Gebot erfüllt werden: „Liebe deinen Nächsten wie dich selbst." (Mt 22, 37.39). In dieser Botschaft findet sich rein nichts, was mit Krieg zu tun hat: „Stecke dein Schwert in die Scheide, denn alle, die das Schwert ergreifen, kommen durch das Schwert um." (Mt 26,52). Petrus fragt: „Wie oft am Tage muss ich meinem Bruder vergeben, sieben Mal?" Und Jesus sagt: „Nicht siebenmal, sondern siebzigmal siebenmal." (Mt 18, 21-22). Die Jesusmission war eine gigantische Entschleierung der Lebenswahrheit im Vergleich mit dem, was Moses tat. Die Universalliebe entwickelt sich in der Mentalität und Psyche des Erdenmenschen.

Aber das Erbe der Tiernatur ist im Laufe von vielen Jahrtausenden tief im Menschen verwurzelt. Und dieser Mensch, der immer noch sehr nach seinen Instinkten lebt, konnte nur im Glauben annehmen, ohne wirkliches Begreifen der Wahrheit. So kam es, dass die christlichen Völker bisher nicht in der Lage waren, den Krieg abzuschaffen. Die Intelligenz entwickelt sich und der den Glauben tragende Instinkt nimmt ab. So werden die Kirchen und andere religiösen Tempel mehr und mehr entvölkert. Der Jetztmensch wird mehr und mehr zum Atheisten. In seiner hohen Intelligenz baut er immer bessere Vernichtungswaffen. Aber aus der bösen Saat erwächst die Ernte eines leidvollen Schicksals, durch das Gott ihn zur großen Barmherzigkeit mit seinen Brüdern führt. So bereitet Gott seinen Sohn für das Verstehen der Geisteswissenschaft vor, und in der Verbindung von Intelligenz und Gefühl wird er fähig, die göttlichen Wahrheiten unverschleiert aufzunehmen. Es wächst das innere Organ der Liebesfähigkeit, und das Wesen kommt zur Gottesschau.

Auf dem Symbol sehen wir ein orangefarbenes Streifenfeld mit vielen kleinen schwarz-weißen Feldern und von links nach rechts werden die schwarzen Felder immer kleiner und die weißen größer, was sagen will, dass aus dem Schwarz das Weiß hervorgeht, aus dem Bösen wächst das Gute, bis das Wesen schließlich ganz ins weiße, letzte Feld rechts auf dem Symbol gekommen ist. In diesem Prozess entschleiert sich die göttliche Wahrheit immer mehr. Wir sehen unter dem Feld mit der großen weißen Strahlensonne der göttlichen Liebe ein schwarz-weißes Feld. Im schwarzen Bereich sehen wir eine Totenkopffigur als die Kulmination des Wesens im Teufelsbewusstsein, das jedoch nach und nach vom Wesen zugunsten des zunehmenden Guten überwunden wird. Wir sehen im weißen Feld eine Stadt im Strahlenglanz als Ausdruck der Wesensart in totalem Licht. Ein solches Wesen wird als letztes, ganz weißes Feld in der Reihenfolge der Reinkarnationsfelder gezeigt. Wir sehen, dass von diesem Feld ein offener Zugang zu den kosmischen Strahlen der Gottheit möglich ist. Das Wesen steigt auf zum wahren Menschenreich im gelben Feld, zum Weisheitsreich, grünes Feld, zur göttlichen Welt, blaues Feld, und zum Seligkeitsreich, Indigofeld. Wie wir schon wissen, geben alle diese Reiche unverschleierten Zugang zur Gottheit, als Frucht des unangenehmen Durchgangs durch das Reich der Finsternis.

Die ewige Wahrheit entschleiern heißt ja wohl auch, höchste spirituelle Vibration gewinnen für das Lebewesen. Dieser Effekt wurde von der Rute für dieses Symbol ermittelt.

Symbol Nr. 38 – Der Mensch und animalische und vegetarische Nahrung

– Stellt das Immunsystem wieder her

Anmerkung

Große Teile des folgenden Textes sind der Symbolerklärung des EWIGEN WELTBILDS entnommen. Martinus berührt hier unter anderem den Zusammenhang zwischen dem Töten der Tiere, chronischen Krankheiten und der Kostenlast in der modernen Medizin.

Für ihren Lebenserhalt sind sehr viele Wesen dazu bestimmt, sich von den Organismen anderer Wesen zu ernähren, von deren Fleisch und Blut. Für solche Wesen ist es eine Lebensbedingung, zu töten, damit ihre Mikrowesen nach dem Prinzip von Hunger und Sättigung erhalten werden. So wie der Schöpfer des Organismus, benötigen auch die ihn bildenden Mikrowesen der Ernährung, um zu leben und zu erleben. Während dieses langen Entwicklungsprozesses bis zum wahren Menschen geht sein Organismus durch viele Veränderungen. Er ging durch viele pflanzliche Formen, danach durch tierische Formen, erdenmenschliche Formen mit satanischem Bewusstsein, um schließlich zum wahren Menschen zu werden, zum Ebenbild Gottes. Auf diesem langen Weg ging das Wesen durch drei Weisen der Ernährung. Als Pflanze ernährte es sich aus den Bodensäften durch seine Wurzeln, und durch seine Blätter ernährte es sich mit dem Licht der Sonne. Sodann kam es soweit, Insekten einzufangen und sich von ihnen zu ernähren. Es entwickelte sich zum Stadium des Tieres, das sich durch eine Epoche von Tieren und eine andere Epoche von Pflanzen ernährt. Das Wesen geht durch diese beiden Stadien nach einem Schicksalsgesetz aus einer früheren Entwicklungsepoche und aus der Notwendigkeit, durch das Stadium des Tötens und Fleischverzehrens zu gehen. Dies bedeutet aber nur, dass das fleischfressende Wesen danach zu einem Stadium vegetarischer Ernährung geführt wird. Diese beiden Ernährungsformen werden ins Gleichgewicht geführt im Verlauf des Tierreiches, wo die Wesen noch unfertige Menschen sind.

Die große Mehrheit der Jetztmenschen lebt von den Organismen anderer Lebewesen. Das ist ein maßlos primitiver Zustand und zeigt, dass der Erdenmensch noch ein sehr unfertiges Wesen ist. Für den Menschen gilt das Gebot „Du sollst nicht töten!“ (Ex 20,13). Von diesem Gebot leiten sich alle anderen Gebote ab. Das heißt, dass man sich nicht davon freisprechen kann, zur Klasse der Mörder und Schlächter zu gehören, solange man Fleisch isst. Auch wenn man selbst nicht die Tiere schlachtet, deren Fleisch man isst, es befreit nicht von der Mitschuld am Töten.

Fleischessen ist in gar keiner Weise eine Lebensbedingung für den Menschen. Darüber hinaus ist eine animalische Ernährung immer weniger geeignet für das sich stets verfeinernde Nervensystem, das sich in Richtung auf Intellektualität und Humanität entwickelt. Das Wesen organisiert seinen Körper mithilfe einer elektrischen Mikrostruktur. Alle Gedanken sind darum von elektrischer Natur und von sehr vielfältiger Potenz und Kraft. Schritt für Schritt entwickelt sich das Wesen vom Stadium des sehr primitiven grobschlächtigen Menschen der Urwälder zum Menschen feiner Gliedmaßen und eines hohen intellektuellen Niveaus, der in menschlichen Bahnen denkt und nicht mehr in kriegerischen und tötenden Gedanken. So wird ein großer Unterschied zwischen diesen beiden Wesen sichtbar. Der wilde Krieger mit seinen todbringenden Gedanken lebt in einem recht groben Körper, der deutlich dem Tierkörper näher ist. Er erträgt ein primitives Leben mit grober Ernährung ohne jedes Risiko für seine Gesundheit. Der intellektuelle und zivilisierte Mensch mit seinem großen Wissen und seiner enormen Denkfähigkeit hat sich ohne Zweifel einen völlig anderen Organismus gestaltet, eben von sehr viel feinerer Struktur als der des wilden Naturmenschen. Diese beiden Wesen befinden sich einfach nicht auf der gleichen Entwicklungsstufe. Es kann nicht normal sein, dass die beiden von der gleichen Ernährung leben. Es kann nicht mit seiner Natur in Einklang sein, dass der zivilisierte Mensch, der hoch über ein wildes Tier, zum Beispiel einen Tiger erhaben ist, sich aber in Bezug auf seine Ernährungsweise wie das Raubtier von den

Organismen, vom Fleisch und Blut der Tiere ernährt. Es kann einfach nicht die Absicht des Lebens sein, dass ein so entwickeltes Wesen, das Mensch wird und Ebenbild Gottes, sich mit Fleisch und Blut ernährt wie die Tiere der Wildnis. Dass es für den Menschen auch in Bezug auf seine Ernährungsweise eine Entwicklung gibt, wird auch dadurch sichtbar, dass der Primitive keine Hemmungen kennt, sich aus dem Müll Essbares zusammenzusuchen, was der zivilisierte Mensch niemals tun würde. Und niemand denkt daran, dass der zivilisierte Mensch Appetit nach Insekten, Würmern, Schlangen und anderen Kriechtieren verspüren könnte, der primitive Mensch aber isst sie mit großem Genuss. Es gibt also Grenzen, wie weit der zivilisierte Mensch sinken kann, Fleisch zu essen, ohne Ekel zu empfinden angesichts einer allgemeinen Gewohnheit, das Fleisch von Pferden, Rindern, Schafen, Ziegen, Schweinen, Hühnern, Fischen usw. zu essen.

Sind diese tierischen Produkte denn keine gesunde Nahrung? Viele Menschen meinen anscheinend, dass ihre Mentalität und Körperstruktur diesen Grad der groben und unnatürlichen Nahrung vertragen können. Schauen wir uns jedoch den gesamten Gesundheitszustand der Menschheit an, wie sieht er denn aus? In allen Ländern wachsen die Kosten für Krankenhäuser, Behandlungen und Medikamente ins schier Unerträgliche. Die Menschheit ist sehr krank. Millionen liegen in Krankenhäusern, Nervenkliniken, Erholungsheimen. Wieder andere haben unheilbare Krankheiten im Organismus, Krebsgeschwülste, Gallensteine, Zuckerkrankheit, Arterienverkalkung, Herzkrankheiten und viele andere lebenszerstörende Zustände. Warum? Von Seiten der Natur ist der ganze menschliche Organismus genial geschaffen. Er ist ein hervorragendes Werkzeug für das Lebenserleben. Die Schäden entstehen da, wo dieses Werkzeug in seiner Wartung dem Menschen überlassen wird. Wenn der Mensch weit genug entwickelt wäre, um diese Wartung und Pflege hundertprozentig erfüllen zu können, gäbe es überhaupt keine Krankheit in der Welt. Die Menschheit wäre eine strahlende Kulmination von Gesundheit und körperlichem Wohlbefinden. Auf diesem Gebiet wissen die Menschen noch nicht, was ihnen gut tut und was ihnen schadet. Sie handeln aus Unwissenheit, darum kann man es ihnen nicht zum Vorwurf machen.

Wie sollen die Menschen nun über die richtige Ernährungsweise ins Klare kommen? – Ja, hier müssen wir auf den „Genuss vom Baum der Erkenntnis“ hinweisen. War nicht der Sinn dieses Genusses der, dass das Wesen den Unterschied zwischen Gut und Böse kennen lernen sollte? – Da die tägliche Wesensart des Menschen gerade dasselbe ist wie der Genuss vom Baum der Erkenntnis, muss dieser Genuss eine Lösung schaffen. Gibt dieser Genuss seinem Urheber nicht gerade jeden Tag Erfahrungen davon, was in seiner Wesensart gut und was böse ist? – Zeigt nicht gerade der gigantische Bereich von Krankheiten und körperlichen Entgleisungen von der normalen, totalen Gesundheit, dass etwas in der Wesensart der Menschen nicht gut ist? – Wie sollten die Krankheiten sonst entstehen können? – Ist der Mensch nicht hier in außerordentlich großem Maße gewarnt worden? Heißt es nicht „Du sollst nicht töten.“? – Da steht absolut nicht, dass der Mensch Tiere töten darf und dass das fünfte Gebot nur ein Verbot dagegen ist, Menschen zu töten. Da es für den Menschen absolut keine Lebensbedingung ist, von animalischer Nahrung zu leben, wird es hier also deutlich, dass es dem Lebensgesetz des Menschen widerspricht, animalische Wesen zu töten und ihr Fleisch zu essen. Wie können die Menschen erwarten, einen strahlenden Organismus zu bekommen, wenn sie in dem Grad die Organismen anderer Lebewesen zerstören und damit die Lebensfreude dieser Wesen töten, ohne dass es eine Lebensbedingung ist? – Aber es sind nicht nur mehr oder weniger schmerzhafte und tödliche Krankheiten, die die Menschen kraft des Karmagesetzes auf sich ziehen, das verursacht, dass das, was sie ihrem Nächsten antun, die Schöpfung ihres eigenen Schicksals bildet.

Mit dem animalischen Fleischgenuss der Menschen wird den Tieren ein für sie überraschender Tod verursacht. Dieser Tod, der also den Tieren von den Menschen verursacht wird, hat nicht seine Ursache in Rachsucht oder Strafvergeltung, wie es beim Mord an Menschen normalerweise der Fall ist. Beim Töten der Tiere existiert normalerweise keine böse Absicht. Die Menschen töten in dem

Aberglauben, dass Tiere nur dazu leben, um den Menschen als Nahrung zu dienen. Die Tierbesitzer spüren dabei keinerlei Gewissensbisse und so töten sie immer weiter und erhalten damit eine entsprechend immer größere Karmaanhäufung, die früher oder später im täglichen Leben des Wesens zu einer katastrophalen Auslösung kommt.

Wie sieht nun das Karma aus, das der Mensch beim Töten von Tieren erhält? – Dieses Karma entspricht genau dem überraschenden plötzlichen Tod, den er den Tieren beim Schlachten oder bei der Mithilfe dazu verursacht hat. Dieser Tod, der somit den Tieren verursacht wird, basiert, wie erwähnt, auf keinerlei Form von Hass oder Racheakten. Er ist ganz frei von hasserfüllten und dunklen Gedanken. Es ist eine solche Form von Tod, der eine Wiedervergeltung für das Töten von Tieren ist. Eine solche Form von Tod kommt unter dem Begriff „Unfälle" vor. Wenn ein Mensch bei einem Autounfall getötet wird, bedeutet das nicht, dass das ein Karma ist, weil er selbst einen Menschen durch sein Autofahren getötet hat. Es ist dagegen eine Auslösung der ungeschützten „Karma-Aura" seines Tötens von Tieren, die hier zum Ausdruck kommt. Dem Menschen widerfährt ein überraschender, plötzlicher Tod, analog mit dem Tod, der den Tieren beim Schlachten widerfährt. Alle Unfälle mit tödlichem Ausgang entsprechen also dem Tod, den man den Tieren beim Schlachten, bei der Jagd, bei der Fischerei oder durch andere Methoden verursacht. Die Menschen wissen hier jedoch nicht, was sie tun. Selbst wenn es ihnen erzählt wird, können sie in der Regel diese Aufklärung über das Karma nicht als Wahrheit auffassen. Sie werden eine solche Aufklärung über das Karma als reine Fantasie oder als Unwahrheit betrachten, und deshalb kann man diesen Wesen absolut nicht mit Recht diese ihre Unwissenheit vorwerfen. Man kann dem Blinden nicht vorwerfen, dass er nicht sehen kann. Das Karma verändert das Wesen jedoch unumgänglich. Das rückkehrende Karma in Form von Unfällen und Leiden verändert den Empfindungszustand der Menschen, und es entsteht eine neue Fähigkeit, die bewirkt, dass man es nach und nach nicht mehr übers Herz bringt, anderen Wesen Schaden zuzufügen. Dies bewirkt dann, dass man Tiere nicht mehr schlachten oder töten kann. Ist es nicht gerade in vielen Fällen so, dass der Mensch, wenn er selbst die Tiere schlachten müsste, die er isst, Vegetarier werden würde, weil er selbst die Tiere nicht schlachten oder töten könnte.

Der überwältigende Genuss der Menschheit von animalischer Nahrung bedeutet also eine tägliche Zunahme ihres Unfall- und Todeskarmas. Aber dieses Karma in Verbindung mit dem übrigen Karma, das die Menschen sich in Verbindung mit ihrem lieblosen Verhalten zum Nächsten verursachen, zum Beispiel in Form von Egoismus, Hass und Rache, Mord und Totschlag, wird also, wie bereits früher angedeutet, die Mentalität der Menschen kraft der humanen Fähigkeit ändern, die sich hierbei im Menschen zu entwickeln beginnt. Eine gewisse Gruppe von Menschen hat bereits begonnen, auf die animalische Nahrung zu verzichten. Einige aus Gesundheitsgründen. Sie sind also Vegetarier geworden aus Rücksicht auf sich selbst, nicht aus Mitleid mit den Tieren. Andere sind aus humanen Gründen Vegetarier geworden. Sie können es nicht übers Herz bringen, dass Tiere getötet werden sollen. Diese letzteren Wesen muss man also als die wahren, von Nächstenliebe angespornten Pioniere betrachten, die diese blutige, niedermetzelnde und „kannibalische" Wesensart der Menschheit den Tieren gegenüber abschaffen wollen.

Es macht also nichts, dass die Mehrzahl der Menschheit die Pioniere des Vegetarismus verhöhnt. Diese Mehrzahl der Menschen weiß ja nicht, was sie verhöhnt oder wovon sie Zeuge wird hinsichtlich dieser göttlichen Mentalitätsänderung, mit der der Mensch die Wärme aus Gottes Liebesflut in die Welt der Tiere bringt. Das Tier begegnet hier zum ersten Mal durch die beschützende und wärmende Liebkosung des Menschen einem Schimmer von der Strahlenflut aus Gottes Geist.

Wenn die Menschen so weit davon entfernt sind, zu verstehen, dass das bluttriefende Niedermetzeln der Lebewesen zu der noch unentwickelten Wesensart der Menschen gehört, dann ist es eine Tatsache, dass ihr Gefühl noch sehr unentwickelt ist. Sie können daher nicht empfinden, wie primitiv und unnatürlich ihre Handlungsweise für den Menschen ist. Der Mensch als Abbild Gottes, ihm gleichend, kann natürlich kein Wesen sein, das mit wilden Tieren um die Wette mordet und tötet, die Organismen seiner animalischen Opfer enthäutet und zerlegt und im Genuss ihrer gebratenen und gekochten Körperteile wie Lunge, Leber, Nieren, Herz und Blutgerichte, Blutwurst, anderer Wurst und vielem mehr schwelgt. Wie viele Jahre seines Erdenlebens hat so ein zerstörtes Tier nicht einbüßen müssen, damit die Menschen zusammen mit anderen gleichgesinnten tierverspeisenden Wesen im Genuss einer eventuellen „Festmahlzeit" an einem einzigen Tag seinen Organismus, dieses göttliche Werkzeug für das Erleben des Lebens, haben essen können. Wenn die Menschen mit großem Wohlbehagen in so einem „Kannibalismus" leben, müssen wir sie dennoch entschuldigen. Denn es ist leicht zu sehen, dass ihre Wahrnehmungsstruktur noch sehr unfertig oder unentwickelt ist. Ihr Empfinden ist auf diesem Gebiet völlig immun. Selbst wenn ihre Intelligenz sehr entwickelt sein kann und sie Experten in der materiellen Wissenschaft sein können, sind sie dennoch als Analphabeten in kosmischem Wissen zu betrachten

Da die Intuition der Menschen, das heißt der Fähigkeitskomplex, der dem Menschen die Fähigkeit zu kosmischer Wahrnehmung gibt, bei der großen Mehrheit noch latent ist, können sie unmöglich die höhere Wirklichkeit erleben, die hinter dem physischen Dasein existiert. Da sie hier nicht erleben können, wie sollten sie dann das Wissen und die Erfahrungen akzeptieren können, die noch völlig außerhalb ihrer jetzigen Wahrnehmungskapazität liegen? – Sie müssen sich dann an das halten, was sie mit ihrem noch primitiven Gefühlsleben erfahren oder erleben können. Mit der Intelligenz können sie unmöglich kosmische Bereiche oder Details erleben. Sie können auch überhaupt nichts Physisches mit der Intelligenz erleben. Die Intelligenz ist keine Wahrnehmungsfähigkeit, sondern eine Fähigkeit, zu analysieren. Da die Wesen Erscheinungen aus der kosmischen Welt nicht erleben können, kann die Intelligenz ihnen nicht helfen.

Auf dem Symbol sehen wir eine Treppenfigur. Die unterste Stufe symbolisiert die animalische Nahrung. Die orange Farbe kennzeichnet das Tierreich. Die kleinen Partikel erscheinen in Grün, Gelb und Rot. Sie alle symbolisieren Lebenseinheiten im tierischen

Organismus. Die grünen und gelben Partikelchen stehen für die am meisten entwickelten Mikrowesen im physischen Körper der Tiere und Erdenmenschen. Diese Wesen besitzen Tagesbewusstsein, und wenn sie als Nahrung in den Magen eines Tieres oder Menschen kommen, werden sie getötet und sie fühlen den Schmerz und Todeskampf in diesem grausamen Prozess. Ihre Organismen werden zerstört und mit dem Stuhl ausgeschieden. Sie sind ohne Wert für die Ernährung. Allein die grünfarbigen Partikelchen werden ausgesondert und dienen der Ernährung. Der Fleischesser kann hieran sehen, dass höchstens ein kleiner Teil seiner Ernährung dient und das auch nur nach dem grausamen Akt des Tötens so vieler Mikrowesen, und er erntet, was er gesät hat! Das Töten so vieler Lebewesen verursacht ein schweres Karma für den, der Fleisch isst.

Auf der zweiten Stufe sehen wir die vegetarische Ernährungsweise symbolisiert. Die verspeisten Pflanzen bringen in den Organismus nur rote Partikelchen, sie haben ein vegetabiles Leben, darum erscheinen sie in der roten Farbe, und diese Einheiten erfahren den Verdauungsprozess im Magen eines Tieres oder Menschen als einen Entwicklungsprozess zu einem höheren Leben im Organismus dessen, der sie isst. Hier wird deutlich der große Unterschied sichtbar zum grausigen Tötungsprozess im Magen des Fleischessers. Es gibt aber auch Entwicklungsstufen in der vegetarischen Ernährung. In den Stängeln, Blättern, Samen und Kernen befindet sich auch Material, das nicht zu den roten Partikelchen gehört und darum durch den Darm ausgeschieden werden muss, darum wird die zukünftige Ernährung des kosmisch bewussten Menschen nur aus dem Fruchtfleisch bestehen, das sich um den Kern der Früchte befindet. Nichts wird man kochen und man wird die Früchte nicht vermischt mit anderen essen. Diese Ernährung wird alle Ernährungskrankheiten verschwinden lassen. Die Körper der Menschen werden dünn und schlank sein, befreit von der Schwerarbeit, die ja das Fleisch dem Magen zumutet. Die gelbe Zickzacklinie zeigt die vegetarische Ernährung mit Blättern, Stängeln und Samen an, die blaue darüber die reine Fruchternährung. Der Kreis rechts auf der untersten Stufe kennzeichnet eines jener Mikrowesen, die beim Fleischessen getötet werden. Der rote Kreis symbolisiert die vegetabilen Substanzen, die bei der Verdauung nicht leiden müssen, der gelbe und der grüne Kreis symbolisieren die Mikrowesen, die beim Fleischverzehr getötet werden. Bereits auf der nächst höheren Stufe ist nur die rote Farbe beim Mikrowesen gezeichnet, um anzudeuten, dass es hier bei der Verdauung keinen Tötungsvorgang gibt. Die dritte gelbe Stufe markiert den wahren Menschen, der nur reife Früchte isst, deren Mikrowesen sich freuen, in den menschlichen Organismus aufgenommen zu werden. Siehe die rote Farbe im kleinen Kreis und die blaue Farbe der Freude in der Mitte des Stufenfeldes. In der grünen Stufe des Weisheitsreiches und in der blauen Stufe der göttlichen Welt ist die Ernährung nicht mehr vegetarisch und animalisch, sondern reine Lufternährung, darum sind keine Partikelchen mehr eingezeichnet, die zerstört werden könnten. Auf dem roten Feld in der Ecke links oben sehen wir die Partikelchen, die beim Fleischverzehr sterben. Auf dem orangefarbenen Feld des Erdenmenschen, der sich vegetarisch ernährt, und auf dem gelben Feld des wahren Menschen sehen wir keine Partikelchen mehr eingezeichnet, die bei der Ernährung leiden könnten. Die gelbe Sonne rechts auf der dritten Stufe zeigt, dass das Essen nur Freude verursacht, und die beiden orangefarbenen Sonnen zeigen, dass im Bösen dieser Ernährungsstufen doch noch die Hand Gottes existiert.

Das Symbol hat Heilwirkung zugunsten des Immunsystems, das ja besonders durch die Fleischernährung geschwächt wird. Es kann auch bei chronischen Krankheiten helfen, deren Auftreten durch ein geschwächtes Immunsystem begünstigt werden.

Symbol Nr. 39 – Die Bewusstseinskategorien der Erdenmenschheit

– Verletzungen – Kundaliniprobleme – Medialitätsprobleme

Man sollte meinen, dass alle Erdenmenschen den neuen göttlichen Weltimpuls mit offenen Armen entgegennehmen würden.

Aber nein, so ist es gar nicht. Die Empfänglichkeit eines Wesens für höhere Kräfte ist keine Willensache, sondern die hinter seinem Willen existierende geistige Qualität.

Von einem Wesen zum anderen sind diese geistigen Kräfte von höchst unterschiedlicher Art, da sie ein Resultat aller seiner gesammelten Erfahrungen sind, seiner vorherigen Anlagen, Gewohnheiten und Neigungen. Diese Kräfte werden also für das Individuum die eigentlichen, den Willen angebenden Kräfte sein und seinen Willen für oder gegen eine neue Geisteskultur bestimmen. In großer Mehrzahl glauben die Menschen, dass die Einstellung ihrer Mitmenschen zu geistigen Fragen eine Sache des Wollens oder Nichtwollens sei. Sie interpretieren die unterschiedliche Einstellung anderer als aus bösem Willen geboren. Viele meinen, dass ihre persönliche Überzeugung die einzig richtige sei und so reagieren sie indigniert, wenn ihnen Mitmenschen begegnen, die entweder noch nicht so weit sind oder auch schon weiter sind in ihrer Entwicklung. Unter dem Vorwand des „gerechten Zornes“ verursachen sie viele Konflikte. Dies ist genauso unberechtigt, wie es unberechtigt ist, zornig zu werden, weil jemand nur 20 und nicht etwa bereits 30 Jahre alt ist. Um zur Großen Geburt zum wahren Menschenreich zu kommen, ist jede Form von Intoleranz ein Hindernis. Symbol 39 kann helfen, solche Verhaltensweisen abzulegen.

Für das Verständnis von Symbol 39 ist es hilfreich, sich an das Symbol 1 zu erinnern. Dort haben wir erfahren, dass vom göttlichen Schöpfungsprinzip rhythmische Impulse ins ganze Weltall ausgehen und dass unsere Erde sich im Bereich dreier solcher Impulse befindet. Da ist der Impuls der primitiven Naturreligionen, die dabei sind, von der Erde zu verschwinden. Das weiße Feld auf dem Symbol kennzeichnet den in der Jetztzeit größten Einfluss durch den von Martinus genannten alten Weltimpuls, aber er ist dabei, einem neuen Weltimpuls Raum zu geben. Buddhismus, Christentum und Islam zählen zum alten Weltimpuls. Der neue Weltimpuls bringt der Menschheit die Geisteswissenschaft, zum Beispiel in Form des Dritten Testaments.

Die Intelligenzenergie (grün) und die Gefühlsenergie (gelb) bedingen die Aufnahmefähigkeit für die Weltimpulse. Viele Zeitgenossen haben die Religionen wegen der sich entwickelnden Intelligenzenergie verlassen. So können wir zwei Menschengruppen unterscheiden: die nicht mehr Gläubigen – Gruppe A – und die, die noch den Religionen angehören – Gruppe B. Rechts im Symbol sind die beiden Weltimpulse in den beiden Sternen dargestellt. Der orange Kreis gibt die augenblickliche Position der Erde in Bezug auf die beiden Weltimpulse an. Es gibt in beiden Bereichen Menschen unterschiedlicher Mentalität, je nach der Kombination von Intelligenz und Gefühl. Die erste Kategorie sind Wesen, wo Intelligenz und Gefühl im Gleichklang sind. Sie sind die am besten vorbereiteten für den neuen Weltimpuls und die Große Geburt. Zur zweiten Kategorie von Menschen – mit mehr Gefühl als Intelligenz – gehören Künstler und Religionsstifter – manchmal wegen sehr viel Gefühl fanatisch –, hier erwächst sehr leicht Widerstand gegen die Geisteswissenschaft. Das dritte Feld markiert Wesen mit mehr Intelligenz als Gefühl. Hier finden wir Wissenschaftler, Politiker, Handelsleute und auch die Großverbrecher. Nur das Leben selbst wird diese Kategorie von Wesen umformen.

Auf dem unteren Feld befinden sich drei Kategorien von Wesen des alten Weltimpulses. Wo Gefühl – gelb – und Intelligenz – grün – im Gleichgewicht sind, da finden wir die ausgeglichenen und sich hingebenden Gläubigen. Wo das Gefühl gegenüber der Intelligenz dominiert, finden wir die religiösen Fundamentalisten, und die noch recht große Zahl von Rechtsverletzern hat zu wenig Gefühl im Vergleich zur Intelligenz.

Keiner kann anders sein, als er gerade ist, weil eben seine Bewusstseinseinstellung das Ergebnis von willensunabhängigen Kräften ist. Wer darum sein Mitwesen verletzt, handelt gegen den Geist dieses Symbols. Daraus erklärt sich, dass Symbol 39 Verletzungen heilt, sowohl körperliche als auch seelische Verletzungen, wie bei einer vorzeitig geöffneten Kundalini und bei Störungen eines Mediums.

Symbol Nr. 40 – Das Zeichen des Kreuzes

– Knochensystem – Schäden aus dämonischer Besessenheit

Um zu erklären, was Martinus uns mit der Zeichnung des Symbols 40 sagen will, möchte ich über zwei Erlebnisse auf meinem Weg nach der Lösung des Lebensmysteriums berichten.

1. Ich habe den Nobelpreisträger der subatomaren Physik David Peat in Sevilla/Spanien gehört. Er hatte es erreicht, 200 Stufen in die subatomare Welt hinabzusteigen. Er habe sich überzeugen lassen, dass es auf dem Weg in die Welt des Atoms hinein keine Grenze gebe. Was er entdeckte, waren alles immer nur Teilchen und zirkulare Bewegungen. Maße und Gewichte wurden immer kleiner, bis sie sich in ein Nichts verloren. Er sagte aber auch etwas ganz Besonderes. Er sprach von seinem Versuch, zwei Elektronen aus dem Atomverband herauszunehmen. Er entfernte sie acht Meter voneinander und konnte nicht erklären, wie es geschehen konnte, dass die beiden Teilchen auch in der Trennung voneinander in ständiger Kommunikation verblieben. Tat er etwas mit dem einen, das andere war sofort informiert. Martinus sagt uns, dass auch die physischen Realitäten in Wahrheit mental sind. Zum Abschluss seines Vortrages sagte er etwa wörtlich: Und wissen Sie, was das Schönste für mich ist: dass, wenn ich ein Neutron bis auf den Mars entfernen würde – die beiden kommen auf jeden Fall wieder zusammen. Der gleiche David Peat sagte auf einem weiteren Kongress der „Invitation á la Vie“ in einem Vortrag am 8. Juni 1996 in Paris: „Unsere Forschungen haben uns Schritt für Schritt an den Punkt geführt, dass es uns heute so erscheint, dass Elemente wie Elektronen, Protonen oder Quarks keine Objekte sind, sondern Reaktionen. Ich erinnere mich an ein Gespräch mit dem Physiker-Kollegen David Bohm, als

dieser mir sagte, dass ein Elektron mindestens so kompliziert sei wie ein Fernsehapparat, und er schlussfolgerte weiter, dass sich in einem Elektron das ganze Universum befindet. Jedes Element des Universums und sei es noch so klein, ist ein Ganzes. So scheint es, dass sich die Physik auf die Vision einer Welt zu bewegt, die fast ganz belebt ist."

So wie David Peat und David Bohm haben auch andere Physiker bei ihren subatomaren Forschungen Realitäten jenseits von Maß und Gewicht anerkannt, auch wenn sie letztlich unerklärlich für sie blieben. Die Schlussfolgerung, dass hinter Reaktionen ein Etwas stehen muss, das reagiert, ein Lebewesen, konnten sie nicht ableiten. Ein Fernsehapparat ist natürlich eine sehr, sehr komplexe Sache im Vergleich mit einem Elektron. Aber jedem Kind ist klar, dass hinter dem Fernsehapparat ein Techniker steht, der ihn konstruiert hat. Auch so wunderbare Entdeckungen wie die, dass hinter dem kleinen Elektron das ganze Universum steht, erlauben ihnen nicht zu folgern, dass das Universum ein Lebewesen ist.

2. Ich hörte den deutschen Theologen Eugen Drewermann in einer Vorlesungsreihe über Kosmologie. Ich hörte sehr viele interessante Einzelheiten zu Milchstraßen, schwarzen Löchern und Spekulationen von Ausdehnung ohne Wiederkehr. Was im subatomaren Geschehen aufgedeckt wurde, ganz ähnlich verhielt es sich im weiten Universum. Wie mir erging es Freunden, die mit mir die Vorlesung besucht hatten. Wir verließen den Hörsaal, als wäre uns der Boden unter den Füßen weggerissen worden.

Diese beiden Erfahrungen ergänzen sich. Sie beleuchten die Situation der gegenwärtigen Wissenschaft auf der Suche nach der

Lösung des Lebensmysteriums. Sie bewegt sich in schwindelerregenden Entdeckungen im Mikro- und im Makrokosmos und endet doch immer nur in Angaben von Maßen und Gewichten immer neuer Körper mit Bewegungen und Vibrationen. Die materialistische Wissenschaft liest wie in einem Buch, von dem sie nur Buchstaben beschreibt, aber nicht den Sinn der Buchstaben entziffern kann, sagt Martinus. Er nennt sie aber auch die unverzichtbare Voraussetzung für die Geisteswissenschaft. Der Atomphysiker ist ja nahe dran.

Für die Entschleierung des Lebensgeheimnisses bedarf es einer anderen Dimension. Sie öffnet sich mit dem Anwachsen der Intuitionsenergie und offenbart, dass das Leben geistiger Natur ist. Mit Teleskopen und Mikroskopen kann die materialistische Forschung stets tiefer eindringen, kann immer mehr entdecken, aber nie wird es über Maß und Gewicht hinausführen. Die Geisteswissenschaft mit der Intuitionsenergie kann das Wesen eindringen lassen ins Unendliche des Makro- wie des Mikrokosmos, wo es ohne Ende neue Schönheiten an Schöpfung erleben wird zur Freude aller Gottessöhne, Bild und Gleichnis des ewigen Vaters.

Die materialistische Wissenschaft hat der Menschheit unschätzbare Eroberungen gebracht. Sie ist die Basis unserer modernen Menschheitskultur, aber sie ist nur horizontal ausgerichtet. Auf ihrer Horizontalen bedarf sie des Aufbaus der Vertikalen, der Geisteswissenschaft. Beide ergänzen einander, um zum Gottsehen zu kommen, zur Lösung des Lebensmysteriums.

Am linken Rand des Symbols sehen wir einen grauen Nebelstreifen und von ihm geht eine Strichpunktlinie mit Pfeilen aus nach rechts bis zu einer anderen Nebelzeichnung an der rechten Seite. Der Nebel links bezeichnet den Mikrokosmos, der rechte bezeichnet den Makrokosmos. Und die Pfeile bedeuten das Eindringen der materialistischen Wissenschaft, die sich aber in immer neuen Feststellungen von Maß und Gewicht in unendlichem Nebel verliert. Die beiden senkrechten Pfeile stehen für die Geisteswissenschaft. Sie kommen aus dem Wissen um das unendlich Kleine und steigen auf zum Wissen um das unendlich Große. In der

Mitte des Symbols kreuzen sich die beiden Richtungen, um zu zeigen, dass sie einander bedürfen, um Gott zu erkennen.

Das Symbol heilt das Knochensystem. Wer sich in dieses Kreuz des Wissens stellt, gewinnt Statur, Sicherheit, gewinnt Heilwirkungen für seine Körperhaltung. Das kann jeder an Zen-Mönchen beobachten, dass die kosmische Erleuchtungsenergie die Körper aufrichtet.

Das Symbol ist auch heilend bei Schäden aus dämonischer Besessenheit. Wer den Frieden aus der Gotteserkenntnis findet, der findet Heilung von allem bösen Einfluss.

Symbol Nr. 41 – Das Sternsymbol

- Depression, Angst, Phobien – Autonomes Nervensystem
- Hirnhautentzündung – Blutsystem – Muskelsystem
- Gewebesystem – Eingeweide – Alzheimer

Das Symbol bezeichnet das Weltall in sich. Das Dreieck besagt, dass die Grundanalyse des Weltalls ein „dreieiniges Prinzip" ist, es ist das X1, das X2 und das X3. Dies sind die Realitäten, die sich in jedem Lebewesen befinden, und sie sind uns bereits bekannt als das Ich, die Schöpfungsfähigkeit und die Fähigkeit, sich zu manifestieren durch seinen dafür erschaffenen Organismus. Das Dreieck ist umgeben von einer goldenen Strahlensonne, was bedeutet, dass das Leben, das Existieren nach seiner letzten Analyse absolut hell ist. Die Strahlen erscheinen in der Form eines Kreuzes, um auszudrücken, dass die vollkommenste Lebensäußerung Liebe ist.

Martinus hat dieses Symbol in Gold gezeichnet, das einzige in Gold.

Die von Ängsten geplagten Kranken geraten immer tiefer in diese hinein, bis sie regelrechte Phobien erleiden und in

Depressionen verfallen. Sie leiden an Folgen aus ihrem Tiererbe mit seiner Schwereenergie. Wenn dann das Wesen auf seinem Entwicklungsweg das Tierreich durchlebt hat und ins wahre Menschenreich weitergeht, ins Weisheitsreich, in die göttliche Welt und ins Seligkeitsreich eintritt, wo es alles Durchlebte nacherleben kann, auch das, was jetzt im Schwereenergiereich so leidvoll ist, dann erstrahlt einfach alles in goldenem Licht und in Seligkeit. Das Lebewesen begreift, warum das Leid auf seinem leuchtenden Entwicklungsweg nötig war. Das alles ist schon im Symbol 41 konzentriert gegenwärtig und kann darum hilfreiche Energien über das aufgelegte Foto vermitteln. Dieses Symbol ist bei fast allen meinen Kranken bisher gefragt gewesen. Wenn mir ein ehemaliger Depressiver Monate nach seiner Befreiung in unbeschwerter Freiheit begegnet, dann weiß ich, dass es sich lohnt, die Wahrheit dieses Symbols ins Gespräch zu bringen und es als Heilsymbol einzusetzen.

Das autonome Nervensystem ist ganz und gar eine Eigenschöpfung des Lebewesens. Ein so perfektes und vielschichtig funktionierendes Instrument kann unmöglich von einem so verwirrten und unwissenden Wesen erschaffen sein, wie es ja jedes Lebewesen im Bereich der Schwereenergie mehr oder weniger ist. Diese Errungenschaft kann nur aus den lichtvollen Sphären kommen und wurde in den Talentkernen aufgespeichert. Wenn also Schädigungen an diesem System verursacht werden, dann kann Symbol 41, in dem die lichtvollen Sphären gleichsam gegenwärtig gesetzt werden, sehr heilsam wirken.

Erkrankungen an Muskeln, Eingeweiden, Hirnhaut, Blut und Alzheimer würde ich alle zusammenfassend als Verunreinigungen in den Geweben bezeichnen. Die Eingeweide haben ja gerade eine permanente Reinigungsfunktion. Aus obiger Erklärung des Symbols geht die letztlich leuchtende Klarheit und Reinheit aller Lebewesen hervor. Es wirkt also in diesem Sinne auf die indizierten Organe heilend, es verbindet sie mit ihrer Wurzel, mit Licht, Licht und noch einmal Licht!

Symbol Nr. 42 - Struktur der Fahne

– Nostalgie – Unbewältigte Vergangenheit

Das Symbol zeigt ein violettes Sternbild mit dem Hintergrund der 6 bereits bekannten Grundenergiefarben. Die Strahlen des vierzackigen Sterns kommen aus einem violetten Kreisfeld mit einem weißen Dreieck in der Mitte. Das Dreieck bezeichnet das göttliche Etwas. Es strahlt auf violettem Grund seine lichten Strahlen in die Grundenergien, das heißt, der Geist Gottes aufgrund seiner Schöpfungsenergie (violette Farbe) gestaltet in allen Grundenergien das gesamte Weltall. „Das ist die allerhöchste Formel für alles, was es gibt, für alles, was gewesen ist und für alles, was sein wird", sagt Martinus. Das bedeutet, dass alles, was der Erdenmensch in seiner Gegenwart erlebt, sehr gut ist. Alles, was der Erdenmensch in der Vergangenheit erlebt hat, ist sehr gut, und alles, was er in seiner Zukunft erleben wird, ist ebenfalls sehr gut. Es gibt keine Logik darin, Vergangenes festhalten zu wollen oder Zukünftiges zu fürchten, Es ist einzig logisch, das Hier und Jetzt zu leben und ganz und gar zu erfahren, dass es sehr gut ist. Ich lebe so vom täglichen Brot, das ich für heute erbitte und auch für heute bekomme.

Leben nicht allzu viele Erdenmenschen in einer unrealistischen, darum unlogischen Einstellung zum Heute und zum Morgen, weil sie einfach ihre Vergangenheit nicht realistisch sehen können? Sie verklären die Vergangenheit oder sie beklagen sie ständig.
Die radiästhetisch ermittelte Heilwirkung erscheint als sehr einsichtig.
Martinus gibt uns diese Symbole als Fahne für einen sichtbaren Ausdruck des allerhöchsten Gedankenklimas, welches das Symbol des Heiligen Geistes ist, die mathematische Formel für den göttlichen Weltenplan, der Ausdruck für das ewig vollkommene Weltbild.

Möge diese Fahne wehen an unseren zukünftigen Stätten des Studiums der Geisteswissenschaft und eine mentale Kopie davon in unseren Herzen.

Symbol Nr. 43 – Symbol über das „Livets Bog“

– Eitelkeit – Hochmut

Martinus schrieb den ersten Band des „Livets Bog“ bereits aus einer klaren Sicht des Gesamtwerkes. Er nennt seine Arbeit ein Resultat von Pflichtgefühl.

Bei einigen Lesern gab es Missverständnisse, so als ob der erste Band schon die gesamte Welterklärung wäre. In seiner liebevollen Weise nimmt er sich dieses Problems an.

Er zeigt im Symbol zwischen 2 schwarzen Strichen 3 weiße Felder, die von einem kleinen weißen Dreieck ausgehen, dem Ich des Martinus. Das mittlere Feld bezeichnet etwas von X1, das obere etwas von X2 und das untere etwas von X3 des Weltalls. Dieses Etwas vom Weltall ist im Livets Bog 1 dargestellt. In den gestrichelten Linien weiten diese 3 X des Weltalls sich aus, bis sie in das Dreieck der Gottheit münden, wo alles eins ist. Der Leser von Livets Bog 1 kann so leicht begreifen, dass er noch nicht um das Ganze wissen kann. Martinus gibt aber in diesem Symbol auch dem Leser, der weitere Bände oder auch aller Bände des Livets Bog gelesen hat, zu verstehen, dass das Livets Bog ihm nicht alles sagen kann, sondern dass es nur eine Hinführung sein will zum direkten Verständnis des täglichen Erlebens des Lebens mit allen als Lehrern, mit allen als Schülern und allem als Lehrsätzen. Die Vorsehung wird so in direkter Kommunikation sein, mit jedem Lebewesen, die Gottheit der einzige Hirte, der die alle zur Einheit entwickelten Lebewesen als die eine Herde führt. Das Livets Bog will dem Studierenden nicht mehr sein als eine Einführung in die einzige fundamentale Religion des Lebens, in der es nur einen Hirten und eine Herde gibt. Martinus zeigt hier wieder einmal sehr deutlich, dass das Livets Bog nicht als eine Lehrautorität verstanden sein will, dass eben auch hier gilt: Der Buchstabe tötet. Die einzige Autorität ist die Sprache des Lebens selbst.

Hier sehe ich für den Studierenden auch das wichtigste Kriterium zur Unterstützung der Geister. Wenn wir dem Ende der Welt entgegen gehen, dass heißt das auch, dass sich die Leiden vermehren. Die Menschen werden vermehrt nach Lösungen suchen und die Angebote werden immer zahlreicher hervorsprießen.

Schon da, wo jemand die Bibel im Buchstabensinn als Lösung anbietet, wird anstelle des Lebens der Tod verkündet, denn der Buchstabe tötet. Andere sehen die einzige Lösung in der Neuinterpretation der alten Mythen und okkulten Weisheiten, wieder andere sind sicher, aus der Akashachronik die Rettung der Welt herauslesen zu können, weitere berufen sich auf Privatoffenbarungen. Das alles kann hilfreich sein, aber nur so weit, als es eine Einführung in des Lebens eigene Sprache ist, wenn auch auf anderem Weg wie das Livets Bog.

Dieses Kriterium entlarvt falsche Propheten, die uns bei Mt 24, 11 angekündigt werden zum Ende der Zeiten. Immer werden sich bei ihnen Züge von Eitelkeit und Hochmut zeigen.

Die Rute hat das Symbol als heilend gekennzeichnet für jeden, der sich von solchen Resten aus der Tiermentalität reinigen will.

Die Logik ist deutlich.
Martinus weist im Buch „Der am längsten lebende Abgott" auf die hartnäckigsten Bereiche unseres Egos hin. Die dahinter stehenden Gedankenklimate fördern das unangenehme Karma, verdunkeln das Gemüt und verhindern die positive elektromagnetische Aufladung des Blutes mit Lebensenergie. Das Zellgewebe wird nicht genügend mit den lebensspendenden Substanzen versorgt. Feinste geistige Signale werden über das Gehirn als Transformator durch das Rückenmark zu den feineren Nervensträngen geleitet, bis hinein in die neurologischen Verbindungen innerhalb der Zellen. Man kann sagen, jede der Zellen ist wie eine Kleinstadt mit ihren verschiedenen Industriezentren und funktioniert auf elektromagnetische und bioenergetische Weise. Man kann sich die Schäden

vorstellen, die entsehen können, wenn bei den oben angegebenen Gedankenklimaten, die lebenstötende oder lebenssabotierende Energien darstellen, die durch elektromagnetische Signale über das Blut in diese Zell-Kleinstadt hinein dirigiert werden. Es findet eine Überbelastung von der Feinstofflichkeit her bis hin zu verdichteten mikrokosmischen Zellstrukturen statt. Erst viel später werden Zellschädigungen sichtbar und physische Krankheiten entstehen.

Symbol Nr. 44 – Das Gesetz vom Dasein – liebet einander

– Parkinson

Das Symbol zeigt ein dunkles Land, an ein weites Meer grenzend, über dem ein helles Licht in Kreuzform und in Strahlen sich dem dunklen Land nähert. Nur vier kleine Buchten leuchten in Weiß, sie heißen übersetzt: LIEBET EINANDER. Drei Menschenpaare, jeweils in Liebe verbunden, stehen auf einer Art Hügel. Sie sind ganz vom weißen Licht umgeben. Sie lieben einander. Rechts sind es zwei Frauen, links zwei Männer und in der Mitte stehen ein Mann und eine Frau. Es zeigt also die Liebe aller zu allen, nicht nur die eheliche Liebe, die aus dem hier überwundenen Säugetiererbe kommt. Martinus symbolisiert hier den Weg der Erde in ihrer jetzigen Entwicklungsspirale. Sie geht in den nächsten 3000 Jahren unaufhaltsam dem Licht entgegen. Aber hier gilt auch das Naturgesetz: Je stärker das Licht, desto stärker die Schatten. Martinus sagt: „Die Sintflut und die Weltkriege sind nur Bagatellen gegenüber der Manifestation der Finsternis, die jetzt auf Erden ausgelöst werden kann. Doch jenen Tag und jene Stunde kennt niemand. Deshalb sollte die göttliche Warnung „Wachet und betet, damit ihr nicht in Versuchung geratet“ mit erneuter Kraft über die Welt schallen. Sie sollte durch den Rundfunk der gesamten Welt klingen, sie sollte zu hören sein in den Kralen der Zuludörfer, in den Hütten der Feuerländer und bis zu den nördlichsten Wohnplätzen in der Einöde der Eisfelder, den ganzen Osten und Westen hindurch. Es kann nicht laut genug ausgerufen werden, dass die Erde dem „Ende der Welt" entgegeneilt. Alle sollten sich bereit machen. Ein großer Plan in der göttlichen Weltordnung muss zur Vollendung gebracht werden. Die Erde soll in eine neue kosmische Bahn geschleudert werden, in der alles, was nicht „Reinheit", nicht Liebe ist, draußen bleiben muss. Die starken Vibrationen aus der Zone des Vaters lösen alle Einzelheiten auf, die nicht in Liebe isoliert sind." (DAS EWIGE WELTBILD 4, Symbol 44, S. 290-291)

Trotz des jetzigen und noch bevorstehenden Leidenszustandes sind die Passagiere auf dem Himmelsschiff Erde doch „himmlische Reisende", unsterbliche „Passagiere" auf einem Stern in einer Sternenwelt mit Kurs auf den Gipfel des Lebens, des Lichtes und des Glücks und trotz aller Dunkelheit vibriert im großen Gebot „Liebet einander" bereits am Horizont eine Atmosphäre von Licht.

Der Parkinsonkranke ist ein Mensch mit einem überhöhten, unrealistischen Anspruch an sich, dem er trotz größter Anstrengungen nicht genügen konnte. Das lässt seine Glieder und seine Gesichtszüge wie in großem Erschrecken erstarren.

Er kann aus diesem Symbol lernen, dass das der Menschheit noch bevorstehende Leid weit größer ist, als das von ihm bereits erlebte und noch befürchtete Leid, und dass trotzdem kein Grund zum Erstarren besteht, weil es ja das sicher kommende Licht ist, das den Kontrast und damit auch die Leiden vermehrt und genauso sicher auch überwindet. Neben dieser Erkenntnis dürfte ihm das Foto, aufs Symbol gelegt, gewiss Besserung bringen.

Interessant ist die Erfahrung des amerikanischen Neuropsychologen Oliver Sacks: „Der bewegungsunfähige Parkinsonpatient kann singen und tanzen, und wenn er das tut, ist er völlig frei von den Behinderungen seiner Krankheit ..." Im Buch „Krankheit als Sprache der Seele" von Rüdiger Dahlke (Goldmann Verlag 1997, Kap. 4 „Neurologische Krankheitsbilder S. 208) finden Sie eine gute

Beschreibung dieser Krankheitssymptome von der inneren Starre bis hin zur äußeren Starre. Rüdiger Dahlke ergänzt dazu: „Fähigkeiten des weiblichen Pols sind also weitgehend verschont und stünden dem Patienten offen.“ Nach Martinus´ Analysen wissen wir, dass dann, wenn im Mann der intellektuelle weibliche Pol dem ordinären männlichen Pol ganz ebenbürtig geworden ist, die Liebesfähigkeit voll entwickelt ist und damit alles Leid überwunden ist. Das Gleiche vollzieht sich natürlich genauso bei einer Frau, hier wächst der intellektuelle männliche Pol heran, bis er dem ordinären weiblichen Pol ebenbürtig geworden ist. Martinus nennt das neue doppelpolige Geschlecht das 3. Geschlecht, der vollkommene Mensch in Gottes Bilde.

Lukas 21,28 sagt: „Wenn ihr all das Gesehene seht, dann erhebt eure Häupter und schaut auf, denn eure Erlösung naht!“ Die Heilkraft dieses Symbols für den Parkinsonkranken ist also absolut logisch. Es fehlt mir allerdings noch jede praktische Erfahrung damit. Das gilt auch für die Symbole 42 und 43.

Die Radiästhesistin Hiltraud Linnow vom Martinus-Verlag hat mich, nachdem ich mit den Symbolen 1-41 gearbeitet habe und aufgrund dieser positiven Erfahrungen das vorliegende Buch geschrieben habe, darauf aufmerksam gemacht, dass doch auch die letzten drei Symbole Heilwirkungen haben müssten. Ich nahm die Rute und fand die erwähnten Wirkungen und habe sie kurz vor der Drucklegung erläutert.

Neben den im Buch beschriebenen erprobten und noch nicht erprobten Heilwirkungen der Symbole wird mancher Leser gewiss seine eigenen Entdeckungen machen. Wir bitten also alle, die mit den Symbolen von Martinus in heilender Weise arbeiten, uns die Ergebnisse mitzuteilen. Ebenso kann ein Erfahrungsaustausch hilfreich sein. Bei Bedarf werden Anleitung und Information gegeben.
Informationen unter: info@martinus-verlag.de in Deutschland oder Otto Beckmann, Telefon: 0055894871982.

Der Kranke als Erstursache seiner Heilung

Immer wieder beeindruckt mich die heilende Wirksamkeit der Symbole. Der Leser aber möge nicht vergessen, dass ich immer wieder gezeigt habe, dass kein Symbol in der Weise wirksam werden kann, dass der zu Heilende selbst nur ein Empfangender ist. Deshalb möchte ich nochmals betonen:

- Der Kranke ist immer selbst die Ursache seiner Disharmonien, also muss er auch die Ursache für seine Heilung werden.
- Wie ich aber Disharmonie/Krankheit nicht beeinflussen kann ohne meine Mitwesen, denen gegenüber ich Disharmonie gesät habe, so kann ich auch nicht Heilung bewirken, ohne die Wiederherstellung von Harmonie mit meinen Mitwesen, ohne dass eben die Harmonien meiner Mitwesen mir gut tun.
- Die Symbole vermitteln Kenntnis und Kontakt zu den Wesen des ganzen Weltalls und wenn der Kranke sich in seinem disharmonischen Zustand für die dort existenten Harmonien öffnet, dann ist er der Autor der heilsamen Öffnung. Obwohl er Harmonien empfängt, ist er doch immer in diesem Prozess ein Aktiver.
- Und nach dem Maße dieser aktiven Aufnahme von Seiten des Kranken können die Symbole viel, sehr viel, etwas oder auch gar nichts bewirken. Erläuternd möchte ich hierzu sagen, dass ich bei Alkoholikern öfter erlebt habe, dass ein Foto nicht lange auf dem Symbol verblieb. Ich bekam das Signal, das Foto herunter zu nehmen, nicht weil Heilung bereits erfolgt war, sondern weil der Kranke einfach nicht mehr als Autor seines Heilungsprozesses beteiligt war. Darum achte ich als Therapeut sehr darauf, bei jedem Kranken ein Höchstmaß seiner Eigenbeteiligung zu wecken.
- Wenn ich hier im Zusammenhang mit meiner ganzen Heilarbeit von Karma rede, so wie bei der Entdeckung der Symbole als Spender von Heilenergie, dann ist damit nur jenes Karma gemeint, das sich einem Auflösungsprozess zugänglich erweist. Ich habe meine Rute auf diese Diagnose

programmiert. Das heißt, ich sage nie, das ist Karma und da kann ich nichts tun. Ich nehme mir nie das Recht, Hilfe zu verweigern.

Heilen durch Automatwissen

Täglich kommen jetzt Alkoholiker zu mir und finden Heilung von ihrem Laster. Meine Freude darüber ist groß. Ich verdanke es der Geisteswissenschaft von Martinus, in der ich erfahren durfte, was ein Automatwissen ist.

Ein Weg durch etliche Etappen

In meinem pastoralen Dienst kam ich während des Zweiten Vatikanischen Konzils nach Brasilien, als die Kirche Lateinamerikas sich der Befreiungstat Gottes an Israel erinnerte und in der Option für die Armen mit der Pastoral der Basisgemeinden begann. Nach Deutschland zurückgekehrt, bekam ich die Erlaubnis, mit dieser Pastoralmethode auch in Deutschland zu experimentieren. Seitens der Gläubigen gab es große Zustimmung, und als die Gesamtsynode der Deutschen Bistümer diesen Weg für Deutschland ausschloss, wurde ich in ein psychiatrisches Landeskrankenhaus versetzt. Meiner Seelsorge waren die mehr als tausend Kranken und die etwa 200 katholischen Schwestern und Ärzte zugeordnet.

Neben diesem Seelsorgedienst wollte ich jedoch auch an irgendeiner Stelle am Heildienst teilnehmen. Psychiater und Psychologen mieden möglichst die Station der Alkoholiker.

Immer habe ich in mir den starken Wunsch gefühlt, den Schwächsten zu dienen. Also bat ich den Chefarzt um die Erlaubnis, ins Therapeutenteam bei den vernachlässigten Alkoholikern eintreten zu dürfen. Ich habe sehr gelitten, wenn die Kranken einen Heimaturlaub nahmen und immer rückfällig wurden. Nur sehr selten gab es einen Heilerfolg. Die Arbeit mit diesen Menschen war sehr frustrierend. Wenn einer entlassen werden konnte, bekam er stets die Verpflichtung auferlegt, sich in seinem Ort bei den AA, den Anonymen Alkoholikern, zu melden. Durch die klinischen Therapien befreiten sich sehr wenige. Der Erfolg der Gruppen der AA, der Anonymen Alkoholiker, war wesentlich größer.

Als ich zum ersten Male an einer AA-Gruppe teilnahm, wendete sich ein 18-jähriger Angehöriger der Abhängigen an seinen Vater und sagt: „Vater, meine Kindheit war eine wahre Hölle. Ich habe unter deiner Trunkenheit wahnsinnig gelitten. Aber in den letzten drei Jahren deiner völligen Abstinenz habe ich gelernt, dass du, mein Vater, ein ganz wunderbarer Mensch bist. Ich bewundere dich und liebe dich von ganzem Herzen!"

Später habe ich als Gemeindepfarrer immer eine besondere Sorge für diese Menschengruppe praktiziert. Ich leitete gruppendynamische Kurse auf der Suche nach Lösungen für diese Menschen. Einer dieser Kurse dynamisierte das Thema: Großgruppe und Kleingruppen. Ich suchte herauszufinden, warum die Großgruppe Kirche so hilflos war gegen die Kleingruppe der Alkoholiker. Natürlich hat jeder Teilnehmer andere Arten von Kleingruppen gesucht. Ich fand in meiner Solidarisierung mit den Alkoholikern aber niemanden mit der gleichen Fragestellung. So kam es, dass sich viele zufriedene Kleingruppen unter den 70 Teilnehmern bildeten und ich blieb völlig allein. Bei der großen Dynamik, die in einem solchen Kurs entsteht, konnte es nicht ausbleiben, dass ich in einem psychoseähnlichen Zustand geriet. Ich brauchte ein halbes Jahr, um mich daraus zu befreien. Ich las Bücher der Tiefenpsychologie von Freud und machte selber eine dreijährige Analyse nach C. G. Jung.

Es gab einleuchtende Erklärungen für die Abhängigkeit und auch dafür, dass ich nur solche Alkoholiker kennen gelernt habe, die eine starke Mutterbindung hatten.

Viele Male hörte ich Ärzte und Therapeuten sagen, dass sie kein Rezept für diese Problematik wüssten. Was machte dieses Problem so schier unlösbar?

Beim Studium des Dritten Testamentes lernte ich das so genannte Automatwissen kennen und erfuhr manches über seine weitreichende Wirkung.

Was ist Automatwissen? Immer wenn in unserem Ich der Wunsch nach irgendeiner Erfahrung entsteht, richtet sich der Wille auf diese Realität in unserer Umwelt. Der erste Kontakt geschieht durch unsere Wahrnehmung, danach kann der Wunsch nach wiederholter Wahrnehmung entstehen, so lange bis jener Gegenstand in seinen Einzelheiten erobert worden ist und wenn diese Erfahrung immer wieder wiederholt wird, wird sie schließlich zu einer automatischen Eroberung. Martinus spricht von einer dreifachen Form des Wissens. Der erste Wahrnehmungskontakt bringt ein Wissen, Martinus nennt es das A-Wissen, das schnell wieder ins Vergessen absinken kann. Wenn dieses Wissen dem Wesen als wichtig genug erscheint, dann wiederholt es die Erfahrung und vertieft sie, bis sie zu einem deutlichen Besitz geworden ist, zu B-Wissen, und dieser Wiederholungs- und Aneignungsprozess kann so weit gehen, dass er überhaupt von gehirnmäßig willensgeführtem Tun unabhängig wird, was Martinus C-Wissen nennt. Es gibt also Wissen im A-Stadium, es ist die erste Aneignung, bis es waches, tagesbewusstes Wissen ist. Wissen im B-Stadium zeigt sich als bewusster Wille und bewusste Handlung. Im C-Stadium ist es eine automatische Schöpfungsfunktion geworden.

Wie habe ich nun versucht, diese Erkenntnisse zugunsten der Befreiung vom Alkoholismus einzusetzen?

Ist es nicht Allgemeinwissen, dass jedes Wesen nach der ersten Trunkenheit ein starkes Unwohlsein fühlt? Der Organismus wehrt sich gegen den Alkohol. Aber was geschieht? Im Verstand tauchen tausend Entschuldigungen dafür auf, dennoch zu trinken. Ich möchte mich nicht vor anderen als nicht trinkfest blamieren. Ich werde das nächste Mal nur ein klein wenig trinken. Heute bin ich so gestresst, dass ich einen Stimulus bekommen muss ... Unendlich viele Versionen tauchen auf und veranlassen das Wesen, zu tun, was er nicht tun wollte und was so eindeutig gegen seine Natur ist. Und in ständiger Wiederholung automatisieren sich diese Gedankengänge, sie schaffen eine Gewohnheit, sie erschaffen das Laster.

Aber jedes Mal, wenn der Mensch nach Hause kommt, vernimmt er die Selbstzerstörung, erlebt er die Reaktion seiner Familie, erkennt, er, dass er etwas tut, was er im Grunde seiner Seele nicht tun will. Es kommt mehr und mehr der Wille hervor, das Trinken aufzugeben, aber alle Versuche scheitern an den Tausenden von Entschuldigungen. Je mehr er es versucht, umso mehr häufen sich die Versagungserlebnisse und schließlich überlässt er sich ganz dem Laster.

Der Konflikt besteht zwischen seinem Willen, das Trinken aufzugeben, und den automatisch auftauchenden Entschuldigungen. Warum nicht das Denken bewusst automatisieren mit positiven Gedanken? So habe ich mich gefragt und begann sie zur ständigen Wiederholung aufzufordern: Alkohol! Nie wieder, nie wieder, nie wieder, nie wieder … üben, üben, üben und siehe, viele haben es jetzt mit dieser Methode geschafft. Natürlich durfte die in der Regel einstündige Gesprächsmotivation nicht fehlen. Jede Woche kamen zwei bis zehn und viele kehrten zurück, sich zu bedanken, sie sagten: Ich bin ein anderer Mensch geworden!

Und wieder einmal war die Brauchbarkeit der Martinus-Analysen für mich bestätigt worden. Eine Suche von mehr als 30 Jahren in meiner pastoralen Arbeit an den Menschen hat unerwartete Ergebnisse gezeitigt. Zuvor hatte ich hier in Paulistana sehr, sehr viel für die Gründung einer AA-Gruppe getan und noch viel, viel mehr, sie zu begleiten und Betroffene zur Gruppe zu führen. Es gab Erfolge, sie stehen aber in gar keinem Verhältnis zu dem, was mit dem Automatwissen erreicht wird.

Das menschliche Gehirn ist in unserer langen Entwicklungsgeschichte ohne Zweifel die kostbarste Errungenschaft. Da ich diese Zeilen schreibe, sind es wenige Wochen, dass eine Nachricht im Fernsehen über den letzten Fund eines Menschenschädels aus der Zeit vor 500.000 Jahren gesendet wurde. Wissenschaftler waren ohne Zweifel, dass es sich um einen Menschen handelte und nicht um einen Affen, zu dem dieser Schädel gehört, denn die Größe der Hirnmasse war eindeutig einem Menschen zuzuordnen. Heißt das nicht, dass noch vor diesem Fund viele Jahrtausende Entwicklung liegen? Und diese ganze Entwicklungsleistung eines Lebewesens macht dasselbe Wesen innerhalb weniger Jahre fast zunichte. Wer sein Leben als Alkoholiker beendet, muss nach Martinus damit rechnen, dass ihn die Verletzungen an Gehirn und Nervensystem bis zu fünf Inkarnationen als geistig Behinderter kosten, bevor sie ganz ausgeheilt sind. Und zeigt nicht der Betrunkene bereits die Behinderung an Hirn und Nerven, wenn er dahintorkelt, ohne rechten Gebrauch seines Denkens und seiner Glieder? In der Natur gibt es keine Wunder, es kann nichts aus Nichts entstehen. Alles hat seine Ursache und seine Entwicklung. Das Wesen, das auf dem Wege ist, ein wahrer Mensch zu werden, bedarf unbedingt eines gesunden Gehirns und eines gesunden Nervensystems. So wie alle Wesen zur Vollkommenheit geführt werden, so wird auch der schwer geschädigte Alkoholiker zur Vollkommenheit geführt, aber eben durch eine lange schmerzvolle Phase der Heilung des so schnell Zerstörten.

Ich pflege bei meinen Patienten das beschädigte Nervensystem mit einem gebrochenen Arm zu vergleichen, der durch einen Gipsverband für die Heilung stillgelegt werden muss und ein stillgelegtes Gehirn bewirkt eben eine geistige Behinderung. Ich halte es für wichtig, dass sie sich bewusst werden, was durch den haltlosen Genuss ausgelöst wird. Die Folgen für ihren Körper haben sie bereits reichlich gespürt und sie merken auch sehr, wie die Familie leidet. Natürlich ist es auch wichtig zu sagen, dass nicht alle Behinderten ehemalige Alkoholiker oder Drogenabhängige sind. Auch ein durch bestimmte Krankheiten, Unfälle und Kriegsverletzungen beschädigtes Gehirn kann in kommenden Inkarnationen der Behinderung bedürfen, um zu heilen.

Sodann kenne ich keinen Alkoholiker, der nicht an schweren Schuldgefühlen und niederdrückenden Selbstvorwürfen leidet. Ich erkläre ihm, was das fast immer erste Jesuswort war, nachdem der Kranke sagte, er wolle geheilt werden: „Deine Sünden sind vergeben!“ Und dass es in der Tiefe besagen will, dass Sünde nicht existiert. Auch wenn die Juden sagten, wie kann er Sünden vergeben, so ist es wahr, dass Jesus nie gesagt, dass er Sünden vergebe. Er hat auch nicht gesagt, dass Gott ihm vergeben werde, vergeben habe oder dass er, Jesus, ihn bitten wolle, die Sünden zu vergeben. Er hat schlicht gesagt: „Deine Sünden sind vergeben." Das war die damals bestmögliche Form, den Betroffenen von seinen Schuldgefühlen zu befreien. Allerdings hat er sehr deutlich betont: „Sündige nicht mehr." Also beginne jetzt ein neues Leben, ein Leben, das dich nicht mehr in solche Selbstzerstörung führt. Ja, was du getan hast, ist der notwendige, finstere Kontrast, um jetzt befähigt zu sein, darauf ein neues, ein lichtvolleres Leben zu gestalten. In meinem Therapiezimmer habe ich ein großes Bild eines afrikanischen Künstlers aufgehängt, das nur in Schwarz und Weiß gestaltet ist. Ich frage, was geschehen würde, wenn ich das Schwarz – den Alkohol – vermehren würde? Und was würde geschehen, wenn ich das Schwarz wegnähme, was ja heißen würde, sich des Lasters zu schämen, nicht zu seiner Abhängigkeit zu stehen. Das Bild wäre einmal ganz schwarz und dann ganz weiß und jedes Mal ohne jedes Leben, weil eben der Kontrast hinweggenommen wäre.

Zum Verständnis der Funktion unseres Denkens

Im Blickfeld meiner Ratsuchenden steht ein kleines Möbelstück mit vier Holzschrauben. Ich frage nun, ob ich mit meinem Willen die Schrauben lösen kann, nur mit meinen blanken Fingern. Und wenn ich immer mehr es wollte, es gelingt nicht mit den nackten Fingern. Sehr schnell begreifen sie, dass zum Wollen noch ein Instrument gehört. Im Fall des Möbelstücks ist es der Schraubenzieher. Aber welches ist nun das Instrument, damit mein Wille, nicht mehr zu trinken, erfolgreich sein kann? Immer sagen sie, es nicht zu wissen. Was macht es denn in ihm, dem Alkoholiker, dass sein Körper vibriert beim bloßen Anblick einer Getränke-Bar? Und wenn sie auch nicht wollen, ziemlich schnell sind sie drin und trinken. Es sind die tausend Gedankenkreise: Ach ich will mal sehen, ob der Paul jetzt dort ist, ich bin ja heute so gestresst, ich trinke bestimmt nur ein Glas usw. Sie trinken einfach ohne Willen, gegen den Willen. Sie sind automatisiert. Mein Alkoholiker fühlt sich sehr verstanden. Und jetzt frage ich ihn, wie es denn geht, dass er oder ein anderer als

Autofahrer im Moment der Gefahr sofort mit dem rechten Fuß auf die Bremse tritt und nicht erst überlegen muss, ob es wohl der linke Fuß sein muss. Ich zeige, dass es durchaus mit Gedankenüberlegungen angefangen hat, welcher Fuß wann die Bremse bedient. Dann aber wurde der ganze Vorgang automatisch und das ist eine wunderbare Errungenschaft. Und warum nicht auch eine automatische „Bremsbedienung“ in Bezug auf das Trinken einbauen beim Anblick einer Bar, bei einer Einladung etc.? Jetzt versteht er die Bedeutung der Übung: Trinken, NIE WIEDER, NIE WIEDER ... Und natürlich darf er das Gebet nicht unterlassen! Manche sagen dann: „Lieber Vater, nie wieder. Lieber Vater, nie wieder …“

Und selbst, wenn es noch einmal danebenging, Übung und Gebet müssen sofort wieder aufgenommen werden, so wie der Autofahrer nach einem Unfall erst recht bei seinem automatischen Bremsen verbleibt.

Was bewegt die Rute?

Ich bewege die Rute. Ich nehme sie ja in die Hand und ich will, dass sie sich bewegt. Ich bin es, denn hinter jeder Bewegung steht ein Lebewesen, ein ewiges Ich. Mein Ruten ist also eine Bewegung, die von meinem Ich ausgeht. Es ist ein Ausdruck meines Leben Erlebens. Ich benutze dazu meinen Organismus, meinen Körper und meinen Geist. Ich bin es mit dem Instrument der Wahrnehmung und des Erlebens, das mir als ein Erdenmensch zur Verfügung steht. Ich kann also fragen, warum tue ich das? Was will ich, was kann ich damit erreichen in meiner Heilarbeit und in meiner Suche nach einer der Natur einer Dürreregion angepassten Landadministration und Wasseradministration? Lohnt es sich, etwas so Kontroverses und häufig als unwissenschaftlich Angesehenes zu wagen? Ja darf ich etwas benutzen, das ich weithin nicht kenne, das mir aber viele positive Ergebnisse zeitigt? Ich habe mich wegen der positiven Ergebnisse in das Abenteuer begeben. Der Not gehorchend, habe ich praktiziert. Aus der Praxis habe ich gelernt, Wissen bekommen, aber auch großes Unwissen ertragen müssen. Nachdem ich schon sehr aktiv war, konnte ich mich auch in einiger Literatur umsehen. Ich fand physikalische Erklärungsversuche, ich fand so genannte Instrumentalisten und Mentalisten. Es reicht auch nicht zu sagen, dass bereits Moses ein Rutengänger war oder dass die Rute bei den Kelten sehr im Gebrauch war. Beim Studium der Martinus-kosmologie glaube ich eine Antwort gefunden zu haben auf die Frage, womit bewege ich die Rute? Welche Kräfte sind dabei im Spiel? Ich möchte also einiges dazu sagen, warum ich die Rute bewege und womit ich sie bewege.

Warum? Es begann im Februar 1993 in meiner damaligen Pfarrei mit 150 Kilometer Durchmesser im Dürregebiet des brasilianischen Nordostens. Ich habe diesen Monat in einer Bauernfamilie verbracht, auf Einladung zur 25-Jahr-Feier der Basisgemeinde, deren Gründer ich in der Funktion des Pfarrers war. Am Tag danach wurde ich gebeten, mitzugehen, um aus einem wilden Bienenstock Honig zu ernten. Die geringe Ernte von zwei Liter Honig war für meine Brasilianer sehr enttäuschend. Ich hatte in meinem Pfarrhaus in Deutschland eine Schlafplatzuntersuchung durch einen „Rutengänger“ machen lassen und auf Ermutigung dieses Radiästhesisten einen Kurs mitgemacht, der mich aber nicht überzeugte und schon gar nicht zu einer Praxis veranlassen konnte. Jetzt, angesichts dieses traurigen Ergebnisses, brach ich eine Rute aus einem Strauch und versuchte, ein weiteres Bienenvolk im dichten Buschholz zu orten.

In 200 Meter Entfernung wurde es gefunden. Daraufhin habe ich in einem Umkreis von einigen Kilometern 20 Wasserstellen angegeben, denn die Regenzeit war noch ohne zufrieden stellende Wassermengen, und jedes Mal habe ich aus Sorge um eine mögliche Fehlanzeige den Bauern gefragt, ob ich auch versteckte Bienenzvölker anzeigen solle. Einmal waren es ganze fünf und die Söhne des Bauern lachten und sagten, sie hätten diese alle auch schon gefunden. Zwölf der Brunnenortungen wurden aufgegraben und hatten Wasser. Die Leute sagten: „Die Rute des Padre lügt nicht!“

Ich selbst aber war noch nicht so überzeugt. Ich machte zwischendurch andere Experimente und musste dabei auch Fehlanzeigen feststellen. Aber als ich wieder in Deutschland war, kam Anfang Mai die Nachricht, dass das Jahr 1993 ein Jahrhundert-Dürrejahr geworden ist. Es wurde nichts geerntet und es gab auch kein Sammelwasser in den Zisternen. Warum bewege ich die Rute? Auch wenn ich nicht verstand, was die Rute bewegt, sie bewegte mich, ihren Einsatz zu riskieren und im Juni des Jahres 1993 war ich zusammen mit einem Rutengänger meiner Pfarre in Deutschland unterwegs. Wir haben weit über 1.000 Ortungen hinterlassen. Im gleichen Jahr wurden 500 Grabungen vorgenommen und fast alle waren erfolgreich.

Ich wusste nicht, was mich bewegte, öfter stehen zu bleiben und zu sagen, hier ist eine Wasserader. Wenn ich dann die Rute nahm, bekam ich immer die Bestätigung. Ich war in den vier Wochen der Brunnensuche gleichsam selber zur Wünschelrute geworden. Die Wassernot der Menschen ließ mich die Rute bewegen. Täglich habe ich zwischen 30 und 60 Brunnen angezeigt. Hätte ich das unterlassen sollen, weil ich gelegentlich Fehlanzeigen hatte?

Wie dieses Buch bestätigt, mute ich jetzt auch, um Krankheitsursachen und Wege zur Heilung zu diagnostizieren. Ich weiß in Sekundenschnelle, dass es sich um einen negativen Schlafplatz handelt, dass ein Mineral fehlt, dass ein schwarzmagischer Angriff vorliegt etc. Die Rute lässt mich sehr hilfreich sein. Aus sehr vielen Städten Brasiliens kommen täglich Anrufe für Diagnosen aus der Ferne und die Bestätigungen fehlen nicht.

Ich weiß, dass ich um ein Vielfaches für meine Mitmenschen hilfreicher geworden bin, seit ich die Rute einsetze.

Als ich nach Deutschland in meine Pfarrei zurückkehrte und von meinen Erfahrungen berichtete, gab es großes Interesse, besonders bei einigen befreundeten Ärzten. Für die Interessierten war das Pfarrheim einer benachbarten Pfarre leichter erreichbar, so gab ich dort meinen ersten Radiästhesiekurs. Eine Fortsetzung war in jenem Pfarrheim nicht möglich, denn der verantwortliche Pfarrverwalter betrachtete meine Arbeit als schädigend für den Glauben seiner Getreuen. Es gab sogar etliche Beschwerdebriefe an den Bischof.

Eine weitere Erfahrung mit der Radiästhesie habe ich in meiner Ausbildung zum Naturtherapeuten in Teresina/Brasilien gemacht. Zu meiner Überraschung und Freude waren Heilmethoden mithilfe der Radiästhesie die Materie mit den meisten Unterrichtsstunden. Ich trat in den vierten Kurs ein. In den drei vorherigen Kursen gab es jedes Mal die gleiche Reaktion der Teilnehmer gegenüber der Radiästhesie. Sie wurde schlicht als Teufelswerk betrachtet und etwa die Hälfte der Teilnehmer meldete sich ab. Als aber ich, der katholische Priester teilnahm, blieb diese Reaktion völlig aus.

Ein seit 30 Jahren befreundeter Ordensmann, der mit mir zusammen hier in Brasilien mancherlei Pionierarbeit geleistet hat und auch anfangs bei der Brunnensuche mitgeholfen hat, schrieb mir: „In letzter Zeit sehe ich dich auf Wegen, die ich nicht mehr teilen kann. Es ist an der Zeit, dass wir getrennte Wege gehen, um das zu bewahren, was uns eint. Ich bin einfach geschockt, erschreckt und sehr unsicher über deine Art zu diagnostizieren. Ich kann nicht schlucken, was nicht runter geht!“

Wie kommt ein Freund mit dem gleichen Beruf und vielen Jahren des Dialogs mit mir, in dem es eigentlich keine Geheimnisse gab, wegen meiner radiästhetischen Diagnosen dazu, sich geschockt, erschreckt und unsicher von mir zu entfernen?

In der Tat erweist sich die Diagnose mit der Rute als so direkt und überraschend, dass viele an etwas Unerklärliches, Mysteriöses oder sogar Dämonisches denken. Ich selbst bedurfte reichlicher Erprobung, um zu begreifen, dass Radiästhesie Wissenschaft ist, reine Wissenschaft, wie unser Professor an der Universität in Teresina zu sagen pflegte. Ich für meinen Teil habe meine Rute nie als unfehlbar angesehen, aber ich habe es immer vertreten, dass es sich lohnt, mit ihren Ergebnissen zu arbeiten, auch wenn es menschlich ist, dass Fehler unterlaufen können.

Wann aber kann man von Wissenschaft sprechen? Wenn Phänomene durch irgendeine Kraft oder Energie verursacht sind und ein bestimmtes Ergebnis zeigen, das als Experiment wiederholbar ist.

Zum Beispiel, wenn die Diagnose an einem bestimmten Ort ein Hartmann-Gitter anzeigt und wenn durch etliche Radiästhesisten das Ergebnis bestätigt wird.

Nach meinen Erfahrungen mit Schülern im Rutegehen gab es bei der Suche nach Wasserstellen viele Abweichungen. Bei meinen anfänglichen Übungen kam ich vor allem auf drei mögliche Fehlerquellen: Wunschdenken, unklare Fragestellungen und negative spirituelle Energien. Nach der Erfahrung von verwirrenden Ergebnissen beginnt erst die wirkliche Erarbeitung eines korrekteren Umgangs mit dieser so wohltätigen Energie. Auf diesem Weg zum richtigen Umgang mit der Radiästhesie mit seinen verwirrenden Erfahrungen werden wohl die meisten Vorurteile geboren.

In diesem Buch äußere ich mich zur Radiästhesie nicht erschöpfend, sondern um dem/der Leser/in als Nichtfachmann einen Zugang zum Verständnis dieser Materie zu geben. Die Radiästhesie ist zwar immer wieder im Einsatz, sie ist aber nicht das Thema dieses Buches.

Womit also bewege ich die Rute? Wie wird sie zu einem Instrument meiner Wahrnehmung?

Aus dem Studium der Martinuskosmologie glaube ich sagen zu dürfen, dass ich die Rute mithilfe meines Instinktes bewege. Der Instinkt ist die Wahrnehmungsenergie in der radiästhetischen Diagnose.

Martinus berichtet, dass jedes Lebewesen ein ICH hat. Er nennt das ICH des Lebewesens X1, weil man von ihm nur sagen kann, dass es etwas ist, das ist. Jedes Lebewesen hat eine Schöpfungsfähigkeit, das er X2 nennt. X1 und X2 gehören zum Überbewusstsein des Lebewesens. Sodann äußert sich jedes Lebewesen im X3, das ist das sich ständig verändernde Erschaffene, die Gesamtheit der sechs Grundenergien, die in der Weise aneinander gebunden sind, dass immer eine Grundenergie in ihrer Höchstentfaltung ist, eine im Mindeststadium, zwei in zunehmendem und zwei in abnehmendem Stadium. Das X3 gehört zum Unterbewusstsein des Lebewesens. Siehe die Erklärungen zum Symbol 14.

Wir Erdenmenschen gehören zum Tierreich und sind auf dem Weg zum wahren Menschenreich. Die herrschende Grundenergie auf unserem jetzigen Entwicklungsweg ist die Schwereenergie. Die Instinktenergie und die Gedächtnisenergie nehmen ab und im Wachsen sind die Gefühlsenergie und die Intelligenzenergie. Für uns befindet sich die Intuitionsenergie im latenten Stadium. Der Erdenmensch befindet sich also noch im Tierreich, das vom Pflanzenreich ausgegangen ist, wo die Instinktenergie kulminiert. Die Pflanze wird in ihrer physischen Ausfaltung hauptsächlich vom Instinkt geführt und für die aus dem Pflanzenreich hinauswachsenden Tiere ist der Instinkt noch sehr stark, wenn auch bei den Tieren inzwischen die Schwereenergie dominiert. Der Erdenmensch auf seinem Weg zum wahren Menschen, zum Reich der Gefühlsenergie, agiert schon viel weniger mit seinem Instinkt zugunsten der stark anwachsenden Intelligenzenergie, der Instinkt hat jedoch noch großen Einfluss.

Was nun ist der Instinkt? Martinus sagt, dass der Instinkt eine mentale Wahrnehmungsenergie ist, aber er ist nicht in der Lage, die Realität in klaren Bildern wahrzunehmen, sondern ist nur ein Ahnungsvermögen. So nimmt die Pflanze Kälte und Wärme, Licht und Dunkel, feuchten oder trockenen Bodenbereich, eine angenehme oder unangenehme Umwelt wahr. Und die Tiere, beispielsweise die Vögel, kennen durch ihren Instinkt die genaue Stunde, am Morgen aufzuwachen und am Abend zu schlafen. Sie kennen den Tag ihres Aufbruchs aus einer Winterzone in eine warme Tropenregion. Über Tausende Kilometer kennen sie ihre Fluglinie. Alle Tiere kennen durch ihren Instinkt Art und Menge der ihrer Gesundheit zuträglichen Nahrung. Natürlich lebende wilde Tiere erkranken nicht durch Fehlernährung wie wir Menschen. Es ist bekannt, dass Tiere kommende Erdbeben und andere Gefahren rechtzeitig wahrnehmen, Ratten verlassen zum Beispiel ein sinkendes Schiff und werden zu einem hilfreichen Signal für den Menschen. An diesen wenigen Beispielen sehen wir, dass der Instinkt eine permanente und zuverlässige Wahrnehmung ist und von größter Reichweite. Was wäre unser Leben ohne die unzähligen Pflanzen und Tiere, die Kontinente und Meere bevölkern? Welche Technik könnte erfunden werden, um durch Feuer, Überschwemmungen oder Verschmutzung zerstörte Regionen neu zu beleben, wie es die durch den Instinkt orientierte Pflanzen- und Tierwelt vermag? Ohne die Instinktenergie der Lebewesen unseres Erdplaneten würde in kurzer Zeit der Tod einziehen, wo jetzt das Leben herrscht, tanzt, singt und alles erfreut zum Lobe unseres wunderbaren Gottes. Wahrhaftig, die Instinktenergie ist nichts Satanisches, ist nicht ohne Logik, sie ist ein unerlässliches Glied in unserem Lebens Erleben.

Pflanzen und Tiere besitzen eine innere Orientierung, ein automatisiertes Wissen, das aus der Passage des letzten Spiralkreislaufs kommt und das von innen den Organismus zu bestimmten Aktivitäten orientiert, gleichsam in einem Wiedererkennen dessen, was der Instinkt aus seiner Umwelt als Ahnung wahrnimmt. Instinkt ist kondensiertes unbewusstes kosmisches Wissen. So orientiert der Instinkt Pflanzen und Tiere in absoluter Zuverlässigkeit, selbst wenn sie in ihrem Tagesbewusstsein nur zu Ahnungen kommen. Diese innere Orientierung aus dem Automatwissen der letzten Spirale und die Außenorientierung durch die Instinktwahrnehmung hat für uns Erdenmenschen abgenommen, funktioniert aber noch. Das Jesuswort „Wachet!“ zeigt uns an, dass in uns ein Ahnungsvermögen, eben unser Instinkt aktiviert werden kann, um vieles, besonders Gefahren zu erkennen.

In Bezug auf ein anderes Gebiet können wir unseren Instinkt trainieren, wenn wir zum Beispiel etliche Früchte nacheinander riechen und dann die zum Essen auswählen, die am stärksten riecht. Es ist die, die unserer Gesundheit am bekömmlichsten ist. Wenn wir dann begonnen haben zu essen und noch einmal dieselbe Frucht riechen, werden wir feststellen, dass sie jetzt ohne Geruch geworden ist, und wenn wir dann so lange von dieser Frucht essen, bis sich ihr Geschmack im Munde verändert, dann wissen wir, dass unser Instinkt uns anzeigt, dass wir jetzt unseren Organismus mit den Substanzen der betreffenden Frucht genügend versorgt haben. Durch vielfache Wiederholung habe ich in Bezug auf den Genuss eines Apfels festgestellt, dass sein Geruch zum Essen einlud und dann habe ich genussvoll gegessen, bis einer in der Reihe der Äpfel schlagartig regelrecht sauer wurde. Es war das Signal des Instinktes, das die Qualität der Nahrung, also welche Frucht dran war, angab und das sich dann in die Geschmacksorgane des Mundes verlagerte, um die notwendige Quantität anzugeben, das heißt zu zeigen, dass der Körper keinen Bedarf mehr an den in dieser Frucht enthaltenen Substanzen hat. Der normale Jetztmensch meint, dass der Geruch einer Frucht immer nur von der Frucht selber abhängt. Er hat keine Vorstellung, dass es sein eigener Instinkt ist, der einmal eine Frucht wohlriechend sein lässt und ein andermal ohne Geruch. Eben ganz wie sein Organismus durch den Instinkt orientiert werden soll. Merken wir, wie großartig der Instinkt in unserem Organismus wirkt und welch wunderbare Energie die Rute bewegt? Der französische Physiker Guy Claude Burger entwickelte ein ganzes Rohkost-ernährungssystem, das er Instinkttherapie nannte.

Wenn ich bei meinem Heildienst den Exorzismus einsetzen muss, weiß ich instinktiv, wann die negative Wesenheit den Kranken verlässt, und danach bestätigen er und auch meine Rute, dass mein Instinkt mich richtig orientiert hat. Ich bin nicht hellsichtig, das wahrzunehmen, aber ich bin sehr wachsam in Bezug auf meinen Instinkt. In unserem Sprachgebrauch ist es üblich zu sagen, ich habe es intuitiv wahrgenommen, aber in der Regel ist es nicht die Intuitionsenergie, die da wirkt, es ist der Instinkt.

Gemäß den Analysen des Martinus vermittelt der Instinkt dem Lebewesen nur eine Ahnung von den Realitäten seiner Umwelt. Er führt nicht zu einem detaillierten Wissen. Und warum kann er im radiästhetischen Einsatz zu sehr genauen Informationen über die untersuchte Realität führen? Im Gebrauch der Rute oder eines anderen radiästhetischen Instrumentes ist nicht nur der Instinkt in Aktion, sondern der Akteur verbindet seine Intelligenzenergie mit der Instinktenergie. Das Zusammenwirken dieser beiden Energien bringt das exakte Ergebnis. Wie aber geht das vonstatten?

Wenn ich die Rute ergreife und eine bestimmte Frage stelle, dann gibt die Rute entweder eine bejahende Antwort durch ihre Reaktion oder die verneinende Antwort durch ihre Nichtreaktion. Entsprechend dieser sehr eingeschränkten Reaktionsweise muss meine Frage so formuliert werden, dass sie auch nur eine einzige Antwort zulässt, zum Beispiel: Gibt es an dieser Stelle eine

Wasserader? Und dann ist es gut, die gegensätzliche Frage zu stellen: Gibt es an dieser Stelle keine Wasserader? Auf diese Weise zeigt sich die Instinktenergie an die Intelligenzenergie gebunden und führt zu sehr exakten Angaben. Es ist die Instinktenergie, die Vibrationen in meiner Umwelt wahrnimmt, und es ist mein Denken, das mithilfe der Intelligenz diese Instinktwahrnehmung eingrenzt auf die gesuchte Realität. So kann ich mit der Rute in der Hand über einen Acker gehen, und sie schwingt jedes Mal aus, wenn ich über eine Wasserader gehe, weil ich eben an Wasseradern denke. Diese Ausschläge verändern sich sofort, wenn ich nur an Adern mit gutem Wasser denke. An etlichen Stellen, wo die Rute zuerst ausschlug, zeigt sie jetzt keine Bewegung, eben weil es Adern mit schlechtem Wasser sind.

Diese Zusammenarbeit zwischen der Instinkt- und der Intelligenzenergie gibt auch bei der therapeutischen Diagnostik die exakten Ergebnisse. Aber noch fehlt etwas. Warum bewegen sich Rute oder Pendel? Welche Kraft wirkt da, wenn es doch eindeutig nicht die von meinem Willen abhängige Muskelkraft ist? Unser physischer Körper ist sehr verletzlich. Er bedarf eines Schutzmantels gegen kosmische Strahlung. Es ist der so genannte Magnetkörper, der sich in 1 bis 2 Zentimetern um den Körper legt. Auf ihn wirkt die Instinktenergie ein und bringt den Impuls für diesen Magnetismus, zu reagieren, und Rute oder Pendel bewegen sich. Und so wie alle mentalen Befehle elektrischer Natur sind, so können sie auch von Gedanken noch inkarnierter oder bereits diskarnierter Wesen beeinflusst werden. Im Falle einer Diagnose von Verstorbenenenergien habe ich recht häufig die Erfahrung machen müssen, dass meine Rute wie angebunden erschien, sie gab einfach kein Signal, weder bestätigend noch ablehnend. Öfter habe ich es erlebt, dass Verstorbene das Medium, über das sie sich mitteilten, veranlassten, mit seiner Hand meine Rute anzuhalten. Sie wollten mich nicht in ihren Angstzustand hineinlassen. Einmal sagte ein jugendlicher Verstorbener: „Wenn du deine Rute nimmst, dann verstecke ich mich ganz unten im Schrank!“ Ein klar gerichtetes Gebet befreit ziemlich schnell von diesen störenden Einflüssen Verstorbener.

Wir haben also in Bezug auf die Bewegung der Rute von der Instinktenergie gesprochen und von der Intelligenzenergie. Sodann habe ich den Magnetkörper als die Bewegungsenergie genannt. Aber welche Grundenergie wirkt denn im Magnetkörper? In aller Bewegung, sogar in der Bewegung unserer Gedanken in der physischen und geistigen Dimension ist immer die Schwereenergie am Werk. Sie ist die Feuerenergie, die explosive, die sich ausdehnende Kraft. Aber sie würde nicht nur bewegen, sie würde zerstören, wenn sie nicht kontrolliert wäre durch die Gegenkraft, die Gefühlsenergie, die sich zusammenziehende Kälteenergie. Die richtig dosierte Mischung der beiden bringt die gesteuerte Bewegung zustande. Im unbeherrschten Gefühl dominiert die Schwereenergie, im beherrschten Gefühl dominiert die von Martinus genannte Gefühlsenergie. Zu viel Gefühl, beispielsweise im Verliebtheitszustand, beeinflusst das Rutenergebnis, wie auch zu viel Schwereenergie, zum Beispiel eine Zornaufwallung, Störungen bewirkt.

Zusammenfassend wissen wir nun, dass es vor allem vier Grundenergien sind, die die Rute bewegen. Der Instinkt nimmt wahr, schneller und direkter und weitreichender als unsere beste Elektronik, denn er ist ja eine mentale Energie. Die Intelligenz führt diese Wahrnehmungsenergie zum detaillierten Ergebnis. Die Schwereenergie in Zusammenarbeit mit der Gefühlsenergie bringt über den Magnetkörper die Bewegung von Rute oder Pendel. Natürlich gehört auch noch eine fünfte Grundenergie dazu, um die Rute einzusetzen. Es ist die Gedächtnisenergie. Ohne sie gäbe es keinen intelligenten Lernprozess, der ja auch für jeden Radiästhesisten notwendig ist, wie auch in anderen Tätigkeitsfeldern unserer Intelligenz. Und was ist in diesem ganzen Geschehen die Beteiligung der sechsten Grundenergie, der Intuitionsenergie? Sie ist im Erdenmenschen in ihrem latenten Zustand, in ihrer Mindestentfaltung. Martinus sagt, dass in allen mentalen Schöpfungsprozessen, sowohl in physischer als auch in geistiger Materie immer alle sechs Grundenergien aktiv sind. Da die Intuitionsenergie die höchste Durchdringungskraft hat, ist sie natürlich mehr als andere Energien noch in ihrer Mindestentfaltung aktiv. So darf der

Radiästhesist durchaus davon ausgehen, dass die Ergebnisse seiner Diagnosen auch mithilfe dieser höchsten Wahrnehmungsenergie zustande kommen.

Vor diesem Hintergrund des Wissens um die beteiligten Energien und wie sie miteinander zu mischen sind, um wirklichkeitsgerechte Ergebnisse zu erzielen, darf man sagen, Radiästhesie ist Wissenschaft. Aber wenn man alle Einzelheiten ihrer Funktionsweise kennt, lässt sich auch verstehen, warum sie rundweg abgelehnt wird von Menschen, die keinen rechten Zugang zu den wirkenden Energien haben. Jeder kennt die Begriffe Instinkt, Schwere oder Explosion, Gefühl, Intelligenz, Intuition und Gedächtnis. Was sie aber wirklich sind, das hüllt sich in Dunkel und so ist es die Unwissenheit, die zur Ablehnung der Radiästhesie führt, wie die Unwissenheit ja die letzte Ursache aller Übel ist.

In der besagten Unwissenheit religiöser Menschen sehe ich noch einige besondere Aspekte. Nach Martinus kann man den religiösen Glauben nicht einfach wollen oder von anderen fordern. Die katholische Theologie sagt, dass Glauben können ein besonderes Gnadengeschenk Gottes ist. Nach dem Dritten Testament ist der Glaube eine Automatfunktion des Instinktes. Es ist der gleiche Instinkt, der Kinder an ihre Eltern glauben lässt. So glaubt der Erdenmensch in den Anfangsstadien seiner Entwicklung an Autoritäten. Durch den Einfluss der Propheten und Welterlöser wird der Glaube zu einer fast absoluten Gewissheit innerhalb des religiösen Systems dieser an menschlicher Entwicklung älteren Brüder. Glaube bedarf der religiösen Autoritäten, der heiligen Bücher, Traditionen, Lehren und Dogmen. Der Glaube hat seine Wurzeln nicht in der Intelligenz. Wenn letztere sich entwickelt, werden die Gläubigen aller Religionen diese verlassen.

Glaube hat seine Basis immer im Instinkt und in einer Autorität. Wenn ich nun als Radiästhesist meine eigenen Erfahrungen mache, dann berufe ich mich nicht auf eine Autorität über mir. Ich selbst bin die Autorität mit meiner Wahrnehmung und meiner Reflexion über das Wahrgenommene. Das in sich erzeugt schon Unsicherheit für den, der es gewohnt ist, angelehnt an Autoritäten zu leben. Es fehlt ihm das Etwas, das ihm die unantastbare Gewissheit gibt, es fehlt die große Autorität. Dieses Wesen fühlt sich wie das Kind, das seine Mutter verliert.

Schon allein die Tatsache, dass ich mit Instinkt und Intelligenz in Freiheit und großer Selbstverständlichkeit umgehe, lässt meine religiös orientierten Freunde und Brüder erschrecken. Ich glaube, dass heute ein ganz großer Prozentsatz religiöser Menschen Missvergnügen zu den kirchlichen Autoritäten fühlt. Sie sind eben zu nahe daran, das bisher so tragende Fundament ihrer Sicherheit zu verlassen. Sie fühlen es in der Tiefe ihres Unterbewusstseins, dass etwas in Gefahr ist. Meine Radiästhesie ist für sie etwas Anrüchiges.

In all diesen Überlegungen über die Reaktionen gläubiger Menschen beziehe ich mich nicht auf Fanatiker und Fundamentalisten. Hier wirken andere Gründe, die ich hier nicht untersuchen möchte.

So wie ich die Rute gebrauche, fühle ich mich als ein „Kosmischer Chemiker" – ein Martinus-Ausdruck –, der die beiden kosmischen Grundenergien mischt, die Instinktenergie und die Intelligenzenergie. Ihr Gebrauch muss bei jeder Diagnose richtig bemessen sein. Wenn zu viel Intelligenzenergie dabei ist, ist das Ergebnis ohne Wert. Beispielsweise vermische ich meine Frage mit mehreren Aspekten. Ich frage: Hat diese Wasserader gutes Wasser in der Regenzeit und weniger gutes in der Dürrezeit? Es ist zu wenig Intelligenzenergie, wenn ich frage: Gibt es hier Wasser? Dann bedeutet die Antwort nichts, denn Wasser gibt es einfach in irgendeiner Form überall auf unserem Planeten. Ich kann auch einfach mit der Rute in der Hand gehen, ohne irgendeine Frage. Dann bekomme ich in der Regel auch Ausschläge durch die Instinktenergie ohne einen gestalteten Einsatz der Intelligenzenergie. Die Ergebnisse haben fast keinen Informationswert.

Martinus spricht in seinem 2. Band des Dritten Testamentes mit 435 Seiten Umfang fast ausschließlich von der kosmischen Chemie. Er gibt keine Analyse der Radiästhesie. Was ich hiermit zu diesem Thema vorlege, sind meine eigenen Deduktionen aus der Lektüre der Martinus Kosmologie und aus meinen Erfahrungen und ich bin nur dankbar, wenn der Leser Ergänzungen dazu macht oder auch Korrekturen. Martinus aber sagt auch einmal, dass man sich irre, wenn man glaube, durch Pendeln das Lebensmysterium lösen zu können.

Aus den Vorlesungen zur Radiästhesie habe ich die Empfehlung mitgenommen, das Instrument für die Diagnose in einer schlichten Erwartungshaltung zu gebrauchen. Wer hineingeht mit Ungeduld, mit Fremdwünschen, Eitelkeit und Ehrgeiz oder ganz einfach mit egoistischen Zielen, der beeinflusst die Ergebnisse. Diese Haltungen beeinflussen vor allem die Schwereenergie und die Gefühlsenergie. Der gute Radiästhesist bedarf einer entwickelten Ethik. So darf er niemals mit seinen Fragen die Autonomie einer Person antasten, also ohne Erlaubnis fragen. Hier ist die Jesusfrage an einen Kranken „Willst du geheilt werden?" für mich orientierend. Oder egoistische Fragestellungen: Wie kann ich auf Kosten anderer zu Reichtum kommen? Solche Fragen stoßen auf die „Wächter der Schwelle" und viele Bereiche verschließen sich.

Nach meiner Erfahrung kann ein zuverlässiger Gebrauch der Rute nicht garantiert sein ohne den gezielten Einsatz des Gebetes, und zwar auf allen Gebieten ihres Einsatzes, nicht nur im Heildienst am kranken Menschen. In der ganzen Natur, in meinem Kranken und in mir selbst manifestiert sich die Gottheit. Darum ist die Diagnose bereits ein Dialog mit Gott. Ganz besonders aber, wenn der Radiästhesist Verstorbenenenergien oder andere negative spirituelle Energien diagnostiziert, bedarf er des Gebetes, um nicht zu groben Fehldiagnosen zu kommen, des Gebetes, das reinigt und befreit, das bittet und dankt.

Zusammenstellung der Heilwirkung der Martinus-Symbole

Vorbemerkung

In meiner Ausbildung zum Naturtherapeuten lernten wir die Energie der Form in ihren positiven und negativen Wirkungen kennen. Ein Raum mit quadratischen Maßen ist negativ, ein Raum mit dem Seitenverhältnis 3 : 4 ist dagegen sehr positiv. Ein Möbelstück diagonal in einer Ecke aufgestellt bewirkt negative Formenergien. Allen dürfte wohl bekannt sein, dass Formenergien in hohem Maße bei den Pyramiden eine Rolle spielen. Ein Luftfächer an der Wand als Zierstück über dem Kopfende des Bettgestells aufgehängt, verursachte der Schläferin starke Kopfschmerzen. Welche Energiekombination kommt dabei zur Wirkung?

Eine Form hat nur energetische Ausstrahlung durch das auch von ihr bewirkte negative Grün. Wo das negative Grün fehlt, gibt es keinen Kontrast, also keine Wirkung. Wenn das Negativgrün 3 Prozent überschreitet, kann es in seiner Heileffizienz zunehmen, wird aber an einem bestimmten Punkt belastend, ja sogar Krankheit verursachend. Der ideale Heileffekt für das Negativgrün liegt in einem Bereich von 1 bis 3 Prozent. Es kann auch bei längerem Verbleiben des Fotos auf dem Symbol nicht zu negativen Wirkungen kommen. Wer mit höheren Anteilen von Negativgrün arbeiten will, der muss die genaue Zeit bei jedem Einsatz und jedem Patienten auspendeln. Bei Symbolen dämonischer Wesenheiten habe ich schon bis zu 35 Prozent Negativgrün gemessen. Der oben erwähnte störende Luftfächer zeigte 5 Prozent negatives Grün.

Bei den Martinus-Symbolen habe ich in keinem Fall mehr als 3 Prozent messen können. Es ist also völlig ungefährlich, wenn das Foto länger als zur Heilung nötig und von der Rute angezeigt auf dem Symbol verbleibt. Ich habe darum in Fällen, da ich nicht täglich das Verbleiben des Fotos auf dem Symbol prüfen konnte, unbesorgt warten dürfen. Negative Auswirkungen konnte ich einfach nicht wahrnehmen. Sie sind mit diesen Symbolen nicht möglich. Dies heißt auch, dass der nicht in der Radiästhesie ausgebildete Benutzer der Symbole für Heilzwecke keine negativen Folgen auslösen kann.

So wie Grün vom Chlorophyll der Pflanzen bedingt ist und als Blattgrün schlicht positiv ist, so möchte ich es mit seinem Kontrast, dem Negativgrün, der Grundenergie des Pflanzenreiches zuordnen, der Instinktenergie. Ein Symbol wirkt nur, wenn es auch Anteile von Negativgrün hat; das muss doch bedeuten, dass der Kontrast dazu im zu heilenden Kranken existiert, also in seinem positiven Grün, in seinem Instinkt. So kommen wir bei dieser Analyse zur Erkenntnis, dass sich alle Energie der Form, alle Heilsymbole, auch die Martinus-Symbole über unsere Instinktenergie in uns auswirken. Es ist ja die Instinktenergie mit ihrem Automatwissen aus der ganzen vergangenen Spirale – Näheres dazu in den Symbolerklärungen –, die das Pflanzenreich in voller Harmonie mit dem ganzen Weltall gestaltet. Darum ist es ein Paradies. Adam im Paradies ist ja die Pflanze in ihrer vollen Entfaltung. Der wichtigste Kontrastpunkt für diese grüne Paradiesesfülle an Pflanzen auf dem ganzen Planeten Erde ist das Negativgrün von etwa 30 x 30 Zentimetern jeweils 49 Meter voneinander entfernt über den ganzen Erdball verteilt. Es sind die Kreuzungsfelder von Hartmann-Gitter und Curry-Netz. In diesem Automatwissen unserer Instinktenergie ist ja in einem gewissen Schlafzustand die ganze Erfahrung der letzten Spirale in uns und wird durch das Negativgrün der einzelnen Symbole zur Aktion geweckt.

Über unsere Intelligenzenergie, verbunden mit der Gefühlsenergie, nehmen wir immer dann mentale Wirkungen der Symbole auf, wenn wir uns mit ihrer Bedeutung befassen, und vor allem dann erfahren wir diesen positiven Geist, eben diese positive Energie, wenn wir mehr und mehr die Geisteswissenschaft des Dritten Testamentes studieren. Das Studium wird uns zu Wissen über das Leben führen und helfen, Krankheitsursachen aus Unwissenheit abzulegen. Mithilfe der Geisteswissenschaft und der Lebenspraxis nach ihr kommen wir schließlich zur Großen Geburt, so wie sie bei Martinus beschrieben wird.

Über unsere Instinktenergie können wir mit einem Foto auf einem oder auch auf allen Symbolen (siehe das Zwölftrapez im Beilagenbuch) einen beständigen Energiefluss empfangen, der aus dem Automatwissen der vergangenen kosmischen Spirale unseren ganzen Organismus nahe an die feinen Vibrationen des wahren Menschenreiches heranführt und Harmonie und Gesundheit auf dem Wege zur Großen Geburt schenkt. Mit diesen Überlegungen wird auch noch einmal deutlich, wie großartig doch der Wahrnehmungsbereich der Instinktenergie in Zusammenarbeit mit der Diagnose der Rute ist.

So möchte ich zum Abschluss dieses Buches eine Aufstellung der von mir ermittelten Heilwirkungen der Symbole und des Anteils von Negativgrün bringen.

Wer die ermittelten Heilwirkungen für Disharmonien mit einer Aufzählung von Krankheiten in einem schulmedizinischen Handbuch vergleicht, der wird schnell merken, dass da große Unterschiede bestehen. Ich habe mich in allen meinen Diagnosen nicht von Symptomen leiten lassen, sondern bin immer nach der/den Wurzel/n der Symptome auf die Suche gegangen. So kann eine Wurzel viele unterschiedliche Symptome hervorbringen. Das sehr umfassend dargestellte Beispiel ist an der Verstorbenenenergie gezeigt. In 112 Fällen gibt es insgesamt 193 organische und psychische Symptome. In all diesen Fällen wird nur ein „Medikament", ein Symbol eingesetzt: das Symbol 7. Bei einzelnen Symbolen ist eine parallele Wirkung angegeben, manchmal stärker und manchmal schwächer. Hier gibt es, wie ich schon erwähnte, gewiss noch weitere zu entdeckende Wirkungen. Es dürfte auch sehr sicher sein, dass jedes Symbol, eingesetzt bei einem bestimmten Problem, auch auf alle an anderen Organen sich manifestierenden Disharmonien positive Wirkungen hinterlässt. Der physische Organismus ist ja immer eine Einheit, in der alles mit allem zusammenhängt und wirkt.

Nr.	Grün –	Wirkungsbereiche der Symbole
1.	2% -	DNA, Schutzsymbol, Animus/Anima, Entwicklung der Doppelpoligkeit, Männlichkeitswahn, Homosexuelle.
2.	2% -	Negatives Gedankenklima, Depression (MS 2 = 16x stärker als MS 41), Selbstverletzung.
3.	3% -	Intoleranz, Hass, Feindseligkeit, Öffnung für Gottesbeziehung.
4.	1% -	Verzweiflung, Sorge.
5.	3% -	Schizophrenie, Borderline.
6.	2% -	Wesenheit, geschaffene Wesenheit, Chakren öffnen, Kreislaufsystem, autonomes Nervensystem (MS 6 = 16 x stärker als MS 41).

7. 3% - Verstorbenenenergien, Sternzeichen, Energiesystem, Lebersystem, männliches, Genitalsystem, Zellsystem, potenziert Kristalle.
8. 2% - Bluthochdruck.
9. 1% - Muskulatur.
10. 3% - Archetypen, Urwissen der Seele, jede Art von Infektionen.
11. 3% - Negatives Gedankenklima, zu viel Yang-Energie, fünf Eingeweide, Zellsystem, Aids, Haarausfall, Ameisen entfernen mit Kommandokärtchen.
12. 3% - Fieber, Virusinfektion.
13. 2% - Schwarze Magie, Alzheimer (MS 13 =33x stärker als MS 41), Hormonsystem, Sinnessystem.
14. 2% - Voodoo-Magie, Gewebesystem (MS 14 =33x stärker als MS 41), Visualsystem, Knochenmarksystem.
15. 3% - Gallenflüssigkeit.
16. 2% - Karma aus vergangenen Inkarnationen, Lymphsystem, Gehörsystem, Hautsystem, Sensibilität für seinen Körper, Selbstmord davor und danach.
17. 2% - Menopause, Lebenszyklen, Jugendalter, Wachstumskrisen.
18. 3% - Reste an Karma aus früheren Inkarnationen, Atmungssystem, Blutsystem, kinesiologisches System, zwölf Energiekanäle.
19. 3% - Dämonische Wesenheit.
20. 2% - Bitterkeit, Gram.
21. 2% - Schizophrenie, Atmungssystem, fünf Organe.
22. 3% - Dämonische Wesenheit, Verdauungssystem.
23. 2% - Zentrales Nervensystem, Allergien.
24. 3% - Magenübersäuerung.
25. 2% - Virusinfektion.
26. 2% - Verwünschung, Satanskult, Urinsystem, Negativenergien im Wohnbereich, negatives Gedankenklima(MS 26 = 18x stärker als MS 2), Allgemeines Schutzsymbol.

27. 3% - Astrallarven, Verhexungen, Universalfamilie, weibliches Geschlechtssystem, Krebs.
28. 2% - Aktivierung aller Archetypen, Alzheimer.
29. 3% - Wesenheit, Harmonie, Syntonie mit der Natur.
30. 3% - Manisch-depressives Irresein.
31. 3% - Magengeschwüre, Magenentzündung, Dünndarm.
32. 3% - Umbanda-Magie, zentrales Nervensystem, Lebenszyklen.
33. 3% - Männliche und weibliche Sexualität, anormale Sexualität.
34. 2% - Entwicklung der Doppelpoligkeit.
35. 2% - Entwicklung der Gottesliebe, Entwicklung zu Gottes Ebenbild.
36. 3% - Blutsystem (MS 36 = 73x stärker als MS 41), Anämie, Leukämie.
37. 2% - Erhöht spirituelle Vibration.
38. 3% - Wiederherstellung des Immunsystems.
39. 3% - Verletzungen, Kundaliniprobleme, verletzte Medialität.
40. 3% - Dämonische Wesenheit, Knochensystem.
41. 3% - Depression, autonomes Nervensystem, Blutsystem, Muskelsystem, Gewebesystem, Angst, Phobie, fünf Eingeweide, Alzheimer, Meningitis.

Radiästhetische Diagnose und Handauflegung in der Anwendung

Nachdem ich den Kranken angehört habe, nehme ich die Rute zur Hand und frage, wie viele Krankheitswurzeln vorliegen. Dann ermittle ich nach dem Schweregrad. Die Fragestellungen finden sich in der Zusammenstellung der Heilwirkungen.

Hier einige Beispiele:

Ein 43-jähriger Mann. Ich frage, wie viele Krankheitsursachen liegen vor? Antwort: Fünf.

1. Seit 13 Jahren Umbanda-Magie.
2. Seit 25 Jahren Verstorbenenenergien, es sind keine Verwandten.
3. Störungen in der Universalfamilie.
4. Infektion im Blutsystem.
5. Mangel am Mineral Phosphor

Eine 36-jährige Frau – 2 Krankheitsursachen.

1. Verstorbenenenergien seit sieben Jahren.
2. Das Haus ist auf einem Gelände eines Friedhofs gebaut, 700 Jahre her. Hier kommt die Befreiung des Hauses von den negativen Vibrationen des früheren Friedhofs durch das Gebet „Lieber Vater …“; und ich lasse die Kranke mitbeten, bis die Rute die Auflösung der Negativenergien signalisiert. Dann lasse ich eine kleine Grundrisszeichnung des Hauses auf einem 8 x 8 Zentimeter großen Papier machen, das dann ins Zwölftrapez der 72 Gottesnamen geklebt wird. Es kann kopiert werden, natürlich ohne den Titeltext in der Mitte, wie auch die Martinus-Symbole und das Zwölftrapez mit allen Symbolen zu Heilzwecken kopiert werden können. Die Schwarzweiß-Kopie hat die gleiche energetische Wirkung wie eine Farbkopie Die Kopie im Hause an einem zentralen Ort an die Zimmerwand zu gehängt, dient als Schutz vor weiteren negativen spirituellen Energien.

Nie diagnostiziere ich etwas, wozu ich keinen Weg zur Heilung praktiziere oder auf einen zuständigen Facharzt verweise.

Ein 62-jähriger Mann – 10 Krankheitsursachen.

1. Besetzung von negativen Geistwesen

Der Exorzismus ist das gezielte Gebet „Lieber Vater …“, bis die Befreiung eindeutig vom Kranken erfahren wurde und bis die Rute sie bestätigt. Jeder kann diesen Exorzismus praktizieren. Er darf aber nicht Angst haben vor den dämonischen

Wesenheiten. Der göttliche Vater in Verbindung mit seinem/r betenden Sohn/Tochter kann nicht von Dämonen geschädigt werden. Jede Angst ist unlogisch. Als mich vor etwa fünf Jahren eine Frau mit offensichtlicher Besessenheit aufsuchte, da habe ich als katholischer Priester zum Ritual des Römischen Exorzismus gegriffen. Nach längerem Beten wurde die Frau völlig frei und als sie ein halbes Jahr später von Paulistana wegzog, kam sie zu mir, um sich mit einem sehr herzlichen Dank für die Befreiung zu verabschieden. Gemäß dem Jesuswort „Der Sabbat ist für den Menschen da" habe ich ohne die bischöfliche Beauftragung in die Not dieser Tochter Gottes eingegriffen und sofort danach habe ich telefonisch den Sachverhalt meinem Bischof mitgeteilt. Ich bekam die generelle Erlaubnis, den Exorzismus anzuwenden. Aber ich dachte auch an meine Kollegen Naturtherapeuten. Sie waren keine Priester. Ich konnte sie nicht für eine bischöfliche Beauftragung empfehlen. Also studierte ich sehr genau den Inhalt der Texte, um die wesentlichen und wie ich meinte eigentlich effizienten Teile einzusetzen. Und wirklich, der Erfolg war nicht geringer, obwohl die Gebetszeit wesentlich abgekürzt wurde. Dieser Text war nicht der offizielle der Kirche. Ich durfte ihn also weiter empfehlen. Meine Kollegen waren glücklich darüber. Ich blieb aber weiter am Suchen und schließlich begriff ich, dass alle ausgeführten Texte im Ritual in der direkten Anrede an die Gottheit zusammengefasst werden können, eben in meinem „Lieber Vater, lieber Vater ...", und schneller als im Gebrauch des offiziellen Rituals weichen die negativen Wesenheiten. Meine Kollegen der Naturtherapie praktizieren jetzt auch auf diese Weise und zwar alle und ohne Angst. Mein Mitarbeiter in der Brunnensuche und der landwirtschaftlichen Entwicklungsarbeit, ein Agronom, hat das Lieber-Vater-Gebet bei einem Waldbrand eingesetzt, und die Flammen fielen sehr schnell in sich zusammen. Flammen sind elektrischer und das heißt spiritueller Natur, wie Martinus im Livets Bog Nr. 2, 418-423 erklärt, und alles, was spirituell ist, ob positiv oder negativ wirkend, das folgt sehr schnell dem Gebet „Lieber Vater ...".

2. Der Schlafplatz ist über dem Kreuzungspunkt zweier Wasseradern. Die Rute zeigt an, welche Körperpartien betroffen sind und wie das Bett zu verschieben ist.
3. bis 9. Aus sieben früheren Inkarnationen zurückkehrendes Karma.
10. Mangel am Mineral Magnesium.

Maria (*1982) – acht Krankheitsursachen. Bereits zwei Kopfoperationen für Drainage wegen Hydrocephalie

1. Ein zwölfmal abgetriebenes Kind

   Anmerkung

   Wenn nach deutschem Recht ein Embryo Behinderungen aufweist, ist die Abtreibung rechtlich erlaubt. Wie grausam ist doch das Nichtwissen, dass ein solches Wesen in einem anderen Mutterschoß mit noch größerer Behinderung inkarnieren muss Soll es dann wieder rechtens sein, abzutreiben? Und wie viele Male noch soll dieses unschuldige Wesen abgetrieben werden mit immer größeren Schädigungen? Natürlich denke ich nicht daran, dass man eine Mutter bestrafen sollte, wenn sie abgetrieben hat. Aber wie „großmütig" doch eine Rechtsprechung handelt, wenn sie der Mutter erlaubt, einen Embryo mit Behinderungen zu töten. Ich meine, es ist ein trauriges Selbstzeugnis einer Gesellschaft, die über große materielle Reichtümer verfügt, sich aber nicht in der Lage sieht, der Mutter eines behinderten Embryos alle Fürsorge für das Austragen der Schwangerschaft und spätere Hilfestellung für das behinderte Wesen zu garantieren.
2. Seit der Geburt ist sie mit Voodoo-Magie behaftet.
3. Seit ihrer Geburt zahllose Verstorbenenenergien.
4. Aus zehn vergangenen Inkarnationen zurückkehrendes Karma.
5. Phosphor fehlt.
6. Eisenmangel.
7. Germanium fehlt.
8. Jodmangel.

Alexio, ein 27-jähriger Mediziner einer Krebsklinik – 25 Krankheitsursachen.

1. Karma aus der 33. Inkarnation – dies die am meisten belastende Ursache!
2. Verstorbenenenergien seit 10 Jahren, 3 verstorbene Männer aus der Verwandtschaft. Sie werden ziemlich schnell erinnert.
3. Störungen in der Universalfamilie.
4. Karma aus der 20. Inkarnation.
5. Geschaffene negative Wesenheit.
6. Karma aus der 9. Inkarnation.
7. Karma aus der 13. Inkarnation.
8. Karma aus der 6. Inkarnation.
9. Besessenheit mit negativen Geistwesen.
10. Karma aus der 22. Inkarnation.
11. Karma aus der 18. Inkarnation.
12. Disharmonie in den Sternzeichen.
13. Allergie gegen gewisse Medikamente gegen den Krebs.
14. Allergie gegen eingesetzte Desinfektionsmittel.
15. Phosphormangel.
16. Magnesiummangel.
17. Mangel an Vitamin E.
18. Eisenmangel.
19. Ein Virus in den Nieren.
20. Ein Virus im Rückenmark.
21. Infektion im Lymphsystem.
22. Ein Virus in der Leber.
23. Infektion im Darm.
24. Infektion im Magen.
25. Infektion an der Lunge.

Immunsystem abgesunken bis zur letzten Stufe 12.
Torroidringe: 10 m
Vibration: Physisch: 3.700 Å, emotional: 4.400 Å,
mental: 5.800 Å, spirituell: 2.500 Å.

Die sehr besorgten Eltern kamen mit Erlaubnis des Sohnes mit einem Foto. Das Gespräch hat drei Stunden gedauert. Die Ergebnisse und die besprochenen Heilwege wurden mit großer Bereitschaft angenommen.

Diese 25 diagnostizierten Ursachen können nicht als völlig unabhängig voneinander betrachtet werden, weil, wie schon gesagt wurde, der Organismus als ein Ganzes zu betrachten ist, aber sie wollen alle im Heilungsprozess beachtet sein.

Die Radiästhesie ist natürlich nicht jedermanns Sache, sie ist aber für jeden trainierbar. Jeder Erdenmensch ist noch sehr mit seinem Instinkt aktiv, darum kann jeder sich diese Praxis aneignen, wenn er den Willen dazu verspürt. Ich habe mit 60 Kollegen Naturtherapie studiert, und es war selbstverständlich, dass der Professor jeden als zukünftigen Radiästhesisten betrachtete, und tatsächlich haben es auch fast alle praktiziert, die wenigen Ausnahmen bestätigen die Tatsache, dass jeder es erlernen kann. Mit meinen Landleuten des Dürregebietes halte ich es ebenso, und viele sind sehr gute Rutengänger mit hervorragenden Ergebnissen bei der Suche nach Wasseradern. Der Leser kann also alles selber praktizieren, was ich hier mitgeteilt habe.

Er hat die Antenne zur Aktivierung geistiger Heilenergien durch sein Gebet. Er kann sein Foto auf die Symbole legen und durch das Studium der betreffenden Symbole ein heilendes Gedankenklima schaffen und er kann sich zunehmend in der Praxis der Toleranz und der Nächstenliebe als dem Schlüssel zur Entwicklung zum wahren Menschen üben.

Wer dann dahin kommt, dass er für seine Lieben und für seine Freunde und vielleicht dann auch professionell Heilarbeit mit den Symbolen praktizieren will, der braucht dann auch den angemessenen Platz für die ausgelegten Symbole. Sie werden so ausgelegt, dass auf eine Schwarzweiß-Kopie ein Foto aufgelegt wird. Es bleibt so lange, bis die Heilwirkung erreicht ist. Dies kann der Empfangende feststellen, es kann aber auch radiästhetisch erwiesen werden. Ich frage dann mit der Rute in der Hand, ob das betreffende Foto zu Ende energetisiert ist und lege es dann auf das danach indizierte Symbol oder beende die Behandlung. Wenn Sie nun viele Symbole für viele zu Behandelnde auslegen müssen, dann können

Sie die Symbole auch in einem Regal auslegen. Sie dürfen nicht aufeinandergelegt werden, und auf ein und dasselbe Symbol lege man nicht zwei Fotos oder ein Foto mit mehreren Personen. Wollen Sie mehrere Regalbretter – Metall eignet sich nicht dafür – übereinander benutzen, dann sind folgende Abstandsmaße zu beachten: Das unterste Regalbrett soll wenigstens 40 Zentimeter vom Boden entfernt sein. Die folgenden Regalbretter in einem Abstand von 33 Zentimeter oder mehr.

Wenn ich sage, dass alles von jedem Leser nachvollzogen werden kann, dann möchte ich damit auch betonen, dass an allen berichteten Heilungen nichts dabei ist, was mich etwa zu einem berühmten Wunderheiler machen könnte. Gewiss wird nicht jeder selbst auch Heilungen vollziehen wollen. Wer aber will, der kann sich wirklich alles selber aneignen.

Er kann sich auch das Heilen durch Handauflegen erarbeiten, wie es alle meine Kollegen der Naturtherapie, die sich in der Gruppe ANTENA zusammengeschlossen haben, auch praktizieren. Fangen Sie bei sich selber an, fangen Sie bei Verwandten oder Freunden an.

Wie meine Handauflegung mit Gebet praktisch aussieht

Ich gehe davon aus, dass in der rechten Hand, gleich ob bei Mann oder Frau, die positive Energiequelle ist und dass die linke Hand den Gegenpol dazu bietet. Ich lasse den Empfangenden auf einem Stuhl Platz nehmen. Hinter ihm stehend, lege ich beide Hände seitlich an seinen Kopf, danach halte ich beide Hände vor die Stirn. Ich wechsle auf die rechte Seite des zu Heilenden, lege die linke Hand in seinen Nacken und halte die rechte Hand über die einzelnen Chakren, das Halschakra, das Herzchakra, das Sonnengeflecht und das Sakralchakra und wende dann vor dem Sakralchakra die Hand nach unten zum Basischakra, und zum Abschluss richte ich die rechte Hand aus der gleichen stehenden Haltung auf die beiden Nebenchakren der Füße. Zuletzt halte ich beide Hände vor die Brust des Kranken in der Intention, die Energien dorthin zu lenken, wo es der Betreffende am meisten nötig hat. Das ganze Tun begleite ich in beständigem Beten: „Lieber Vater, lieber Vater …“. Ich wechsle von einem Chakra zum anderen immer dann, wenn ich es instinktiv verspüre. Das Ganze beansprucht in der Regel 10 bis 20 Minuten. Wenn ich beide Hände von hinten seitlich an den Kopf lege, dann bete ich in der Intention, dass von allen spirituellen Negativenergien Befreiung geschenkt werde. Ich bete so lange, bis der Kranke mir mitteilt, dass er Erleichterung erfahren hat. Hier darf sich keiner unter Zeitdruck setzen. Er muss einfach bereit sein, fünf Minuten oder 50 und mehr zu beten. Gleichzeitig mit der Mitteilung durch den Kranken spüre ich das auch gewöhnlich instinktiv, und wenn ich dann mit der Rute prüfe, habe ich Gewissheit, dass die Befreiung geschenkt wurde. Als spirituelle Negativenergien summiere ich einfach alles, was mir da bekannt ist, und auch das, was mir vielleicht noch nicht bekannt ist. Ich fasse zusammen: Besessenheit von dämonischen Wesen – Besessenheit kann sehr auffällig und gravierend sein, sie kann aber auch nach außen als sehr unscheinbar auftreten –, negatives Gedankenklima, geschaffene Wesenheiten, Befreiung von Verstorbenenenergien, Schließung des Aurafeldes für eindringende Verstorbene, Verwünschungen, schwarze Magie, Astrallarven, spirituelle negative Energien am Wohnplatz etc. Lange habe ich um jedes Anliegen einzeln gebetet und siehe, als ich alles zusammenfasste, wurde mir auch alles auf einmal gegeben. Gott ist wahrhaftig sehr großmütig mit uns, und wir dürfen uns an diese Großmut wenden.

Häufig ermutige ich auch den Kranken, dass er selber bei sich die rechte Hand auf die schmerzende Körperstelle lege, während die linke Hand als Gegenpol einfach an bequemer Stelle an den Körper gelegt ist, und sage ihm, dass er in der Absicht, Heilung zu bekommen, bete „Lieber Vater, lieber Vater …“.

Natürlich darf auch der Dank am Ende nicht fehlen. Ich stelle mich wie zu Anfang hinter den Kranken, lege beide Hände auf seine Schultern und spreche: „Wir sagen dir Dank, guter Vater für alle deine Wohltaten. Durch Christus, unseren Herrn. Amen.“

Und ehe ich mich mit Handauflegung und Gebet einem Kranken zuwende, richte ich mich in der Intention, zuerst selbst von möglichen Negativenergien befreit zu werden, an den lieben Vater, so lange, bis ich spüre, dass ich jetzt beginnen darf. Ganz wichtig ist für mich dabei, dass ich mich unter den Jesusauftrag stelle „Legt Kranken die Hände auf, betet und macht sie gesund.“ Vgl. Mt 10,1; Mk 16,18; Lk 10,9.

In Deutschland wie in Brasilien gibt es heute sehr viele, die Reiki praktizieren. Ich möchte hier nicht erklären, wie diese Heilmethode praktiziert wird. Der Kenner weiß es, und der Nichtkenner lasse sich auch etwas dazu aus meiner Erfahrung sagen. Zunächst sehe ich an ihrer so großen Verbreitung das große Bedürfnis nach der heilenden Antenne zur spirituellen Ebene. Aber ich habe grausige Negativwirkungen dieser Methode erleben müssen. Eine mir gut bekannte Lehrerin leidet seit sieben Jahren unter einem künstlich durch Reiki hervorgerufenen Durchbruch der Kundalinienergien. Tüchtige Schamanen und andere Fachleute und Kliniken konnten ihr teilweise helfen, sie aber nicht heilen. Das kleinste Geräusch, um nur ein Symptom zu nennen, bereitet ihr wahnsinnige Schmerzen. Vier weitere Fälle wurden mir bekannt. Warum ist diese Methode so gefährlich? Sie setzt Energien vermittelnde Symbole ein, die gewiss nicht nur so eingesetzt werden, wie es für das betreffende Wesen gerade angemessen ist. Da braucht man Schlüssel, von denen man nicht weiß, was sie aufschließen. Und da, wo etwas undurchsichtig ist, da kann es sowohl hilfreich als auch sehr gefährlich sein.

Darum tun Sie, liebe/r Leser/in, keinen Schritt, nur um etwa meine Methode nachzuahmen.

Gehen Sie immer erst dann in ein praktisches Tun, wenn alles für Sie einsichtig und logisch geworden ist. Für Sie gibt es gewiss einen leichten Zugang zu Büchern und anderen Informationsquellen, wo sich in meinen Ausführungen für Sie noch Erklärungsbedarf herausstellt. Ich denke, dass gewiss manche/r Leser/in weitere Informationen zu den Themen Chakren, Universalfamilie, Radiästhesie u.a. einholen wird, ehe alles Gesagte verständlich wird.

Als ich einem jungen Pfarrer meine Erfahrungen zu seiner Reiki-Praxis mitteilte, da habe ich ihm auch erzählt, wie ich Handauflegung und Gebet praktiziere. Darauf bat ich ihn, bei mir einmal beide Arten anzuwenden, damit ich dann mit der Rute prüfen kann, welcher Energiefluss von beiden ausging. Er legte mir also die Hände so auf, dass ich rein äußerlich keinen Unterschied wahrnehmen konnte. Die nachfolgende Prüfung ergab für die eine Methode genau die doppelte Energie wie für die andere. Die Methode mit der doppelten Energie war die einfache Handauflegung mit dem Gebet „Lieber Vater …“ und mit Sicherheit die Methode, die niemals einen Menschen schädigen kann. Wenn wir uns an den Vater wenden, dann hat er seine ausführenden Organe in den geistigen Wesen, die für ihre Arbeit bestens vorbereitet sind und immer in Harmonie mit der Natur, das heißt in Harmonie mit der Gottheit zur Freude und zum Segen für alle handeln. So handelt die göttliche Vorsehung an allen Wesen und hierin liegt es begründet, dass dieses Buch ANTENNE ZUR SPIRITUELLEN DIMENSION für jeden, der ohne Eitelkeit und ohne egoistisches Interesse praktizieren will, zu einer Anleitung werden kann, Krankheiten zu heilen.

Am Anfang dieses Buches finden wir ein Zwölftrapez mit den 72 Gottesnamen. Damit habe ich, wie berichtet, gearbeitet. Die Heilenergie wurde erheblich verstärkt durch die Formenergie des Zwölftrapezes. Parallel dazu habe ich mit dem Computer die 44 benutzten Symbole in ein Zwölftrapez eingefügt. Ich hatte für meine Versuche, mit den Symbolen zu experimentieren, die vorläufige Genehmigung des Martinus Institutes. Für das Buch bekam ich die Erlaubnis, die Symbole abzubilden; die Einfügung der Symbole in das Zwölftrapez wurde jedoch nicht als gemäß betrachtet. So habe ich nun das Zwölftrapez mit den Buchstaben M.S. und der jeweiligen Symbolzahl versehen. Dies hat die gleiche Wirkung, als wenn die Symbole in ihrer Bildgestalt eingefügt wären. Alle Energien haben ja mentale Strukturen, auch die Formenergien für Heilzwecke.

Sie können also auf dieses Zwölftrapez genauso ihr Foto auflegen, als wenn es mit den 44 Symbolen versehen wäre. Das Zwölftrapez mit den 72 Gottesnamen eignet sich besonders für das Entfernen von spirituellen Negativenergien oder auch als Schutz vor spirituellen Negativenergien eines Hauses. Eine Grundrisszeichnung mit freier Hand etwa 7x7 Zentimeter groß genügt, um das Haus zu identifizieren – so wie oben die Martinus-Symbole nicht selber angebracht sind, aber eindeutig identifiziert sind und darum genauso wirken, als wären sie selber abgebildet –, und ihm diese Schutzenergien zukommen zu lassen. Danach können Sie das Zwölftrapez rahmen und an einem zentralen Ort im Hause an die Wand hängen.

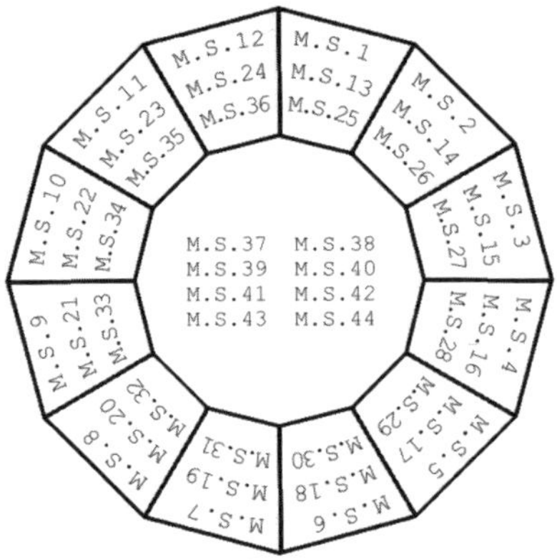

Zwölftrapez M.S. 1 bis M.S. 44
Arbeitsgrafik III von Otto Beckmann

Literaturhinweise, Literaturverzeichnis und Studienhinweise

Das Buch *Logik*, das 1938 herausgekommen ist, verlangt einer besonderen Erwähnung. Es ist als ein Handbuch für Anfänger in der Forschung zu den ewigen Problemen gedacht. Martinus schrieb es zwischen dem ersten und dem zweiten Band des *Livets Bog* mit dem Ziel, dem Studierenden eine Stütze für das Verständnis des eigentlichen Hauptwerks zu geben. Er wünschte dadurch den Suchenden im logischen Denken zu trainieren. Infolge Martinus heißt das, übereinstimmend mit der Natur und damit in Kontakt mit der Liebe und dem Leben zu denken. Es ist im wesentlichen Grad eine Auseinandersetzung mit der dogmatischen Auffassung des Christentums und der materialistischen Philosophie. Martinus´ Intention war, dass dies ein Anfangsbuch sein sollte. Jedoch ist dieses Buch genauso umfassend wie die übrigen Werke und wie viele Analysen genauso tiefgehend.

Wenn man sich mit der Literatur von Martinus befassen möchte, ist es ratsam, nicht mit seinem großen umfassenden Hauptwerk *Livets Bog 1-7* zu beginnen. Trotzdem empfehle ich, dass man mit dem *Livets Bog 1* beginnt, weil Martinus hier eine Erläuterung und Einleitung für seine ganze Arbeit gibt. Außerdem umfasst der erste Band im Wesentlichen alle Analysen des Weltbildes. Mit diesem Band bekommt man eine abgerundete Einsicht in die Gedankenwelt von Martinus, auf die aufgebaut werden kann, wenn man die übrigen Bände liest. Von diesen sollte man speziell den Band 5 erwähnen, der von dem höchsten Feuer und von der sexuellen Polverwandlung der Menschen handelt.

Das ewige Weltbild 1-4 ist auch ein guter Einstieg in Martinus´ Weltbild. In diesem Werk sind alle Gebiete auf eine relativ kurzgefasste Art konzentriert und systematisch beschrieben. Des Weiteren sind Martinus´ Analysen über Entwicklungsgesetze, Tod, Reinkarnation, Schicksalsgesetz und sexuelle Polverwandlung, das religiöse Mysterium, Mikro- und Makrokosmos auf symbolischen Zeichnungen verdeutlicht.

Eines von Martinus´ ersten Büchern ist das Buch mit dem Titel *Beisetzung*. Dieses handelt vom Verhältnis der Menschen zu der mikrokosmischen Welt, dessen Organismen aus Zellen und Molekülen usw. bestehen. Martinus erwähnt hier das Verantwortungsverständnis in einer ganz neuen geschichtlichen Denkweise. Des Menschen Nächste sind nicht nur andere Menschen und Tiere, sondern auch die Mikrowesen, die seinen Organismus aufbauen. Martinus gibt hier eine sehr gründliche Beschreibung über dieses ganze Gebiet und argumentiert kräftig gegen die Leichenverbrennung, weil dies ein Erlebnis von einer gewaltigen Katastrophe der Mikrowesen ist, die sich noch in dem von der Seele verlassenen Körper befinden. Aufgrund dieses Buches und der Gespräche mit Martinus haben einige seiner Mitarbeiter 1972 eine Sonderausgabe der Zeitschrift *Kosmos* herausgeben. Sie handelt von den praktischen Konsequenzen und Möglichkeiten in Bezug auf die Gedanken in *Beisetzung*.

Letzten Endes gibt es noch Martinus´ kleinere Bücher. Davon gibt es im Augenblick 30, wahrscheinlich werden noch mehrere erscheinen. Nach und nach werden Martinus´ umfassende Arbeiten vervollständigt. Diese kleinen Bücher sind zum größten Teil eine Sammlung der Artikel, die Martinus über mehrere Jahre für die Zeitschrift *Kosmos* geschrieben hat. Zwei von ihnen sind im Hinblick darauf geschrieben worden, Introduktionsbücher zu sein. Es ist Buch Nr. 1 *Das Schicksal der Menschheit*, in dem Martinus ohne tiefgehende Argumentationen einen Überblick über die Entwicklung des Menschen gibt, über dessen versteckte geistige Natur, Tod und Reinkarnation und über die Entwicklung der Weltgemeinschaft, und das Buch Nr. 8 *Die Menschheit und ihr Weltbild*, worin Martinus eine sehr intensive Argumentation gegen Atheismus und Materialismus gibt und klarmacht, warum die Lösung des Lebensmysteriums nicht in einem Mikroskop oder Teleskop sichtbar wird, sondern im Gegenteil im eigenen Inneren des Menschen und dessen unmittelbarem Erleben in der Alltagsumgebung zu finden ist. Es ist eine eingehende Analyse der Natur des ICHs, eine Beschreibung der kosmischen Blitze und der Großen Geburt. Martinus beendet das Buch mit relativ wenigen Punkten, die einen Überblick über das ganze ewige Weltbild geben.

Buch Nr. 4 *Zur Geburt meiner Sendung* ist vielleicht der wichtigste Quellennachweis des ganzen Werkes von Martinus, weil er hier auf ganz persönliche Art seinen besonderen kosmischen Bewusstseinszustand erzählt und wie er 1921 darin eingeweiht wurde.

Buch Nr. 5 *Die ideale Nahrung* betrifft genauso wie *Beisetzung* das Verhältnis des Menschen zum Mikrowesen, hier speziell die Wesen, die in der Nahrung leben und die wir zu uns nehmen. Aufgrund dieser einfachen logischen Analysen empfiehlt Martinus, die vegetarische Kost den Fleischspeisen vorzuziehen. Dies teils, um das Töten der Tiere und der Mikrowesen als tierische Zellen zu verhindern, und teils wegen der eigenen Gesundheit des Menschen; weil die Fleischnahrung eine Kräfteüberlastung für den Kulturmenschen und sein verfeinertes Verdauungssystem ist, was zu Krankheiten führen kann. Außerdem sind mit dem Töten anderer lebender Wesen Karma oder schicksalsmäßige Probleme verbunden.

Buch Nr. 6 *Blätter von Gottes Bilderbuch – Pfingstglanz über dem Leben* ist eine Perle für die Menschen, die sich über die Natur freuen können. Martinus beschreibt hier die Natur und ihren Rhythmus, Tag und Nacht, Frühling und Sommer, Herbst und Winter als eine direkte Belehrung von der ewigen göttlichen Seite. Es richtet sich an den geistig erwachenden Menschen mit Rücksicht auf das, was Wahrheit ist und wie man sie leben sollte.

Buch Nr. 11 *Das Mysterium des Gebets* zeigt einfach und klar, wie ein Gebet zur Gottheit wirkt. Jeglicher Schattierung von Naivität entfernt, wird hier ein Verständnis dafür geschaffen, dass das Beten für einen geistig entwickelten Menschen genauso wichtig und natürlich ist wie des Atmen.

Mehrere der kleinen Schriften haben eine Verbindung zu Christi Leben und Mission, so wie das Buch Nr. 2 *Ostern*, wo Martinus die Osterereignisse der Kreuzigung in einen entwicklungsmäßigen Zusammenhang für die ganze Menschheit setzt. Ebenso die Artikel *Im Garten Gethsemane* im Buch Nr. 15, Artikel *Pilatus, Christus und Barabbas* in Buch Nr. 17, und Buch Nr. 13 *Das Weihnachtsevangelium*, wo die Bedeutung von Christi Geburt beleuchtet wird.

Buch Nr. 25 *Der Weg zum Paradies* ist eine einmalige Beschreibung der strahlenden geistigen Welten jenseits des Todes und der Reinkarnation.

Das Buch Nr. 28 *Zweierlei Liebe*, dass dasselbe Thema wie das *Livets Bog 5* hat, nämlich das sexuelle Mysterium zeigt den Zusammenhang zwischen der einpoligen, physischen sexuellen Liebe und der mehr umfassenden Allliebe, die zwei Ausstrahlungen des höchsten Feuers, die ihren Teil des kosmischen Spiralkreislaufs dominieren.

Zum Schluss sollte noch der Film *Martinus – Der Mensch und das Weltbild* – erwähnt werden. Dieser Film enthält eine Biographie über den Schriftsteller Martinus und eine Beschreibung seines Lebenswerks.

Wie man sieht, gibt es reichlich Möglichkeiten für denjenigen, der einen Einblick in das kosmische Weltbild wünscht. Die Literatur ist sehr umfassend, aber da Martinus aus einem holistischen organischen Prinzip schreibt, bekommt man praktisch in jedem Buch ein Ganzheitsbild von der Natur des Weltbildes

„Das Dritte Testament“ Die Werke von Martinus

	Titel	ISBN Nummer
Hauptwerk		
	Livets Bog 1	3-938189-30-4
	Livets Bog 2	3-938189-31-2
	Livets Bog 3	3-938189-32-0
	Livets Bog 4	3-938189-33-9
	Livets Bog 5	3-938189-34-7
	Livets Bog 6	3-938189-35-5
	Livets Bog 7	3-938189-36-3
	Das Ewige Weltbild 1	3-938189-37-1
	Das Ewige Weltbild 2	3-938189-38-X
	Das Ewige Weltbild 3 + 4	3-938189-39-8
	Logik	3-938189-41-X
	Beisetzung	3-938189-42-8
Kleinere Bücher		
1	Das Schicksal der Menschheit	3-938189-43-6
2	Ostern	3-938189-44-4
3	Was ist Wahrheit	3-938189-45-2
4	Zur Geburt meiner Sendung	3-938189-46-0
5	Die ideale Nahrung	3-938189-47-9
6	Blätter aus Gottes Bilderbuch	3-938189-48-7
7	Der am längsten lebende Abgott	3-938189-49-5
8	Die Menschheit und das Weltbild	3-938189-50-9
9	Zwischen zwei Weltepochen	3-938189-51-7
10	Kosmisches Bewusstsein	3-938189-52-5
11	Das Mysterium des Gebets	3-938189-53-3
12	Der Weg zur Einweihung	3-938189-54-1
13	Das Weihnachtsevangelium	3-938189-55-X
14	Die Schaffung des Bewusstseins	3-938189-56-8
15	Aus der Finsternis heraus	3-938189-57-6
16	Das Reinkarnationsprinzip	3-938189-58-4
17	Weltreligion und Weltpolitik	3-938189-59-2
18	Das Schicksalsspiel des Lebens	3-938189-00-2
19	Kosmische Erleuchtungsblitze	3-938189-01-0
20	Meditation	3-938189-02-9
21	Jenseits der Todesfurcht	3-938189-03-7
22	Der Weg des Lebens	3-938189-04-5
23	Die Unsterblichkeit der Lebewesen	3-938189-05-3
24	Die Erschaffung der Kultur	3-938189-06-1
25	Der Weg ins Paradies	3-938189-07-X
26	Teufelsbewusstsein und Christusbewusstsein	3-938189-08-8
27	Die Schaffung des Weltfriedens	3-938189-09-6
28	Zweierlei Liebe	3-938189-10-X
29	Durch die Pforte des Todes	3-938189-11-8
30	Die Ehe und die Allliebe	3-938189-12-6

Symbole

Symbole (Format ca. A5, A3, A2)

„Sekundärliteratur“ zu den Werken von Martinus

Titel	Verfasser	ISBN Nummer
Kosmos Zeitschrift 4 Nr./Jahr	Redaktion: H. G. Becker, C. Rickus	ISSN 0107-7937
Erinnerungen	*S. Zinglersen, Tage Buch*	3-938189-14-2
Eine Einführung		3-938189-16-9
Kosmische Lebensanschauung	Nils Kalén	3-938189-17-7
Auf der Spur einer neuen Lebensauffassung	E. G. Larsson	3-938189-18-5
Informationsbroschüre	K. Gramm, H. Linnow	3-938189-19-3
Martinus, mein täglicher Lehrer	Lars Nibelvang	3-938189-20-7
Der Sinn des Lebens,	Svend Åge Rossen	3-938189-29-0
Antenne zur spirituellen Dimension	Otto Beckmann	3-938189-28-2
Tod ist eine Illusion	Else Byskov	3-938189-27-4
Video: Martinus – der Mensch und das Weltbild		

Weitere Bücher von Svend Åge Rossen:

„Døden eksisterer ikke“ (Der Tod existiert nicht), Borgens Forlag, 1985
„Livets mening“ (Der Sinn des Lebens), Borgens Forlag, 1993
„Martinus' kosmiske verdensbillede“ (Das kosmische Weltbild von Martinus), Borgens Forlag, 1999

Adressen:

Martinus-Verlag
Auf der Heide 13
53545 Ockenfels
e-mail: info@martinus-verlag.de

Informationen, Kontakte, Forum, Seminare, Studienkreise, Vorträge und Internetadressen:

www.dasdrittetestament.de / www.martinuskosmologie.de
www.dasdrittetestament.info / www.martinus.dk

Weitere Informationsquellen zur Martinus Kosmologie

Martinus Center

Das „Martinus Center“ ist 1935 von Martinus als Ausbildungscenter gegründet worden. Es liegt in Dänemark an der Nordküste der Insel Seeland, 100 km nordwestlich von Kopenhagen. Hier werden im Frühjahr, Sommer und Herbst Kurse über die Martinus Kosmologie gehalten. Besonders hervorzuheben sind die zwei „internationalen“ Wochen“ (traditionsgemäß Juli - August), wo Vorlesungen simultan ins Deutsche übersetzt und Kurse in Deutsch angeboten werden. Während dieser Zeit kann man eine idyllische Urlaubs-Atmosphäre und das geistiges Studium der Martinus Kosmologie zusammen erleben.

Die Adresse:

Martinus Center / Klint / DK-4500 Nykøbing Sj. (Dänemark)
Tel. +45-59 30 62 80 - Fax +45-59 30 62 82

Martinus Institut

Das Martinus Institut in Kopenhagen wurde im Jahre 1932 gegründet, um die Martinus-Literatur in verschiedenen Sprachen zugänglich zu machen. Es existiert keine Sekte oder Vereinigung im Zusammenhang mit der Martinus Kosmologie. Jedem, der Interesse hat, steht es frei, an Kursen teilzunehmen oder die Kosmologie mithilfe der Bücher selbst zu studieren.

Adresse für Buchungen und Information:

Martinus Institut
Mariendalsvej 96

DK-2000 Frederiksberg

Tel. +45 - 38 34 62 80
Fax. +45 - 38 34 61 80
E-mail: info@martinus.dk
www.martinus.dk

Arbeitsgrafiken I – II – III

von Otto Beckmann

Radiästhetische Diagnose und Handauflegung konzentriert

Wer dahin kommt, dass er für seine Lieben und für seine Freunde und vielleicht dann auch professionell Heilarbeit mit den Symbolen praktizieren will, der braucht dann auch den angemessenen Platz für die ausgelegten Symbole. Sie werden so ausgelegt, dass auf eine Schwarzweiß-Kopie ein Foto aufgelegt wird. Es bleibt so lange, bis die Heilwirkung erreicht ist.

Dies kann der Empfangende feststellen, es kann aber auch radiästhetisch erwiesen werden. Ich frage dann mit der Rute in der Hand, ob das betreffende Foto zu Ende energetisiert ist, und lege es dann auf das danach indizierte Symbol oder beende die Behandlung.

Wenn Sie nun viele Symbole für viele zu Behandelnde auslegen müssen, dann können Sie die Symbole auch in einem Regal auslegen. Sie dürfen nicht aufeinander gelegt werden, und auf ein und dasselbe Symbol lege man nicht zwei Fotos oder ein Foto mit mehreren Personen.

Wollen Sie mehrere Regalbretter – Metall eignet sich nicht dafür – übereinander benutzen, dann sind folgende Abstände zu beachten: Das unterste Regalbrett soll wenigstens 40 Zentimeter vom Boden entfernt sein. Die folgenden Regalbretter in einem Abstand von 33 Zentimeter oder mehr.

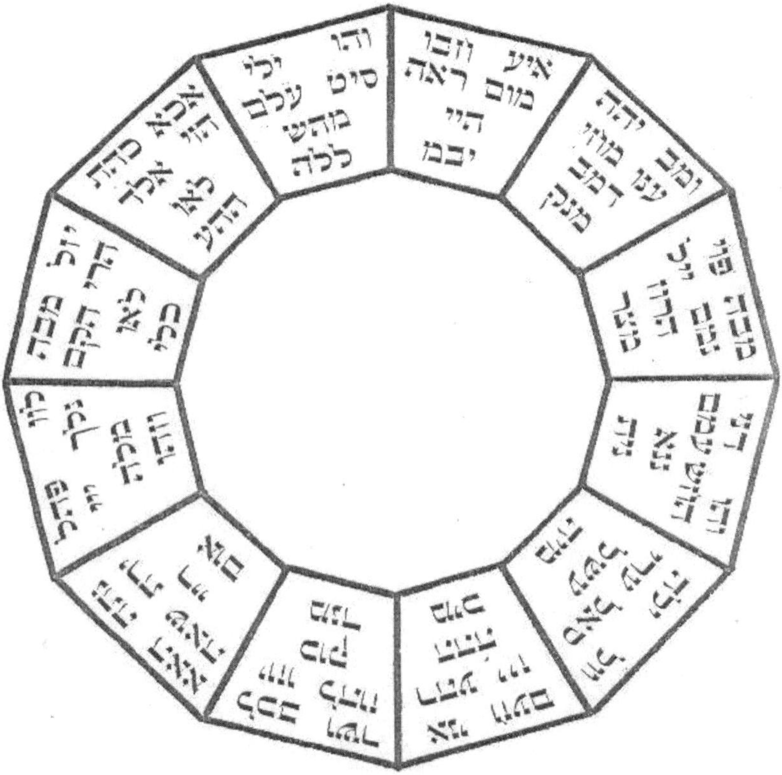

Zwölftrapez mit den 72 Gottesnamen
Arbeitsgrafik I von Otto Beckmann

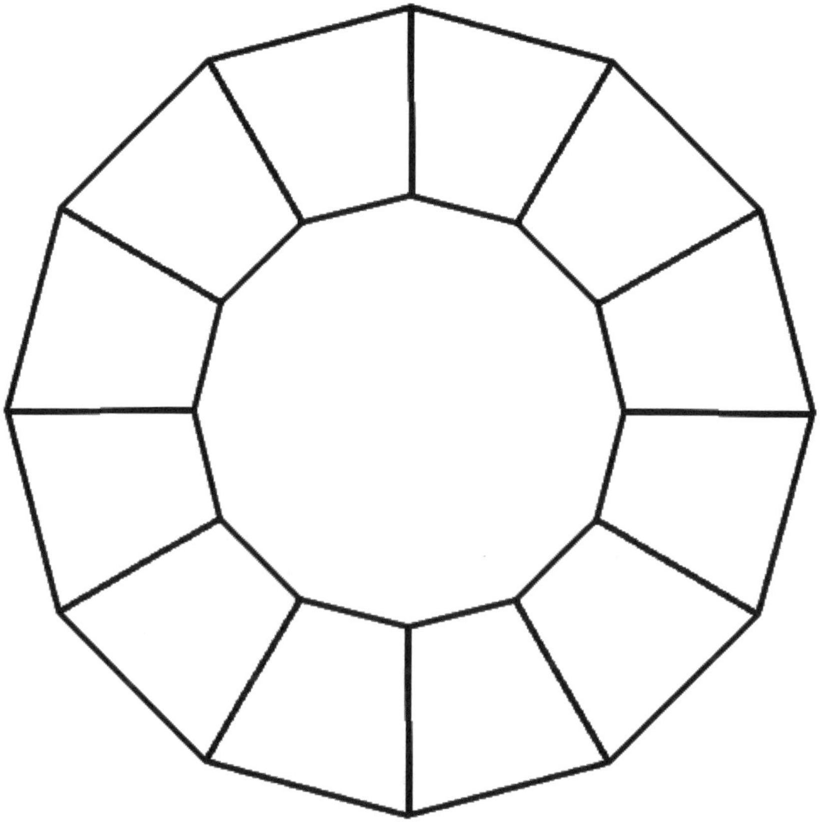

Zwölftrapez
Arbeitsgrafik II von Otto Beckmann

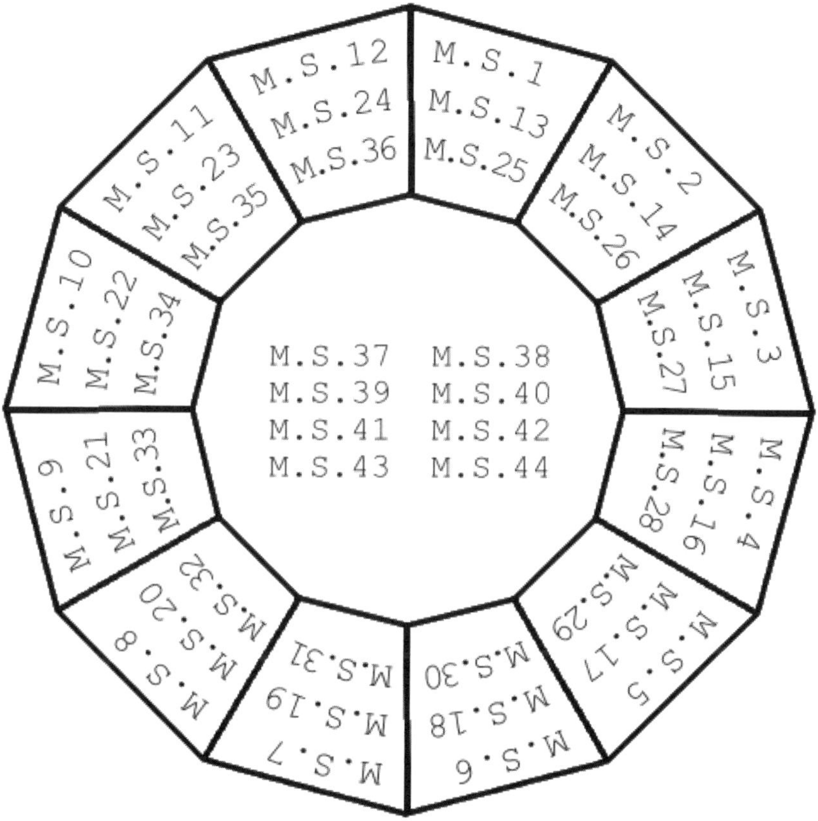

Zwölftrapez M.S. 1 bis M.S. 44
Arbeitsgrafik III von Otto Beckmann